Martin Marktl
Astrid Christ

Fernwanderweg E1

Deutschland Nord

45 Etappen zwischen Flensburg und Hameln

ROTHER
BERGVERLAG

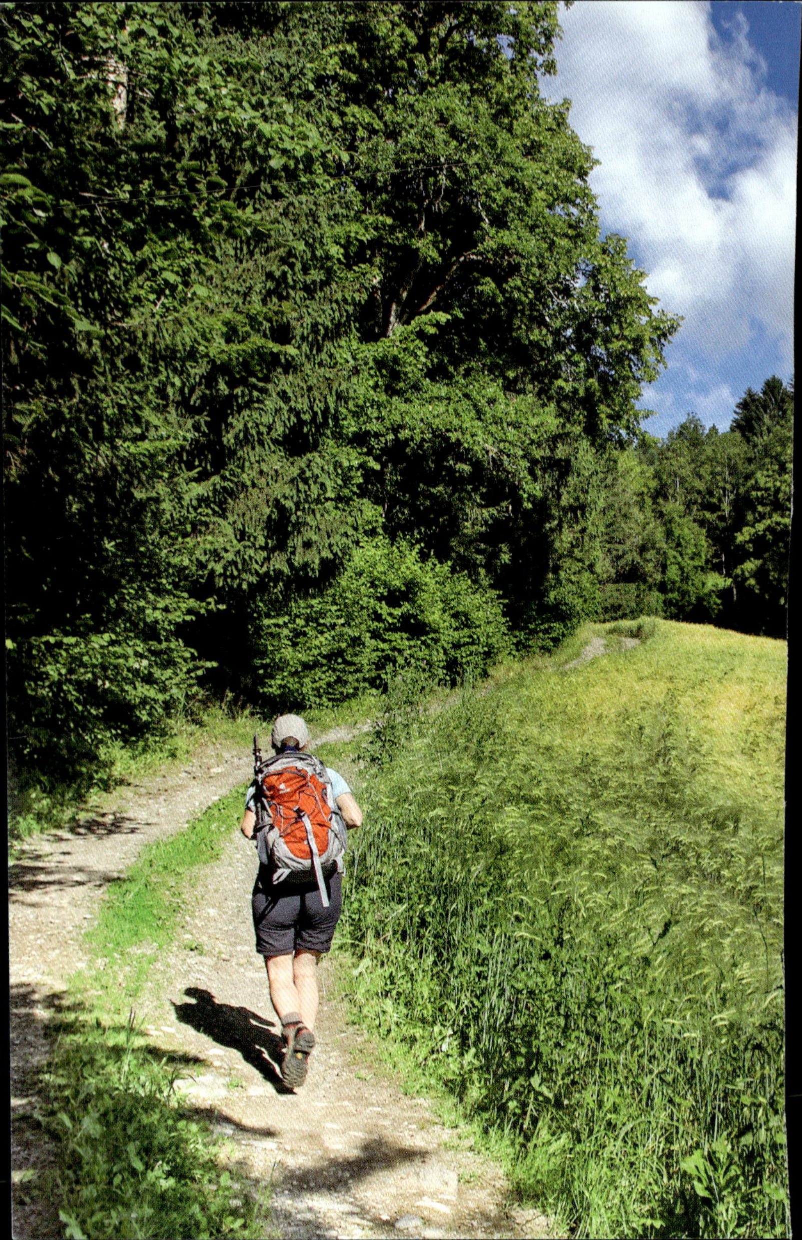

Vorwort

Mit mehr als 2000 Kilometern Gesamtlänge stellt uns der deutsche Abschnitt des Europäischen Fernwanderweges E1 vor die spannende Aufgabe, einen Wanderführer zu verfassen, wie es ihn in dieser (Strecken-)Länge in Europa noch nicht gibt. Selbst unser letztes Buch, welches immerhin die Längsdurchquerung der Ostalpen zum Inhalt hatte, ist um satte 700 Kilometer kürzer als der Marsch von der Ost- zum Bodensee.

Etwa 90 Tage sind für die Begehung aller deutschen E1-Etappen einzukalkulieren. Das schließt auch die markierte Westvariante in Schleswig-Holstein mit ein, die in diesem Buch erstmals detailliert beschrieben wird. Aufgrund dieser außerordentlichen Länge hat sich der Rother Bergverlag entschlossen, den Weitwanderweg auf zwei Bände aufzuteilen.

Fernwanderer stehen gleich zu Beginn der Deutschland-Durchquerung vor einer schwierigen Entscheidung: Alle, die sich zur Nordsee hingezogen fühlen, werden der Westvariante Richtung Hamburg folgen. Der historische Schlei-Eider-Elbe-Weg, über den es kaum Literatur gibt, dient als Möglichkeit, den Westen Schleswig-Holsteins zu erkunden.

Möchte man jedoch lieber den historischen Ostsee-Hafenstädten einen Besuch abstatten, wird man sich für den Weg Richtung Kiel und Lübeck entscheiden. Er gilt gemeinhin als Hauptvariante, obwohl die Westvariante nicht weniger reizvoll ist. Beide Strecken vereinen sich in Hamburg und ziehen gemeinsam Richtung Süden weiter. Dieser Wahlmöglichkeit im Norden ist es geschuldet, dass mehr als ein Drittel aller deutschen E1-Etappen durch Schleswig-Holstein verläuft.

Nach Querung der Elbe erwartet uns eine etwa einwöchige Wanderung durch die Lüneburger Heide, bevor es etwas weiter westlich erstmals in die Berge geht. Am Ende dieses Buches werden wir – nach Schleswig-Holstein und Hamburg – mit Niedersachsen das dritte deutsche Bundesland zu Fuß durchquert haben. Denn bereits kurz nach Hameln betreten wir Nordrhein-Westfalen – doch davon werden wir dann im zweiten Teil berichten.

Wir möchten unseren Lesern auf ihrem Weg in den Süden vor allem stabiles Wetter, zahlreiche unvergessliche Momente, viele unterhaltsame Abende und nicht zuletzt einen rutschfesten Untergrund wünschen!

Es würde uns sehr freuen, von Ihren Wandererlebnissen zu hören; gleichzeitig bitten wir um Mithilfe: Bitte lassen Sie uns wissen, wenn Sie auf fehlende oder veraltete Informationen stoßen. Die Kontaktdaten des Verlags finden Sie am Ende des Buches.

Wien, im Frühjahr 2022 — Astrid Christ und Martin Marktl

Durch das grüne Umland von Hannover (Etappe 31).

Inhaltsverzeichnis

Hamburg

Niedersachsen: In der Lüneburger Heide

Niedersachsen: Rund um Hannover

Schleswig-Holstein: Westvariante

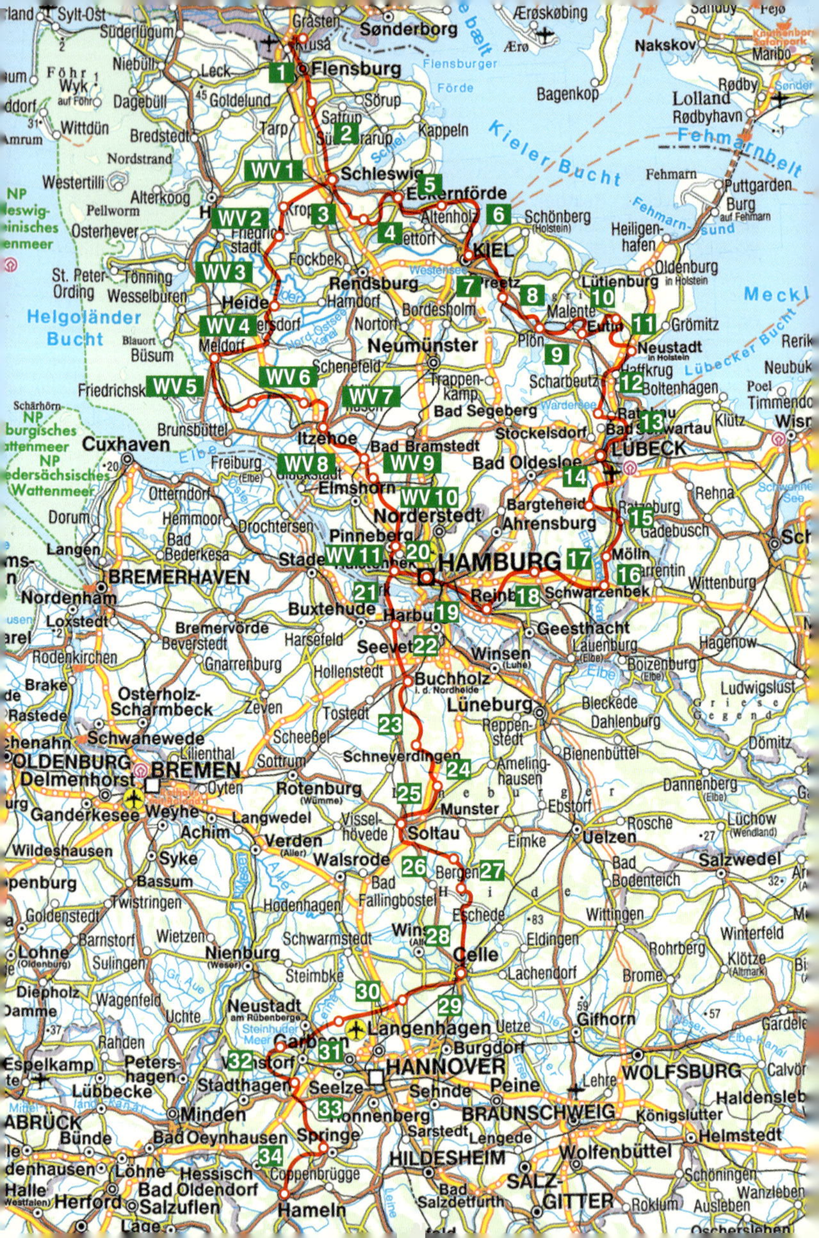

Sylt-Ost
Süderlügum
Gråsten
Sønderborg
Ærøskøbing
Nakskov
Maribo
Føhr
Wyk auf Föhr
Niebüll
Leck
Flensburg
Flensburger Förde
Bagenkop
Rødby
Lolland
Rødbyhavn
Dagebüll
Goldelund
Sörup
Wittdün
Amrum
Bredstedt
Tarp
Kappeln
Kieler Bucht
Fehmarnbelt
Nordstrand
Schlei
Westertilli
Schleswig
Eckernförde
Fehmarn
Puttgarden
Burg auf Fehmarn
Alterkoog
Pellworm
Altenholz
Schönberg (Holstein)
Osterhever
Kropp
Fehmarnsund
Heiligenhafen
Kiel
Fockbek
Westensee
St. Peter-Ording
Tönning
Wesselburen
Rendsburg
Preetz
Lütjenburg
Oldenburg in Holstein
Helgoländer Bucht
Heide
Hamdorf
Bordesholm
Malente
Eutin
Grömitz
Nortorf
Plön
Neumünster
Neustadt in Holstein
Lübecker Bucht
Büsum
Meldorf
Schenefeld
Trappenkamp
Scharbeutz
Boltenhagen
Friedrichskoog
Bad Segeberg
Ratekau
Bad Schwartau
Klütz
Cuxhaven
Brunsbüttel
Itzehoe
Stockelsdorf
Lübeck
Elbe
Freiburg (Elbe)
Glückstadt
Bad Bramstedt
Bad Oldesloe
Rehna
Elmshorn
Otterndorf
Hemmoor
Drochtersen
Norderstedt
Bargteheide
Ahrensburg
Ratzeburg
Gadebusch
Dorum
Bad Bederkesa
Pinneberg
Langen
Stade
Hamburg
Mölln
Zarrentin
Bremerhaven
Wittenburg
Nordenham
Buxtehude
Reinbek
Schwarzenbek
Loxstedt
Harburg
Geesthacht
Bremervörde
Beverstedt
Harsefeld
Seevetal
Lauenburg (Elbe)
Hagenow
Rodenkirchen
Gnarrenburg
Winsen (Luhe)
Boizenburg (Elbe)
Hollenstedt
Buchholz i. d. Nordheide
Ludwigslust
Brake
Osterholz-Scharmbeck
Zeven
Tostedt
Lüneburg
Bleckede
Dahlenburg
Rastede
Schwanewede
Scheeßel
Reppenstedt
Dömitz
Lilienthal
Oldenburg
Bremen
Sottrum
Schneverdingen
Amelinghausen
Bienenbüttel
Delmenhorst
Oyten
Rotenburg (Wümme)
Dannenberg (Elbe)
Ganderkesee
Weyhe
Munster
Ebstorf
Achim
Langwedel
Visselhövede
Soltau
Rosche
Lüchow (Wendland)
Wildeshausen
Verden (Aller)
Eimke
Uelzen
Syke
Walsrode
Bergen
Bad Bodenteich
Salzwedel
Bassum
Bad Fallingbostel
Hodenhagen
Twistringen
Eschede
Wittingen
Goldenstedt
Barnstorf
Wietzen
Schwarmstedt
Winsen (Aller)
Eldingen
Winterfeld
Lohne (Oldenburg)
Sulingen
Nienburg (Weser)
Celle
Rohrberg
Klötze (Altmark)
Steimbke
Lachendorf
Brome
Diepholz
Wagenfeld
Damme
Uchte
Neustadt am Rübenberge
Gifhorn
Gardelegen
Steinhuder Meer
Langenhagen
Uetze
Rahden
Garbsen
Burgdorf
Espelkamp
Petershagen
Wunstorf
Hannover
Wolfsburg
Lübbecke
Stadthagen
Seelze
Sehnde
Peine
Lehre
Haldensleben
Osnabrück
Minden
Ronnenberg
Braunschweig
Königslutter
Bünde
Bad Oeynhausen
Springe
Sarstedt
Lengede
Helmstedt
Hildesheim
Wolfenbüttel
Löhne
Hessisch Oldendorf
Coppenbrügge
Salzgitter
Schöningen
Halle (Westfalen)
Herford
Bad Salzuflen
Bad Salzdetfurth
Hameln
Wanzleben
Lage
Oschersleben
1
2
3
4
5
6
7
8
9
10
11
12
13
14
15
16
17
18
19
20
21
22
23
24
25
26
27
28
29
30
31
32
33
34
WV 1
WV 2
WV 3
WV 4
WV 5
WV 6
WV 7
WV 8
WV 9
WV 10
WV 11

Allgemeines

Europa Nord-Süd – der Fernwanderweg E1

Der E1 ist einer von zwölf Fernwanderwegen, die sich quer über Europa spannen. Er verläuft vom Nordkapp im Norden Norwegens bis an die Südspitze Siziliens. Dabei berührt er auf insgesamt 7000 Kilometern zuerst alle skandinavischen Länder, bevor er über Deutschland und die Schweiz den italienischen Stiefel anvisiert. Wer alle Abschnitte (=Länder) dieses Weges durchqueren möchte, hat an der dänisch-deutschen Grenze bereits die Hälfte der gesamten Strecke hinter sich.

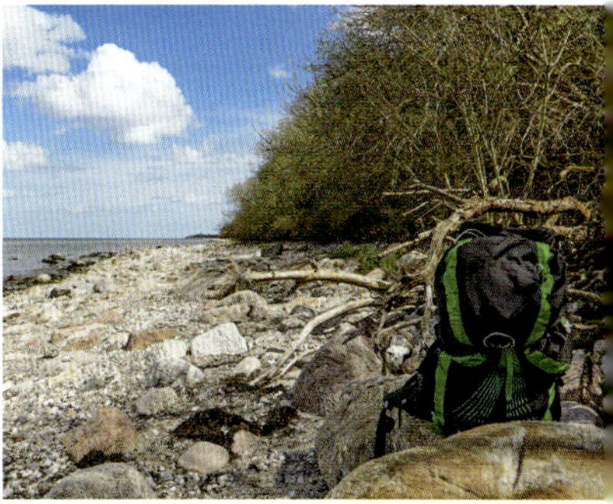

Weglos am Ostseestrand (Etappe 5).

Wie alle anderen E-Wege auch ist der E1 ist ein Gemeinschaftsprojekt zahlreicher europäischer Wandervereine, die in ihrem jeweiligen Zuständigkeitsgebiet diesen Fernwanderweg mitunter vorbildhalft, dafür anderswo etwas weniger aufmerksam markieren. Insgesamt gilt er als »durchgängig in der Landschaft vorhanden«, wenn man von einer Lücke in Kalabrien absieht, die aber wohl auch noch irgendwann geschlossen wird.

Ein paar Worte für unterwegs

Im Unterschied zu so manchen alpinen Fernwanderwegen sind die Wege im Norden Deutschlands in der Regel breit, fast immer in der Karte klar nachvollziehbar und bereiten technisch keine Schwierigkeiten. Weitwanderer können sich den Luxus leisten, mit leichtem Gepäck zu reisen, da weder eine spezielle Ausrüstung vonnöten ist, noch für alle erdenklichen Wetterbedingungen Vorkehrungen getroffen werden müssen. Was nicht heißen soll, dass es unterwegs nicht manchmal auch überraschend schnell ungemütlich werden kann. Nicht umsonst brachte es der »Friesennerz« zu einem hohen Bekanntheitsgrad weit über Norddeutschland hinaus.
Die Etappen in diesem Buch sind alle prinzipiell ganzjährig begehbar. Wie im Gebirge auch, empfiehlt sich vor allem im Sommer ein möglichst früher Aufbruch, um der Hitze rund um die Tagesmitte zu entgehen. Da es auf manchen Streckenabschnitten für längere Zeit keine Unterstandsmöglichkeiten gibt, sollte man sich bei instabiler Wetterlage auch mit den Möglichkeiten zur Etappenverkürzung vertraut machen. Der Weg in den nächsten Ort bzw. zur

nächsten Bushaltestelle ist entweder im Text vermerkt oder auf den Tourenkärtchen ersichtlich.
Ein genereller Hinweis zur Verpflegung: Auf etlichen Etappen(-abschnitten) gibt es unterwegs weder Einkehr- bzw. Einkaufsmöglichkeiten noch öffentlich zugängliches Trinkwasser. Der Regelfall wird daher sein, dass man sich bereits vor Etappenbeginn zu überlegen hat, was man tagsüber alles brauchen könnte.

Gehzeit

Da der Großteil des nördlichen Wegabschnittes durch ebenes Gelände verläuft, gehen wir bis Hamburg von durchschnittlich vier Kilometern Strecke pro gewanderter Stunde aus. Abweichungen sind ausschließlich der Bodenbeschaffenheit geschuldet. Höhenunterschiede, wie sie erst südlich der Elbe zu berücksichtigen sind, werden gemäß DIN 33466 bewertet (etwa 10–15 zusätzliche Gehminuten pro 100 m Höhendifferenz). Mit dieser einheitlichen Vorgehensweise sollte es jedem Wanderer möglich sein, nach den ersten Etappen eine etwaige persönliche Abweichung festzustellen. Mit dieser Differenz in Prozent lässt sich die individuelle Gehzeit bestimmen.
Alle Angaben verstehen sich ohne Pausen. Faktoren wie Gruppengröße, Gepäck, Wetterlage und nicht zuletzt die eigene Kondition sind natürlich ebenfalls zu berücksichtigen.

Etappenübersicht

Eine »offizielle« Etappengliederung gibt es nicht. Früher nahmen E1-Wanderer den seit vielen Jahren vergriffenen Wanderführer von Arthur Krause als Planungsgrundlage. Wie die Erfahrung unserer Begehungen zeigte, hat sich die Quartiersituation insbesondere in Schleswig-Holstein in den vergangenen Jahren stark verändert, weshalb die damalige Einteilung heute in manchen Regionen nicht mehr sinnvoll ist.

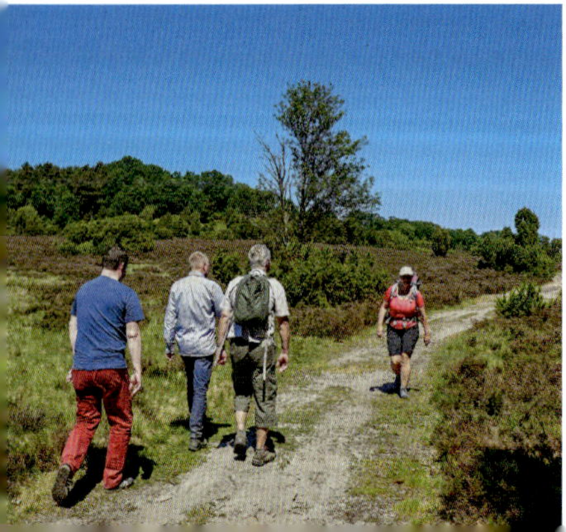

Zeigt sich von ihrer besten Seite – die Lüneburger Heide (Etappe 24).

Wir haben in diesem Buch diese Veränderungen berücksichtigt. Nicht immer wird es möglich oder sinnvoll sein, am Etappenendpunkt zu übernachten. In manchen Gebieten ist es in logistischer und nicht zuletzt auch finanzieller Hinsicht günstiger, für einige Tage ein Standquartier zu beziehen und abends mit öffentlichen Verkehrsmitteln dort-

Symbole und Abkürzungen

Symbole

- Ort mit Einkehrmöglichkeit
- Einkehrmöglichkeit unterwegs
- Übernachtungsmöglichkeit
- Schutzhaus, Unterstand
- Campingplatz
- Bus- bzw. Bahnanschluss
- Schiffsanlegestelle
- eingerichteter Parkplatz
- Gipfel
- Pass, Sattel / Brücke
- Burg, Schloss, Ruine
- Aussichtsturm / Leuchtturm
- archäologische Stätte
- Picknickplatz
- Aussichtsplatz
- Quelle / Bademöglichkeit

Abkürzungen

B	Bank, Geldautomat
Bä	Bäckerei
Bhf	Bahnhof
Bhst	Bushaltestelle
DJH	Jugendherberge
GH	Gasthof/-haus
NSG	Naturschutzgebiet
FT	Feiertag
RT	Ruhetag
S	Supermarkt
TI	Tourismusinformation
ZOB	Zentraler Omnibusbahnhof

Kurzbezeichnungen für Wanderkarten siehe Seite 21.

hin zurückzukehren. In anderen Gebieten stoßen Wanderer trotz guter Quartierlage auf Probleme, ein Zimmer für nur eine Nacht zu bekommen. Wir haben uns im Zuge der Begehungen sowie im Anschluss daran die Quartiersituation entlang des Weges sehr genau angesehen und werden im Rahmen der einzelnen Etapponinfos auf die jeweiligen Gegebenheiten hinweisen.
In der Etappenübersicht auf Seite 16/17 sind Orte, die sich gut für ein Standquartier eignen, fett hervorgehoben (gute Öffi-Verbindungen zu den nahe gelegenen Etappenstartpunkten). Das Berliner Tor steht stellvertretend für den Großraum Hamburg, Infos dazu bei Etappe 18 auf Seite 113.

Zelten

Schleswig-Holstein verfügt insbesondere in Küstennähe über ein dichtes Netz an Campingplätzen, die mitunter sehr gut ausgestattet sind. Nähere Infos und ein Platzverzeichnis gibt es auf www.vcsh.de.
»Nichtmotorisierte Wanderer«, wie es im Landesnaturschutzgesetz heißt, genießen überdies das Recht, auch außerhalb von Campingplätzen für eine Nacht ihr Zelt aufschlagen zu dürfen, wenn keine privatrechtlichen Gründe dagegensprechen (LNatSchG § 37).

An- und Abreise

Viele Startpunkte sind öffentlich ganz gut zu erreichen, sodass mit etwas Planung auf ein eigenes Fahrzeug (und die damit verbundene Rückholaktion) verzichtet werden kann. Aus Platzgründen haben wir in den Tourensteckbriefen auf individuelle Anreisemöglichkeiten verzichtet.
Folgende Suchmaschinen helfen bei der Reiseplanung bzw. unterwegs. Ein (A) bedeutet, dass es auch eine App gibt.

- **Überregional (An- und Abreise)**
  Internationale Fernverbindungen: www.rome2rio.com (A)
  Deutsche Bahn: www.bahn.de (A); Hotline: +49 180 6 99 66 33
  Flixbus: www.flixbus.de
- **Schleswig-Holstein**
  Nahverkehrsverbund Schleswig-Holstein: www.nah.sh (A)
- **Hamburg**
  Hamburger Verkehrsverbund: www.hvv.de (A)
- **Niedersachsen**
  Verkehrsverbund Bremen/Niedersachsen: www.vbn.de (A)
  Regiobus Hannover GmbH: www.regiobus.de

In jedem Tourensteckbrief finden sich darüber hinaus Hinweise zu Verkehrsmitteln zwischen den Etappenendpunkten.

Wegenetz und Markierungen

Der Wegverlauf des Trails wird in ganz Deutschland einheitlich durch das Andreaskreuz kenntlich gemacht: Meist werden kleine Metalltäfelchen oder Aufkleber verwendet. Oft wird der weitere Wegverlauf mit einem zusätzlichen

GPS-Tracks und Koordinaten der Ausgangspunkte

Zu diesem Wanderführer stehen auf www.rother.de GPS-Tracks und Koordinaten der Ausgangspunkte zum kostenlosen Download bereit.
2. Auflage, Passwort: **455102yam**
Sämtliche GPS-Daten wurden von den Autoren mit einem Garmin-Gerät erfasst und mit digitalen Karten (Kompass, OpenStreetMap) überarbeitet. Verlag und Autoren haben die Tracks und Wegpunkte nach bestem Wissen und Gewissen überprüft. Dennoch sind Fehler oder Abweichungen nicht auszuschließen, außerdem können sich die Gegebenheiten vor Ort zwischenzeitlich verändert haben. GPS-Daten sind zwar eine hervorragende Planungs- und Navigationshilfe, erfordern aber nach wie vor sorgfältige Vorbereitung, eigene Orientierungsfähigkeit sowie Sachverstand in der Beurteilung der jeweiligen (Gelände-)Situation. Man sollte sich für die Orientierung auch niemals ausschließlich auf GPS-Gerät und -Daten verlassen.

Pfeil verdeutlicht. Fehlt der Pfeil, setzt sich der Weg in der bisherigen Richtung fort.
Auf Bäumen findet man oft ein mit weißer Farbe aufgemaltes Andreaskreuz. Auch hier wird fallweise mit einem zusätzlichen Pfeil die Richtung angegeben. Zwischenziele und die verbleibende Wegstrecke sind sporadisch auf eigens angebrachten Tafeln ersichtlich.
Wie bei Fernwanderwegen üblich, bedient sich auch der deutsche E1 bereits existierender, regionaler Wege. Allerdings gibt es auf dem nördlichen Abschnitt nur wenige zusammenhängende Themenwege. Oberhalb der Elbe folgt der E1 jedoch auf vielen Abschnitten dem engmaschigen Radwanderwegenetz – wie beispielsweise dem Ostseeküsten-Radweg, der uns vom Start weg bis nach Kiel immer wieder begegnen wird.
Die Markierungsqualität ist abschnittsweise hervorragend, nicht selten jedoch auch sichtlich in die Jahre gekommen. Für Schleswig-Holstein war festzustellen, dass die Markierung der Ostvariante deutlich besser ist als jene der Westvariante. So wird auf der Westvariante nahezu ausschließlich nur auf Wegweisern markiert. Im Wald oder an Stellen, wo das Anbringen einer Tafel nicht möglich ist, gibt es im Unterschied zur Ostvariante keine Markierungen, die dem Wanderer bestätigen, auf dem richtigen Weg zu sein.
Wanderer, die auf dem E1 unterwegs sind, werden gebeten, Markierungen, die von Ästen oder Gestrüpp verdeckt sind, freizulegen

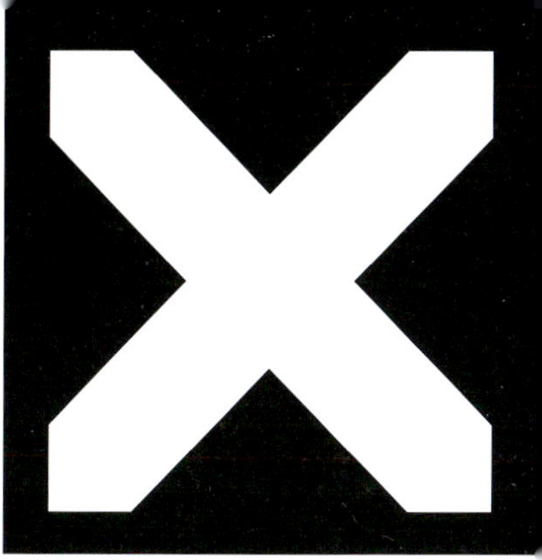

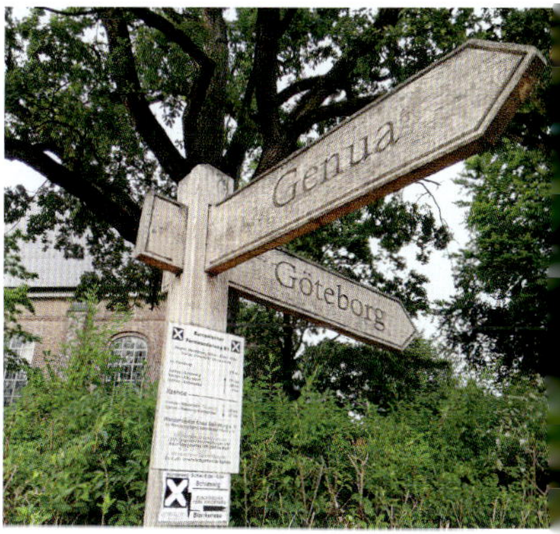

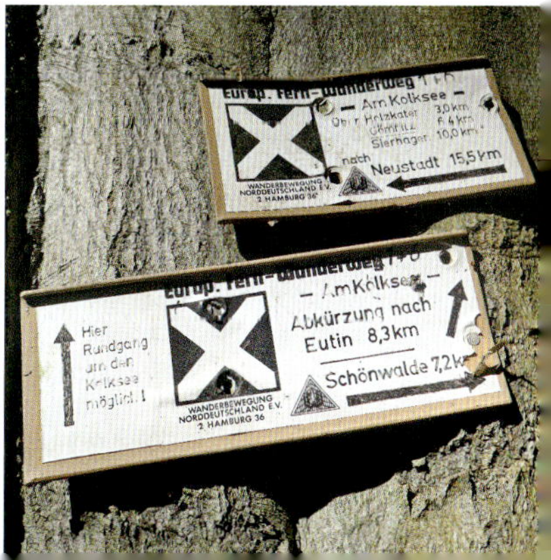

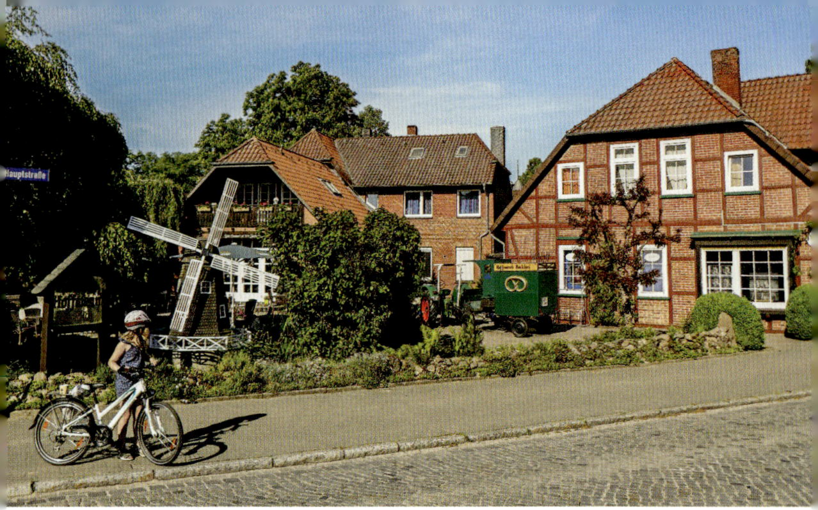

Müden an der Örtze (Etappe 26).

bzw. wieder sichtbar zu machen. Äste am besten nur knicken, nicht abbrechen, das verzögert das neuerliche Austreiben.
Für Infos zum Wegzustand (Sperren, Umleitungen etc.) oder zu Markierungsmängeln bedanken sich die ehrenamtlich tätigen Wegewarte des Wanderverbandes Norddeutschland:

- Wanderverband Norddeutschland e. V.
  Tel. +49 40 2368 6587
  info@wanderverband-norddeutschland.de
  www.wanderverband-norddeutschland.de

Wandern mit dem Rad

Zuerst die rechtliche Seite: Schleswig-Holstein und Niedersachsen sind äußerst fahrradfreundliche Länder, es gibt kaum Fahrverbote. Land- und forstwirtschaftliche Wirtschaftswege dürfen beinahe ausnahmslos befahren werden. Meist teilen sich Radfahrer und Fußgänger den ausreichend breiten Weg, der Umgang miteinander ist übrigens wohlwollend freundschaftlich.
Aus technischer Sicht: Bis Hamburg sind sowohl die West- als auch die Ostvariante mit einem normalen, straßentauglichen Tourenrad befahrbar. Wer bereit ist, kleinere Umwege in Kauf zu nehmen, wird auch ohne Mountainbike alle Etappenendpunkte erreichen – wie beispielsweise beim Anstieg auf den Aschberg, wo man auf Rädern anstelle des Waldsteiges der Zufahrtsstraße folgt. An der Ostseeküste im Bereich Schwedeneck wird man auf den bereits oben angesprochenen Küstenradweg ausweichen.

Etwas anspruchsvoller wird es in Niedersachsen. Ab der Lüneburger Heide geht es rauf und runter, dazu ist der stellenweise weiche, sandige Untergrund schwerer zu befahren als die bisherigen Wirtschaftswege. In der Landesmitte Niedersachsens folgen längere ebene Etappen. Wenn man unmittelbar dem Verlauf des E1 folgen möchte, ist ab Bad Nenndorf eine Befahrung mit Tourenrädern nicht mehr sinnvoll.
Unsere Empfehlung zu diesem Thema ist, einzelne Etappen für eine Radfahrt herauszugreifen, jedoch prinzipiell dem Takt des Wanderns treu zu bleiben, insbesondere auf den Etappen entlang der Wallanlagen oder auf jenen Abschnitten, die direkt am Strand verlaufen. Auch die Holsteinische Schweiz wäre uns wohl auf dem Fahrrad zu schnell vorbeigeflogen.
Für Radwanderungen empfiehlt sich beispielsweise die Region Neustadt-Lübeck, da man am E1 in dieser Region sonst nicht mehr an die Ostsee kommt.

Tipps für die Ausrüstung

Die Tabelle auf der nächsten Seite beinhaltet eine Packliste für Fernwanderer, die in Gaststätten nächtigen, also ohne Koch- und Zeltequipment unterwegs sind. Die Zusammenstellung ist das Ergebnis Tausender Weitwanderkilometer, jedoch nur als Vorschlag zu verstehen – zu unterschiedlich sind die Prioritäten jedes Einzelnen.
Das optimierte ständige Gewicht (ohne Nahrungsmittel und Wasser) beträgt weniger als 8 Kilogramm – Kleidung am Körper und Rucksack inklusive. Am meisten Gewicht lässt sich naturgemäß bei den schweren Ausrüstungsgegenständen sparen, bei Rucksack oder Schuhen etwa. Wir empfehlen folgende Vorgehensweise:

- 1. Packliste erstellen.
- 2. Mehrtägige Probetouren durchführen.
- 3. Packliste überarbeiten (»Mut zur Lücke«).
- 4. Volumen des Gepäcks ermitteln (wenn in einen 40-Liter-Müllsack alles hineinpasst, dann reicht ein ebenso großer Rucksack).
- 5. Ein leichtes Rucksackmodell erwägen. Je weniger Gewicht, desto leichter darf das Tragegestell bzw. der Stoff sein. Für ein Ladegewicht < 15 kg reicht ein Rucksack in der Gewichtsklasse < 1,2 kg.
- 6. Leichte, halbhohe Wanderschuhe der Kategorie A reichen aus. Weder Knöchel- oder Geröllschutz noch die seitliche Stützfunktion des Schaftes werden benötigt. Auch Trailrunning-Schuhe sind eine Option, wenn man damit leben kann, dass diese nicht wasserfest sind.
- 7. Nur die benötigten Kartenausschnitte mitnehmen (mit beidseitigen Kopien lässt sich das Gewicht um 80 Prozent reduzieren).
- 8. Dennoch nicht am Wasser sparen – unterwegs gibt es kaum öffentlich zugängliches Trinkwasser.

Packliste

Unterwäsche

2 Slips Microfaser
2 T-Shirts
2 Paar Trekkingsocken

Oberbekleidung

Fleecejacke dünn
Softshell
Trekkinghose
Freizeithose dünn
Regenjacke und -hose
Hut oder Schlauchtuch
Leichte Schuhe
Leichte Hausschuhe oder Sandalen

Hygiene & Pflege

Seife
Handtuch Microfaser
Zahnbürste und -pasta
Nassrasierer
Deo
Hautcreme / Hirschtalg
Sonnencreme
Taschentücher
Mückenschutz

Sonstiges

Rucksack
Kamera
Kugelschreiber + Block
Geldtasche, Karten
Karten & Wanderführer
GPS-Gerät inkl. Batterien
Mobiltelefon
Universalladegerät
Kabel/Akkus/Powerpack

Erste Hilfe

Schere, Pinzette
Pflaster, Blasenpflaster
Mullbinde
Latexhandschuhe
Schmerzmittel
Heilsalbe
Klebeband
Sicherheitsnadeln
Desinfektionsmittel

Diverses

Ohrenstöpsel
Löffel
Taschenmesser
2 Wasserflaschen à 0,5 l

Empfehlungen für den Winter

Lange Unterwäsche
Winterjacke
Mütze
Handschuhe
Wind- und feuchtigkeitsresistente Wanderhose
Spikesohlen
Stirnlampe
Teleskopstöcke

Gefahren / Notrufnummer

Es gelten die üblichen Vorsichtsmaßnahmen für Wandertouren, insbesondere bei unsicherer Wetterlage. Gerade im Hochsommer können plötzliche Wetterumschwünge starke Unwetter nach sich ziehen. Es kommt regelmäßig vor, dass es über mehrere Kilometer keine Unterstandsmöglichkeit gibt. Ein genaues Bild über die zu erwartende Wetterlage ist daher unerlässlich. Neben zahlreichen Wetter-Apps (wir verwenden im außeralpinen Raum seit vielen Jahren www.meteoblue.com) bietet der Deutsche Wetterdienst unter www.dwd.de Sturm- oder Hitzewarnungen per E-Mail an.

Norddeutschland gilt laut Einstufung des Robert-Koch-Institutes zwar nicht als Zeckengebiet, dennoch gibt es immer wieder Fälle von FSME-Erkrankungen auch außerhalb der Mittelgebirge. Ein leicht erhöhtes Risiko besteht

etwa ab Lübeck. Einer FSME-Infektion kann mit einer vorbeugenden Schutzimpfung begegnet werden. Dabei sind Vorlaufzeiten für die Grundimmunisierung zu berücksichtigen. Nähere Infos unter www.zecken.de.
EU-weit wählt man in Notfällen die **Euronotrufnummer 112**. Wenn Sie keinen Netzempfang haben, wird die Verbindung automatisch über einen anderen Anbieter hergestellt.

Anforderungen

Obwohl der Fernwanderweg unterschiedlichste geologische Zonen durchstreift (siehe »Land und Leute« ab Seite 25), bleibt der E1 beinahe durchgehend auf guten, sicheren Wegen. Eine Ausnahme bilden die Abschnitte in unmittelbarer Küstennähe: Hier ist bei zweifelhafter Wetterlage eine Umgehung entlang der Ortsstraßen (Fahrradmarkierung) ratsam. An der Oberkante der Steilküsten besteht zudem hohe Absturzgefahr durch wegbrechenden Untergrund. Hier kommt es jedes Jahr zu fatalen Unfällen. Sperrgebiete, wie sie etwa bei Dänisch-Nienhof ausgeschildert sind, können ohne große Umwege umgangen werden.
Bei Einhaltung dieser Vorsichtsmaßnahmen sind bei normalen Wetterbedingungen alle Etappen in diesem Buch als leicht einzustufen, das heißt, die Touren sind technisch einfach und folgen gut ausgebauten und mäßig steilen Wegen, die auch von ungeübten Wanderern ohne Probleme begangen werden können.
Das Wandern in der Ebene ist weniger eine konditionelle als vielmehr eine Herausforderung für den Bewegungsapparat. Auch jemand, der das Wandern in den Bergen gewohnt ist, wird überrascht sein, wie ungewohnt Fußsohlen und Gelenke auf eine lange Wanderung auf ebenem Terrain reagieren. Denn im Unterschied zu Bergtouren werden die Beine stets an denselben Stellen belastet, während sich die Fußstellung im Gebirge ständig ändert und an das Gelände anpasst. Also nicht wundern, wenn anfangs am Abend die Sohlen »brennen« – das legt sich mit der Zeit.

Auf (Föhren-)Nadeln gebettet durch Niedersachsen.

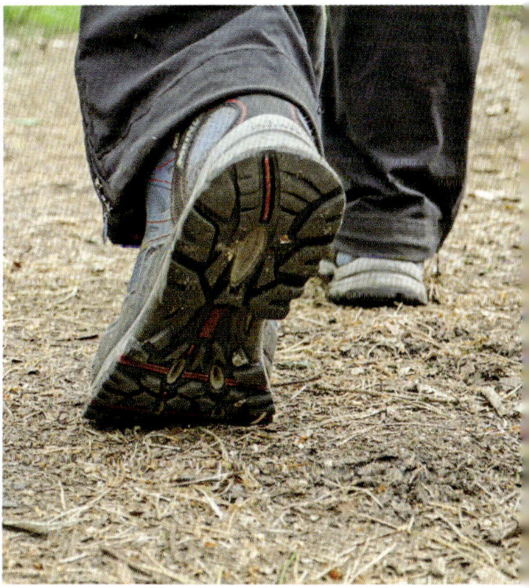

Etappenübersicht

Etappe (Werte gerundet)		Strecke (km)	Gehzeit (Std.)	Auf- / Abstieg (Hm)
Schleswig-Holstein: An der Ostseeküste (157 km)				
1	Kupfermühle – Oeversee	26	6.30	230/210
2	Oeversee – **Schleswig**	32	8.00	230/260
3	Schleswig – Aschberg	28	7.30	250/150
4	Aschberg – **Eckernförde**	23	6.00	100/200
5	Eckernförde – Surendorf	21	6.00	130/100
6	Surendorf – **Kiel Holtenau**	27	8.00	150/180
Schleswig-Holstein: Durch die Holsteinische Schweiz (171 km)				
7	Kiel Holtenau – **Preetz**	22	5.30	210/190
8	Preetz – Plön	24	6.30	240/240
9	Plön – Eutin	25	6.30	160/160
10	Eutin – Schönwalde	19	5.30	230/160
11	Schönwalde – **Neustadt**	21	5.30	170/260
12	Neustadt – Groß Parin	31	7.45	240/220
13	Groß Parin – **Lübeck**	29	7.45	190/210

Unterwegs werden mehrmals Europäische Fernwanderwege gekreuzt (Etappe 34).

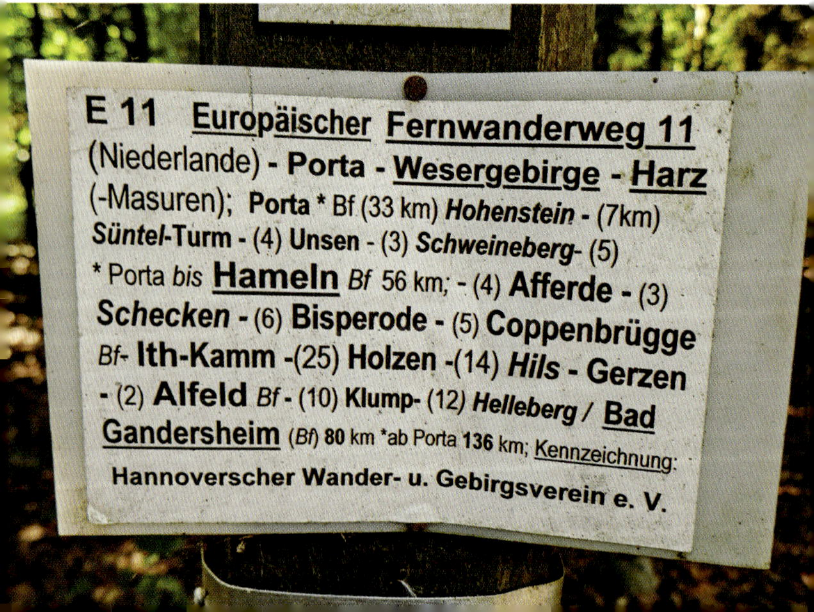

Schleswig-Holstein: Der Süden (122 km)				
14	Lübeck – Berkenthin	29	7.30	140/140
15	Berkenthin – Mölln	27	7.30	300/300
16	Mölln – Güster	19	5.00	190/190
17	Güster – Basthorst	22	6.00	140/110
18	Basthorst – Reinbek	25	6.30	150/170
Hamburg (52 km)				
19	Reinbek – **Berliner Tor**	22	6.00	130/140
20	Berliner Tor – Blankenese	18	4.45	110/120
21	Blankenese – Fischbek	12	3.15	25/20
Niedersachsen: In der Lüneburger Heide (163 km)				
22	Fischbek – **Buchholz**	23	6.45	330/270
23	Buchholz – Undeloh	26	7.30	260/240
24	Undeloh – Bispingen	19	5.00	170/170
25	Bispingen – **Soltau**	20	5.00	75/90
26	Soltau – Müden	31	8.00	130/130
27	Müden – Dehningshof	22	6.00	130/130
28	Dehningshof – **Celle**	22	5.45	80/100
Niedersachsen: Rund um Hannover (142 km)				
29	Celle – Fuhrberg	21	5.30	50/50
30	Fuhrberg – Otternhagen	29	8.00	90/85
31	Otternhagen – Steinhude	17	4.30	35/40
32	Steinhude – **Bad Nenndorf**	27	7.00	140/100
33	Bad Nenndorf – Bad Münder	27	9.00	740/580
34	Bad Münder – **Hameln**	21	7.00	560/740
Schleswig-Holstein: Westvariante (268 km)				
WV 1	Schleswig – Dörpstedt	23	6.00	100/100
WV 2	Dörpstedt – Erfde	23	6.00	90/90
WV 3	Erfde – **Albersdorf**	31	8.30	200/170
WV 4	Albersdorf – Meldorf	27	7.00	130/160
WV 5	Meldorf – Burg	30	8.00	250/240
WV 6	Burg – Kaaks	25	6.30	90/90
WV 7	Kaaks – **Itzehoe**	20	5.30	140/140
WV 8	Itzehoe – Westerhorn	20	5.00	50/50
WV 9	Westerhorn – Voßloch	16	4.00	55/50
WV 10	Voßloch – Rellingen	30	8.00	100/100
WV 11	Rellingen – Blankenese	23	6.00	190/200

Fett hervorgehoben sind Orte, die sich gut für ein Standquartier eignen (gute Öffi-Verbindungen zu den nahe gelegenen Etappenstartpunkten).

Touristische Informationen

Reisezeit

Alle Etappen in diesem Buch sind ganzjährig begehbar, wenn man die Ausrüstung geringfügig anpasst (siehe »Tipps für die Ausrüstung«, Seite 13). Faktoren, die in die Überlegung zur »besten Reisezeit« hineinfließen, sind meist individueller Natur: Möchte man in der heißen Jahreszeit wandern und die stabile Großwetterlage ausnützen oder geht man lieber bei gemäßigtem Klima in der Zwischensaison auf Tour? Letzteres erspart einem zwar die Mücken, gleichzeitig könnte es außerhalb der Hauptsaison schwieriger werden, Quartiere zu bekommen.

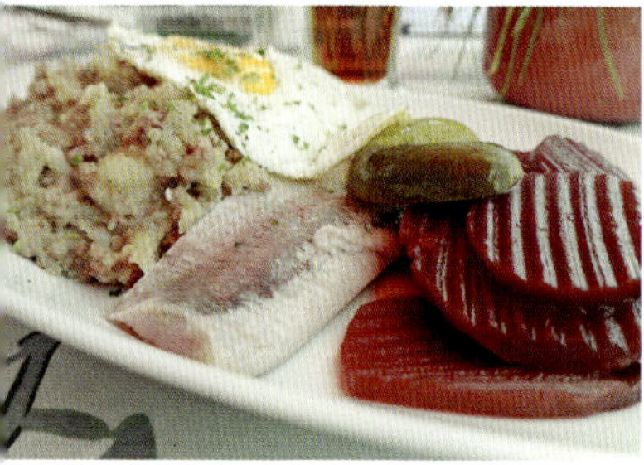

Die meisten Wanderer werden den Nordabschnitt ohnehin in mehreren Teilstücken begehen, womit sich die Gelegenheit bietet, jeder Saison eine Chance zu geben. Manch eine(r) wird die Zeit der Heideblüte zur Entscheidungsfindung heranziehen (August/September). Zur Ferienzeit finden sehr viele Traditionsveranstaltungen (Schützenfeste, Konzerte ...) statt, auch fällt das Programm der Tourismusvereine in der Hauptsaison üppiger aus.

Wanderer, die den deutschen E1 bis zum Bodensee fortsetzen möchten, müssen dafür (unter der Annahme von einem Ruhetag pro Woche) etwa 3–3,5 Monate veranschlagen.

Einkauf, Einkehr und Unterkunft

Für jeden Etappenendpunkt ist zumindest eine Nächtigungsmöglichkeit namentlich genannt, um die Quartiersuche bei Bedarf so kurz wie möglich zu halten. Eine Ausnahme bilden jene Orte, wo wir mangels günstig gelegener Quartiere empfehlen, mit öffentlichen Verkehrsmitteln auf andere Ortschaften auszuweichen.

Wer in größeren Orten mehr Auswahl möchte, wendet sich an die zuständige Tourismusinfo – Kontaktdaten sind bei jeder Etappe angegeben. Die Einleitung »z. B.« ist Hinweis darauf, dass es im Ort mehrere Quartiere gibt.

Unsere eigenen Kriterien bei der Auswahl des Quartiers gelten auch für die Nennung im Buch:

1. ein sauberer Schlafplatz,
2. goldene Wasserhähne nicht unbedingt notwendig,
3. Verpflegungsmöglichkeit im Haus oder in akzeptabler Gehdistanz.

Autorentipp: Wir haben in Norddeutschland die Erfahrung gemacht, dass es wesentlich mehr (und günstigere) Quartiere gibt, als in den kommerziellen Buchungsplattformen angeboten werden. Auch die kurzfristige Vermittlung über das Tourismusbüro vor Ort hat gut geklappt.
Das dichte Netz an Jugendherbergen soll hier ebenfalls nicht unerwähnt bleiben. Das Verzeichnis der über 500 deutschen Standorte findet man unter www.jugendherberge.de. Erfahrungsgemäß sind Zimmer in Jugendherbergen kurzfristig eher selten zu ergattern, auch Betten in Mehrbettzimmern sind sehr gefragt, weshalb sich eine rechtzeitige Reservierung empfiehlt.
Viele Restaurants in Norddeutschland haben nur abends geöffnet und sind daher in Orten, wo keine Nächtigungsmöglichkeit besteht, für Wanderer nicht von Bedeutung. Gasthäuser, die an Wochenenden auch mittags öffnen, wurden aufgenommen, doch auf die Angabe der Abendöffnungszeiten an Wochentagen verzichtet. Um im Buch Platz zu sparen, sind Einkehrmöglichkeiten, die gleichzeitig auch Unterkünfte sind, nur dort aufgeführt.
Was die Einkaufsmöglichkeiten betrifft, weisen wir auf Supermärkte (S), Bäckereien (Bä) und Banken/Geldautomaten (B) hin. In kleinen Orten führen wir an, was genau es dort gibt. Ist ein Ort nur namentlich genannt, ist alles davon da.

Foto links: Wer Labskaus nicht probiert hat, war nicht im Norden.
Unten: Nachmittagspause bei der Farchauer Mühle (Etappe 15).

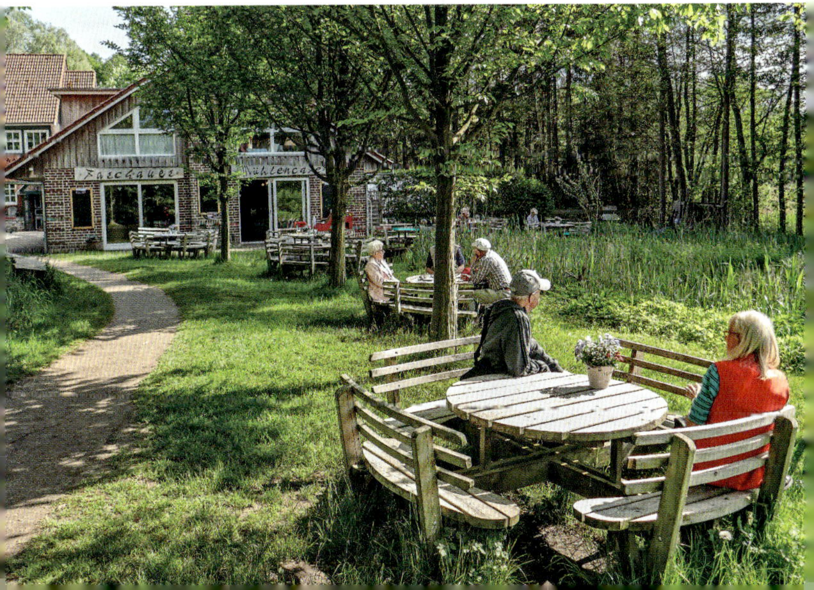

Schutzhütten

Das empfehlenswerte Forum www.outdoorseiten.net betreibt ein eigenes Wiki für Outdoorthemen. Dort befindet sich auch ein Verzeichnis der Schutzhütten entlang des Fernwanderweges E1, deren Standorte in den Tourenkärtchen dieses Buches verzeichnet sind. Manche dieser Hütten sind nicht mehr als eine überdachte Sitzbank, andere hingegen sind vergleichsweise geräumig. Eine Zusammenstellung der Hütten mit Detailinfos und Bildern ist im Aufbau.

Die Einträge für Deutschland wurden von Forumsteilnehmern nach bestem Wissen gesammelt, erheben keinen Anspruch auf Vollständigkeit und können sich jederzeit ändern. Eine Karte mit Schutzhütten findet sich hier:

- https://tiny.cc/schutzhuetten (verweist auf: https://umap.openstreetmap.fr/ca/map/ods-schutzhuttenverzeichnis_568676)

Literatur, analoge & digitale Karten

Wanderkarten

Bei der Orientierung helfen die bei jeder Etappe abgedruckten Kartenausschnitte. Dennoch empfehlen wir die Mitnahme einer zusätzlichen Regionskarte. Ob in Papier oder digital, ist Geschmackssache. Wer mehrere Etappen am Stück geht, erhält mit Blättern im Maßstab 1:50.000 einen guten Kompromiss zwischen Gesamtüberblick und Detail.

- Der KOMPASS Kartenverlag bietet mit Ausnahme des Abschnittes Soltau – Celle für alle Etappen Kartenblätter im Maßstab 1:50.000. Eine Übersicht bietet der Blattschnitt, den man als PDF unter www.kompass.de/verlagsprogramm/ herunterladen kann. Eine preislich interessante Alternative insbesondere für all jene, die beabsichtigen, den ganzen Weg zu gehen, ist die Gesamtkarte von Deutschland als Handy-App. Die App lässt sich auch offline nutzen. Mit ihr lassen sich präzise jene Ausschnitte ausdrucken, die man unterwegs benötigt. In Kombination mit ape@map lässt sich die Gesamtkarte auch offline am Smartphone nutzen.
- Eine aktuelle und lückenlose Abdeckung an Wanderkarten für Schleswig Holstein und Hamburg erhält man beim Landesamt für Vermessung und Geoinformation Schleswig-Holstein auf www.schleswig-holstein.de (Suchbegriff: Amtliche Wander- und Freizeitkarten 1:50.000).
- Einen Blattschnitt für die Karten des Landesamtes für Geoinformation und Landesvermessung Niedersachsen findet man unter lgln.niedersachsen.de.
- Der Verlag PublicPress (PP) hat für die Woche durch die Lüneburger Heide eine eigene Weitwanderkarte gleichen Namens im Angebot (1:35.000). Die Karte Schleswig-Holstein ist hervorragend geeignet, um sich eine Übersicht über jenes Bundesland zu verschaffen, das drei Viertel aller Touren dieses Buches stellt.

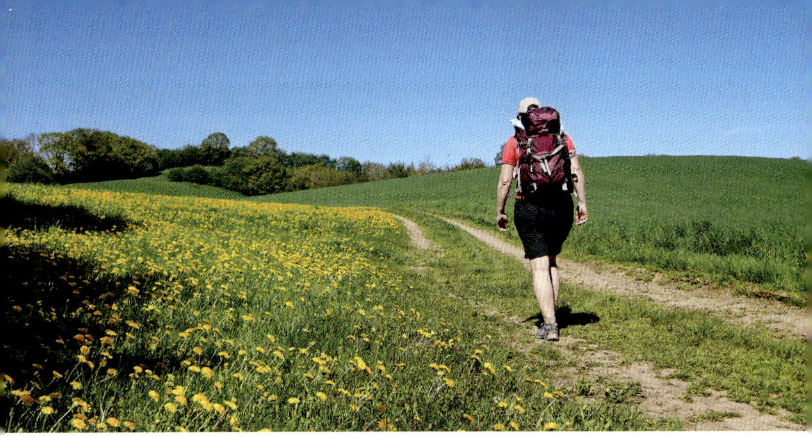

Unterwegs zu den Plöner Seen (Etappe 8).

Die Artikelnummern der verfügbaren Karten der Anbieter sind im jeweiligen Steckbrief zu finden (K für Kompass, L für das Landesamt Schleswig-Holstein, LN für das Landesamt Niedersachsen). Angegeben sind jene Kartenblätter, in denen sich der Startpunkt befindet. Sie können z. B. über den Webshop von freytag & berndt (www.freytagberndt.com) bezogen werden.

Digitale Ressourcen

- Hervorragend aufbereitete Webseite zum gesamten Fernwanderweg E1: e1.hiking-europe.eu
- Liste zu Digitalkarten im Netz: en.wikipedia.org/wiki/List_of_online_map_services
- Alle Kompass-Karten digital: www.kompass.de/kompass-pro
- Hilfreich zur Ermittlung von Distanz und Gehzeit: www.alpenvereinaktiv.com/de/tourenplaner
- Info und Auskunft zu Weitwanderthemen (überregional): www.alpenverein.at/weitwanderer
- Offlinekarten für GPS & Smartphone: www.openandromaps.org; garmin.openstreetmap.nl; www.wanderreitkarte.de
- Autorenwebseite mit der Möglichkeit zur Kontaktaufnahme: http://martin.marktl.online

Buchtipps

- Pollmann, Bernhard: Ostseeküste – Schleswig-Holstein, Bergverlag Rother
- Serie Baedecker Wissen: Deutschland, Verlag Karl Baedecker
- Fründt Hans-Jürgen: Schleswig-Holstein, Verlag Reise Know-How

Die Highlights am E1 im Norden Deutschlands

Hart an der Kante

Von Eckernförde bis zum Bülker Leuchtturm erstreckt sich der (einzige) Abschnitt des Europäischen Fernwanderweges E1, der direkt zwischen dem Ufer und den schroffen Steilwänden der Ostseeküste hindurchführt. Als Wanderer hat man die freie Wahl, ob man direkt am Wasser bleiben oder lieber von oben das bunte Treiben auf hoher See beobachten möchte. Manchmal nimmt einem das Wetter diese schwere Entscheidung ab und man ist froh, dass es zum (direkt an der tobenden See verlaufenden) Uferweg ein Stockwerk höher eine weniger gefährliche Alternative gibt.

Historische Zentren

Nicht jede alte Stadt hat eine Altstadt. So wurden beispielsweise in Kiel alle historischen Bauten im Zuge des Zweiten Weltkrieges dem Erdboden gleichgemacht. Andere Städte hatten da mehr Glück. Zu den sehenswertesten Juwelen entlang des E1 gehören die engen Gassen und Hinterhöfe rund um die Stadtmitte von Flensburg, das alte Fischerdorf im Osten von Schleswig und vor allem die historische Insel inmitten der Hansestadt Lübeck. Selbstredend darf in dieser Aufzählung auch Hamburg nicht fehlen, wo allerdings für eine gründliche Besichtigung ein Tag kaum ausreichen wird.

Fachwerkhäuser in Celle

Rund 450 Fachwerkhäuser lassen sich im historischen Kern der Stadt Celle bewundern. Ganze Straßenzüge bieten sich für stimmungsvolle Fotos an, insbesondere in den Morgenstunden (weil wenig Trubel) oder in den Abendstunden (weil viel Trubel). Etliche Wirte haben inmitten dieser ansprechenden Kulisse ihre Tische aufgestellt, sodass man diese altehrwürdige, jedoch aufgeweckte Stadt in gemütlichem Ambiente und »mittendrin« erleben kann.

Bei den Eidgenossen des Nordens

Die Schwentine verbindet auf knapp 70 km Flusslänge die Hafenstadt Kiel mit dem höchsten Berg Schleswig-Holsteins. Dazwischen liegt die Hol-

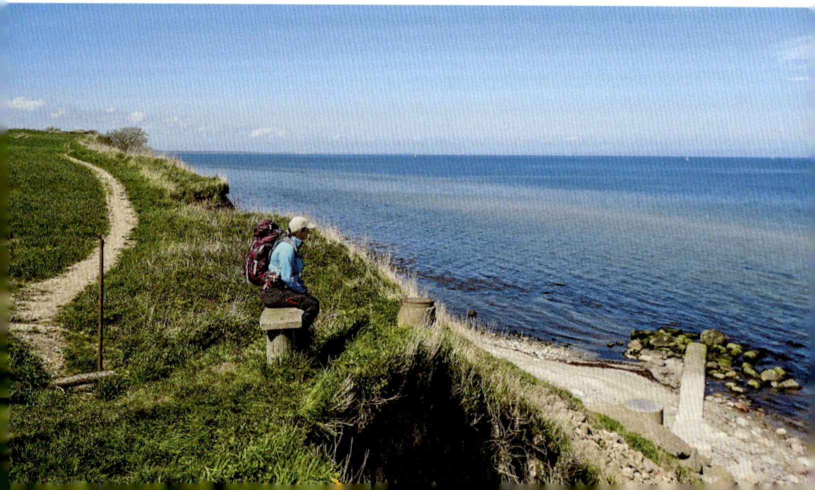

steinische Schweiz – ein Landschafts-Eldorado mit zahlreichen Seen und sanft hügeligen Wäldern – kurzum ein Wanderparadies. Landschaftlich einer der Höhepunkte des gesamten Nordabschnittes.

Aufstiegshilfe in Blau

Sie tut nichts, sie hilft einem nicht, und sie ist nicht einmal besonders fotogen. Sie ist einfach nur da. Dennoch weiß jeder von uns, welches (mit einer blauen Plane verhüllte) Baudenkmal den Startpunkt des deutschen E1-Abschnittes markiert: Die Rolltreppe an der Grenze zwischen Deutschland und Dänemark.

Se(e)henswürdigkeiten

An der Ost- (bzw. nahe der Westvariante auch an der Nord-)see gibt es für eine Landratte so viele unterschiedliche Dinge zu erleben, dass eine Aufzählung hier niemals komplett sein kann. Um einige Highlights herauszufischen: Der Nord-Ostsee-Kanal als landschaftsarchitektonische Großleistung, die beeindruckenden Kreuzfahrt- und Industrieschiffe z. B. im Hafen von Kiel, die sagenhaft wohlschmeckenden Fischbrötchen, aber auch der Elbtunnel im Hafen von Hamburg gehört zu den Dingen, die man unterwegs nicht missen darf.

Holsten, Flens & Dithmarscher

Nimmt man nur den Hauptstrang unseres Fernwanderweges als Maßstab, gibt es im nördlichsten Bundesland Deutschlands genauso viele Brauereien wie E1-Etappen, nämlich 34. Statistisch gesehen ist also jeden Tag eine neue Biersorte zur Verkostung dran. Wer sich dieser Herausforderung stellt, wird auch ohne Statistik an der gebotenen Vielfalt seine Freude haben, zumal viele Braumeister mehrere, teils sehr unterschiedliche Sorten im Programm haben. Prost!

Die Eider-Treene-Niederung

Das Naturschutzgebiet im Westen Schleswig-Holsteins bildet den Lebensraum für zahlreiche, oftmals unter Schutz stehende Tierarten. Eingeschlossen von den Flüssen Eider, Treene und Sorge ist die weitläufige Feuchtgrünfläche ein wichtiges Rückzugsgebiet und Winter-Aufenthaltsort für zahlreiche Zugvögel. Bevor die Menschen im Mittelalter mit dem Landgewinn für den Ackerbau begannen, befanden sich hier zahlreiche Seen. Nach der Entwässerung sind davon weitläufige Ebenen zurückgeblieben, die insbesondere in den Morgenstunden ein prächtiges Lichtspektakel bieten.

Höhepunkte – wortwörtlich

Auch wenn die Gipfel des Nordens nicht so weit in den Himmel ragen wie anderswo: Wir haben jeden einzelnen der Berge entlang des Weges genossen und mit Vorfreude bestiegen. Wir hielten am höchsten Berg Schleswig-Holsteins unsere Nase in den Wind, um ein paar Wochen später vom Wilseder Berg in die niemals enden wollende Weite der niedersächsischen Heidelandschaft zu blicken. Als wortwörtlicher Ausblick auf die ersten Gipfel der deutschen Mittelgebirge warteten dann auf den letzten beiden Etappen sogar noch zwei echte »Vierhunderter« auf uns. Auch wenn uns das daheim in den Alpen wieder keiner glauben wird: Mehr braucht man nicht zum Glücklichsein.

Harte Schale …

Was in einem »Best of Norddeutschland« keinesfalls fehlen darf, sind die Männer und Frauen des Nordens, die uns stets gute Gastgeber waren und uns mit ihrer schnurgeraden Art ans Herz gewachsen sind. Da wird nicht lange gefackelt oder um den heißen Brei herumgeredet – sehr erfrischend!

An der Ostsee nördlich von Kiel (Etappe 6).

Der Umwelt zuliebe ...

Auch beim Wandern hinterlassen wir einen ökologischen Fußabdruck, aber im Einklang mit der Natur unterwegs zu sein, ist gar nicht so schwer!

VORBEREITUNG UND ANFAHRT

- Sich vorab informieren, worauf in Bezug auf Natur und Umwelt in der jeweiligen Wanderregion besonders zu achten ist.
- Soweit möglich mit Bahn und Bus anreisen, Wander- und Rufbusse nutzen.
- Ist eine Anfahrt mit dem Auto nötig, Fahrgemeinschaften bilden.
- Bei weiten Anfahrten Mehrtagestouren planen oder von einem Quartier vor Ort aus mehrere Touren absolvieren.
- Flugreisen möglichst reduzieren und durch Beiträge zu Klimaschutzprojekten kompensieren.

KLEIDUNG UND AUSRÜSTUNG

- Beim Kauf von Outdoor-Kleidung auf umweltfreundliche und faire Herstellung achten und Kleidungsstücke möglichst viele Jahre nutzen.
- Ausrüstung kann man eventuell auch gebraucht kaufen oder ausleihen.
- Reparieren statt neu kaufen.

VERPFLEGUNG

- Beim Einkauf Bio-Ware, regionale und saisonale Erzeugnisse bevorzugen.
- Hütten und Gasthäuser auswählen, die regionale Produkte verwenden.
- Auf Einwegflaschen und Plastikverpackungen verzichten, stattdessen wiederverwendbare Trinkflaschen und Brotzeitboxen benutzen.

ÜBERNACHTUNG

- Bei lokalen Anbietern buchen, damit Menschen vor Ort profitieren.
- Auf Hütten und in anderen Unterkünften Strom und Wasser sparen.

UNTERWEGS

- Wege benutzen und Abkürzer vermeiden.
- Sperrungen von Wegen und Schutzgebieten respektieren.
- Keine Blumen pflücken und keine Pflanzen entnehmen.
- Waldbrandgefahr beachten.
- Müll wieder mit nach Hause nehmen und dort entsorgen.
- Toilettengänge in freier Natur möglichst vermeiden.
- Lärm vermeiden.
- Hunde an die Leine nehmen.

ROTHER
BERGVERLAG

Land und Leute

Schleswig-Holstein

Als einziges Bundesland Deutschlands hat Schleswig-Holstein Anschluss an die Nord- und an die Ostsee, weshalb manche es auch das »Land zwischen den Meeren« nennen. Das Wappen des nördlichsten Bundeslandes besteht wie der Name aus zwei Teilen: Die beiden Löwen erinnern an die jahrhundertelange Verbundenheit Schleswigs mit Dänemark (das dänische Wappen wird von drei Löwen geziert), während die mit etwas Fantasie als Brennnessel zu erkennende andere Hälfte dem Wappen der Schauenberger Landesherren entlehnt ist, die lange die Geschicke beider Landesteile lenkten. Für den E1-Wanderer treffen die ehemaligen Herzogtümer Schleswig und Holstein in Holtenau bei Kiel aufeinander (Etappe 6).

Das vergleichsweise schmale Land ist klimatisch stark von seinen »Meeren« beherrscht. Wetterbestimmend ist die oft stürmische Nordsee. Die Hauptwindrichtung verläuft von Westen nach Osten. Die Ostsee gibt sich friedlicher und lädt zum Baden ein, während es an der Nordsee nur wenige Bademöglichkeiten gibt. Das soll uns aber nicht grämen, da selbst die Westvariante des E1 die Nordsee nicht unmittelbar berührt.

Nord- und Ostsee sind durch den »NOK«, den Nord-Ostsee-Kanal durchschnitten. Die Wasserstraße kann von Hochseeschiffen durchfahren werden und erspart ihnen so den 800 Kilometer langen Weg um Dänemark herum. Keine andere Wasserstraße der Welt wird von so vielen Schiffen befahren wie diese Verbindung. Dort wo die Elbe in die Nordsee mündet, befindet sich die westliche Schleuse. Auf gleichbleibendem Wasserpegel geht es also ohne weitere Schleuse zum östlichen Gegenstück, das sich bei Kiel befindet. Durch die beiden Schleusen wird ungeachtet von Ebbe und Flut ein ausreichender Wasserstand gewährleistet. Auf der Fahrt durch den Kanal werden die drei prägenden Naturräume Schleswig-Holsteins durchquert. Der fruchtbare Landstreifen an der Ostsee wird als Marschland bezeichnet und besteht aus angeschwemmten Sedimenten. Hier wird Ackerbau und Viehzucht betrieben. In der Mitte des Landes befindet sich die Geest – sanftes, seenlo-

Die Ostseeküste – ideales Trainingsgelände für (Über-)Wassersportler.

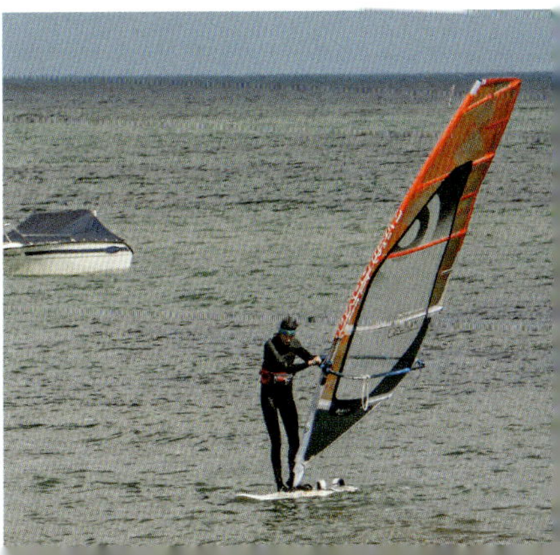

ses Hügelland, welches einst bewaldet war, doch im Laufe der Zeit landwirtschaftlich kultiviert wurde. Der sandige Boden lässt jedoch nur wenige Nutzungsformen zu: Hier finden wir viele Weidegebiete sowie großflächigen Maisanbau. Auch Deutschlands größte Baumschulen sind in diesem Raum zu finden.

Den Streifen an der Ostsee prägt das Östliche Hügelland. Die Weichsel-Eiszeit formte hier insbesondere in der Holsteinischen Schweiz eine abwechslungsreiche Landschaft aus Hügeln, Tälern und zahlreichen Seen. Die Küstenlinie zur Ostsee wird durch die Förden bestimmt. Dabei handelt es sich um glazial geformte Buchten, die sich tief ins Landesinnere ausdehnen. Zwischen den Förden liegen drei ausgedehnte Halbinseln, von denen der E1 jedoch nur die mittlere, den Dänischen Wohld, in Küstennähe durchmisst. In den geschützten Buchten entstanden die ersten Handelsplätze des Landes, allen voran die Wikingersiedlung Haithabu an der Schlei (Etappe 2).

Geologen werden hier übrigens einwerfen, dass die Schlei nicht zu den Förden zählt, da sie eine andere Entstehungsgeschichte durchlief. Fjord und Förde ist nicht dasselbe, auch wenn man das sprachlich vermuten würde: Um für das Gespräch mit Fachleuten gewappnet zu sein, kann man sich

Geburtsort der Kieler Sprotten: der Hafen von Eckernförde (Etappe 4).

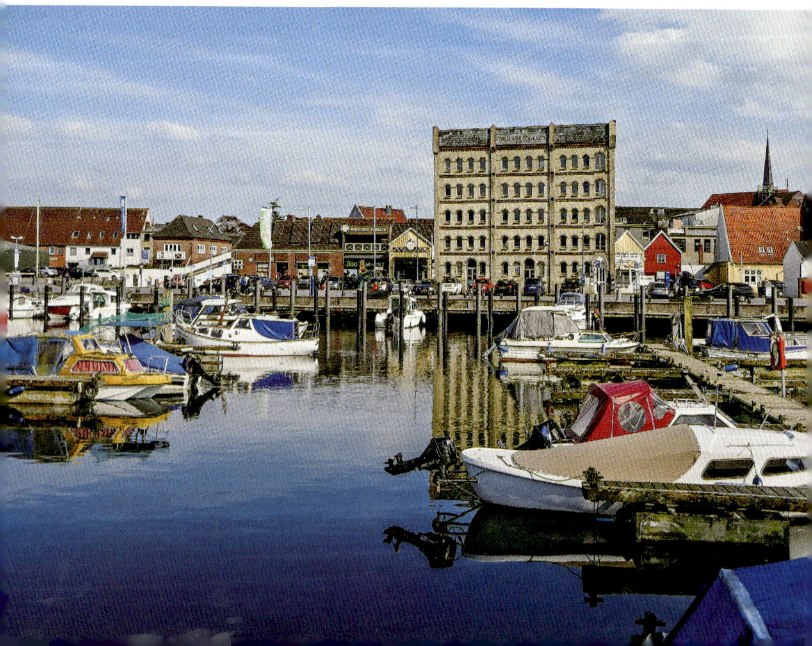

den Unterschied so merken: Ein Fjord ist ein Überbleibsel von einem Eiszeitgletscher, der sich vom Gebirge aus in tiefer gelegene Regionen (»seewärts«) ausbreitete. Die Förden an der Ostsee entstanden, als der Eispanzer von der Ostsee auf das Landesinnere des heutigen Hügellandes drückte und es dabei aufschob. Dabei dehnten sich einzelne Zungen tief ins heutige Schleswig (»landwärts«) aus und hinterließen nach ihrem Abschmelzen mächtige Rinnen.

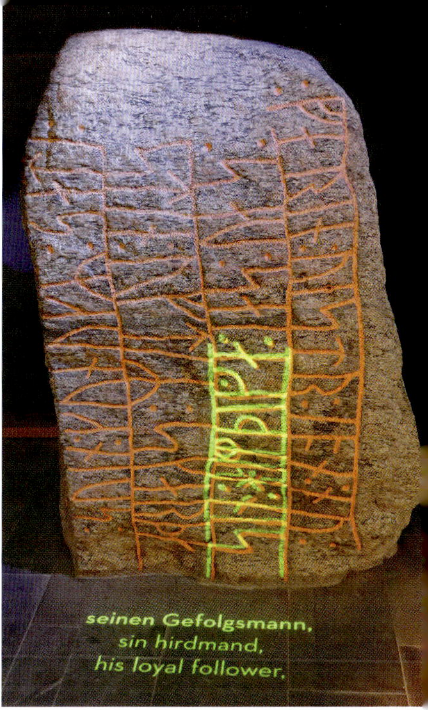

Ansehnlicher Archäologieunterricht im Museum Haithabu.

Den Menschen damals waren diese geologischen Spitzfindigkeiten egal: Als Haithabu von den Slawen zerstört wurde, war man nicht bereit, den guten Standort aufzugeben – am gegenüberliegenden Seeufer entstand das heutige Schleswig. Weiter nördlich in der Flensburger Förde entwickelte sich die gleichnamige Hafenstadt. Und »am Keil« weiter südlich entwickelte sich die Stadt »tom Kyle« – das heutige Kiel.

Höchster Berg des Landes ist der 168 m hohe Bungsberg in der Holsteinischen Schweiz. Weitere sieben Erhebungen knacken in Schleswig-Holstein die 100-m-Marke.

Flensburger Förde

Wo sich die Staatsgrenze zwischen Dänemark und Deutschland durch das Wasser zieht, befindet sich der westlichste Punkt der Ostsee. E1-Wanderer haben hier die Möglichkeit, mit Blick auf den Museumshafen ihr erstes Fischbrötchen zu genießen (Etappe 1). Vom Hafen verkehren Ausflugsschiffe Richtung Glücksburg und Dänemark, auch Rundfahrten werden angeboten.

Die umliegende Landschaft wurde von Endmoränen geformt und ist sanft hügelig.

Die ersten Kilometer am deutschen E1 führen durch dieses Waldgebiet, welches im Volksmund »Niehuuser Alpen« genannt wird.

Schlei und Hüttener Berge

Ob Förde oder nicht: Die Schlei ist Schleswigs längste Bucht. Über 40 Kilometer lang und durchschnittlich 1,3 km breit ist der Einschnitt, der samt dem umliegenden Küstengebiet seit 2008 unter dem Namen »Naturpark Schlei« zusammengefasst ist. Entlang des »Wikinger-Friesen-Radweges« lässt sich die Schlei süd- und nordseitig erkunden. Ausflugsboote kreuzen zwischen Schleswig und Schleimünde. Entlang der Schlei verkehren mehrere Fähren, so auch zwischen der Schleswiger Altstadt und dem Anlegeplatz beim Wikingermuseum Haithabu.

Nach Schleswig durchqueren E1-Wanderer den vormals nördlichsten Naturpark Deutschlands, die Hüttener Berge. Auch diese Landschaft ist von Gletscher-Aufschiebungen der Weichsel-Eiszeit geprägt: Mit dem Aschberg (Etappe 3) wird der erste Aussichtsberg auf diesem Fernwanderweg erreicht. Und erstmals geht es über 100 m Seehöhe hinaus – am Aschberg allerdings nur, wenn man dort auch den Aussichtsturm erklimmt (oder mit dem Lift hochfährt). Mit etwas Wetterglück kann man von hier aus sowohl die Schlei als auch die Eckernförder Bucht sehen. Eine weitläufige Geest-Moorlandschaft prägt tags darauf den Charakter von Etappe 4, die uns an den Rand des Naturparks bei Eckernförde bringt.

Eckernförder Bucht und Dänischer Wohld

Während sich die Flensburger Förde und die Schlei als vergleichsweise schmaler Streifen ins Landesinnere ziehen, öffnet sich die Eckernförder Bucht weit und gestattet auch vom Inneren aus einen Blick auf das offene Meer. Von Küste zu Küste erreicht die Bucht an der Einfahrt eine Ausdehnung von etwa 10 Kilometern. Der Fernwanderweg E1 widmet der Bucht eine Tagestour (Etappe 5), wobei sich die Sandstrände bei Eckernförde mit der steinigen Steilküste auf Höhe Schwedeneck abwechseln.

Die Halbinsel im Süden der Bucht ist weitaus weniger waldreich, als dies ihr Namen vermuten lässt. Während sich hier zur Zeit der dänischen Landnahme noch ausgedehnte Buchen- und Eichenwälder befanden, beherrschen heute weitläufige Agrarflächen den Landstrich, der bis hinunter zum Nord-Ostsee-Kanal reicht. Abseits der Küste findet man fruchtbares Grünland, wo Mais, Raps und Getreide angebaut werden.

Kieler Förde

Die Kieler Förde zieht sich 17 Kilometer ins Landesinnere. Der E1 trifft auf Höhe von Strande auf den Einfahrtsbereich der sich weit öffnenden Bucht. Hier findet jedes Jahr in der »Kieler Woche« die weltweit größte Segelregatta statt. Gegenüber befindet sich der Hafenort Laboe mit der »U-995«, einem gestrandeten U-Boot, welches im Zweiten Weltkrieg vor Skandinavien eingesetzt wurde. Wer möchte, kann die Kieler Förde mit der Fähre überqueren und dem hiesigen Museum einen Besuch abstatten. Zu einer Fährfahrt als Ersatz für die Wanderung in die Kieler Stadtmitte möchten wir nur unter Vorbehalt raten: Kaum eine Großstadt kann eine »grünere letzte Meile« vorweisen als Kiel – der Weg bis zum Nord-Ostsee-Kanal ist hinter den letzten Häusern von Strande erstaunlich abwechslungsreich.

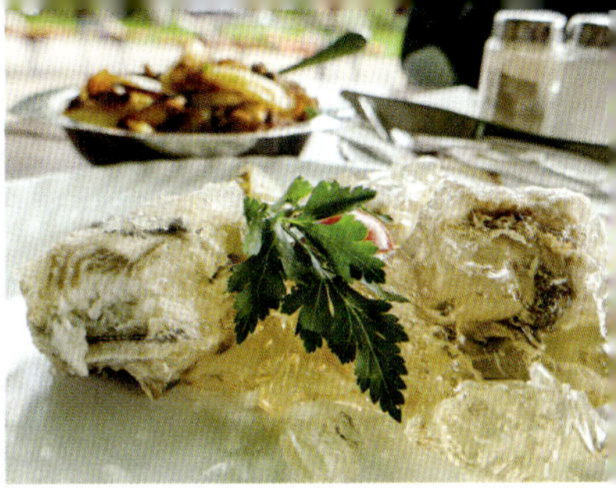

Aal in Gelee mit knusprigen Zwiebelbratkartoffeln.

Auch wenn Kiel im Bombenhagel des Zweiten Weltkrieges seiner historischen Altstadt verlustig ging und deshalb weniger Sehenswürdigkeiten aufzubieten hat als beispielsweise Lübeck, ist der Hafen dennoch für viele Grund genug, einen Pausentag in der Landeshauptstadt einzulegen.

Holsteinische Schweiz

Nahe am Kieler Stadtkern mündet die Schwentine in die Kieler Förde. Für uns bildet der Jachthafen das Eintrittstor in wohl eine der schönsten Landschaften Norddeutschlands. Seenreich und von Laubwäldern umgeben, präsentiert sich der Landstrich zwischen Kiel und Lübeck, der uns ganze sieben Tage lang eine abwechslungsreiche Kulisse für unseren Weg Richtung Bodensee bietet (Etappe 7–13). Hier mischen sich Kultur und Natur im Tagesrhythmus: Eingebettet zwischen Laubwäldern und schönen Uferwegen liegen die historischen Orte Preetz, Plön und Eutin mit ihren Baudenkmälern samt kulturellem Begleitprogramm in den Sommermonaten.
Mit dem Bungsberg wird unterwegs der höchste Punkt Schleswig-Holsteins überquert. Hier entspringt die Schwentine, an deren 60 Kilometer langer Flusslinie sich alle bedeutenden Seen der Holsteinischen Schweiz auffädeln.

Lübecker Bucht

Während der E1 auf Höhe der Lübecker Bucht etwas weiter westlich im Landesinneren verläuft, reihen sich am Ufer einige der bedeutsamsten Badeorte Holsteins aneinander. Der Küstenstrich zwischen Neustadt und Travemünde lässt sich auch gut mit dem Fahrrad erkunden, der Ostsee-Radweg verläuft hier. Lübeck selbst ist ein 1A-Tipp für einen Pausentag – der Charme der Altstadt ist umwerfend.

Herzogtum Lauenburg, Stormarn

In Lübeck verlässt der E1 endgültig die Ostseeregion. Ein paar Tage lang haben wir die seltene Gelegenheit, auf drei Europäischen Fernwanderwegen gleichzeitig zu wandern. Etwa drei Etappen lang teilen sich E1, E6 und E9 die Wegführung, bevor der E6 kurz vor Güster nach Süden abzweigt und

die slowenische Adria anpeilt. Der Küstenweg E9 bleibt uns noch bis an das Elbeufer auf Höhe Blankenese gewogen, um sich dann Richtung Nordsee zu verabschieden.
Nach zwei Wandertagen durch den Naturpark entlang der Lauenburger Seen dreht sich unser Weg beinahe exakt im rechten Winkel nach Westen und steuert auf Hamburg zu. Ein kulturell reiches Land mit sehenswerten Prunkbauten erwartet uns, aber auch Schleswig-Holsteins größtes Forstgebiet, der Sachsenwald. Wir folgen hier einige Zeit der Bille, die durch das gleichnamige Naturschutzgebiet auf Reinbek zufließt und später nahe Hamburg durch einen Kanal in der Unteren Elbe aufgeht. In Reinbek befinden wir uns bereits im Speckgürtel Hamburgs – der Kreis gehört jedoch politisch noch zu Schleswig-Holstein. Der Übertritt in das Gebiet der Stadt Hamburg erfolgt auf Höhe von Bergedorf, wo der E1 die Bille verlässt.

Regionen an der Westvariante

Eider – Treene – Sorge

Drei Flüsse waren namensgebend für das große, von der Eider und ihren beiden Nebenflüssen gespeiste Feuchtgebiet. Weitläufige Moorflächen sowie zahlreiche Seen prägten diesen einst unfruchtbaren Landesteil, bevor

Blick in unsere Lieblingsetappe auf der Westvariante (WV 8).

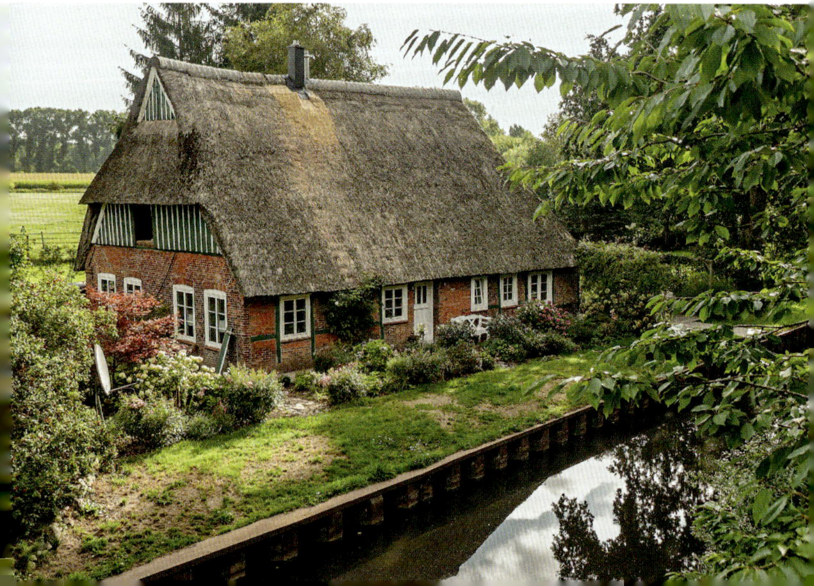

man im Spätmittelalter mit der Trockenlegung der Gewässer landwirtschaftliche Nutzflächen gewann. Aus dieser größten Niederung Schleswig-Holsteins erhoben sich durch die Entwässerung mehrere Landflächen, die naturgemäß noch heute über ihre Umgebung hinausragen – wenn auch nur um wenige Meter. Selbst die markantesten Erhebungen kommen über 30 m Seehöhe nicht hinaus.
Die Bezeichnung »-holm« bezieht sich auf ebendiese »Inseln« inmitten des Landes. So treffen wir im Bereich Bergenhusen – Norderstapel auf den eiszeitlich geformten Geestrücken Stapelholm, der im Süden bis Erfde heranreicht. Am Weg dorthin queren wir trockenen Fußes den Dicksee: Die Flurbezeichnung blieb erhalten, den einstigen See kann man heute jedoch nur mehr erahnen.
Das Naturschutzgebiet sowie die umliegenden Moorlandschaften sind Heimat für zahlreiche Wasservogelarten. Der Grünlandbereich ist Lebensraum und Überwinterungsplatz für viele unterschiedliche Wiesenvögel. Das Gebiet ist für seinen Bestand an Weißstörchen bekannt.

Dithmarschen

Wie der Name bereits vermuten lässt, besteht die Region in Küstennähe aus fruchtbarem Marschland, welches im Landesinneren in Geestgebiete übergeht. Der südwestliche Landesteil Schleswig-Holsteins ist daher seit jeher landschaftlich geprägt: Durch Deichbauten wurde das Land an der Nordsee urbar gemacht und verhalf einigen Großbauern zu veritablem Reichtum. Daraus ergab sich auch eine über Jahrhunderte aufrechterhaltene realpolitische Unabhängigkeit.
Dithmarschen wird vom Nord-Ostsee-Kanal durchschnitten, womit Brunsbüttel am Elbufer zum industriellen Zentrum der Region wurde. Den Norden der Region dominiert der mäandernde Flusslauf der Eider. Eine Zugbrücke hilft uns bei Etappe WV 3 über das gemächlich dahinfließende Wasser.
Ob die Eider der längste Fluss Schleswig-Holsteins ist, ist übrigens umstritten. Da der Nord-Ostsee-Kanal die Eider durchschneidet und diese westlich von Rendsburg gewissermaßen ein zweites Mal entspringt, schrumpft der längere der beiden Teile auf eine Gesamtlänge von 108 Kilometern. Damit würde die 124 km lange Trave, die wir auf Etappe 13 im Herrentunnel unterqueren, an die erste Stelle rücken.

Steinburg und Pinneberg

Genauso wie Stormarn vis-à-vis am Ende der Ostvariante gehören die beiden Kreise bereits zum Einzugsgebiet der Metropole Hamburg, sind politisch jedoch Teile Schleswig-Holsteins. Während das Umland von Itzehoe etliche Wälder aufweist, gilt Pinneberg als das größte Baumschulgebiet der Welt. Bis zum Elbufer ist der Wanderer auch auf der Westvariante immer wieder im Grünen unterwegs.

Hamburg

Bundesland, Hauptstadt und Zentrum Norddeutschlands in einem: Dort, wo die Flüsse Alster und Bille in die Elbe münden, gab es bereits im 12. Jahrhundert einen Hafen, der sich im Laufe der Jahrhunderte immer weiter nach Westen verschob bzw. ausdehnte. Der Hamburger Hafen ist der größte Seehafen Deutschlands – was erstaunen mag, liegt Hamburg doch im Landesinneren, etwa 100 Kilometer von der offenen See entfernt. Doch wie man schon an der Ostseeküste sehen konnte, war es letztendlich die geschützte Lage, die für die Standortwahl am Elbufer ausschlaggebend war.

Hinter Rotterdam belegt der Hafen in Europa heute den zweiten Platz, wechselt sich in dieser Position jedoch mit dem Hafen von Antwerpen ab, der bei einigen Kennzahlen die Nase vorn hat. Etwa 12.000 einlaufende Containerschiffe machen den Hafen nicht nur zum größten Wirtschaftsfaktor der Region, sondern auch zu einer beeindruckenden, außergewöhnlichen Sehenswürdigkeit. So überrascht es nicht, dass Hamburg beim Städtetourismus zu den begehrtesten Zielen in Europa gehört: Die Nächtigungszahlen haben sich über die letzten Jahre verdoppelt und weisen weiterhin eine stark steigende Tendenz auf. Zudem gilt Hamburg als Kongresszentrum und ist vielleicht deshalb Deutschlands Metropole mit den meisten Luxushotels.

Neben ihrer logistischen Bedeutung gilt die Stadt auch in anderen Bereichen als »Tor zur Welt«: Ein Dutzend Universitäten und Hochschulen machen Hamburg zum Bildungszentrum. Beim Rennen um den ersten Rang als Medienzentrale Deutschlands mischt seit dem Mauerfall auch Berlin mit – dennoch befinden sich die Zentralen einiger großer Medienhäuser wie

Hamburger Tunnelblick.

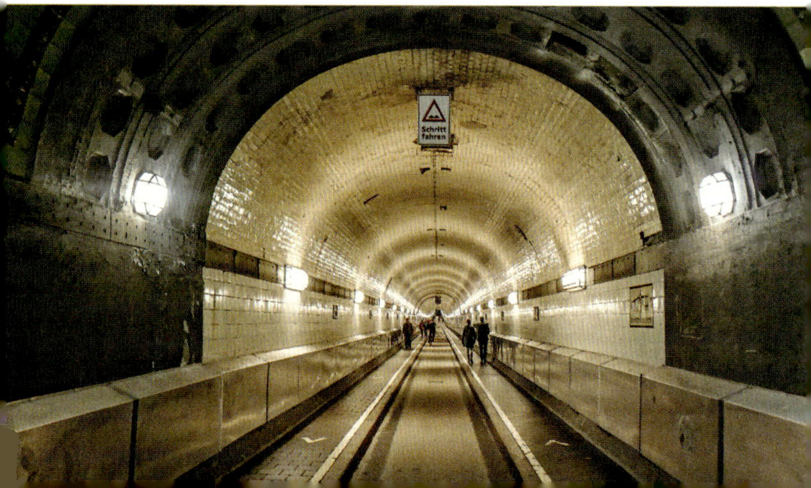

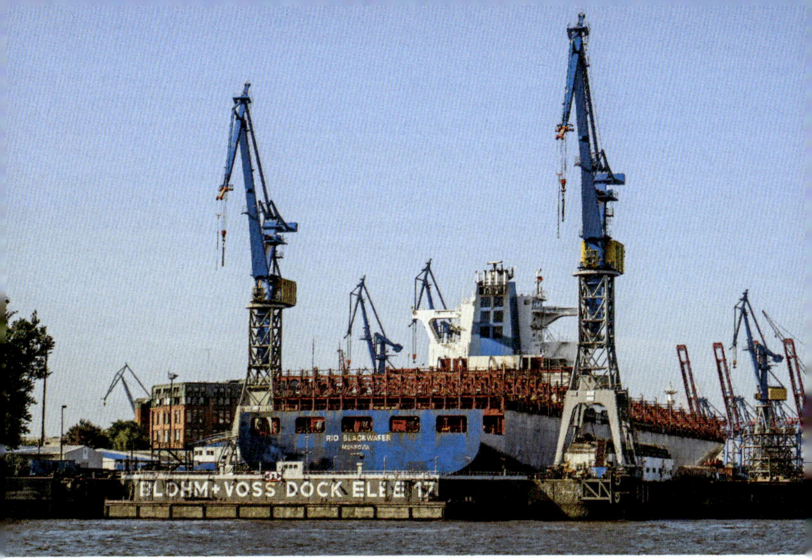

Blohm+Voss, die letzte Großwerft Hamburgs.

Gruner+Jahr oder der Norddeutsche Rundfunk weiterhin an der Elbe. Daneben sind zahlreiche renommierte Bühnen hier zu Hause, zuletzt kam die 2016 eröffnete Elbphilharmonie dazu. Darüber hinaus gibt es unzählige kleine Bühnen und Bars mit pulsierender Musikszene in allen Genres.
Tagsüber buhlen die Shops rund um die sehenswerte Altstadt um Kundschaft. In den Einkaufsstraßen zwischen Rathaus und Hauptbahnhof reiht sich ein Geschäft ans andere, hier befinden sich auch die größten Kaufhäuser und Filialen großer Modeketten. Rund um den Jungfernstieg gibt es in teils überdachten Passagen zahlreiche Gelegenheiten, das Packgewicht der Geldbörse zu optimieren. Es gibt kaum eine Luxusmarke, die hier nicht mit einer Dependance vertreten ist.
Nicht zuletzt haben die Fußballclubs HSV und FC St. Pauli bei (fast) jedem der 1,8 Millionen Hamburger den Stellenwert einer anerkannten Religionsgemeinschaft.
Geografisch ist das Bild der Stadtmitte vom Alstersee sowie von zahlreichen Flüssen und Kanälen geprägt. Unser Weg durch Hamburgs Mitte führt uns durch mehrere Parks sowie über etliche der insgesamt 2500 Brücken. Eine der bekanntesten unter ihnen, die Lombardsbrücke, bringt uns entlang des E1 (und genau am 10. Längengrad) zwischen Binnen- und Außenalster hinein ins Zentrum. Hinter der kleineren Binnenalster zeigt sich der Jungfernstieg vor der fotogenen Skyline der Hamburger Hauptkirchen.

Der E1 verläuft nun weiter zu den St. Pauli-Landungsbrücken und folgt von dort der Unterelbe in Flussrichtung. Vorbei am Fischmarkt wird der Stadtteil Altona erreicht, der, wie Teile Schleswig-Holsteins, längere Zeit zu Dänemark gehörte. Erst seit 1937 ist Altona Teil der Stadt Hamburg. Zahlreiche klassizistische Villen prägen die Parklandschaft in den Hängen rund um den Altonaer Balkon. Auf Höhe des Museumshafens Övelgönne kommt der E1 wieder nahe an die Elbe und folgt dieser nun bis zu den Villen im Treppenviertel von Blankenese. Hier am Fuße des Hamburger Hausberges, dem 75 m hohen Süllberg, vereinen sich die West- und Ostvariante unseres Fernwanderweges, der sich nach einer Fährfahrt südlich der Elbe fortsetzt.

Niedersachsen

Niedersachsen ist nach Bayern das zweitgrößte Bundesland Deutschlands. Der E1 durchquert das Land in der Hauptrichtung Nord-Süd. Die acht Großstädte des Landes und deren Einzugsgebiete werden nicht berührt, selbst die Landeshauptstadt Hannover, die »mitten am Weg« liegt, ist für den Wanderer kaum wahrnehmbar.
Niedersachsen ist ein vorwiegend flaches, in erster Linie landwirtschaftlich genutztes Land, welches im Süden bereits an die Ausläufer der deutschen Mittelgebirge heranreicht. Außerhalb des Berglandes ist der Wilseder Berg mit 169 m die höchste Erhebung (Etappe 24). Auch wenn sich der Touris-

Geografisches Wörterbuch

Begriff	Erklärung
Watt, das	Jene Küstenfläche, die bei Ebbe trocken liegt
Förde, die	Eiszeitlich geformte Meeresbucht
Marsch, die	Flache, nacheiszeitlich gebildete Schwemmgebiete an der Nordsee und einigen norddeutschen Flüssen
Hallig, die	Flache Nordseeinseln, die bei Flut überschwemmt werden können
Schlei, die	Meerarm der Ostsee, der geologisch nicht zu den Förden gezählt wird
Knick, der	Oft auf Erdwällen angelegte künstliche Strauchhecken als Schutz vor Wind
Deich, der	Zum Schutz oder zur Landgewinnung künstlich errichteter Damm entlang von Küsten und Flüssen
Siel, das	Wasserdurchlass in Deichen, der der Entwässerung des Marschlandes dient
Priel, der	Natürlicher Wasserlauf in Watt- und Marschgebieten
Koog, der	Aus Watten mithilfe von Deichen gewonnenes Land
Geest, die	Wenig fruchtbare, sandige Landschaftsform
Redder, der	Weg zwischen zwei Hecken
Noor, das	See, der nur durch eine schmale Öffnung mit einem größeren Gewässer verbunden ist

mus auf die Küstenlinie konzentriert, ist im Landesinneren an manchen Orten im Sommer auch so einiges los. An Ausflugszielen wie beispielsweise dem autofreien Dorf Wilsede inmitten der Lüneburger Heide sind an einem hochsommerlichen Sonntag deutlich mehr Besucher als Heidschnucken anzutreffen. In den umliegenden freundlichen Heidedörfern Bispingen und Undeloh sollte man daher auch auf Engpässe beim Quartierangebot vorbereitet sein.
Neben drei großräumigen Naturparks erwarten den Wanderer einige kulturelle Höhepunkte, allen voran die sehenswerten niedersächsischen Fachwerkbauten. In Celle oder Hameln wirft die Altstadt genug Sehenswertes für zumindest einen Pausentag ab, Museumsbesuche nicht eingerechnet.

Durch die Heide

Die Etappen 22 bis 24 führen uns nach der Durchquerung des Naturschutzgebietes Fischbeker Heide bei Buchholz in den Naturpark Lüneburger Heide, in dessen Kern sich das gleichnamige Naturschutzgebiet befindet. Beide sind Teil des Naturraumes Lüneburger Heide. Noch vor wenigen Jahren waren der (sanft touristisch genutzte) Naturpark und das Naturschutzgebiet identisch, mittlerweile gehören jedoch auch die umliegenden Gemeinden zum Naturpark. Der Naturraum gleichen Namens (die »Region«) wiederum ist dann noch einmal ein Stück größer – man muss also sehr genau achtgeben, wovon gerade die Rede ist, wenn es um die Größe der Lüneburger Heide geht. So wird beispielsweise Soltau noch zu den Naturparkgemeinden gezählt, während der E1 zwischen Bispingen und Soltau bereits ein wenig außerhalb der Schutzzone, aber immerhin noch innerhalb des Naturraumes verläuft.
Bekannt ist das Gebiet vor allem durch das Heidekraut, welches in der zweiten Sommerhälfte hellviolette Blüten hervorbringt und damit ganze Landstriche in einen fotogenen Farbteppich hüllt. Wer den Naturpark während der Heideblüte erleben möchte,

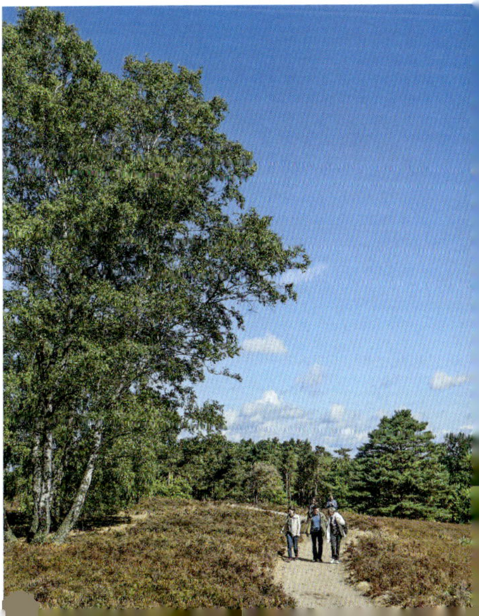

Auch das ist Hamburg – die Fischbeker Heide.

macht das in dem leicht zu merkenden Zeitraum zwischen 8.8. und 9.9. Doch auch außerhalb dieser Zeit ist die Wanderung in der eiszeitlich geformten, hügeligen Landschaft lohnend – egal ob Park, Schutzgebiet oder Naturraum. Etwas weniger abwechslungsreich sind die schnurgeraden Strecken durch den Niedersächsischen Wirtschaftsforst: Abschnitte, die sich nachgerade anbieten, ungestört über längere Zeit seinen Gedanken nachzuhängen.
Als einziger bedeutender Weitwanderweg durchzieht der 2012 eröffnete Heidschnuckenweg die Naturparks der Heide. Der offizielle Startpunkt befindet sich in Fischbek, Ziel ist Celle. Während der Heidschnuckenweg auch die umliegenden Gemeinden an seiner Anziehungskraft teilhaben lässt, verfolgt der E1 eine vergleichsweise gerade Linienführung. Dem Wanderer steht es somit frei, seine Heide-Durchwanderung nach Belieben auszudehnen oder bei Quartiernot auf umliegende Orte auszuweichen. Beide Wege sind im gesamten Naturpark hervorragend markiert. Infos auf www.heidschnuckenweg.de.
Zwischen Müden an der Örtze und der Residenzstadt Celle sind wir zwei Tage lang in der Südheide unterwegs (Etappen 27 und 28). Das Landschaftsschutzgebiet besteht zu knapp zwei Dritteln aus Fichten- und Kiefernwäldern. Um die sich zwischen Mooren und den Waldbeständen befindlichen

Wietzendorf – unterwegs auf der historischen Salzstraße (Etappe 26).

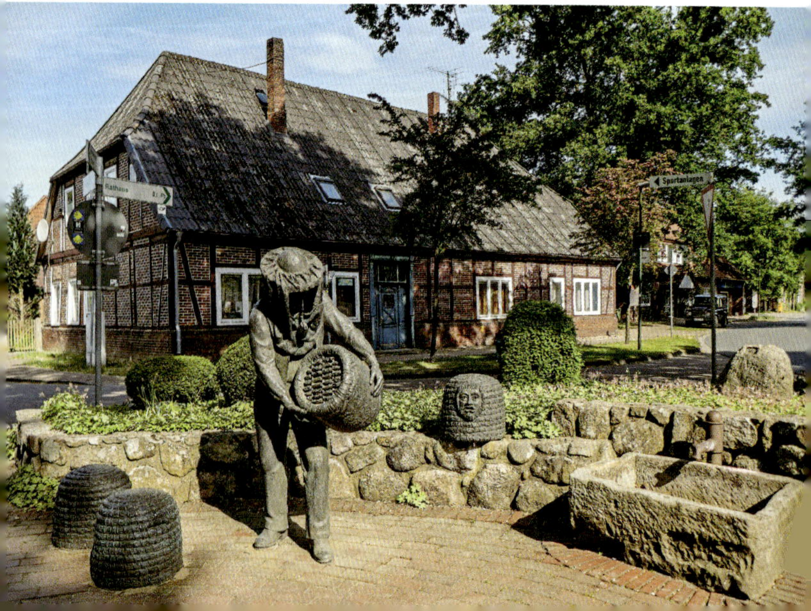

Heideflächen zu erhalten, werden Heidschnucken eingesetzt. Diese äußerst genügsame Schafrasse findet auch auf den trockenen Heideböden ihr Futter und hält durch den Verbiss von Jungbäumen den Heidebewuchs nieder. Rund 9000 Tiere ziehen das ganze Jahr über durch die Heide – etwa 10 Kilometer legen sie jeden Tag zurück. Trotzdem ist es nicht selbstverständlich, sie unterwegs auch zu treffen, da sie von ihren Schäfern auf ständig neuen Wegen durch die Heide geführt werden. Nur so ist es möglich, das Gebiet gleichmäßig zu beweiden und seine Erhaltung sicherzustellen. In Müden an der Örtze gibt es jedoch regelmäßig die Möglichkeit, den Schäfern (und den Schafen) bei ihrer Arbeit in der Südheide zuzusehen (Etappe 26).

Naturpark Steinhuder Meer

Mitten im Naturpark befindet sich Niedersachsens größter See: Knapp 30 Quadratkilometer stehen den Besuchern für alle möglichen Wassersportarten zur Verfügung, die man ohne Verbrennungsmotoren betreiben kann. Segler und (Kite-)Surfer finden in Nordwestdeutschland keine besseren Bedingungen vor. Insbesondere Anfänger schätzen die Übungsbedingungen: Die durchschnittliche Wassertiefe des Sees beträgt 1,35 m, an der tiefsten Stelle etwa 3 m.

Archäologische Funde zeigen, dass das Gebiet um das Steinhuder Meer beinahe so lange besiedelt ist, wie es den See gibt. Dass der See am Ende der Weichsel-Eiszeit letztendlich sogar größer war als heute, erkennt man an den Moorgebieten im Osten und Westen des Sees. Die ehemaligen Torf-Abbaugebiete stehen heute unter Naturschutz. Der E1 berührt das älteste Schutzgebiet der Region, das Hagenburger Moor am Westufer des Sees.

Im See befinden sich zwei künstlich angelegte Inseln. Die Insel Wilhelmstein, auf der sich die gleichnamige Festung der Grafschaft Schaumburg-Lippe befindet, erreicht man von Steinhude aus per Ausflugsboot. Auch das am Nordufer gelegene Mardorf kann mithilfe der sogenannten »Auswandererboote« besucht werden. Sie haben ihren Namen aus früherer Zeit, als die beiden Orte noch zu unterschiedlichen Herrschaftsgebieten gehörten. Wilhelmstein war einst übrigens zeitweise eine Gefängnisinsel; mitunter kam es vor, dass sich Häftlinge über den zugefrorenen See davonmachten.

Deister im Naturpark Weserbergland

Der Große Deister ist ein Höhenzug im Südwesten von Hannover. Er verhilft uns am Ende des Nordabschnittes zu bisher ungekannten Höhen: Wir überschreiten dort erstmals die 400-Höhenmeter-Marke – was bemerkenswert ist, gingen doch alle Etappen zuvor nie über die 200-m-Marke hinaus. Die Ausdehnung des Großen Deister beträgt in südöstlicher Richtung 21 km und geht an der Deisterpforte (Etappe 33) in den Kleinen Deister über. Diese Fortsetzung ist jedoch nicht Teil des E1, da sich der Weg nach Bad Münder dem Weserbergland zuwendet.

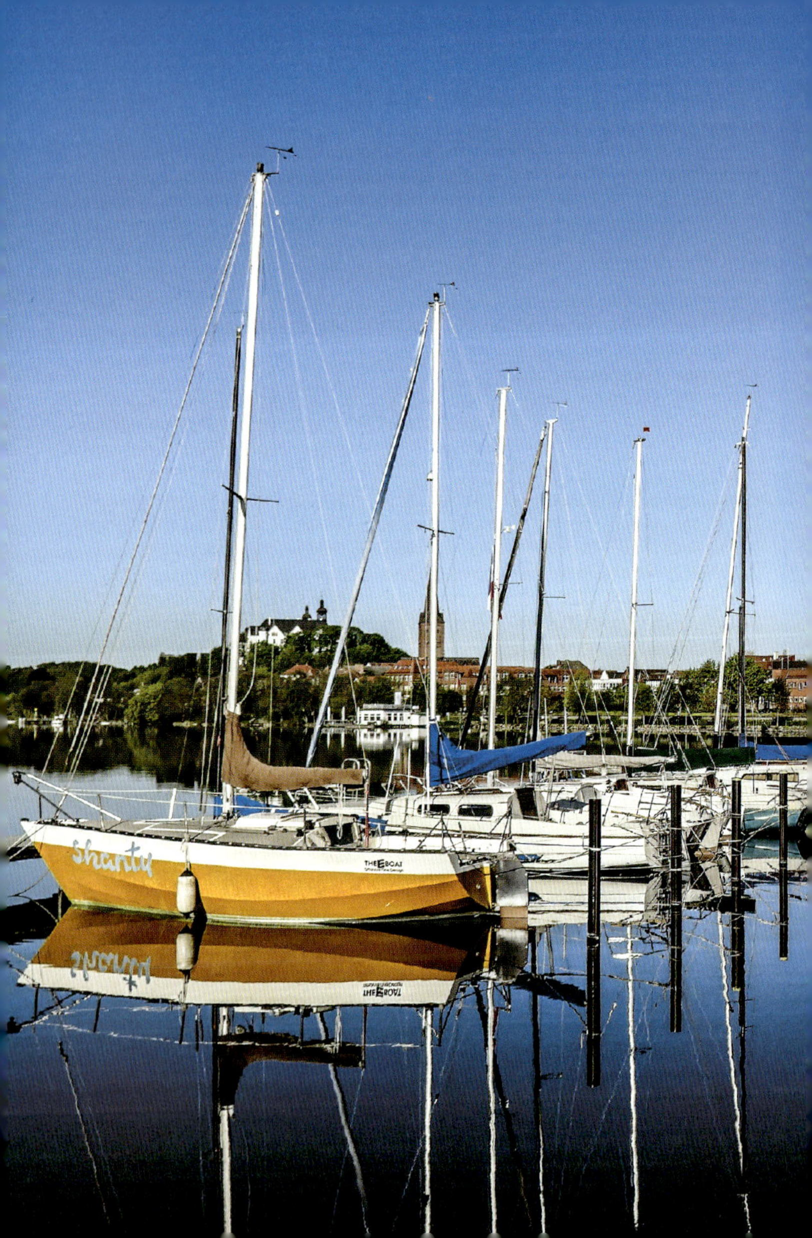
Shanty

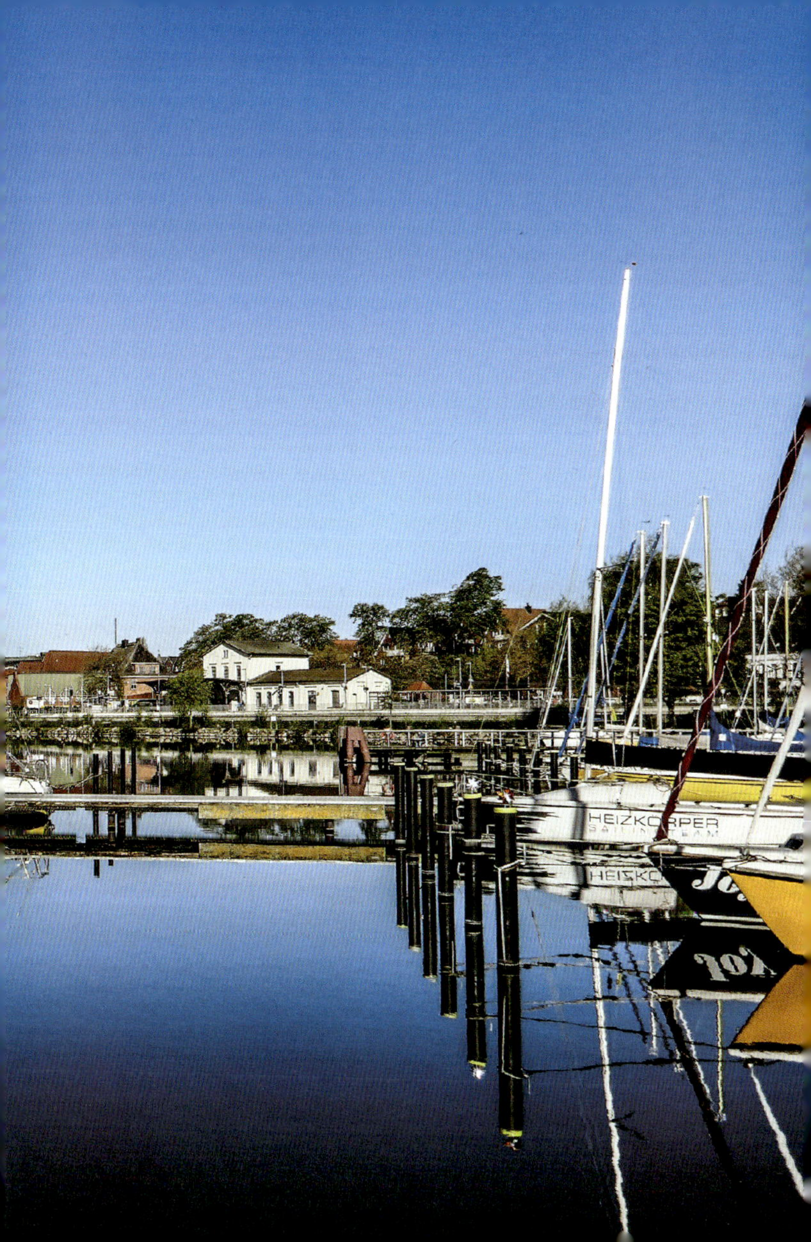
HEIZKORPER

1 Kupfermühle – Oeversee

6.30 Std.

26 km

Ein Still-Leben in Blau

Die Anzahl der Fernwanderwege, die mit einer Rolltreppe beginnen, ist überschaubar. Damit wir nicht gleich zu Beginn den Verlockungen des motorisierten Transportes verfallen, wurde die Rolltreppe offenbar vor mehreren Jahrzehnten außer Betrieb genommen. Denn zahlreiche Reiseberichte von Fernwanderern, die auf ihrem Weg durch Europa von diesem deutsch-dänischen Grenzübergang berichten, erwähnen dieses Kuriosum – »gerollt« ist die Treppe in den letzten 30 Jahren bei keinem einzigen. Eine blaue Plane verdeckt die Stufen und lädt stumm dazu ein, die Wanderung durch die norddeutsche Tiefebene mit einem kurzen, knackigen Aufstieg zu beginnen.

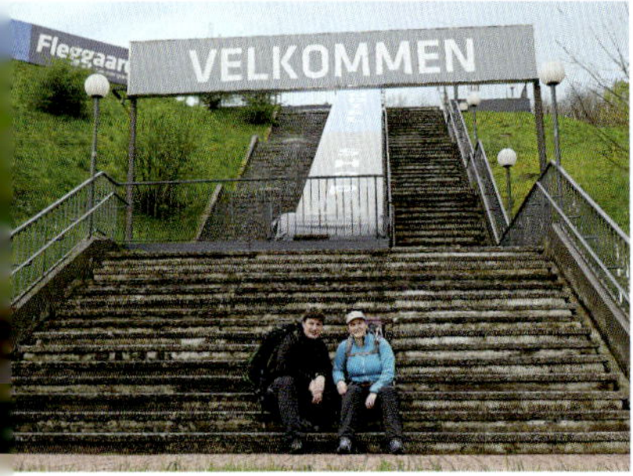

Die erste Etappe bringt uns bald an die Flensburger Förde, wo wir an der Strandpromenade ein wenig Seeluft schnuppern können, bevor wir in das Stadtgebiet von Flensburg eintauchen. Vom Hafen folgen wir dann dem Ochsenweg nach Süden. Diese historische Handelsroute verband einst die dänische Halbinsel mit den Handelszentren Norddeutschlands.

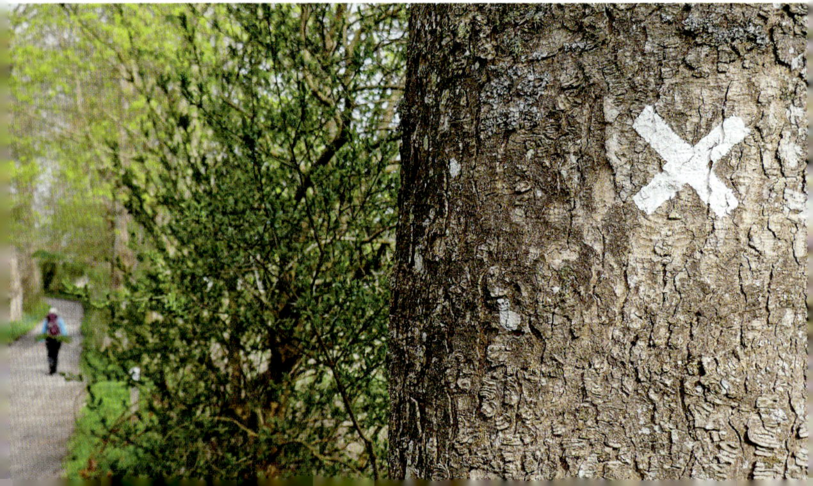

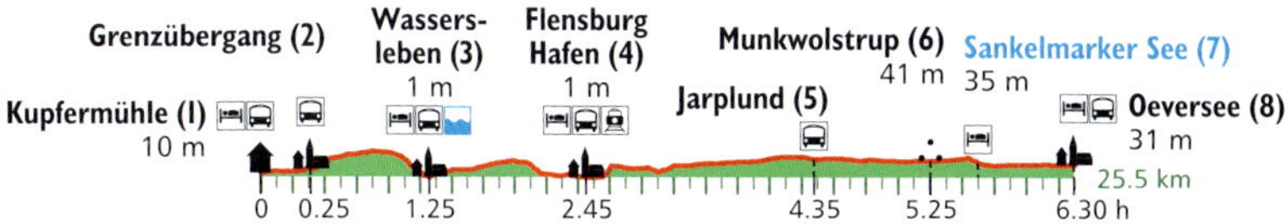

Ausgangspunkt: Kupfermühle Ort, 10 m. Anreise über Flensburg und von dort weiter mit Bus 1 bis Haltestelle Kupfermühle Kiosk. Von hier 5 Gehminuten zur Nächtigungsmöglichkeit in der Ortsmitte. Oder Grenzübergang Kupfermühle, 20 m, ebenfalls mit Bus 1 erreichbar, die Haltestelle befindet sich nahe dem Hotel.

Höhenunterschied: 230 m im Aufstieg, 210 m im Abstieg.

Anforderungen: Leichte Tour auf Waldboden, Schotterwegen oder Asphalt.

Einkehr: Kupfermühle Ort, Grenze, Wassersleben, Flensburg, Oeversee.

Unterkunft: **Kupfermühle Ort:** Alte Direktionsvilla Kupfermühle, Tel. +49 461 9403 2670, www.hotelinflensburg.de. – **Grenzübergang:** Hotel des Nordens, Tel. +49 461 7020, www.hotel-des-nordens.com. – **Wassersleben:** Hotel Wassersleben, Tel. +49 461 7742-0, www.hotel-wassersleben.de. – **Flensburg:** Mehrere, z. B. Ramada Flensburg, Tel. +49 461 841 10, www.wyndhamhotels.com; Gästehäuser Zimmer Frei, Tel. +49 461 3132 8062, www.zfi-holidays.de; DJH Flensburg, Tel. +49 461 377 42, www.flensburg.jugendherberge.de. – **Sankelmarker See:** Hotel Garni Seeblick, Tel. +49 4630 4969 851, www.hotel-garni-seeblick-am-sankelmarker-see.schleswigholstein.org. – **Oeversee:** Genießer-Hotel Historischer Krug, Tel. +49 4630 9400, www.historischer-krug.de; Gasthof Frörup (So RT), Tel. +49 4638 894 50, www.gasthaus-salzundpfeffer.de.

Einkauf: S an der Grenze, Bä und S in Wassersleben, Flensburg, B, Bä und S in Oeversee.

Verkehrsmittel: Bus 1 Flensburg Bhf–Wassersleben–Kupfermühle Kiosk (Ort)–Kupfermühle Grenze–Krusau; Bus 1550 Flensburg–Jarplund–Oeversee. Hinweis: Zugbahnhof und ZOB Flensburg sind etwa 20 Gehminuten voneinander entfernt.

Information: Touristinformation Flensburg, Tel. +49 461 909 09 20, www.flensburger-foerde.de.

Karten: K Kartenset 724 Ostseeküste. Dieses Set deckt die Etappen 1–13 beinahe vollständig ab. Zwei kleine Lücken bei Schleswig bzw. Preetz können mit den Karten 708 Ostseefjörd Schlei bzw. 709 Naturpark Westensee geschlossen werden; L Blatt 4 Flensburg/Kappeln.

Tipp: Flensburg bietet auch abseits des Hafens eine abwechslungsreiche Innenstadt mit zahlreichen sehenswerten historischen Gebäuden sowie einer bunten Shoppingmeile. Die Rote Straße ist bekannt für Kunsthandwerk und kleine Läden. Dort befinden sich auch die stilsicher restaurierten Hinterhöfe, die bereits einen Abstecher wert sind. Bekannt ist Flensburg auch für seine Edeldestillerien: Als ein Beispiel sei hier die Familie Braasch genannt, deren sehenswertes Rum-Museum kostenlos besucht werden kann. Wer die nördlichste Brauerei Deutschlands besichtigen möchte, findet unter www.flens.de/besichtigung alle Infos.
Um trotz stressfreiem Altstadtbesuch am selben Tag bis Oeversee zu kommen, kann vom ZOB bis zum Stadtrand der Bus genommen und so das Industriegebiet im Süden der Stadt »übersprungen« werden (Haltestelle Handewitt-Jarplund Bürohaus = Wegpunkt 5).

Dieses Kreuz bestimmt ab nun unseren (Tagesab-)Lauf.

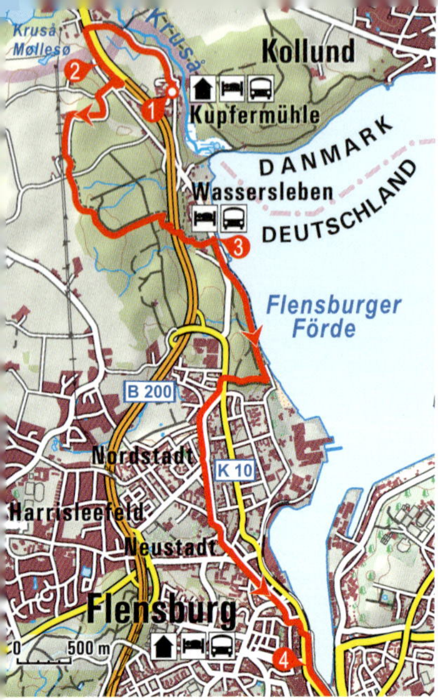

Für diejenigen Wanderer, die am Vortag angreist sind, wird diese Fernwanderung in **Kupfermühle (1)**, 74 m, beginnen, da sich dort eine der beiden Nächtigungsmöglichkeiten befindet. Für das kurze Stück zurück zur deutsch-dänischen Grenze benützen wir den wenig befahrenen Teichweg, der bei den orangen, ehemaligen Knappenhäusern seinen Ausgang nimmt: Der Harrislee-Wanderweg Nummer 5 ist hier Richtung Krusau beschildert und bringt uns direkt zum deutsch-dänischen **Grenzübergang Kupfermühle-Kruså (2)**, 20 m. Durch Kruså und Kupfermühle verläuft ebenfalls der Wanderweg Gendarmstien, auf dem früher die dänische Gendarmerie patrouillierte. Wie wir selbst erleben konnten, müssen Wanderer hier auch heute noch mit Ausweiskontrollen rechnen.

An der stark befahrenen B 200 angelangt, folgen wir der Straße am Willkommens-Schild der Bundesrepublik vorbei zur erwähnten Rolltreppe, die an der rechten Straßenseite zum Hotel des Nordens (mit großem Supermarkt nebenan) hinaufführt. Hier beginnt die Tourenbeschreibung für all jene, die mit dem Bus 1 von Flensburg direkt zur Grenzhaltestelle angereist sind.

Auf dem Parkplatz des Supermarktes halten wir uns rechts. Die gepflasterte Alte Zollstraße bringt uns rechts nach 80 m zum Karlsbergweg, den wir bereits nach 100 m wieder verlassen: Der Neuwaldeck-Waldstraße folgen wir nun 900 m,

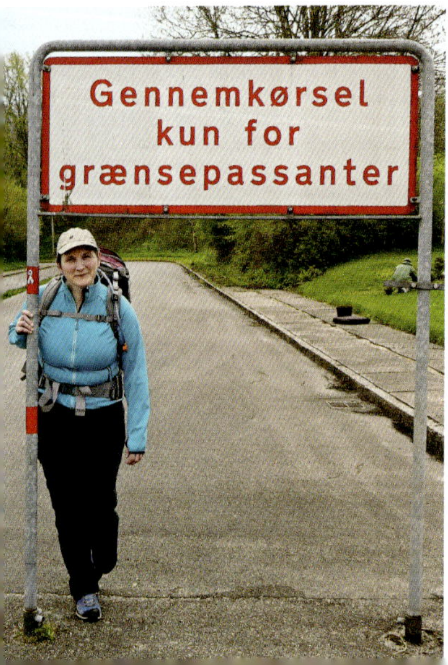

Kurzes Gastspiel in Dänemark.

um bei einem weißen Privathaus links in einen schönen Waldweg einzuschwenken. Bei durchgehend guter Markierung queren wir bald eine asphaltierte Nebenstraße, um leicht links und weiterhin durch den Flensburger Staatsforst zur B 200 zurückzukehren, wo eine Unterführung zwei Rastplätze verbindet.
Gegenüber führt ein Weg links am Sendemast vorbei zum Strand von **Wassersleben (3)**, 1 m (Einkehr beim Strand, öffentliches WC im Gebäude der Bäckerei). Für rund 1,5 km haben wir nun auf unserem Weg nach Süden die Flensburger Förde zu unserer Linken. Kurz vor der Werft schwenken wir nach rechts in den Wald und erreichen etwas westlich die Mads-Clausen-Straße. Von hier fahren Busse in die Stadtmitte.
Zu Fuß erreichen wir das Zentrum über die Sonderburger Straße, die schräg links vis-à-vis ihren Ausgang nimmt. Nach 700 m verlassen wir die Straße linker Hand und folgen dem Alten Kupfermühlenweg mit guter Markierung zum **Nordertor**. In der Altstadt können wir ganz nach Belieben noch eine Zeitlang durch die Häuserzeilen schlendern oder jederzeit links durch eine der schmalen Gassen zum **Flensburger Hafen (4)**, 1 m, gelangen.
An der Hafenspitze unterqueren wir in östlicher Richtung die Bahngeleise. Wir folgen dem verkehrsreichen Hafendamm, um am Ende der Linkskurve rechter Hand in eine Seitenstraße abzubiegen, an deren Ende wir über eine Treppe das Hafengebiet verlassen. Oben ange-

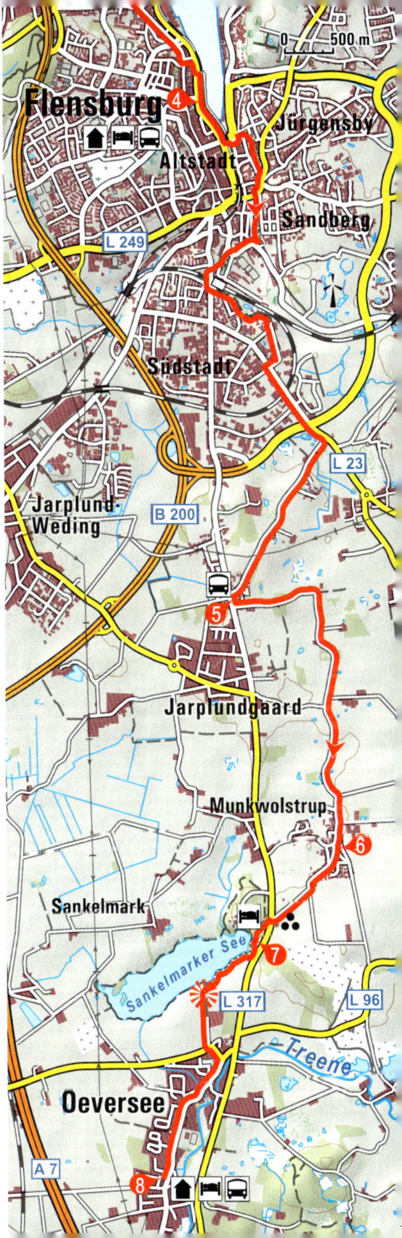

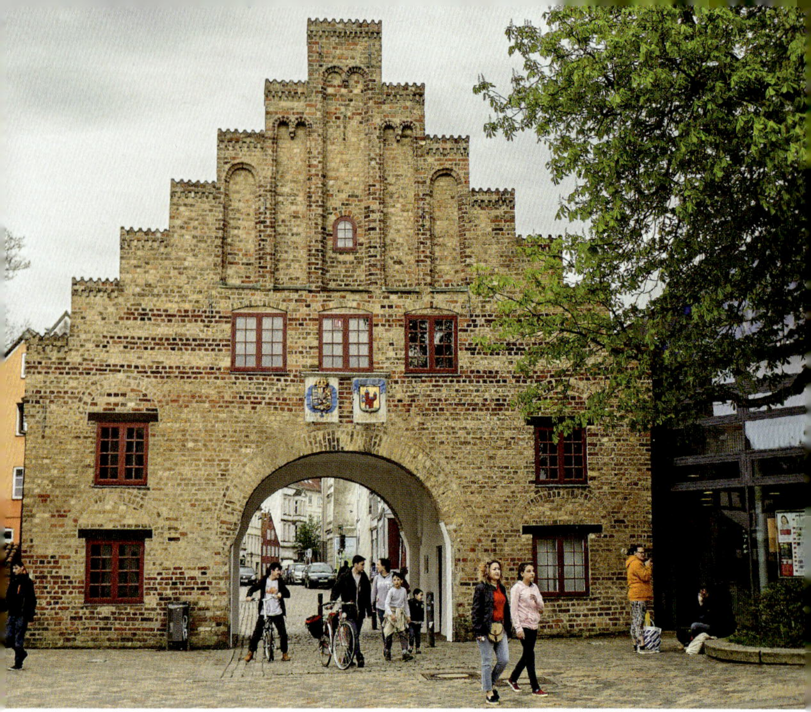

Wahrzeichen Flensburgs – das Nordertor.

langt, gehen wir rechts den Erlenweg entlang bis zur Bismarckstraße, der wir weitere 400 m folgen. Links zweigt die Sandbergstraße ab, auf der wir zum Mühlendamm bleiben. Links kommen wir zu einer Parkanlage, die wir in südlicher Richtung (diagonal) durchqueren. Eine Treppe bringt uns hinauf zur Brücke über das Hauptbahnhofsgelände, der wir nach Süden folgen, um nach der Brücke links in eine weitere Parkanlage einzuschwenken.
Bei der Flensburger Waldorfschule stoßen wir wieder auf Asphalt und gelangen über den Steinfelder Weg auf die Eckernförder Landstraße. Links Richtung Südosten erreichen wir etwa 10 Min. nach Unterquerung der Osttangente den Jarplunder Weg, der uns rechts vom Verkehrslärm des Flensburger Industriegebietes wegführt. Immer geradeaus erreichen wir **Jarplund (5)**, 43 m, wo wir die Ortsstraße bereits nach 150 m links über den Heinrichweg wieder verlassen. Am Heidefelder Weg angelangt, folgen wir diesem nach rechts an Kuhweiden und Pferdekoppeln vorbei bis in die Ortsmitte von **Munkwolstrup (6)**, 41 m.

i *Gegen Ende dieser Etappe passieren wir kurz vor dem Sankelmarker See das Hünenbett von **Munkwolstrup**. Es gehört zum Arnkielpark, einem archäologischen Freilichtmuseum. Der Park ist nach dem Pastor Troels Arnkiel benannt, der im 17. Jahrhundert Wanderungen auf dem Ochsenweg unternahm. Es ist ein Glücksfall für die Urgeschichtsforschung, dass Arnkiel gleichzeitig Altertumsforscher war und die Großsteingräber von Munkwolstrup detailliert beschrieb. Denn die Steine fanden im 18. und 19. Jahrhundert vielerorts Verwendung als Baustoff im Haus- und Straßenbau. So wurden etwa 90 Prozent des großen Hünengrabes entfernt – es galt daher als zerstört. Ohne die detaillierten Aufzeichnungen Arnkiels wäre das Wissen um das Aussehen der Grabanlage verloren gegangen. Viele Jahre war die Grabstätte grasüberwachsen, nur einige Randsteine ließen erahnen, dass sich hier etwas von Menschenhand Erbautes befand. Im Jahr 2000 begann man mithilfe der Aufzeichnungen von Arnkiel, die Grabanlage zu restaurieren. Findlinge wurden aus den umliegenden Kiesgruben herangeschafft, um die jungsteinzeitliche Anlage wieder auferstehen zu lassen. Heute ist das Langbett das größte rekonstruierte Megalithgrab in Nordeuropa.*

Die Straße Am Dorfteich geht bald in den Munkwolstruper Weg über, der direkt in die Oeverseer Straße mündet (mit jungsteinzeitlicher Hünengrabanlage diesseits sowie Kriegerdenkmal aus dem deutsch-dänischen Krieg jenseits der Landesstraße). Ein schöner Waldweg führt links am Denkmal vorbei zum **Sankelmarker See (7)**, 35 m. Dem Ufer folgen wir einige Minuten, biegen aber bald links an einer kleinen Aussichtsplattform vorbei nach **Oeversee (8)**, 31 m, ab. Rechts verläuft der Stapelholmer Weg in die Ortsmitte. Zum Historischen Krug zweigt man auf Höhe der Bushaltestelle Markt links ab, das Hotel-Restaurant Frörup, die Bäckerei sowie Supermarkt mit Bankomat befinden sich weiter südlich direkt am Stapelholmer Weg.

Die Grabanlage im heutigen Arnkielpark.

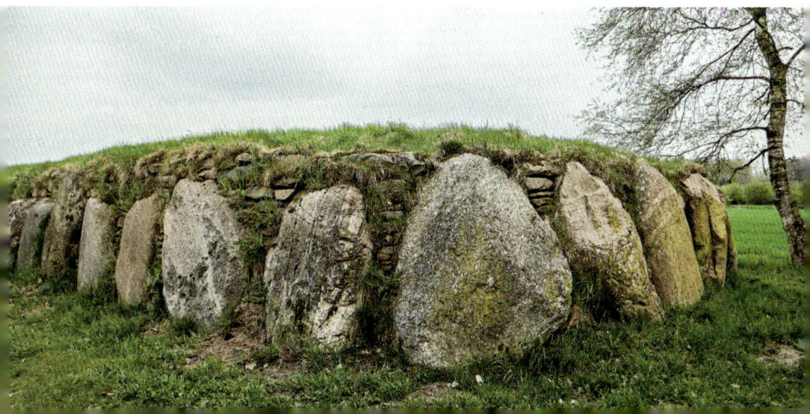

2 Oeversee – Schleswig

8.00 Std.
32 km

Nahe am Wasser gebaut

Heute besuchen wir mit Schleswig den ältesten Hafen an der deutschen Ostseeküste. Die Stadt an der Schlei entstand im 11. Jahrhundert infolge der Zerstörung der frühmittelalterlichen Wikingerstadt Haithabu. Neben den bedeutenden Kulturdenkmälern (Schloss Gottorf, Dom St. Petri) befindet sich im Osten des Hafens der älteste Stadtteil Schleswigs: Der dänische Name »Holm« bedeutet »kleine Insel«. Etwa ein Jahrtausend lang war die mittelalterliche Fischersiedlung Holm kein fester Bestandteil der Stadt Schleswig, sondern eine Insel, die durch das Holmer Noor vom Festland getrennt war. Nur wer hier lebte, hatte das Recht, in der Schlei zu fischen. Jedes Fischerhäuschen hatte direkten Zugang zum Meer, was die halbkreisförmige Anordnung erklärt. Inmitten der Siedlung findet man den alten Friedhof, südöstlich davon das Benediktinerkloster St. Johannis (12. Jahrhundert). Erst im 20. Jahrhundert wurde Holm zu einem Stadtteil Schleswigs und mit dem Festland verbunden.

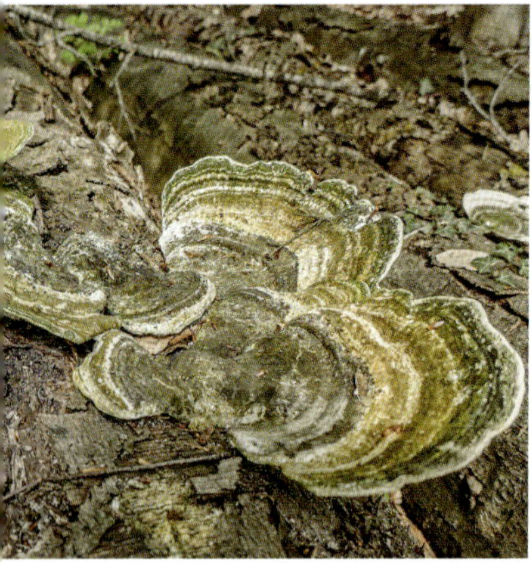

Nahaufnahme im Fröruper Holz.

Ausgangspunkt: Oeversee, GH Frörup, 31 m.
Höhenunterschied: 230 m im Aufstieg, 260 m im Abstieg.
Anforderungen: Lange Etappe, kein Trinkwasser, wenig Rast- und Einkehrmöglichkeiten.
Einkehr: Bä in Süderschmedeby (täglich geöffnet, nur vormittags); Kiosk Freibad Sieverstedt (nachmittags bei Schönwetter); mehrere in Schleswig.
Unterkunft: Idstedt: Mehrere, z. B. Pension Petersen, Tel. +49 4625 18 11 58. – **Schleswig:** Mehrere, z. B. Pension Zum Weißen Schwan, Tel. +49 4621 97 73 99, www.pension-zum-weissen-schwan.de; Hotel F-Ritz Garni, Tel. +49 4621 93 22 80, www.hotel-f-ritz.de; Domhotel Schleswig, Tel. +49 4621 97 77 67, www.domhotel-schleswig.de; DJH Schleswig (Umbau bis April 2023), Tel. +49 4621 238

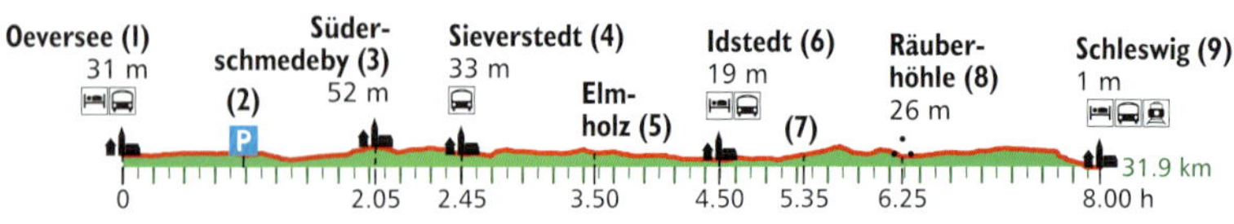

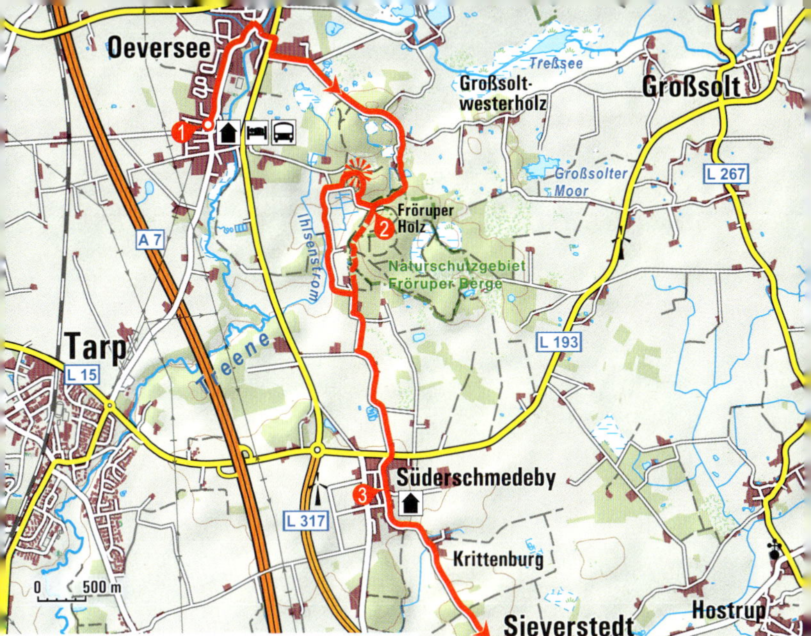

93, www.schleswig.jugendherberge.de; Alternative: DJH Borgwedel (Bus ab Schleswig ZOB), Tel. +49 4354 219, www.borgwedel.jugendherberge.de.

Verkehrsmittel: Verschiedene Linien von Oeversee über Sieverstedt und Idstedt nach Schleswig (direkt oder mit Umstieg in Tarp). Schleswig: Bei der Planung von An- und Abreise ist zu berücksichtigen, dass sich der Busbahnhof (ZOB) nahe der Altstadt, der Zugbahnhof jedoch südlich der Schlei befindet (ca. 15 Min. Fußmarsch ins Zentrum).

Information: TI Idstedt, www.idstedt.de; TI Schleswig, Tel. +49 4621 8500-50, www.ostseefjordschlei.de.

Karten: Wie Etappe 1.

Hinweis: In vier Etappen wird Kiel erreicht. Groß-Events wie die Kieler Woche können dort die Quartiersuche ab Eckernförde schwierig machen – also rechtzeitig den Veranstaltungskalender der Stadt ansehen (www.kiel.de) und vorab buchen.

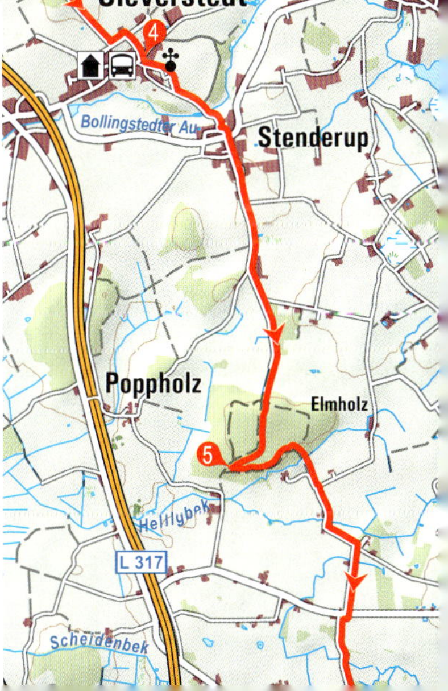

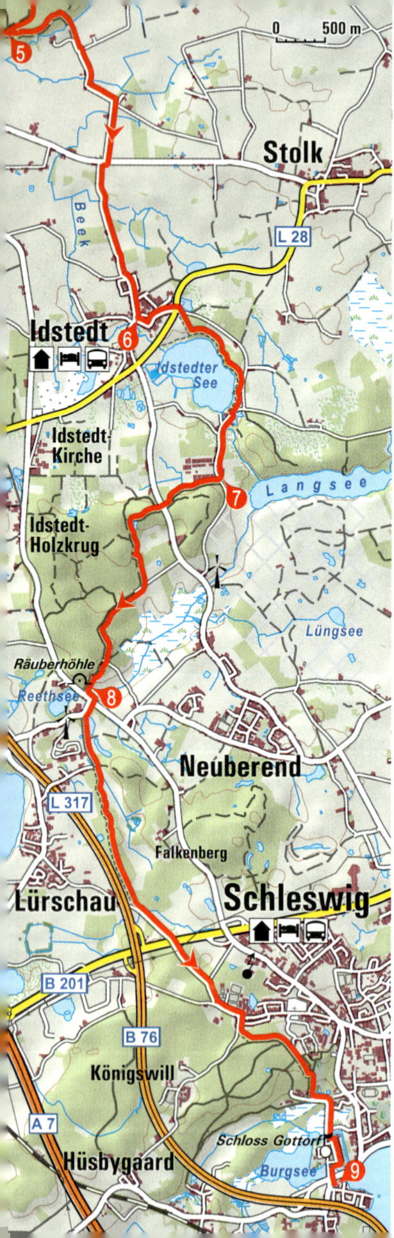

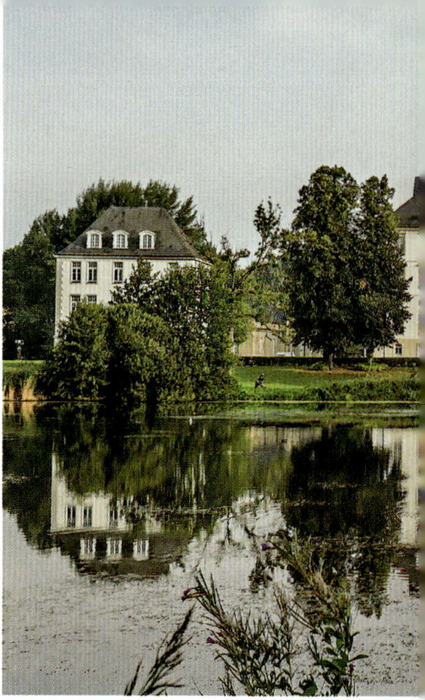

Wer im Historischen Krug genächtigt hat, folgt der Bundesstraße 76 ein kurzes Stück nach Süden und trifft beim Gelände eines Wohnmobil-Händlers auf die Markierung des E1. Wanderer, die vom GH Frörup im Süden von **Oeversee (1)**, 31 m, kommen, folgen zuerst der Ortsstraße nach Norden, um bei der Bushaltestelle Markt rechts den E1-Markierungen zur B 76 zu folgen.
Bei einem Ausstellungsgelände für Wohnmobile zweigen wir links ab. Nach 1 km kommen wir zu einer Gabelung, wo uns der Großsolter Weg rechts in das Naturschutzgebiet Obere Treenelandschaft führt. Nach etwa 1,25 km zweigen wir rechts (in Gehrichtung geradeaus) in den Forstweg Am Damm ab, der

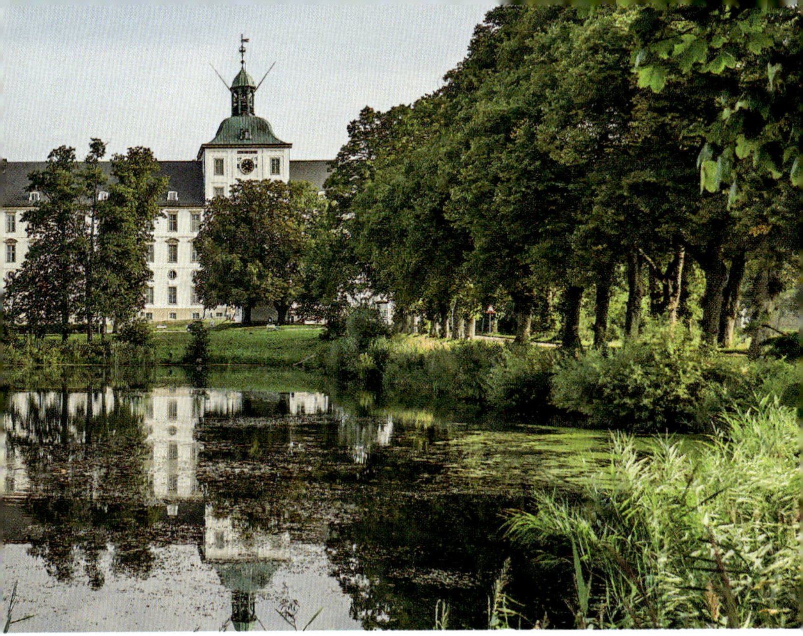

Etappenziel Schloss Gottorf.

uns auf »Schmidt's Wiese«, eine schöne Lichtung mit Teich und Rastbank, bringt. Weiter den breiten Weg entlang kommen wir zum Wandererparkplatz im **Fröruper Holz (2)**, 32 m. Die Markierung des E1 folgt hier der Zufahrtsstraße, die das angrenzende Feuchtbiotop gegen den Uhrzeigersinn umfährt.

Tipp: In der ersten, markanten Linkskurve nach dem Parkplatz befindet sich oberhalb des Weges eine versteckte Aussichtsplattform, von der sich die Ihlseeniederung mitsamt den eingrenzenden Eiszeitmoränen überblicken lassen. Der kurze Aufstiegsweg zur Plattform ist unmarkiert, in der Kurve jedoch leicht zu finden.

Wer das Asphaltstück rund um den verlandeten Ihlsee abkürzen möchte, folgt bereits am Parkplatz einem breiten Spazierweg an einer hölzernen Schranke vorbei nach Süden. Der Weg ist nicht markiert, obwohl der Jakobs- wie auch der Ochsenweg hier zu einer Pilgerschutzhütte führen. Die Abkürzung trifft nach dem Schafstall an der Straße wieder auf die markierte Variante. Dieser Straße folgen wir nun und gelangen nach Überquerung der Großsolter Straße in den Ort **Süderschmedeby (3)**, 52 m. Wer zur Bäckerei möchte, zweigt im Ort rechts in die Alte Schulstraße ab und ist in 2 Min. dort.

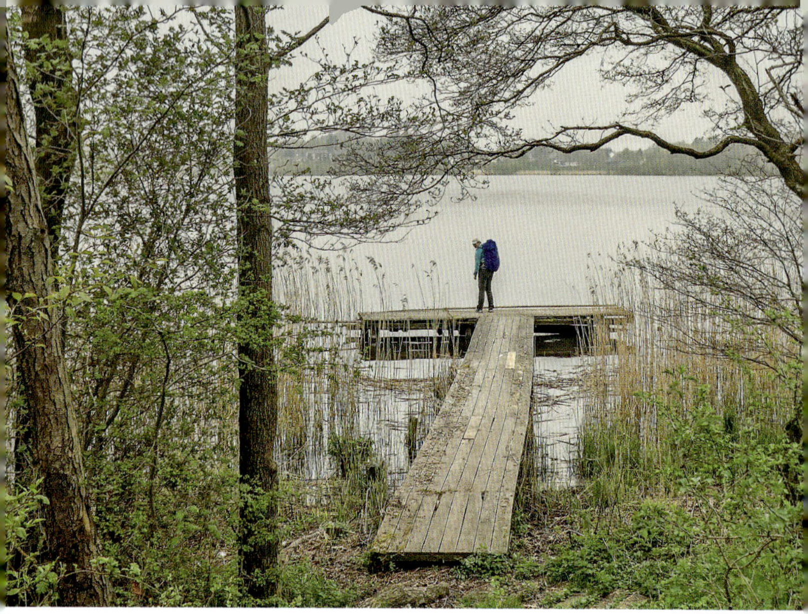

Am Ostufer des Idstedter Sees.

Nach **Sieverstedt (4)**, 33 m, gelangen wir, indem wir der Ortsstraße weiterhin geradeaus etwa 3 km folgen (Freibad mit Kiosk südlich der Kirche, geöffnet bei Schönwetter ab 14 Uhr). In südöstlicher Richtung wird **Stenderup** erreicht, wo wir nun in südlicher Richtung auf das **Elmholz (5)**, 36 m, zusteuern. Hier folgen wir der Wirtschaftsstraße an den südlichen Waldrand, wo wir scharf links abzweigen und so noch ein Stück durch den Wald wandern können, bevor wir diesen beim Jägerstein über eine kleine Brücke verlassen. Stets geradeaus kommen wir wieder auf die Straße, die uns zur Alten Schule und nach Überquerung der Straße weiter nach **Idstedt (6)**, 19 m, führt.

Beim Kreisverkehr in der Ortsmitte gehen wir links bis zur Kreuzung mit der Landesstraße 28. Am Parkplatz gegenüber befindet sich der Einstieg in den Idstedter Seerundwanderweg, dem wir im Uhrzeigersinn folgen. Am südlichen Seeufer kommen wir wieder an eine Straße, der wir rechts etwa 750 m folgen. Nach dem eingezäunten **Militärgelände (7)**, 32 m, zweigen wir rechts ab und durchqueren auf breiten Wanderwegen ein Wildgehege. An einem kleinen Teich bietet sich nach längerer Zeit eine Rastmöglichkeit mit Sitzbank. Bald nach dem Teich drehen wir linker Hand nach Süden; beim Forsthaus Idstedtwege schwenkt unser Weg nach Südwesten, wo wir in der Nähe der **Räuberhöhle (8)**, 26 m, den Parkplatz erreichen.

i *Bei der **Räuberhöhle** handelt es sich um ein Ganggrab, welches ebenfalls aus dem Zeitalter der Trichterbecherkultur stammt, doch im Unterschied zur Grabanlage bei Munkwolstrup noch gänzlich in seiner ursprünglichen Form erhalten ist. Die Erbauer des Großsteingrabes dürften die ersten Menschen gewesen sein, die in Schleswig-Holstein Ackerbau und Viehzucht betrieben haben. Archäologen schätzen das Alter auf etwa 5000 Jahre. Dass eine höhlenartige Stätte mitten im Idstedter Gehege naturgemäß von verschiedensten Schurken als Versteck genutzt wurde, versteht sich von selbst – wie zahlreiche historisch fundierte Berichte auf Familienausflugs-Webseiten bezeugen.*

An der Straße gehen wir links, zweigen jedoch bald rechts ab, um anfangs auf einem breiten Wirtschaftsweg, bald jedoch auf schönen Wiesenwegen den Stadtrand von Schleswig zu erreichen. Nun folgen wir der Straße links für etwa 20 Min. zum Gehege Tiergarten – einem schönen Waldstück, durch das wir zur Parkanlage am Herkulesteich und weiter zum **Schloss Gottorf** gelangen. Südlich des Schlosses bringt uns eine Brücke an die Schlei. Das historische Stadtzentrum von **Schleswig (9)**, 1 m, der ZOB und die Einkaufsstraße befinden sich im Norden der Bucht. Der E1 verläuft von der Gottorfer Schlossinsel allerdings direkt nach Süden weiter. Auch hier im Stadtteil **Friedrichsberg** befinden sich Quartiere, Einkehr- und Einkaufsmöglichkeiten sowie auch der Zugbahnhof.

Im Naturschutzgebiet Obere Treenelandschaft.

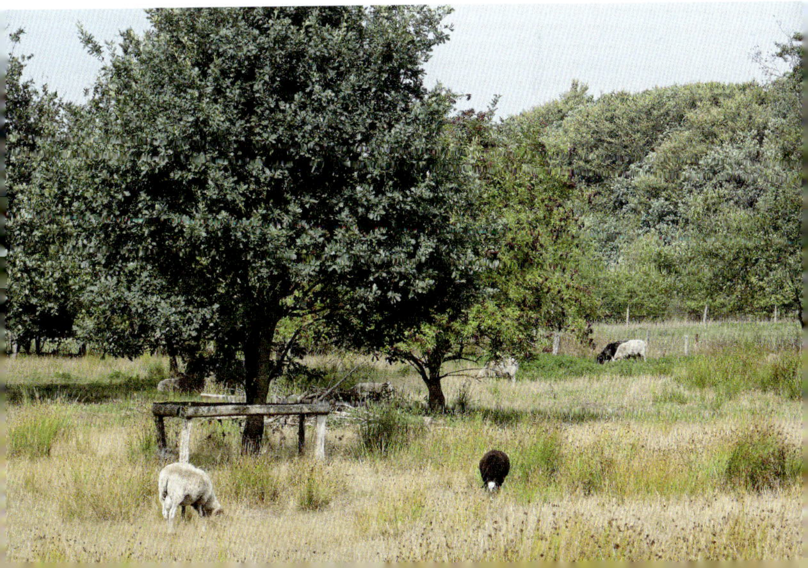

3 Schleswig – Aschberg

7.30 Std.
28 km

Von der Schlei in die Hüttener Berge

Eingebettet zwischen den Städten Schleswig und Eckernförde befindet sich der ehemals nördlichste Naturpark Deutschlands. Ehemals deshalb, weil der blutjunge Naturpark Schlei seit 2008 diesen Titel trägt. Der eiszeitlich geformten, hügeligen Endmoränenlandschaft ist es zu verdanken, dass wir am Ende dieser Etappe in den Genuss eines fantastischen Aussichtsberges kommen – was in Schleswig nicht allzuoft der Fall ist. Zwei Tage sind wir nun in dieser moor-, wald- und seenreichen Landschaft unterwegs, bevor wir in Eckernförde wieder an die Ostsee kommen.

Ausgangspunkt: Schleswig, Europaplatz bei Schloss Gottorf, 1 m.
Höhenunterschied: 250 m im Aufstieg, 150 m im Abstieg.
Anforderungen: Leichte Wanderung, mehrere Unterstandsmöglichkeiten, Schutzhütte an der Badestelle Selk. Genügend Trinkwasser mitnehmen.
Einkehr: Odins Haddeby (Restaurant mit Bäckerei, täglich ab 7.00); Waldwirtschaft Brekendorf (Sa, So, FT ab 11.30 Uhr).
Unterkunft: **Karstens Heidehof** am Heidberg, Tel. +49 4353 99 18 34, heidehof-am-heidberg.business.site. – **Aschberg:** Panorama Hotel Aschberg, Tel. +49 4353 99 80 00 10, www.panorama-aschberg.de. – **Ahlefeld:** Hotel Katerberg, Tel. +49 4353 997 00, www.hotelkaterberg.de.
Einkauf: In Schleswig mehrere Supermärkte direkt am Weg kurz vor Verlassen der Stadt. Wer am Heidehof nächtigt, muss an die Selbstversorgung denken.
Verkehrsmittel: Mehrere Buslinien zwischen Schleswig und Eckernförde erschließen Selk, Brekendorf, Ascheffel und Ahlefeld.
Information: Naturpark Hüttener Berge, www.naturpark-huettenerberge.de.
Karten: Wie Etappe 1.
Tipp: Wikingermuseum Haithabu, www.haithabu.de.

Gleich hinter »Odins Haddeby« – der kleine Jachthafen.

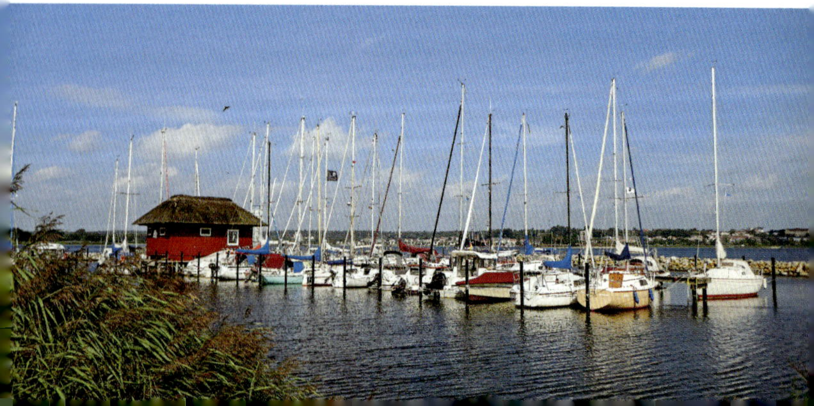

Auferstanden aus Ruinen: Schleswig

Anfang des 9. Jahrhunderts fand die Stadt Schleswig erstmals urkundliche Erwähnung, damals unter dem Namen »Sliasthorp«. Die heutige Kreishauptstadt war eine Nebensiedlung von Haithabu, an der gegenüberliegenden Seite der Schlei am Haddebyer Noor gelegen. Die Wikingermetropole war im 10. und 11. Jahrhundert der wichtigste Handelsplatz zwischen Nord- und Ostsee.

Schleswigs Aufstieg begann 1066, nachdem die Slawen Haithabu dem Erdboden gleichgemacht hatten. Von nun an dominierte das Christentum den Norden der heutigen Bundesrepublik: Die einstige Missionszelle stieg zum Bischofssitz auf. Mit dem Bau des St.-Petri-Doms begann man etwa um 1100. Ein Jahrhundert(e)-Projekt, wurde der Hauptturm doch erst rund 800 Jahre später fertiggestellt. In weltlichen Belangen sind die Herzöge von Gottorf erwähnenswert, die ihren gleichnamigen Herrschaftssitz im 16. Jahrhundert einnahmen und zu einem bedeutenden geistigen Zentrum ausbauten. Heute ist die Museumsinsel Schloss Gottorf als Sitz des Landesarchivs und dank seiner Museen kulturhistorischer Mittelpunkt der Region (www.schloss-gottorf.de).

Ausgehend vom **Europaplatz (1)**, 1 m, gegenüber der Schlossinsel Gottorf setzt sich unser Weg nach Süden fort. Noch vor der Bushaltestelle zweigen wir links in den Herrenstall ab und unterqueren die B 76. Am Parkplatz zweier Supermärkte beginnt wenige Gehminuten später der Georg-Pfingsten-Weg, der uns in östlicher Richtung durch eine Unterführung hindurch zum **Marienbad** und weiter entlang des Strandweges zum Jachthafen bringt.

Bei Odins Haddeby dreht sich unser Weg nach Süden: Nach Querung der Bundesstraße bei der Fußgängerampel erreichen wir bald nach dem Friedhof die ersten Informationstafeln der Freilichtanlage sowie das **Wikingermuseum Haithabu (2)**, 15 m. Kurz nach dem Museum gilt es auf die Markierung zu achten, denn hier teilen sich die beiden Varianten des E1. Während die hier beschriebene Ostvariante nahe am Haddebyer Noor bleibt, folgt die Westvariante (ab Seite 178) dem Radweg nach Busdorf. Die Wanderung auf den mächtigen Wallanlagen aus der Wikingerzeit gehört zu den beeindruckendsten Abschnitten des E1 in Schleswig-Holstein.

Südlich des Gräberfeldes wechseln wir auf Asphalt und erreichen die Streusiedlung Wedelspang. Unser Weg dreht nach Westen, um uns über die **Noorbrücke (3)**, 5 m, auf die Ostseite des Selker Noors zu bringen. Dort wandern wir auf gepflegten Steigen nahe am Wasser weiter nach Süden.

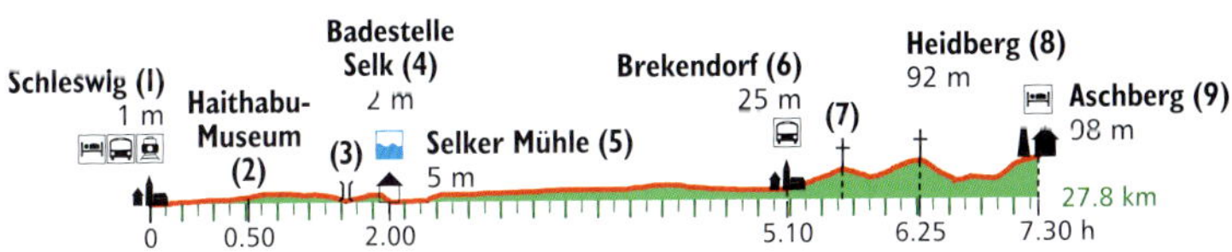

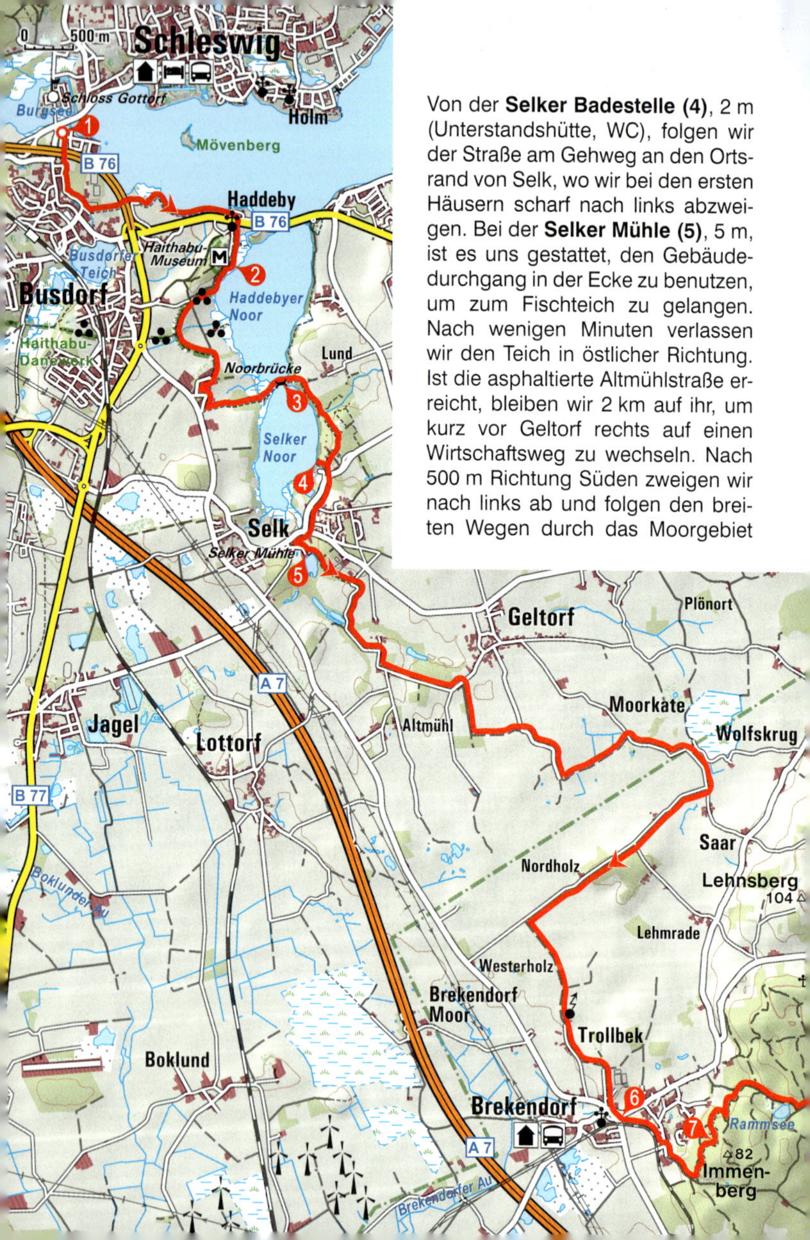

Von der **Selker Badestelle (4)**, 2 m (Unterstandshütte, WC), folgen wir der Straße am Gehweg an den Ortsrand von Selk, wo wir bei den ersten Häusern scharf nach links abzweigen. Bei der **Selker Mühle (5)**, 5 m, ist es uns gestattet, den Gebäudedurchgang in der Ecke zu benutzen, um zum Fischteich zu gelangen. Nach wenigen Minuten verlassen wir den Teich in östlicher Richtung. Ist die asphaltierte Altmühlstraße erreicht, bleiben wir 2 km auf ihr, um kurz vor Geltorf rechts auf einen Wirtschaftsweg zu wechseln. Nach 500 m Richtung Süden zweigen wir nach links ab und folgen den breiten Wegen durch das Moorgebiet

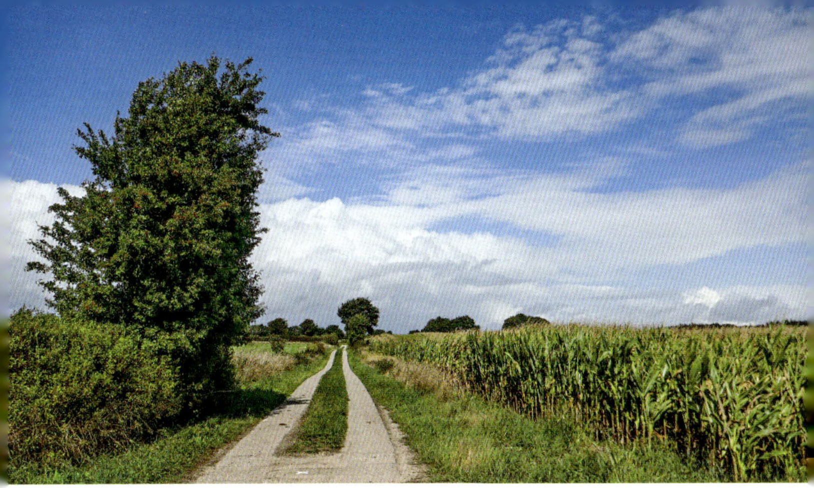

Kurz vor Brekendorf.

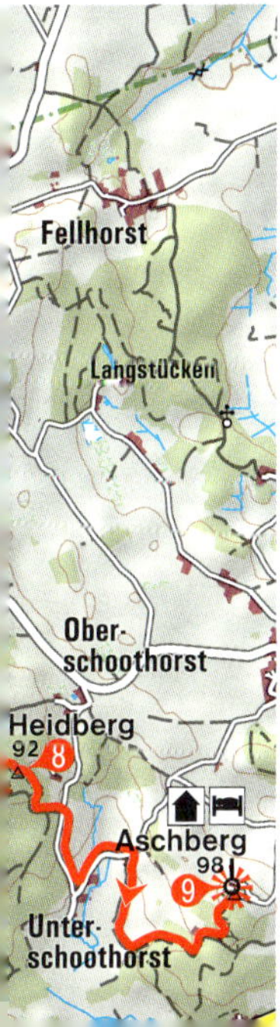

nach Neukoppel. Kurz vor Erreichen des Gehöfts Saar biegen wir rechts nach Jettmark ab (der Flurname ist vor Ort beschildert). Bei der nächsten Abzweigung bleiben wir geradeaus, passieren nach dem Wäldchen das bunt beschilderte Gehöft Nordholz und nehmen den nächsten Plattenweg links. Über Felder kommen wir zum Sendeturm, gehen bald danach links und gelangen durch die Schulstraße in die Ortsmitte von **Brekendorf (6)**, 25 m.
Links geht es zur Bushaltestelle, wo wir einem Schotterweg in den Soldatenredder folgen. Der Lehmbergerweg bringt uns anschließend rechts zum Parkplatz **Waldhütte**, wo unser Aufstieg auf den **Immenberg (7)**, 72 m, beginnt. An der Zufahrtsstraße zum Rammsee angelangt, folgen wir der guten lokalen Beschilderung durch den Wald auf den **Heldberg (8)**, 92 m. Für die letzten Meter zum Gipfel müssen wir die Forststraße kurz verlassen, kehren danach aber wieder dorthin zurück und kommen bergab zum Wanderparkplatz (hier links in 10 Min. zum Quartier Heidehof). Rechts bergab erreichen wir eine kleine Häusergruppe, zweigen scharf links ab und durchqueren den Hof Saelde. Bald biegen wir rechts in einen Wiesenweg ab, der uns über das offene Feld zum Gehege Silberbergen bringt, wo wir dem Waldlehrpfad auf den Gipfel des **Aschberges (9)**, 98 m, folgen.

4 Aschberg – Eckernförde

6.00 Std.
23 km

»In Eckernför dar hebbt wi't rut ut Sülwer Gold to maken«

Auch wenn der Name anderes vermuten lässt, sind die berühmten Kieler Sprotten kein Kind der Landeshauptstadt, sondern eine Erfindung aus Eckernförde. Kieler Sprotten heißen sie nur, weil die Eckernförder früher keinen eigenen Versandbahnhof hatten und deshalb »Kiel« auf dem Poststempel stand. Man kann die geräucherte Delikatesse natürlich auch an ihrem Ursprungsort verkosten, z. B. beim Traditionshersteller Meergold – Rehbein und Kruse in Eckernförde am Jungfernstieg. Von ihm stammt auch obiges Motto, das sinngemäß besagt: »Wir in Eckernförde wissen, wie man aus Silber Gold macht.«

Ausgangspunkt: Aschberg, 98 m.
Höhenunterschied: 100 m im Aufstieg, 200 m im Abstieg.
Anforderungen: Der Weg folgt meist befestigten Wegen, im Moorgebiet schmalen Waldpfaden.
Einkehr: Mehrere Angebote in Eckernförde.
Unterkunft: **Hof Kirchhorst,** Tel. +49 4356 997 50, www.hof-kirchhorst.de. – **Eckernförde:** Mehrere, z. B. Hugos Haus und Berthas Haus, Tel. +49 4351 88 94 13-0, www.ferienwohnungen.heldt-eckernfoerde.de; Hotel BeachSide, Tel. +49 4351 666 64-0, www.beachside.de; DJH Eckernförde, Tel. +49 4351 2154 www.eckernfoerde.jugendherberge.de.
Einkauf: S in Osterby; Eckernförde.
Verkehrsmittel: Bus 3070: Ascheffel/Wilsterberg – Damendorf–Osterby–Eckernförde.
Information: TI Eckernförde, Tel. +49 4351 7179-0, www.ostseebad-eckernfoerde.de.
Karten: Wie Etappe 1.
Tipp: Auf den Spuren der Sprotte führt ein Faltblatt (erhältlich bei der TI im Zentrum) zu den historischen Orten in der Altstadt und am Hafen. Die Absolvierung des »Sprottenpfades« (etwa 1 Std.) gehört in die Sammlung eines jeden Wanderers.

Im Bild: der knochenharte Job eines Fotomodels.

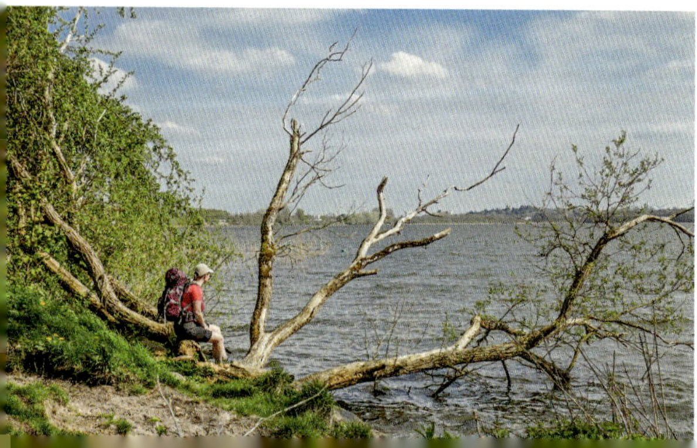

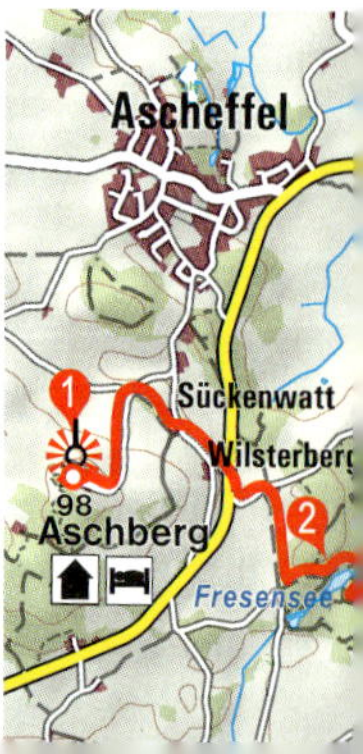

Egal, ob man den Aussichtsturm am **Aschberg (1)**, 98 m, bereits am Vorabend besucht hat, ein zweiter Besuch in den Morgenstunden lohnt sich allemal. Dort setzen wir auch unsere Tour fort, indem wir der Zufahrtsstraße bis zu einem Wegweiser mit Parkverbotsschild folgen. Ein unmarkierter Fuhrweg zweigt hier rechts ab und erspart uns ein paar Asphaltminuten. Nach dem Bauernhof biegen wir links und gleich wieder rechts ab, um bei einer Ferienwohnung links auf einen Feldweg zu wechseln.

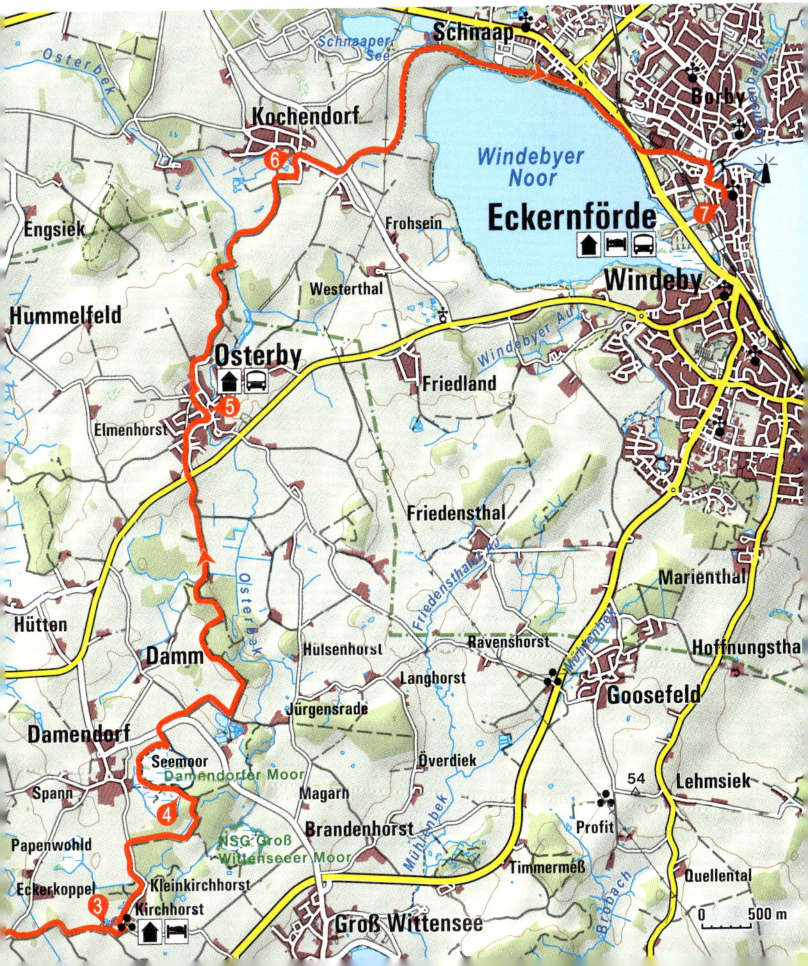

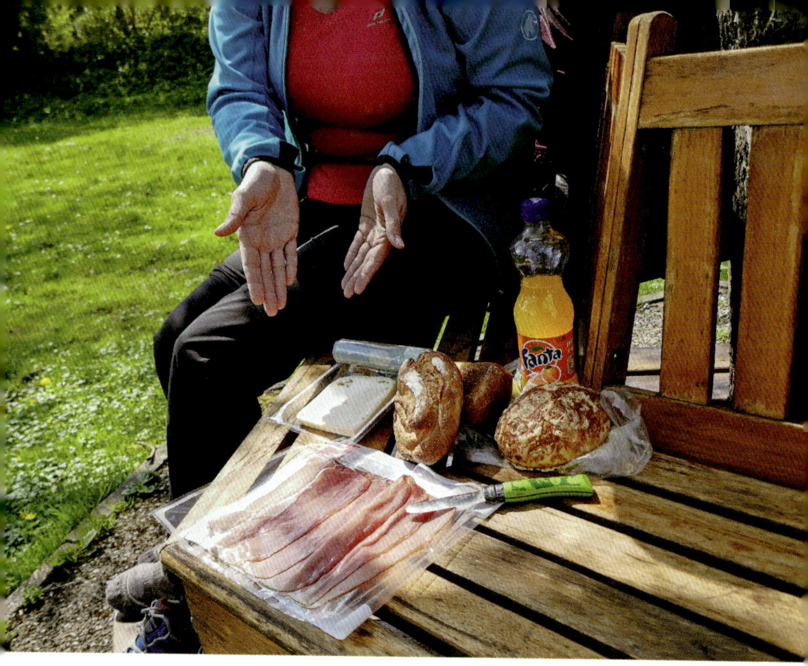

Mobile Osteria in Osterby.

Wir überqueren die Landesstraße auf Höhe der **Bushaltestelle Ascheffel Wilsterberg**, wo es vis-à-vis bis zum Hof Fresenboje weitergeht. Vorbei am Wasserhäuschen kommen wir Richtung Süden über einen Feldweg zu einer Straße, wo wir gleich links den Spazierwegen in den Wald zum **Fresensee (2)**, 25 m, folgen. Auf dessen Südseite zweigen wir scharf links ab. Durch den Wald geht es zu einer Wohnstraße, der wir kurz nach links folgen, um bei nächster Gelegenheit rechts erneut auf ein Wäldchen zuzuhalten (bei der Gabelung links). Nach Osten erreichen wir bald den Reiterhof **Kirchhorst (3)**, 23 m, wo wir bei der ersten Gabelung links den Radweg nehmen, um beim Zufahrtstor des Hauptgebäudes links zur historischen Flachsdarre abzuzweigen.
Von der Infotafel folgen wir der Asphaltstraße 900 m nach Norden. Nachdem wir uns links mit einem Blick Richtung Aschberg ein Bild von der bisher zurückgelegten Strecke machen konnten, erwartet uns ab der Abzweigung rechts ein sehr schöner, anfangs mit Betonplatten befestigter Weg durch die Wald- und Wiesenlandschaft des **Damendorfer Moores (4)**, 23 m. Auf diesem längeren Waldabschnitt gibt es zweimal Gelegenheit, auf Sitzbänken zu

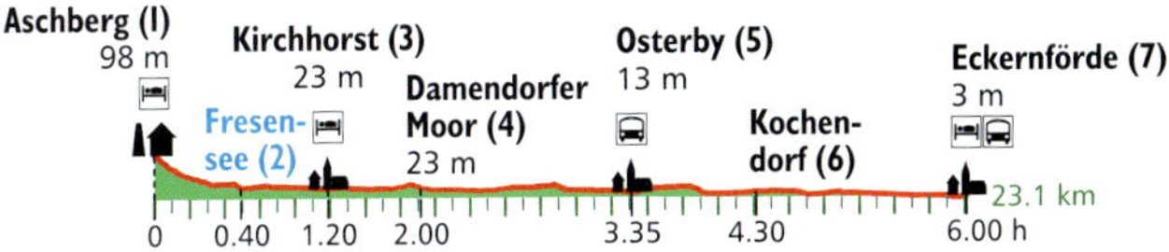

pausieren. Die Markierungen sind stellenweise verblasst, weshalb hier der eigene Instinkt (oder unsere GPS-Tracks) gefragt sind.

Bei der Infotafel zur Moorleiche zweigen wir scharf links ab und kommen zu einer Landesstraße, wo wir ein kurzes Stück rechts gehen. Bei nächster Gelegenheit biegen wir links ab, um gleich danach rechts (Schild »Jürgensrade«) nach Südosten zu drehen. Einen halben Kilometer später erreichen wir eine Gabelung mit zwei auffälligen Grenzsteinen am Ackerrand. Hier links den Betonplatten einige Minuten folgen, um erneut links in den Wald einzuschwenken. Markierungen sind möglicherweise durch Äste verdeckt. Beide Wege, die hier an den nördlichen Waldrand führen, sind jedoch klar erkennbar. An einem einzelnen Gehöft vorbei geht es entlang der Zufahrtsstraße zur Landesstraße und weiter nach **Osterby (5)**, 13 m.

Etwa 5 Min. nach dem (im historischen Bahnhofsgebäude untergebrachten) Gasthaus **Schinkenkrog** zweigen wir in der Ortsmitte links zum Supermarkt ab. Durch den Park (Rastbänke) gelangen wir durch eine schmale Gasse an den nördlichen Ortsrand. Kurz der **Osterbekstraße** nach rechts gefolgt, erreichen wir die Straße **Hasenwinkel**, die linker Hand in einen Plattenweg übergeht und uns durch weitläufige Felder zu einem Waldstück bringt. Nach Querung einer kleinen Brücke (Rastplatz, offener Unterstand) wandern wir auf weiterhin schönen Wiesenwegen weiter nach **Kochendorf (6)**, 13 m. Rechts verläuft die Dorfstraße zur Kreuzung mit der Landesstraße, wo der Themenrundwanderweg um das Windebyer Noor beginnt, dem wir gut markiert bis zu den ersten Wohnhäusern von Eckernförde folgen können. Vor einer Kleingartenanlage führt uns die Markierung durch eine Unterführung hindurch zum Innenhafen und weiter in das Zentrum von **Eckernförde (7)**, 3 m.

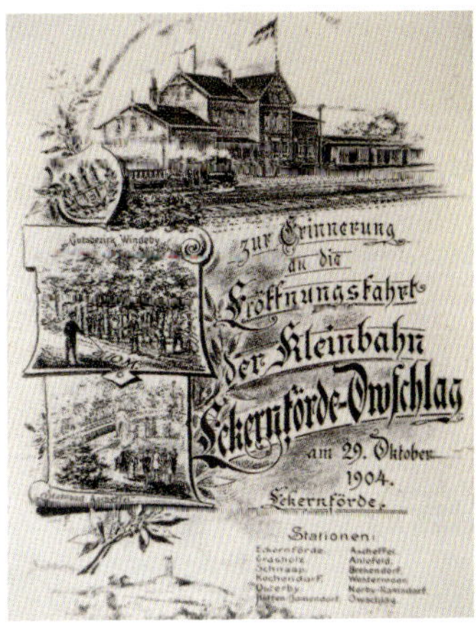

Die alte Bahntrasse ist heute ein Themenweg.

5 Eckernförde – Surendorf

6.00 Std.

21 km

Zwei Tage an der Küste

Zwischen Eckernförde und Kiel stehen uns nun zwei ganz besondere Tage bevor, da dieser Abschnitt sicherlich zu den beeindruckendsten Erlebnissen in Schleswig-Holstein zu zählen ist: Wir bleiben – in Abhängigkeit von unserem Nachtquartier – fast immer in Küstennähe und können unterwegs beinahe überall eine Badepause einlegen.

Aufnahme diplomatischer Beziehungen an der Ostsee.

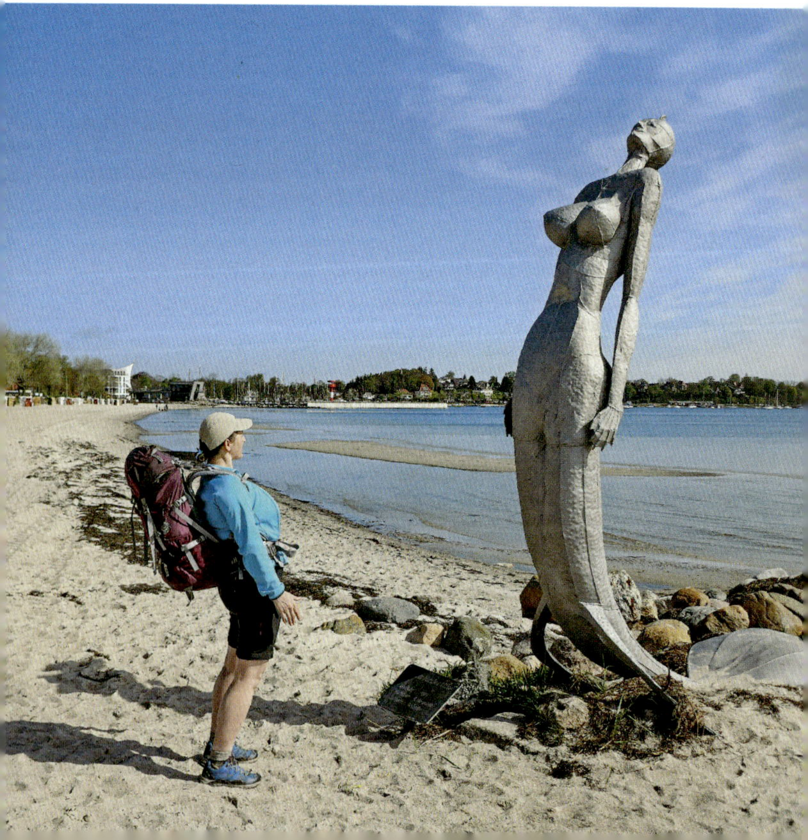

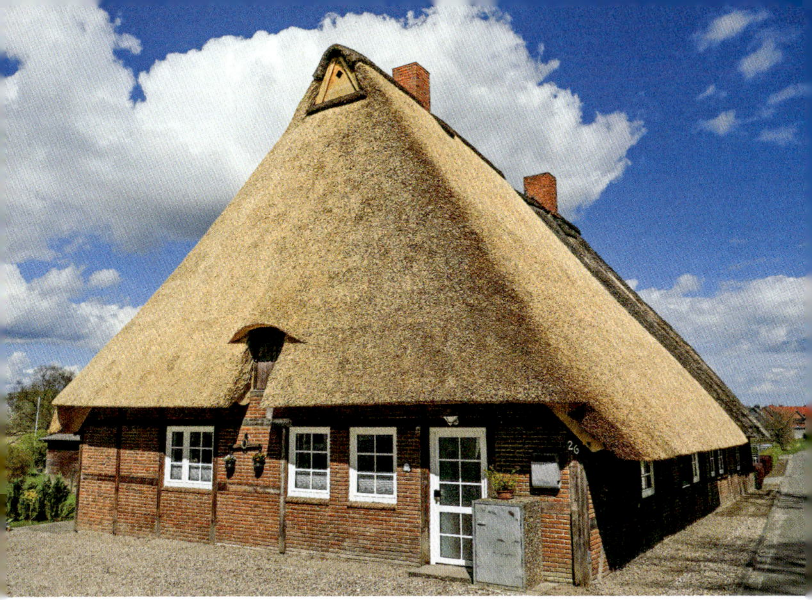

Am Ortsrand von Noer.

Ausgangspunkt: Eckernförde, Stadtmitte, 3 m.
Höhenunterschied: 130 m im Aufstieg, 100 m im Abstieg.
Anforderungen: Abwechslungsreiche, doch durch das ungewohnte Gehen auf Sand und Steinen nicht immer einfache Wanderung. Vorsicht vor herabfallendem Material im Bereich der Steilküste.
Einkehr: Kiekut: GH Treib-Gut (Fr–So ab 11.30); Noer: Kliffhuus Noer (Mo–Fr 12–14); Krusendorf: Restaurant Camping Grönwohld (Mo RT, Di–So ab 16), Mißfeldt's Gasthof (abends, Mo, Di RT), Tel. +49 4308 254, www.gasthof-missfeldt.de; Surendorf.
Unterkunft: Krusendorf: Campingplatz Grönwohld (Schlafcubes mit Gemeinschaftsküche), Tel. +49 4308 18 99 72, www.groenwohld-camping.de; Hostel Peanuts, Tel. +49 1578 277 59 02, www.hostel-und-meer.de; das Quartier liegt etwa 15 Min. abseits vom E1 an der Straße Richtung Osdorf. – **Surendorf:** Privatpension Schlotter, Tel. +49 4308 1756, www.privatpension-schlotter.de; Privatpension Wehnes, Tel. +49 4308 20 53 51, privatpension-wehnes.de.
Einkauf: S am Campingplatz Grönwohld.
Verkehrsmittel: Bus 3080 Eckernförde–Aschau–Noer–Krusendorf–Surendorf oder mit Umstieg über Bhf Gettorf bzw. Kiel.
Information: TI Schwedeneck, Tel. +49 4308 331, www.schwedeneck.de.
Karten: Wie Etappe 1.
Hinweis: Das Quartierangebot für eine einzelne Nacht ist in Schwedeneck überschaubar, weshalb es letztendlich nicht immer unsere Entscheidung sein wird, wo wir entlanggehen. Der Track führt durch die Orte – man kann jedoch zwischen Krusendorf und Dänisch-Nienhof auch auf dem Strandweg bleiben. Der Wegverlauf beim Bundesheergelände ist lokal markiert.

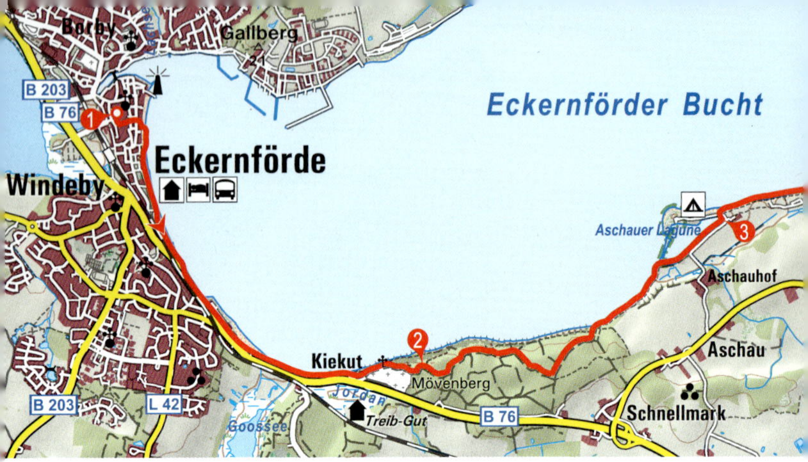

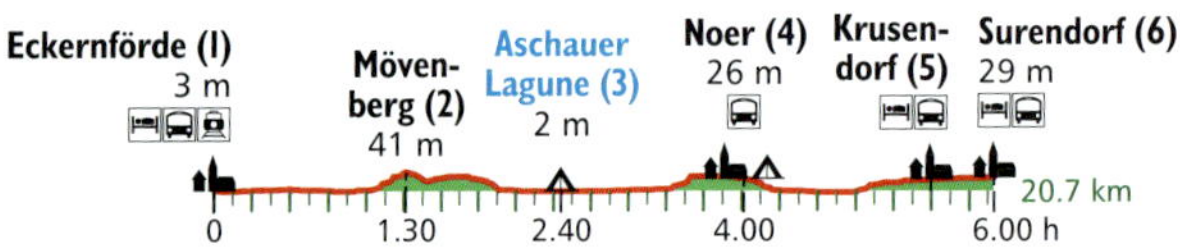

Offizieller Start dieser Etappe ist die Stadtkirche **Eckernförde (1)**, 3 m. Sobald wir den besten Weg von unserem Quartier zum Eckernförder Sandstrand ausgemacht haben, steht es uns frei, ob wir nach Süden den gepflasterten Promenadenweg, den Ostsee-Radweg oder den Sandstrand wählen. Nachdem wir die sorgsam gepflegten Parkanlagen und den Minigolfplatz hinter uns gelassen haben, ist der E1 entlang des Radweges markiert. Nach dem auffälligen Militärgebäude mit Pier können wir abschnittsweise links auf einen Fuhrweg ausweichen (mit überdachtem Grillhäuschen als Unterstandsmöglichkeit).

Etwa 1 Std. lang wandern wir entlang der Küste nach Süden, bevor der E1 unmittelbar nach dem GH Treib-Gut links gut beschildert in die Siedlung Kiekut (Bhst) am **Mövenberg (2)**, 41 m, abzweigt. Ein breiter Weg führt uns am Rande des (Urnen-)Begräbniswaldes vorbei und weiter zum vegetationsreichen Strandabschnitt Aschau, wo wir auf die **Aschauer Lagune (3)**, 2 m – ein Campingplatz auf einer weithin sichtbaren Halbinsel – zuhalten.

Wir bleiben am Festland und zweigen am östlichen Ende der Campinghalbinsel links an einem Trafo-Häuschen vorbei zum Strand ab, dem wir nun etwa 3 km folgen. Nach einer steilen Abbruchkante biegen wir rechts in das Waldstück Hegenwohld ab, an dessen Ostende uns die Ortschaft **Noer (4)**, 26 m, erwartet. Über die Ortsstraße, später links der Wohnstraße Haffkamp folgend, gelangen wir zum Campingplatz (kurz davor Einkehrmöglichkeit

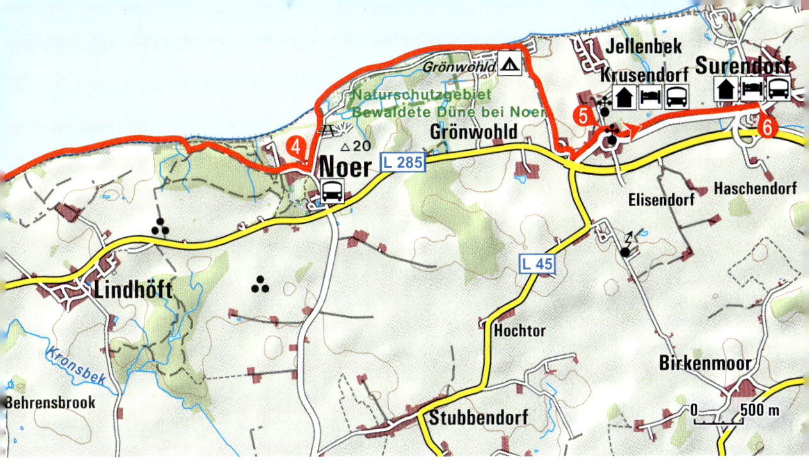

sowie ein paar Meter weiter links schattiger Rastplatz mit Tischen), den wir durchqueren, woraufhin wir uns am Strand wiederfinden. Nach etwa 2 km führen Stufen hinauf zum Campingplatz Grönwohld. Im Osten der Stellplätze verläuft ein nicht asphaltierter Fuhrweg geradewegs nach Süden, durchquert einen Bauernhof und bringt uns zu den ersten Häusern von **Krusendorf (5)**, 25 m. Etwas weiter links (östlich) erreichen wir die Landesstraße. Wer zum Hostel möchte, folgt der Straße gegenüber am Wasserwerk vorbei zur Unterkunft. Nach Surendorf führt der Weg zuerst zur Krusendorfer Kirche und weiter der Kirchstraße entlang in die Ortsmitte von **Surendorf (6)**, 29 m.

Abwechslungsreicher Küstenstrich: an der Aschauer Lagune.

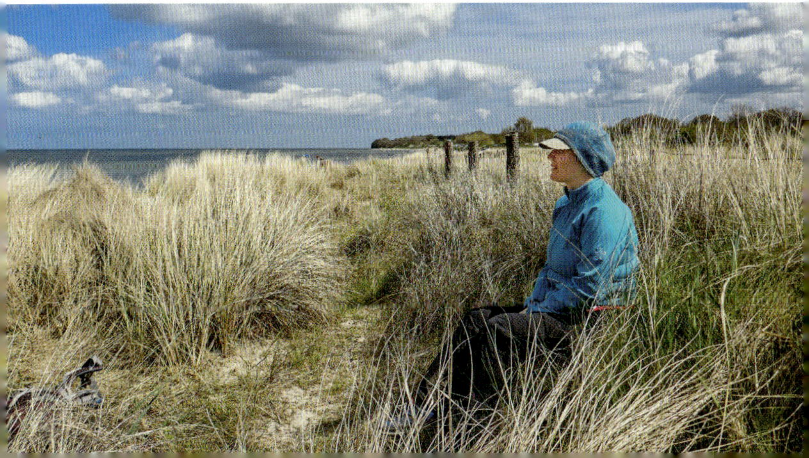

6 Surendorf – Kiel Holtenau

8.00 Std.
27 km

Ecken und Kanten

Etwa auf halbem Wege zwischen Eckernförde und Kiel befindet sich das Schwedeneck – eine Gemeinde, die vor ihrer Entdeckung als Wochenend- und Urlaubsdomizil für die Kieler Stadtbevölkerung ein beschauliches Dasein führte. Hier am Eingang zur Eckernförder Bucht findet man einen 16 Kilometer langen, meist familientauglichen Strand, der bereits am frühen Morgen von den ersten unverzagten Badegästen besucht wird. Vom Landesinneren ist die Ostsee durch die stellenweise bis zu 30 Meter hohe Steilküste getrennt. Der Name Schwedeneck rührt angeblich daher, dass sich hier einmal die ortsansässigen Dänen mit Schweden um die Vormachtstellung in Nordeuropa prügelten – aber wirklich historisch belegt scheint das nicht zu sein.

Ausgangspunkt: Surendorf, Bushaltestelle, 29 m.
Höhenunterschied: 150 m im Aufstieg, 180 m im Abstieg.
Anforderungen: Lange Etappe auf ungewohntem Terrain. Der E1 weist nicht viele kritische Stellen auf, doch der Steilküstenabschnitt ab Dänisch-Nienhof sollte nicht unterschätzt werden. Wer zu nahe an die Abbruchkante geht, riskiert, den Boden unter den Füßen zu verlieren.
Einkehr: Stohl: Zur Steilküste (Sa und So ab 12); Bülker Leuchtturm; Strande; Kiel.
Unterkunft: **Dänisch Nienhof:** Mehrere, z. B. Familie Tank, Tel. +49 4308 324. – **Strande:** Mehrere, z. B. Hotel Garni Haus am Meer, Tel. +49 4349 330, www.hotel-garni-haus-am-meer.de; Acqua Strande Yachthotel, Tel. +49 4349 8080, www.acquastrande.de. – **Altenholz:** Hotel Dänischer Hof, Tel. +49 431 32 900, goldentulip.com. – **Kiel:** Mehrere, z. B. Ferienwohnung Holtenau, Tel. +49 172 81 70 312; Rabe's Hotel, Tel. +49 431 663 07-0, www.rabes-hotel.de.

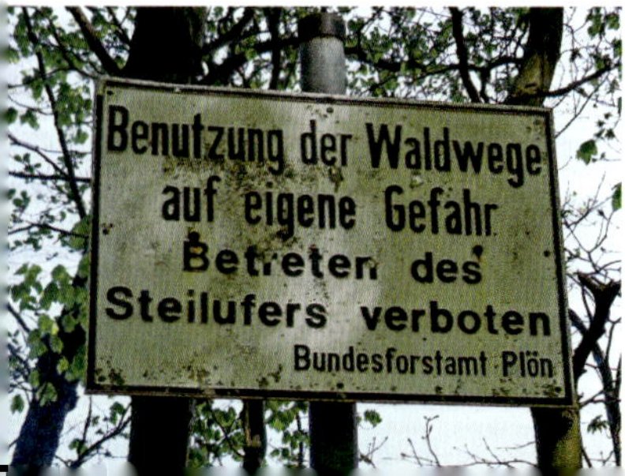

Einkauf: Bä in Surendorf; Kiel.
Information: Wie Etappe 5 sowie TI Strande, Tel. +49 4349 290, www.strande.de; TI Kiel, Tel. +49 431 67 91 00, www.kiel-sailing-city.de.
Verkehrsmittel: Bus 900 Krusendorf–Surendorf–Dänisch-Nienhof–Stohl–Strande–Kiel. Im Sommer fahren die Fördefähren auch Strande an, www.sfk-kiel.de. Fahrpläne Kiel: www.kvg-kiel.de.
Information: Der knapp 26 m hohe Bülker Leuchtturm ist tagsüber gegen eine kleine Gebühr zugänglich. Bis zur Aussicht sind es 98 Stufen. Info: www.leuchtturm-buelk.de.
Karten: K Kartenset 724 Ostseeküste; L Blatt 8 Kiel/Plön.
Hinweis: Zwischen Stohl und Bülker Leuchtturm verläuft ein Weg am Strand – und parallel dazu einer oberhalb der Steilküste. Unterwegs gibt es einige Verbindungen, manche erfordern Trittsicherheit. Uns erschien der obere Weg wegen der großartigen Aussicht lohnender. Der GPS-Track zeigt eine sichere Stelle, um nach dem Panorama-Abschnitt von der Steilküste zum Strand zu wechseln.

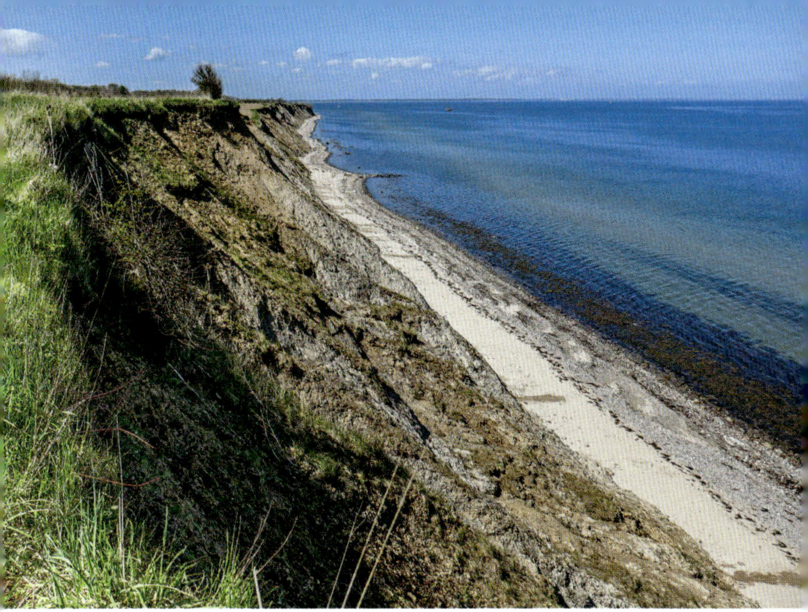

Fotogenes Naturspektakel.

Gleich gegenüber der Bäckerei an der Landstraße in **Surendorf (1)**, 29 m, bringt uns die Seestraße nach 700 m zu einem hübsch gestalteten Wasserhäuschen, wo wir rechts abzweigen und uns bald am Surendorfer Campingstrand wiederfinden.

Nun geht es etwa 1,5 km auf dem Strandweg nach Osten, um bei einer Gabelung rechts (links geht es hinunter zum Hundestrand) und oberhalb der Abbruchkante zu einigen Wochenendhäusern zu kommen. Hier beginnt ein sehr schöner Waldabschnitt nahe an der Steilküste (Vorsicht – auf Markierung achten!), der uns an den Parkplatz am Ortsrand von **Dänisch-Nienhof (2)**, 30 m, führt.

Nun folgen wir einem breiten Wirtschaftsweg etwa 10 Min. kerzengerade nach Osten, um kurz nach dem Wald nach rechts zu einem Hof und weiter zur Eckernförder Straße zu kommen. Ein Stück weiter rechts befindet sich auf der gegenüberliegenden Straßenseite die Haltestelle Harder Dänisch-Nienhof. Hier schwenken wir links ein und gehen zwischen zwei Ackerflächen hindurch auf das einsame Windrad zu, von dem aus wir in südöstlicher Richtung entlang eines Feldweges auf Stohl zusteuern. Ist die Landesstraße erreicht, folgen wir ihr bis zur Bushaltestelle **Stohl (3)**, 32 m, von wo wir geradeaus durch die Dorfstraße in die Ortsmitte kommen.

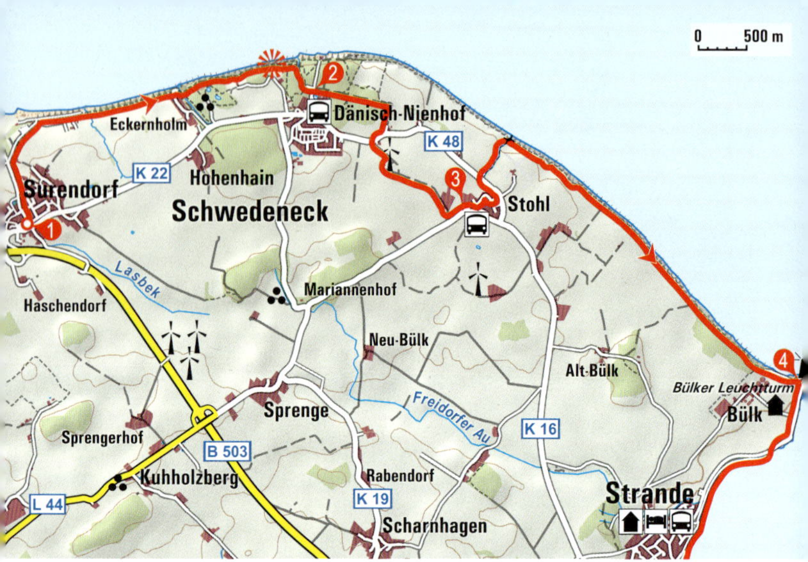

Links am GH Zur Steilküste vorbei gelangen wir wieder zur Eckernförder Straße, der wir auf einem Spazierweg nach links einige Minuten lang folgen, um dann rechts am Strandweg zur Steilküste zurückzukehren.

Bei einer Rastbank neben einer Holztreppe haben wir nun die Wahl, entweder dem Strandweg zum Bülker Leuchtturm zu folgen oder aussichtsreich oberhalb der Steilkante weiterzuwandern. In der nächsten Stunde gibt es mehrere Möglichkeiten, zwischen den Stockwerken zu wechseln. Dazu muss man keine neuen Wege erschließen – die Auf- und Abstiege sind allesamt gut als solche erkennbar.

4 km weiter östlich haben wir am Fuße des **Bülker Leuchtturms (4)**, 5 m, eine freundliche Einkehrmöglichkeit, bevor uns nun ein längerer Abschnitt auf hartem Untergrund bevorsteht: Neben der Zufahrtsstraße, später entlang der Petersen-Promenade kommen wir in die Hafenbucht von **Strande (5)**, 2 m, mit den von Einheimischen viel gelobten Fischbrötchenständen.

Auch wenn man das jetzt noch nicht glauben möchte: Hier am Stadtrand von Kiel steht uns noch ein unerwartet »grüner« Schlussabschnitt bevor. Vor dem Sportzentrum verlassen wir das Hafengelände und schwenken links

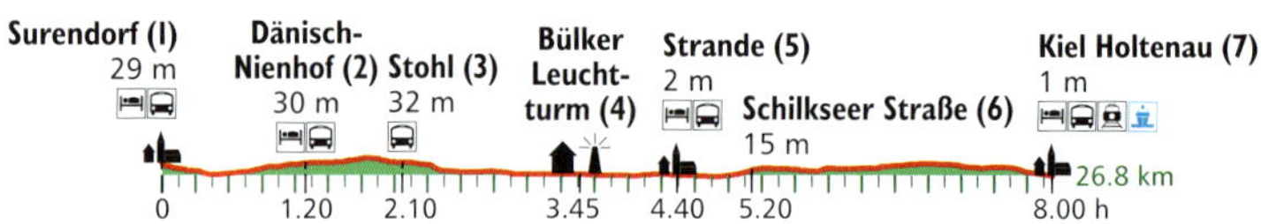

in die Zufahrtsstraße Soling ein. Wir überqueren die viel befahrene Fördestraße und nutzen den Feldweg, der uns nach Süden zu einer Schranke und rechts in den Salzwiesenweg bringt. Dieser mündet in die **Schilkseer Straße (6)**, 15 m, der wir ein paar Minuten nach rechts folgen, bevor wir rechts in den von Sträuchern gesäumten Alten Kirchweg einschwenken. Bei einer Rechtskurve nach 500 m geht es für uns scharf links auf einen Feldweg und in ein schönes Waldstück. Bei Erreichen einer Straße zweigen wir rechts in einen schmalen Spazierweg ein, der uns auf Höhe eines Betriebsgeländes über eine weitere Straße führt.

An der Fortsetzung gleich gegenüber gehen wir an der Rastbank vorbei zu einem Pferdehof und stets weiter geradeaus zu den Bahngeleisen. Weiter rechts nach der Unterführung erwartet uns ein weiteres Waldstück, durch das wir an die Altenholzer Straße gelangen. Auf breiten Wegen durchqueren wir Richtung Süden den Stiftswald. Weiter über Felder erreichen wir das mit Stacheldraht umzäunte Militärgelände, wo wir rechts abzweigen und das Gebiet gegen den Uhrzeigersinn umgehen. Vor der Autobahn rechts die Oskar-Kusch-Straße entlang gelangen wir zum Friedrich-Foss-Ufer. Linker Hand können wir schon die Schleuse des Nord-Ostsee-Kanals ausmachen. Kurz vorher erreichen wir die Fußgängerfähre **Kiel Holtenau (7)**, 1 m, mit Busanbindung (Linie 91) zur jeweiligen Unterkunft.

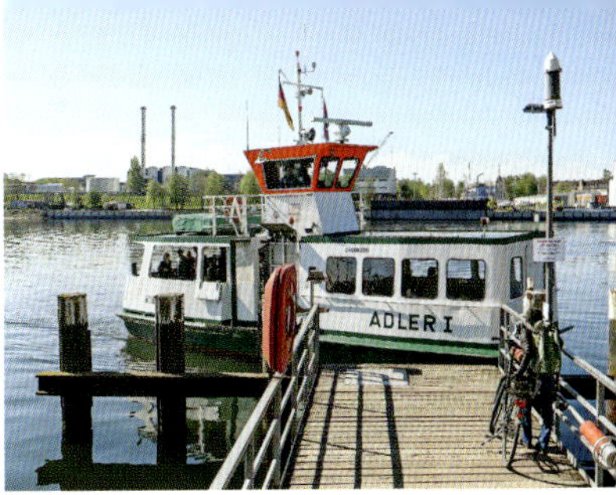

Eine Personenfähre hilft Fernwanderern über den Nord-Ostsee-Kanal.

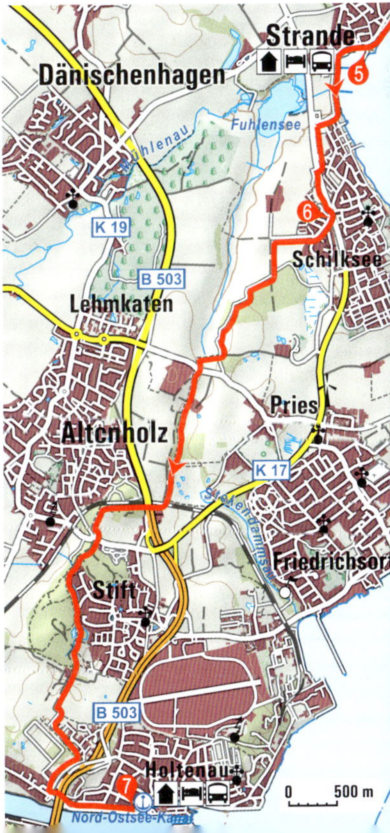

7 Kiel Holtenau – Preetz

5.30 Std.

22 km

Die nördlichste Schweiz von allen

Buchenwälder säumen die sanften Hügel, die sich in der Holsteinischen Schweiz um die Seen schmiegen, deren Ufer uns nun einige Tage lang immer wieder begegnen werden. Haben wir dem Stadtgebiet von Kiel einmal den Rücken gekehrt, finden wir uns unvermittelt an der idyllischen Schwentine wieder, die wir erst am höchsten Berg Schleswig-Holsteins, ihrem Ursprungsort, endgültig hinter uns lassen. Neben zahlreichen landschaftlichen Höhepunkten erwarten uns auch etliche kulturelle Gustostückerl. Den Beginn macht die Schusterstadt Preetz mit ihren Fachwerkhäusern der ehemaligen Handwerkszünfte und dem Benediktinerkloster am Rand der größten Stadt des Kreises Plön.

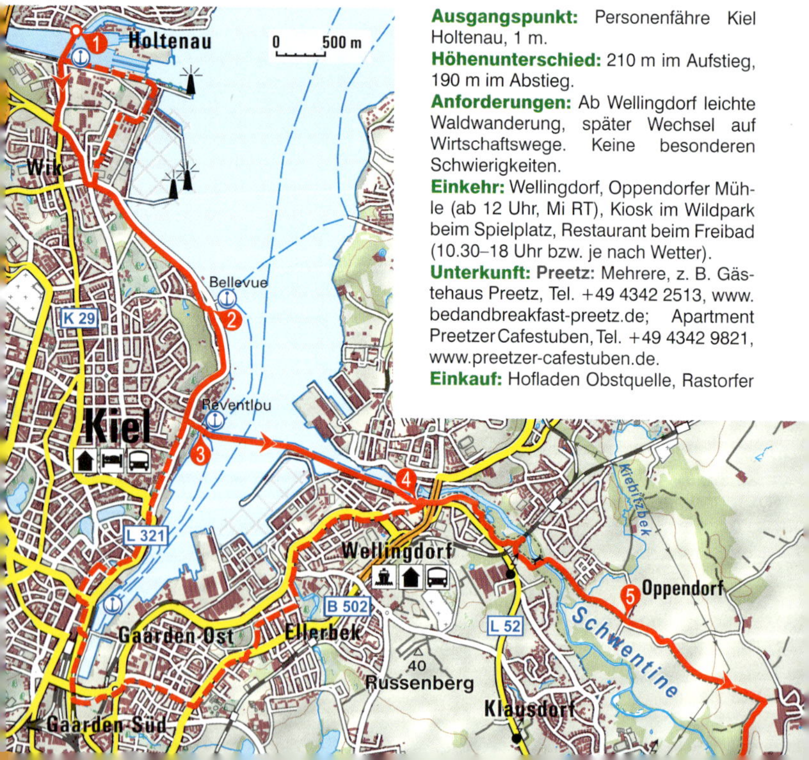

Ausgangspunkt: Personenfähre Kiel Holtenau, 1 m.

Höhenunterschied: 210 m im Aufstieg, 190 m im Abstieg.

Anforderungen: Ab Wellingdorf leichte Waldwanderung, später Wechsel auf Wirtschaftswege. Keine besonderen Schwierigkeiten.

Einkehr: Wellingdorf, Oppendorfer Mühle (ab 12 Uhr, Mi RT), Kiosk im Wildpark beim Spielplatz, Restaurant beim Freibad (10.30–18 Uhr bzw. je nach Wetter).

Unterkunft: Preetz: Mehrere, z. B. Gästehaus Preetz, Tel. +49 4342 2513, www.bedandbreakfast-preetz.de; Apartment Preetzer Cafestuben, Tel. +49 4342 9821, www.preetzer-cafestuben.de.

Einkauf: Hofladen Obstquelle, Rastorfer

Mühle (Säfte, Obst, Käse, Wurst; Mi–Fr 11–18 Uhr, Sa/So 10–17 Uhr); Preetz.

Verkehrsmittel: Personenfähre Holtenau (täglich ab 09.38 Uhr); Bus 42 entlang des Hafens, Fördefähren (eingeschränkter Betrieb am Wochenende) und Schwentinelinie (verkehrt Mo–Fr), www.sfk-kiel.de; Bus 72 Hauptbahnhof–Wellingdorf; Zuglinie Kiel–Preetz–Plön–Lübeck halbstündlich. Bus 4330 Kiel–Preetz–Plön.

Information: TI Preetz, Tel. +49 4342 728 04 20, www.schusterstadt-preetz.de; TI Holsteinische Schweiz, Tel. +49 4522 509 50, www.holsteinischeschweiz.de.

Karten: Wie Etappe 6.

Hinweis: Zwischen Hafen und Wellingdorf ist der E1 nicht markiert, es gibt dort auch keine lohnende Wegführung. Wir empfehlen daher die Fahrt mit der Fähre, die Wegpunkt 3 mit Wegpunkt 4 verbindet. Unentwegte, die den Abschnitt durch die Vorstadt trotzdem zu Fuß absolvieren möchten, folgen ab dem Hauptbahnhof der Buslinie 42.

Tipp: Dank der engen Intervalle der öffentlichen Verkehrsmittel eignen sich die nächsten Etappen gut für ein mehrtägiges Standquartier entlang der Strecke.

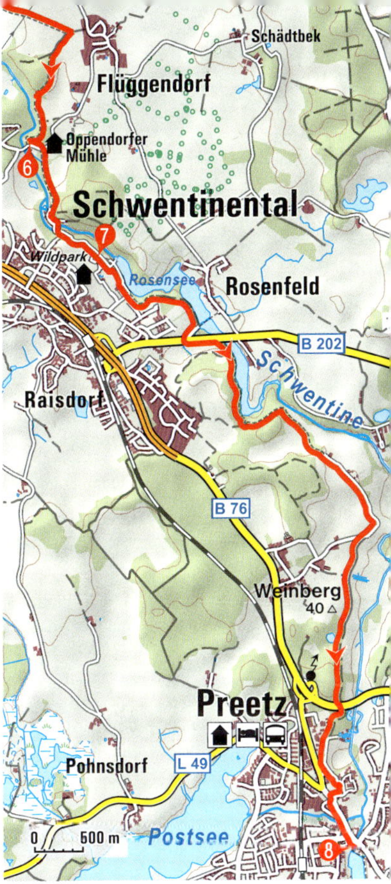

Etwa 5 Gehminuten von der südseitigen Anlegestelle der Fußgängerfähre entfernt befindet sich der **Aussichtsturm** an der Schleuse des Nord-Ostsee-Kanals. Diesen Abstecher sollte man sich nicht entgehen lassen. Ein Stück weiter östlich bietet sich beim Wohnwagenpark erneut ein toller Blick auf die Schiffe im Kanal. Man kann von dort gleich durch die Mecklenburger Straße und den Anscharpark nach Süden gehen.

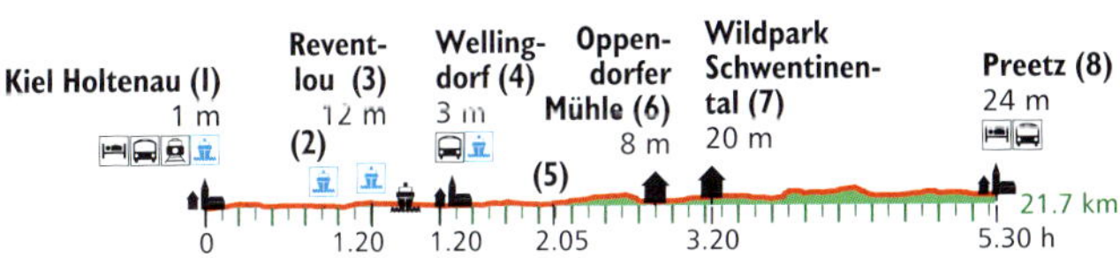

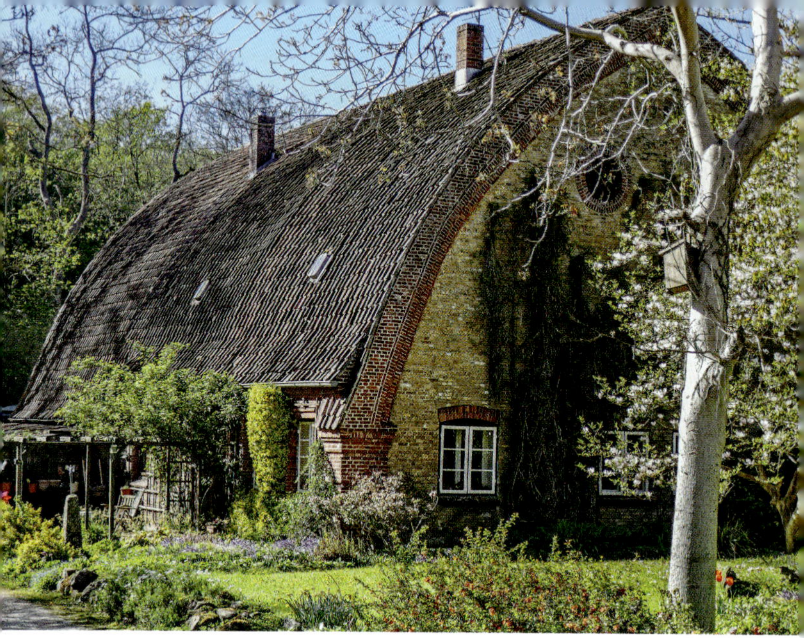

Bei der Rastorfer Mühle.

Der offizielle Weg des E1 hingegen verläuft (wenig lohnend) von der Anlegestelle der Personenfähre **Kiel Holtenau (1)**, 1 m, durch die Schleusenstraße in 10 Min. geradewegs zur Kreuzung mit der Prinz-Heinrich-Straße. Diese bringt uns links ebenfalls zum Anscharpark, wo wir auf das Militärgelände des Tirpitzhafens treffen. Wir müssen nun nur mehr am Zaun entlanggehen und erreichen über die mehrspurige »Kiellinie« das Hafenbecken der Kieler Förde auf Höhe des Anlegeplatzes des Segelschulschiffes »Gorch Fock« der Deutschen Marine.

Von der Anlegestelle **Bellevue (2)**, 4 m, kann man mit der Fähre bis zum Bahnhof fahren. Wer zur Fortsetzung des E1 in Wellingdorf will, muss am Sporthafen **Reventlou (3)**, 12 m, ein- bzw. umsteigen. Diese Anlegestelle befindet sich etwa 3 km südlich des Tirpitzhafens. Von der Anlegestelle in **Wellingdorf (4)** umgehen wir den vor uns liegenden Jachthafen über die Schönberger Straße. Hier befindet sich auch die Endhaltestelle der Buslinie nach Wellingdorf. Nach der Haltestelle links, vorbei am historischen Gebäude der Kieler Sparkasse, kommen wir zur Schwentinenbrücke.

Ein schöner Spazierweg bringt uns rechts vor der Brücke durch eine Unterführung hindurch in etwa 15 Min. zu einer Fußgängerbrücke. Auf der ande-

ren Seite der Schwentine setzt sich unser Weg in südöstlicher Richtung fort. Nach Verlassen des Waldes nutzen wir einen schönen, von Eichen gesäumten Feldweg. Bei den Häusern von **Oppendorf (5)**, 7 m, queren wir die Ortsstraße (Rastbank, Beschilderung »Flüggendorf«).
Geradeaus erreichen wir am Lustbarg die reichlich beschilderte Abzweigung in den Fußweg Flüggendorf, dem wir unter der Starkstromleitung hindurch folgen, um bald darauf rechts entlang des Buschwerkes wieder in den Wald einzutauchen. Nach einer kleinen Brücke bleiben wir meist nahe am Waldrand und erreichen bei unschwieriger Orientierung den Parkplatz und das Gasthaus an der **Oppendorfer Mühle (6)**, 8 m.
Vor dem Gasthaus links steigt die Zufahrtsstraße leicht an. Unsere Route zweigt hier rechts in den nicht asphaltierten Fußweg ab und bringt uns am Wasserwerk vorbei in die Streusiedlung **Rastorfer Mühle** (Bauernladen). Wir halten uns rechts Richtung Brücke und gehen der Straße entlang zum **Wildpark Schwentinental (7)**, 20 m. Östlich des Parks folgen wir dem Zaun des Wasserkraftwerkes hinunter zum Altarm der Schwentine. Meist in Ufernähe erreichen wir die B 202. Nach der Unterführung gehen wir bis zum Parkplatz, wo sich unser Uferweg in südlicher Richtung fortsetzt.
Auf Höhe der Streusiedlung Totenredder geht unser Waldweg in eine befestigte Straße über. Hier setzt auch die Beschilderung Richtung Preetz Zentrum ein, die unsere weiterhin sehr gute E1-Markierung begleitet. Durch den Klosterhof und an der Kirche vorbei geht es zur Klosterstraße, der wir nach links zum Supermarkt folgen. Vom Parkplatz des Supermarktes führt eine Fußgängerpassage in die Stadtmitte von **Preetz (8)**, 24 m.

Wir nehmen »weder – noch« – und biegen rechts ab.

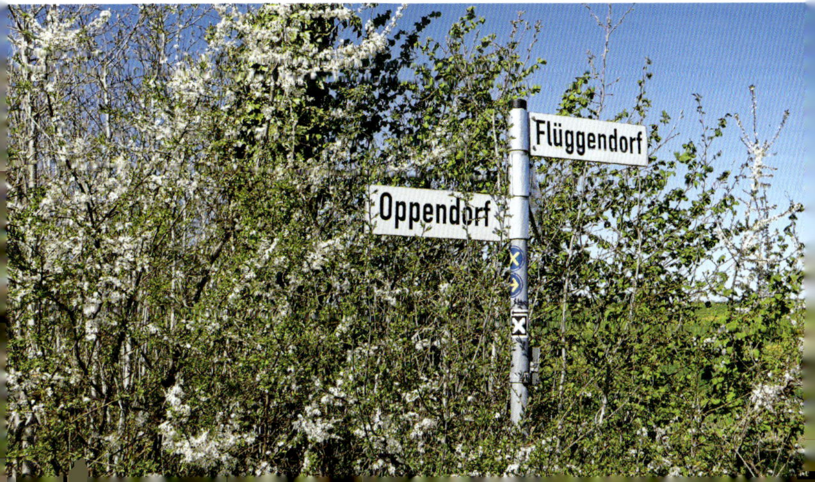

8 *Preetz – Plön*

6.30 Std.
24 km

Kalt und warm

Mitten in der eiszeitlich geformten Hügellandschaft der Holsteinischen Schweiz kommen wir heute zum größten See Schleswig-Holsteins. Mit 28 Metern ist er gleichzeitig auch der tiefste See des nördlichsten Bundeslandes. Sein Entstehen verdankt er der Weichsel-Kaltzeit, als zwei Gletscher die Becken des Kleinen und des Großen Plöner Sees ausschürften und im Zuge der Erderwärmung auch gleich für den ersten Füllstand sorgten. Vor einem Jahrtausend siedelten Slawen am Seeufer. Sie nannten ihre Heimat »plune«, was so viel wie »eisfreies Wasser« bedeutet.

Pferde im Rücken: hinter der Gläserkoppel.

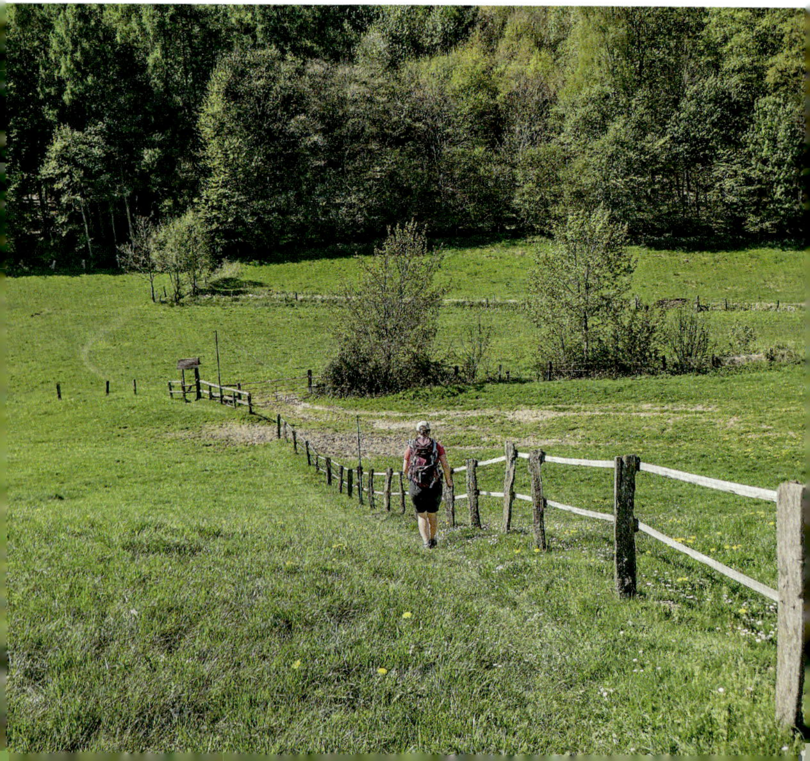

Ausgangspunkt: Preetz, Markt, 24 m.
Höhenunterschied: 240 m im Aufstieg, 240 m im Abstieg.
Anforderungen: Leichte Wanderung ohne besondere Schwierigkeiten.
Einkehr: Wahlstorf: Zum Klönschnack, Preetz.
Unterkunft: Gut Wittmoldt, Tel. +49 4522 1263, www.gut-wittmoldt.de. – **Plön** (trotz mehrerer Unterkünfte meist überbucht, evtl. auf Preetz oder Eutin ausweichen): Landhaus Hohe Buchen, Tel. +49 4522 78 94 10, hohebuchen.von-huelsen.de; Pension Plöner Hof, www.ploener-hof.de, Tel. +49 4522 761 22 13; DJH Plön, Tel. +49 4522 2576, ploen.jugendherberge.de; Lake House Plön-Fegetasche, Tel. +49 4522 802 97 90, www.lake-house-ploen.de.
Einkauf: Plön.
Verkehrsmittel: Bahnlinie Kiel–Preetz–Plön–Lübeck; Bus 4330 Kiel–Preetz–Plön.
Information: TI Plön, Tel. +49 4522 509 50, www.holsteinischeschweiz.de/ploen.
Karten: Wie Etappe 6.

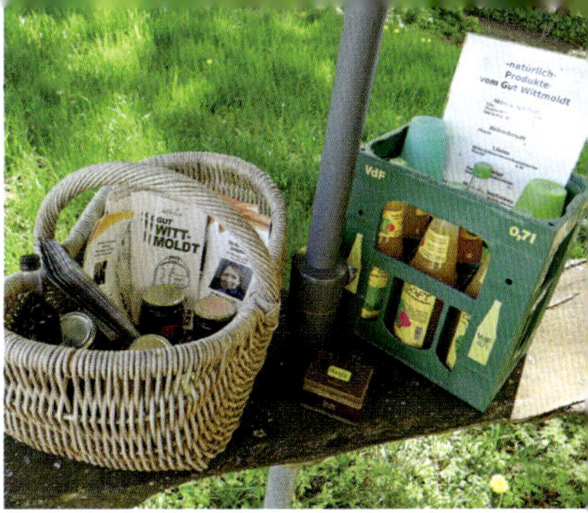

Proviantnachschub (Gut Wittmoldt).

Tipp: Mehrmals die Woche finden nachmittags/abends Führungen durch das Rennaissanceschloss Plön statt. Das Schloss gehört dem Optikerkonzern Fielmann – Kostenlose Tour durch Rittersaal, Wohnbereich, Kapelle und Schule an den Wochenenden mit Voranmeldung unter www.fielmann-akademie.com oder per Mail an Besichtigung@fielmann-akademie.com

Da wir auf dieser Etappe noch genügend Asphalt sehen werden, üben wir uns zu Beginn des heutigen Tourentages in zivilem Ungehorsam und folgen ausnahmsweise nicht dem E1. Statt der Markierung durch das Zentrum von **Preetz (1)**, 24 m, zu folgen, nehmen wir die schmale Gasse, die in der Langen Brückstraße an der Preetzer Caféstuben vorbei nach Süden zum Kirchsee abzweigt. Ein schöner Uferweg führt uns an das südliche Ende, wo an der Brücke von rechts die Stadtvariante des E1 einmündet.
Durch Laubwald und eine Wohnstraße gehen wir zur Plöner Landstraße und folgen dieser rechts durch den Ort **Schellhorn (2)**, 22 m. Bald nach dem Ortsende zweigt rechts ein Weg in den Wald ab – der Blick auf den Lanker See bietet in den Morgenstunden schöne Fotomotive. Bei der Bushaltestelle kommen wir wieder zur Straße, können jedoch bis zur Abzweigung Richtung Wielen (mit Wegweiser zum Campingplatz) den Radweg nutzen. Die Wielener Zufahrtsstraße verlassen wir bei der ersten Möglichkeit rechts und errei-

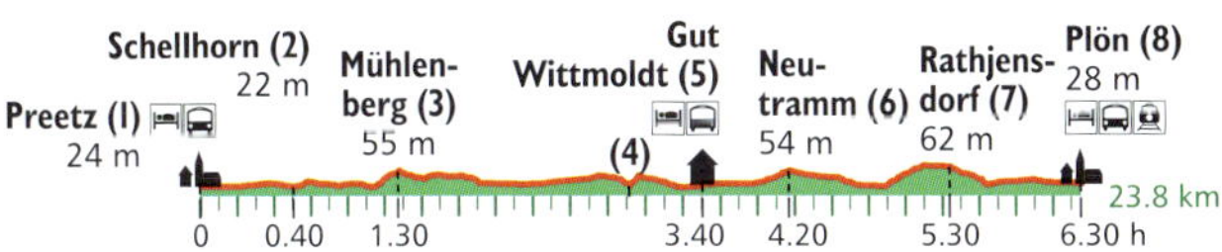

chen so den **Reithof Gläserkoppel**. Nach den Gebäuden steigen wir auf den bewaldeten **Mühlenberg (3)**, 55 m, auf. An einer Straße geht es rechts zu einem allein stehenden Gebäude am Waldrand. Bald danach dreht der Weg nach Südosten. Bei einer Gabelung halten wir uns links. An der Westseite des Wielener Sees ignorieren wir die stellenweise irreführende (forstwirtschaftliche) Markierung und bleiben nahe am Ufer, bis wir ein einzelnes Haus erreichen, dessen Zufahrtsstraße uns zur Lindenallee bringt. Dieser

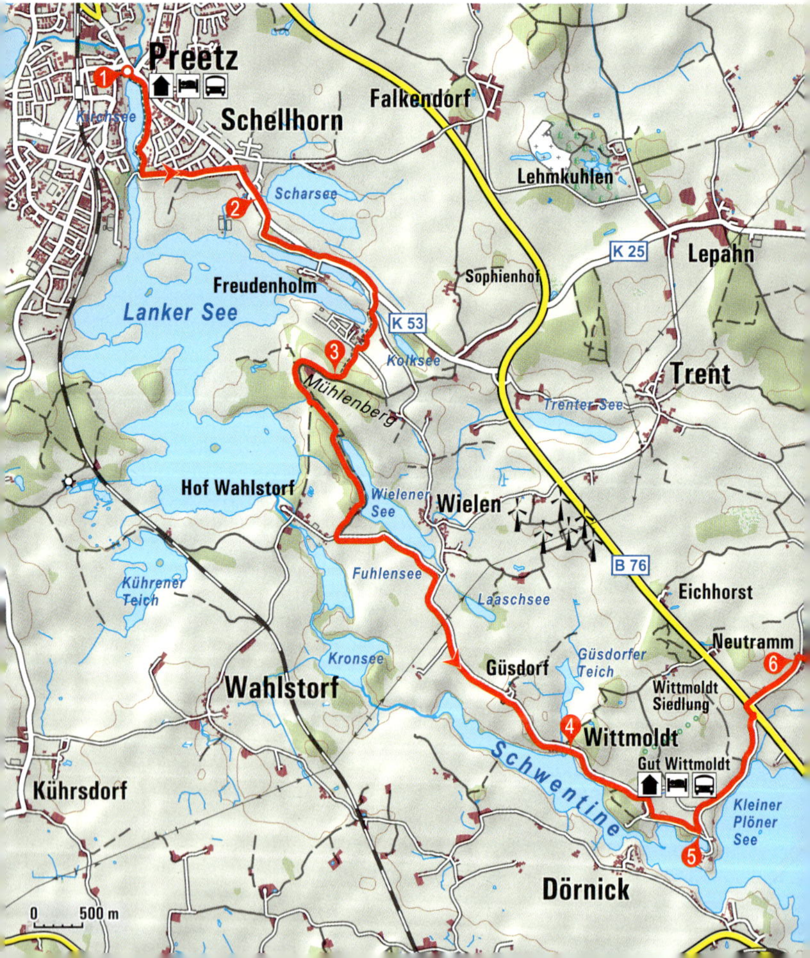

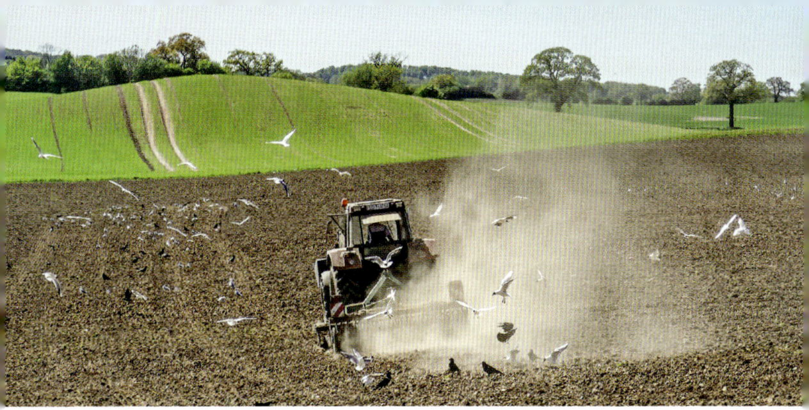

Vor Rathjensdorf wird geackert.

folgen wir nun links bis zu einer T-Kreuzung mit Rastbank. Ein längeres Straßenstück führt uns nun rechts leicht bergauf nach **Wittmoldt (4)**, 24 m, und weiter zur Streusiedlung Am Lustholz.

Gleich nach der Bushaltestelle biegen wir rechts ab und folgen der Wohnstraße bis zu einem gelben Haus. Gegenüber zweigt in spitzem Winkel eine fotogene Birkenallee ab, die nach Regenfällen matschig sein kann. Am Ende des Weges treffen wir wieder auf die Zufahrt zum **Gut Wittmoldt (5)**, 26 m, wo fallweise Getränke im SB-Verkauf angeboten werden. Links der Straße lang kommen wir zur Bushaltestelle Wittmoldt Abzweig Hof, wo es für uns rechts zur stark befahrenen B 76 geht. Ein paar Meter weiter links führt gegenüber der Bushaltestelle (Linie 4330 nach Plön) eine Wohnstraße zur Siedlung **Neutramm (6)**, 54 m. Bei der gut sichtbaren Nummerierung des Hauses 12A geht es durch Felder zu einer weiteren Asphaltstraße, die uns rechts auf den Trammer See zuführt.

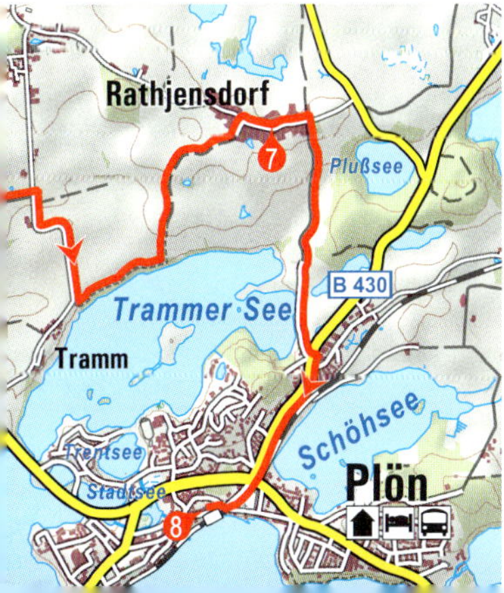

In einer Kurve gehen wir geradeaus an einer Schranke vorbei über den Spielplatz und folgen links dem Weg unterhalb der Anbauflächen. Er dreht am Ende des Ackers nach Norden und bringt uns hinauf nach **Rathjensdorf (7)**, 62 m.

Die Alte Dorfstraße verläuft nach rechts durch den Ort. An einem Wegkreuz biegt der Fuß- und Radweg ab, der uns hinunter ins Zentrum von **Plön (8)**, 28 m, bringt.

9 Plön – Eutin

6.30 Std.
25 km

Auf in die Rosenstadt

Die Wanderung von Plön nach Eutin ist schön und abwechslungsreich zugleich. Zählt man den Großen Plöner See dazu, der sich nur einen Steinwurf entfernt vom Bahnhof Plön nach Süden erstreckt, werden wir heute an neun verschiedenen Seen vorbeikommen. Und das Ganze weitestgehend verkehrsberuhigt: Durch schönen »Spazierwald« geht es in den Kurort Malente und weiter zum Promenadenweg rund um den Kellersee. Den Abschluss dieser edlen Etappe bildet entweder ein Abend am Seeufer oder der Besuch der reizenden Eutiner Altstadt, deren Häuserfassaden vielerorts von Rosenbüschen geziert werden. Wie in Plön hat der Stadtkern auch hier direkten Anschluss ans Wasser: Vom Marktplatz gelangt man in wenigen Minuten zum Großen Eutiner See.

Ausgangspunkt: Bhf/ZOB Plön, 38 m.
Höhenunterschied: 160 m im Aufstieg, 160 m im Abstieg.
Anforderungen: Leichte Wanderung auf breiten Spazierwegen.
Einkehr: Am Diek- und Kellersee.
Unterkunft: **Niederkleveez:** Hotel Fährhaus, Tel. +49 4523 984 89 89, www.faehrhaus-dieksee.com. – **Malente:** Mehrere, z. B. Hotel Holsteinische Schweiz, Tel. +49 4523 16 28, www.hotel-holsteinische-schweiz.de. – **Kellersee:** Mehrere, z. B. DJH Bad Malente, Tel. +49 4523 1723, badmalente.jugendherberge.de;

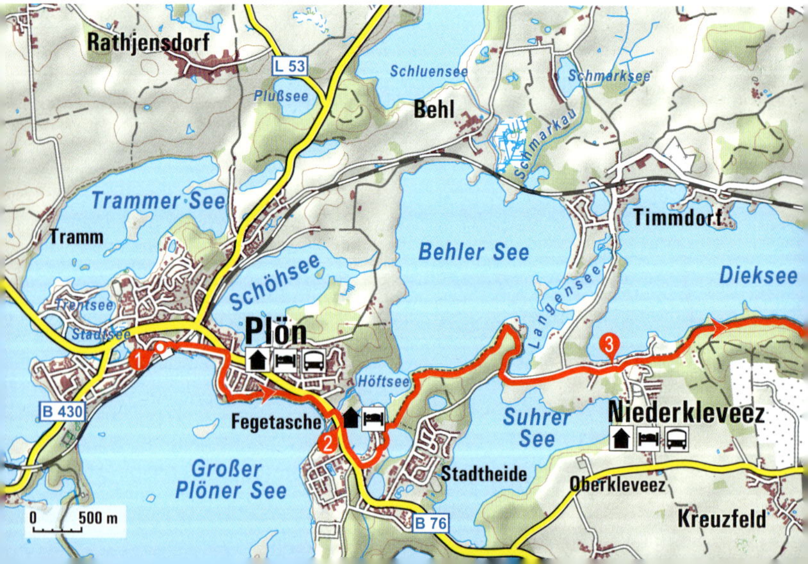

Pension Seeruh, Tel. +49 4521 2931, www.seeruh.de; Ferienhaus Uklei, Tel. +49 4521 66 30, ferienhaus-uklei.de. – **Fissau:** Seeschloss am Kellersee, Tel. +49 4521 8050, www.seeschloss-eutin.de. – **Eutin:** Mehrere, z. B. Pension Milaj, Tel. +49 4521 730 42; Hotel Hus Sünnschien, Tel. +49 4521 38 64; VossHaus Eutin, Tel. +49 1512 95 02 420, www.vosshaus-eutin.de.
Einkauf: Malente, Eutin.
Verkehrsmittel: Die 5-Seen-Schifffahrt fährt in der Hauptsaison (Ende April–Anfang Okt.) ab 10.00 Uhr stündlich vom Hotel Fegetasche über Niederkleveetz nach Malente, Tel. +49 4523 2201, www.5-seen-fahrt.de; Zug Plön–Bad Malente-Gremsmühlen–Eutin in kurzen Intervallen.
Information: TI Malente, Tel. +49 4523 9842 730, www.holsteinischeschweiz.de/tourismus-malente; TI Eutin, Tel. +49 4521 709 70, www.holsteinischeschweiz.de/eutin.
Karten: Wie Etappe 6.
Hinweis: Mit der vorgeschlagenen Etappeneinteilung wird in vier Tagen Lübeck erreicht. Kongresse im Messezentrum sorgen erfahrungsgemäß für eine beinahe vollständige Auslastung der erschwinglichen Quartiere in und um die Hansestadt – rechtzeitig buchen!
Tipp: Im Tourismusbüro am Markt kann man sich einen schlanken Flyer für einen historischen Stadtrundgang auf eigene Faust abholen. Führungen auf Anfrage. Neben der Besichtigung des Schlosses (mit Ostholstein-Museum) ist ein Spaziergang durch den Schlossgarten empfehlenswert.

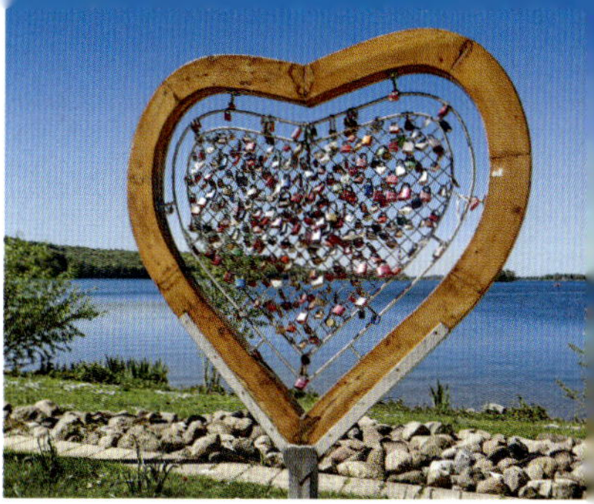

Die Schlösser von Malente.

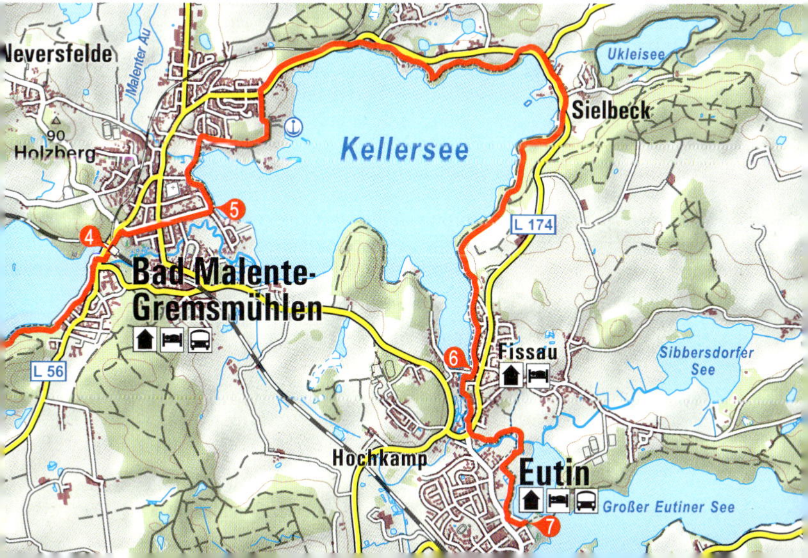

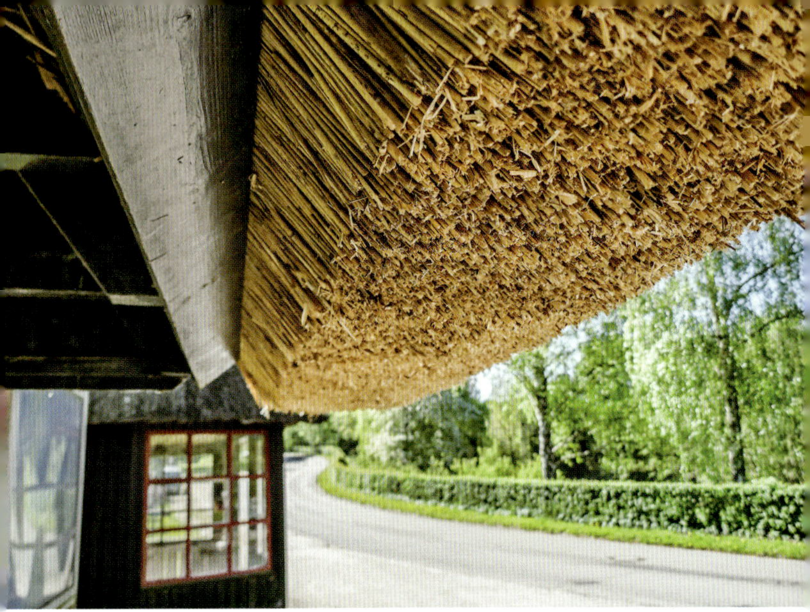

Reetgedeckte Bushaltestelle in Niederkleveez.

Leicht erhöht führt oberhalb des Bahnhofs von **Plön (1)**, 28 m, ein Spazierweg vorbei, der uns rechter Hand über die Straße und durch die Unterführung auf die andere Seite der Geleise bringt. Wir folgen der Eutiner Straße in Ufernähe nach Osten, vorbei an der Schiffsanlegestelle (Plöner Seerundfahrt), dem Jachthafen sowie einem schönen Rastplatz mit Tischen und Bänken gleich nach dem reetgedeckten Gasthaus Alte Kate.

Nach rund 500 m zweigen wir rechts in die Rosenallee und folgen dem schönen Strandweg bis zum Fegetasche-Strand. Links vorbei am Minigolfplatz kommen wir zu einer Unterführung. Auf der anderen Straßenseite leitet eine Treppe hinauf zur B 76 und weiter zur Schiffsanlegestelle beim **Hotel Fegetasche (2)**, 25 m. Die Brücke bringt uns in Fahrtrichtung Eutin über die Schwentine und am Edebergsee vorbei auf den Kieler Kamp. Hier schwenken wir links in den gut beschilderten Wanderweg »Malente-Gremsmühlen« ein, dessen Markierung gemeinsam mit dem E1 verläuft.

Nach dem Landhaus »Zu den 5 Seen« zweigen wir rechts zum Großen Madebrökensee ab. Ein gemütlicher Waldweg führt uns durch das Naturschutzgebiet zum Höftsee und stets in Ufernähe weiter zum Behler See. Vor dem Jugendzeltlager Adlerhorst drehen wir nach Süden und kommen über die Zufahrtsstraße zur Straße Am Dieksee. Der Radweg bringt uns links in gut

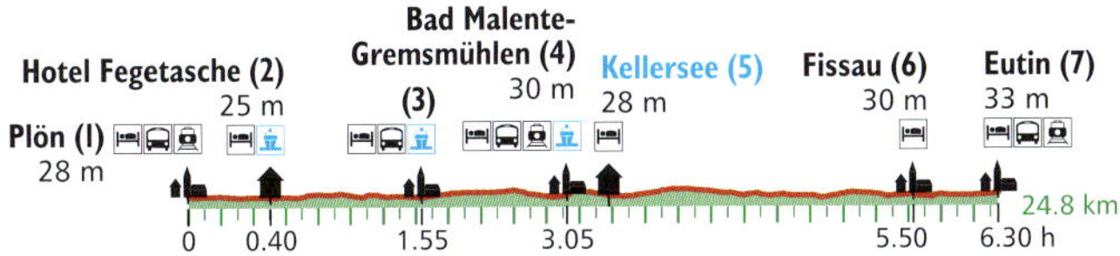

10 Min. nach **Niederkleveez (3)**, 25 m (Schiffsanlegestelle beim Gastgarten des Restaurants).

Bald nach dem Fährhaus zweigt die Fortsetzung unserer Route links ab. Der Dieksee-Wanderweg verbindet Niederkleveez mit Gremsmühlen und verläuft fast durchgehend in Ufernähe des Dieksees.

In **Bad Malente-Gremsmühlen (4)**, 30 m, überqueren wir die Bahngeleise und folgen der Ortsstraße bis zur Abzweigung der Lindenallee. Die 1 km lange Wohnstraße bringt uns geradewegs zum **Kellersee (5)**, 28 m, wo wir dem Uferwanderweg im Uhrzeigersinn bis **Fissau (6)**, 30 m, folgen. Dabei müssen wir im Norden des Sees auf Asphalt ausweichen, um die Privatgrundstücke mit See-Anschluss zu umgehen. An der Südspitze des Sees befindet sich eine für uns günstig gelegene Nächtigungsmöglichkeit. **Eutin (7)**, 33 m, hat jedoch einen sehr reizvollen Stadtkern, weshalb sich die (gut beschilderte) Weiterwanderung Richtung Seepark und Zentrum ebenfalls lohnt.

Der Marktplatz von Eutin.

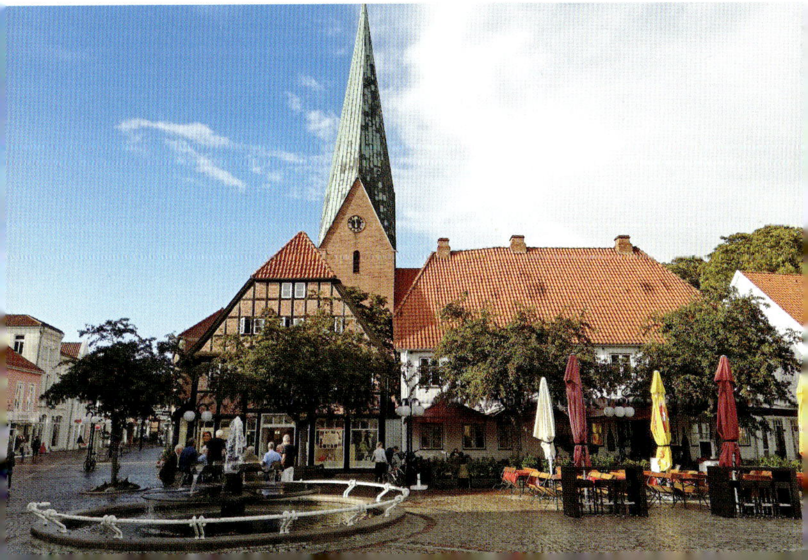

10 Eutin – Schönwalde am Bungsberg

5.30 Std.
19 km

White Walkers

Am Bungsberg, der höchsten Erhebung in Schleswig-Holstein, befindet sich auf knapp 168 m die höchste – weil einzige – Skilift-Bergstation des Landes. Seit 1971, als ein Bauer die Wintersportler mit dem Traktor auf den Berg zog, gibt es hier die einzige Liftanlage zwischen Nord- und Ostsee. In jüngerer Vergangenheit hatte der Bürgermeister von Schönwalde immer wieder mit Widrigkeiten zu kämpfen: Einmal war die Wiese zu nass, ein andermal ließ die TÜV-Plakette für die Liftanlage zu lange auf sich warten. So bangen die Skifahrer jedes Jahr aufs Neue, ob sie dem Nordhang zu Fuß zu Leibe rücken müssen oder ob es doch wieder etwas wird mit »ihrem« Lift. Bis dato spricht sich die Mehrheit der Befragten für den Weiterbestand des nördlichsten Schiliftes Deutschlands aus, es muss nur noch ein Betreiber gefunden werden ...

Ausgangspunkt: Eutin, Stadtmitte, 33 m, oder Fissau am Kellersee.
Höhenunterschied: 230 m im Aufstieg, 160 m im Abstieg.
Anforderungen: Der anfangs schattigen Waldwanderung folgt ein zweistündiger Asphaltmarsch, wo man bei Hitze alle Sünden abbüßt. Davon sollte man sich diese insgesamt schöne Etappe nicht verleiden lassen, denn auf dem Bungsberg warten erneut schattige, schöne Spazierwege.
Einkehr: Bungsberg: Cafe & Restaurant 168 ü. NN (Fr–So ab 12), Tel. +49 4528 91 38 880; Metzgerei und Imbiss in Schönwalde.
Unterkunft: Ferienwohnung Lotz, Tel. +49 4528 12 07, www.ferien-bei-lotz.de.
Einkauf: S, B & Bä in Schönwalde.
Verkehrsmittel: Bus 5508 Eutin–Schönwalde, Bus 5509 Bergfeld–Schönwalde–

Geschäftstüchtige Kinder.

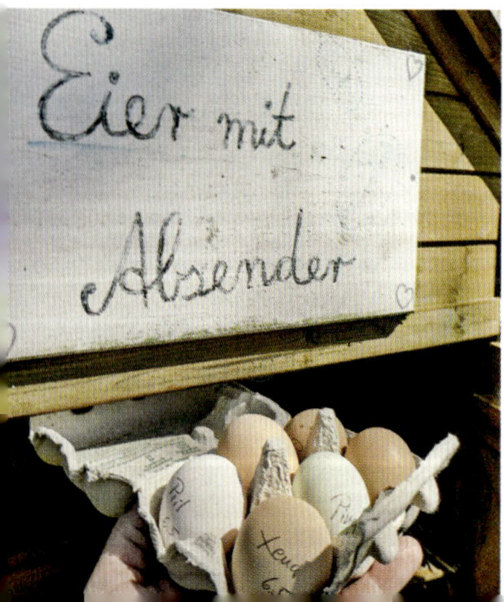

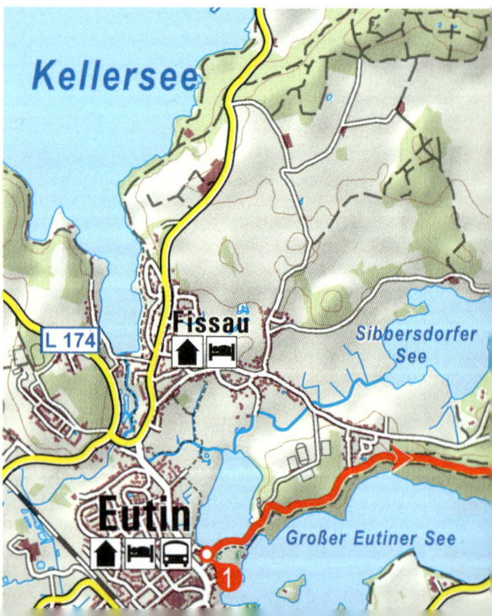

Kasseedorf (Rufbus, Anmeldung 60 Min. vor Abfahrt, Tel. +49 800 25 32 25 32).

Information: TI Eutin, Tel. +49 4521 709 70, www.holsteinischeschweiz.de/eutin.

Variante: Zwischen Schäferei und Gut Stenhof zweigt nach Verlassen des Waldes ein markierter Abschneider zum Kolksee ab und trifft östlich des Sees wieder auf die E1-Markierung Richtung Neustadt. Diese Schlechtwettervariante ohne Bungsberg ist etwa 24 km lang.

Karten: K Kartenset 724 Ostseeküste; L Blatt 11 Lübeck – Neustadt.

Tipp: Über 200 m Seehöhe hinauszukommen, ist in Schleswig-Holstein kein alltägliches Vergnügen: Die Aussichtsplattform des 40 m hohen Fernmeldeturmes am Bungsberg ist hingegen sogar frei zugänglich. Gleich daneben im Stiftungsgebäude kann man wechselnde Ausstellungen und den denkmalgeschützten Elisabethturm besichtigen. Infos und Öffnungszeiten: www.erlebnis-bungsberg.de.

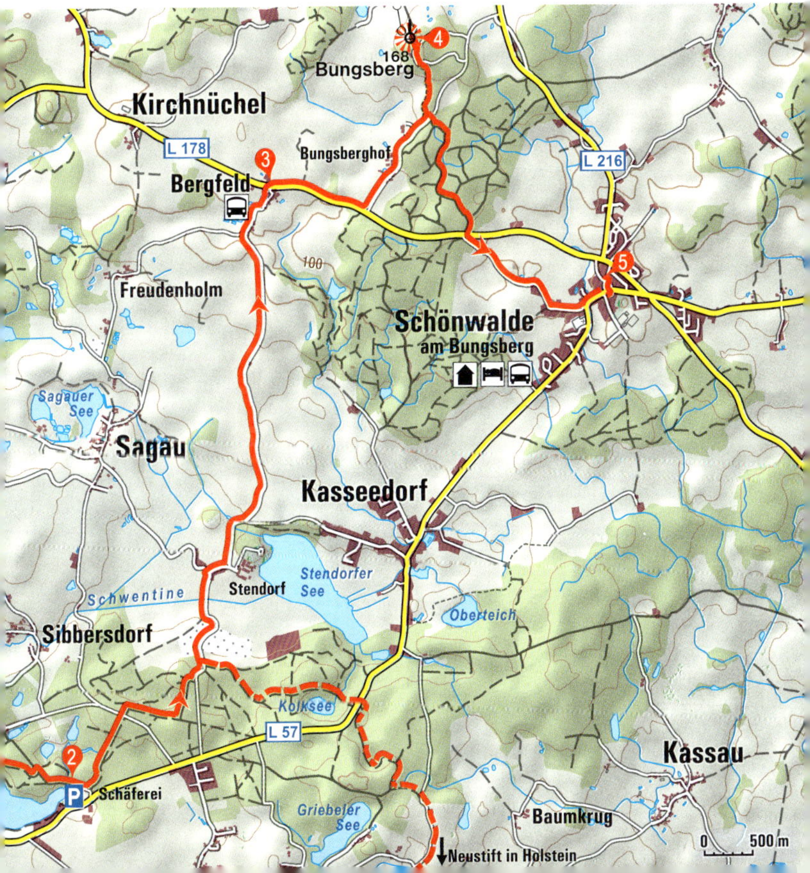

Wer in **Eutin (1)**, 33 m, genächtigt hat, kehrt zuerst zum **Seepark** zurück. Von **Fissau** aus nehmen wir die Fährte des E1 an der Südspitze des Kellersees auf, wo wir auf einem schönen Spazierweg der Schwentine entlang Richtung Süden wandern. Wir überqueren die Sielbecker Landstraße und erreichen so, wie es uns die Beschilderung versprochen hat, nach etwa 2,5 km den Großen Eutiner See.

Im **Seepark** bringt uns die Brücke auf die Nordseite, wo es nun ruhig und beschaulich durch Wald zur Ostspitze geht. Der Waldabschnitt beginnt mit einem gut gemachten Holzlehrpfad und führt uns links um einen Minigolfplatz herum. Die Markierung ist hervorragend, dennoch ist Obacht geboten, da sich immer wieder Wege mit unserer Route kreuzen.

Nach etwa 1 Std. erreichen wir am Ostufer den Parkplatz **Schäferei (2)**, 34 m. Nach einem kurzen Stück auf der Zufahrtsstraße zweigen wir links in den beschilderten Reitweg ein, überqueren die Panzerstraße und biegen etwa 100 m danach rechts ab. Nun können wir dem Forstweg bis zur Straße folgen oder aber kurz vorher den unmarkierten Transportweg nehmen (GPS beachten), der uns einige Minuten Asphalt erspart.

So oder so gelangen wir an den Marius-Böger-Weg, wo es für uns links weitergeht. Der nun folgende, knapp 8 km lange Straßenabschnitt bringt uns

Am Großen Eutiner See.

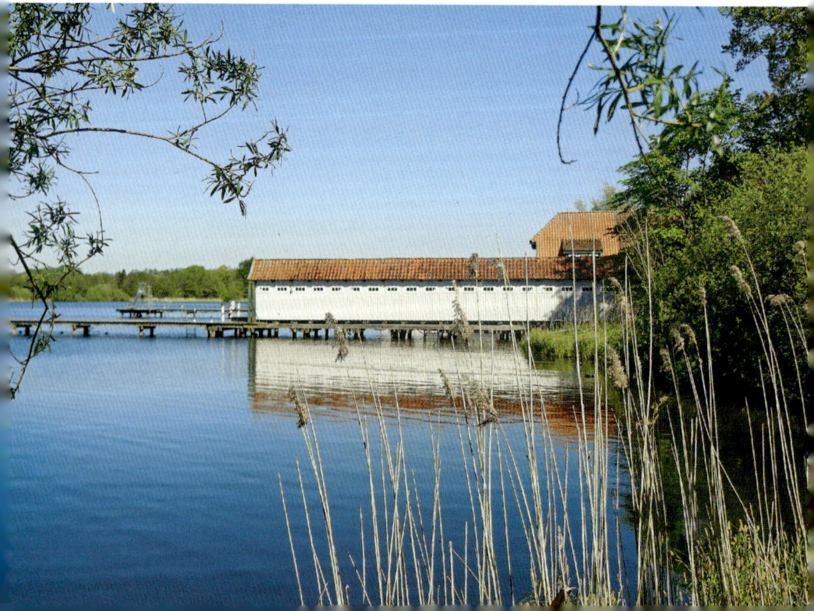

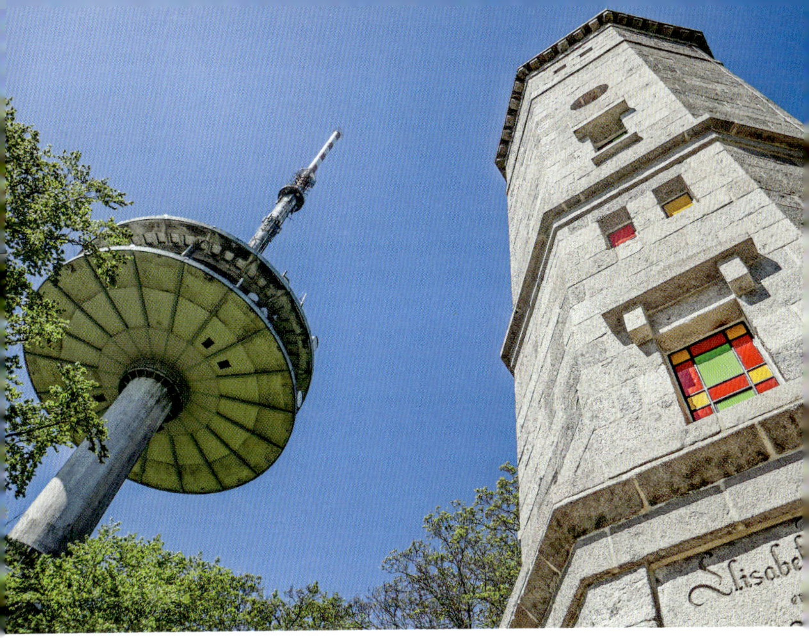

Wo die Türme in den Himmel ragen – der Bungsberg.

am Gut Stendorf vorbei in den Ort **Bergfeld (3)**, 110 m, wo wir der Landstraße rechts etwa 1 km zur Abzweigung Bungsberg folgen. Bis zum Parkplatz heißt es noch Asphalt schlucken, bevor es auf einem schönen Waldweg zu unserem Zwischenziel, dem Senderturm (mit Aussichtsplattform) auf dem Gipfelplateau des **Bungsberges (4)**, 168 m, geht.
Retour nehmen wieder wir den Zustiegsweg. An der Straße angekommen, setzt sich der Weg auf der anderen Straßenseite leicht links durch Wald Richtung Lütjenburger Straße fort. Sie wird ebenfalls überquert. Vorbei am schönen Rastplatz/Aussichtspunkt Bekmissen kommen wir geradeaus ins Ortszentrum von **Schönwalde am Bungsberg (5)**, 106 m.

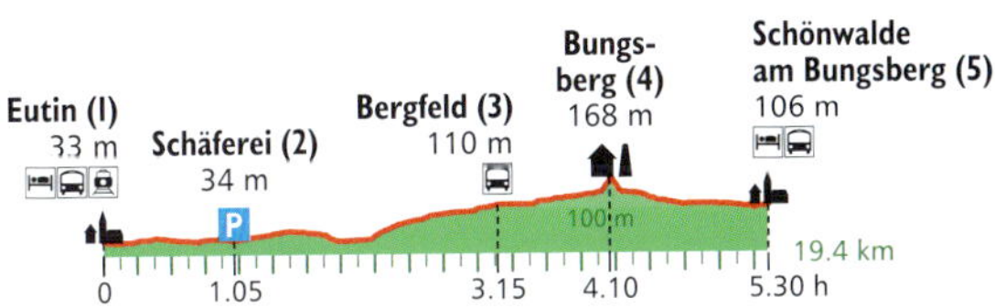

11 Schönwalde am Bungsberg – Neustadt in Holstein

5.30 Std.
21 km

Durch viel Grün zurück an die Ostsee

Heute erwartet uns ein idealer Start in den Tourentag, da wir bald nach Verlassen von Schönwalde in das Naturschutzgebiet Kasseedorfer Teiche eintauchen. In den Niederungen der eiszeitlichen Moränenlandschaft befinden sich zahlreiche Moore und damit einhergehend eine beachtliche Artenvielfalt. In der zweiten Tageshälfte erreichen wir das altehrwürdige, bereits im 12. Jahrhundert erwähnte Gut Sierhagen, bevor es fernab der Verkehrsströme nach Neustadt – übrigens eine der ältesten Städte Holsteins – weitergeht. Dort könnte man den Tag beispielsweise in einem der Fischrestaurants in Hafennähe ausklingen lassen.

Ausgangspunkt: Bushaltestelle Schönwalde Schule, 103 m.
Höhenunterschied: 170 m im Aufstieg, 260 m im Abstieg.
Anforderungen: Leichte Wanderung. Die zweite Tourenhälfte bietet wenig Schatten.
Einkehr: Gut Sierhagen: In der »Miniaturwelt Landwirtschaft« ganztägig Eis, Getränke, am Wochenende kleine Speisen, Palmenhaus-Café (ab 14.00 Uhr) in der Alten Gutsgärtnerei; Neustadt.
Unterkunft: **Neustadt:** Mehrere, z. B. Hamburger Hof, Tel. +49 4561 5264 466, www.hotel-hamburger-hof.de; Hotel Baltic Residenz, Tel. +49 4561 51 999-0, www.hotel-baltic.de. – **Pohnsdorfer Mühle** s. nächste Etappe.
Einkauf: Kiosk Gut Sierhagen, Neustadt in Holstein.
Verkehrsmittel: Bus 5801 Schönwalde–Neustadt oder über Bhf Eutin. Bus 5509 bis Kasseedorf, Försterei (s. Etappe 10).
Information: TI Neustadt in Holstein, Tel. +49 4561 619-0, www.stadt-neustadt.de.
Variante: Siehe vorherige Etappe.
Karten: Wie Etappe 10.

Am Neustädter Binnenwasser.

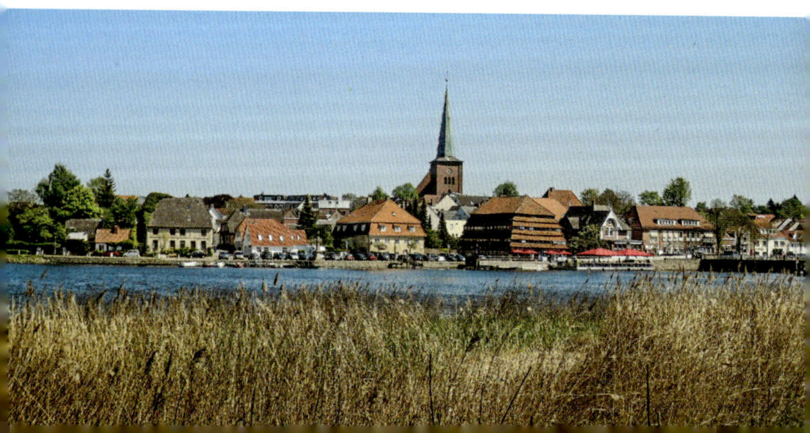

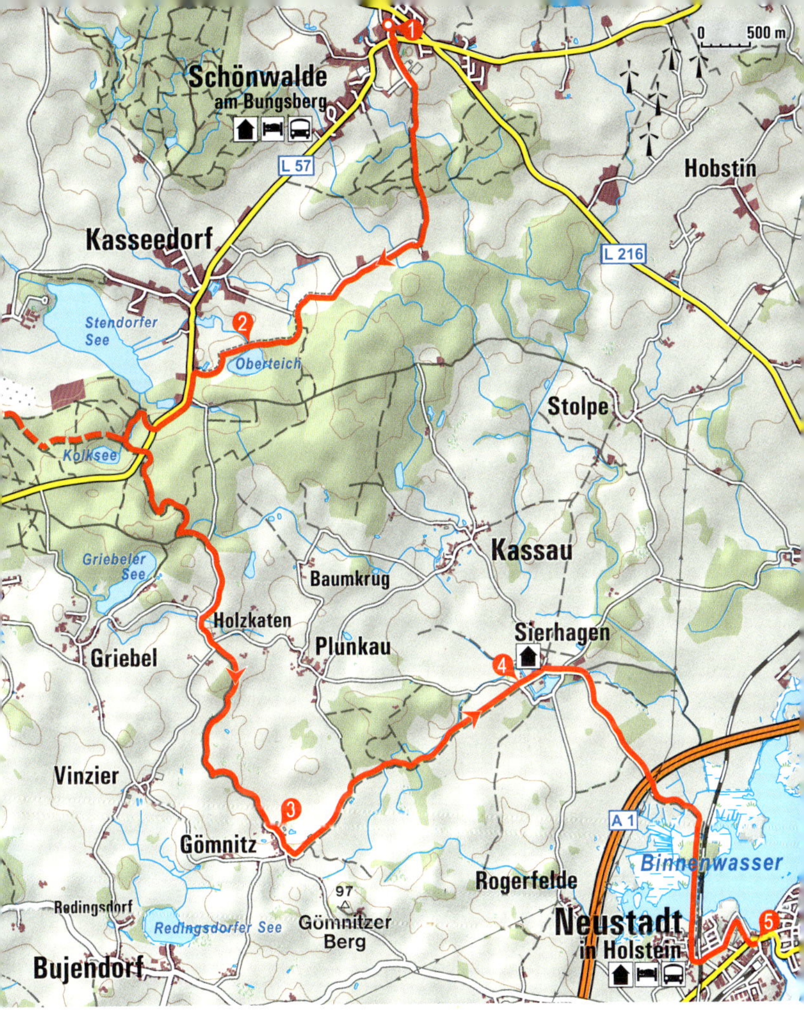

Wir starten bei der Bushaltestelle **Schönwalde (1)**, 106 m, oder gleich beim Landhaus Schönwalde in diese schöne Etappe: Der Jahnweg bringt uns nach Süden zum Sportplatz. Dort mündet er in einen Feldweg, dem wir über eine kleine Brücke in den Wald folgen. Stets geradeaus kommen wir zu einem weiteren Feldweg und weiter zur Straße. Rechts geht es nun 10 Min.

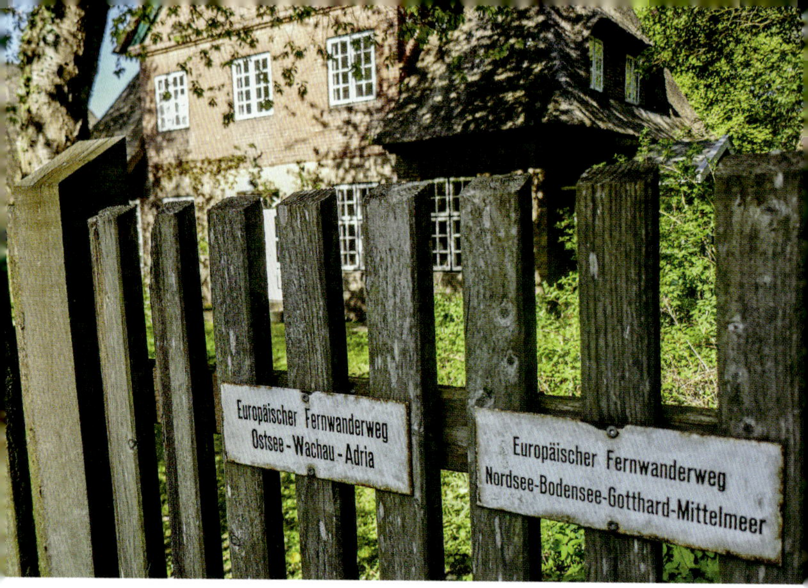

Bei der alten Försterei.

geradeaus. Bei einer Rechtskurve sagen wir dem Asphalt nun für ein schönes Stück Adieu und zweigen links in einen Fuhrweg ein, der uns ins NSG Kasseedorfer Teiche bringt. Vom Rastplatz am **Oberteich (2)**, 39 m, ist es nicht mehr weit nach Kasseedorf, wo es unmittelbar an der Landesstraße 57 einen unversperrten Schutzraum gibt.

Nun geht es links entlang der Landesstraße an der gut erhaltenen Alten Försterei (Bus Linie 5509) vorbei, bis wir nach etwa 10 Min. rechts in einen Forstweg einschwenken, der uns nahe an den **Kolksee** heranführt. Hier mündet die E1-Variante für alle jene ein, die den Bungsberg ausgelassen haben (siehe Etappe 10).

Wieder an der Landesstraße angelangt, überqueren wir diese und zweigen wenige Meter später rechts ab. Auf gut markierten Forstwegen meistern wir diesen Waldabschnitt. Kurz vor Nähtkamp erreichen wir wieder die Straße, der wir rechts bis Holzkaten folgen. Links entlang der Radwegbeschilderung nach Vinzier kommen wir zur Abzweigung eines weiteren Feldweges, der uns nun in etwa 45 Min. Richtung Süden in die Ortsmitte von **Gömnitz (3)**, 40 m, bringt (mit schattigen Rastplätzen am Spielplatz).

Der Sierhagener Weg am südlichen Ortsende leitet einen Richtungsschwenk nach Nordosten ein. Die Wohnstraße mündet nach den letzten Häusern in einen weiteren Feldweg, der geradeaus in 45 Min. zum **Gut Sierhagen (4)**,

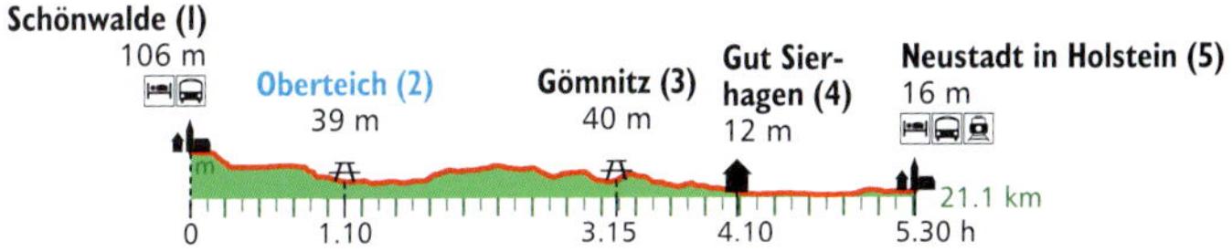

12 m, führt. Gleich im ersten Gebäude links befindet sich die Miniaturwelt mit Kiosk, das Café steht südlich der Gutsanlage.

Nach Durchquerung des Gutshofes folgen wir dem Jarkauer Weg rechter Hand durch Rapsfelder hindurch zur Autobahn-Unterführung und weiter geradeaus zur Bahnlinie Neustadt–Oldenburg. Ein Sicherheitszaun, der den Wanderweg von den Gleisanlagen trennt, begleitet uns nun nach Süden über das Neustädter Binnengewässer hinweg zum Stadtrand.

Im Wohngebiet angelangt, wandern wir links unter der Bahnbrücke durch und folgen dem Schwarzen Weg zu den Sportplätzen, die wir im Uhrzeigersinn umgehen. Schöne Blicke Richtung Stadtzentrum begleiten uns bis zur Lienaustraße, wo sich gleich links nach der Polizei ein Hotel als Übernachtungsmöglichkeit anbietet. Wer zum Bahnhof **Neustadt in Holstein (5)**, 16 m, möchte, überquert vor dem Hotel die Straße und findet sich an der Abzweigung Bahnhofstraße wieder.

Rhapsody in Raps – die Felder bei Sierhagen.

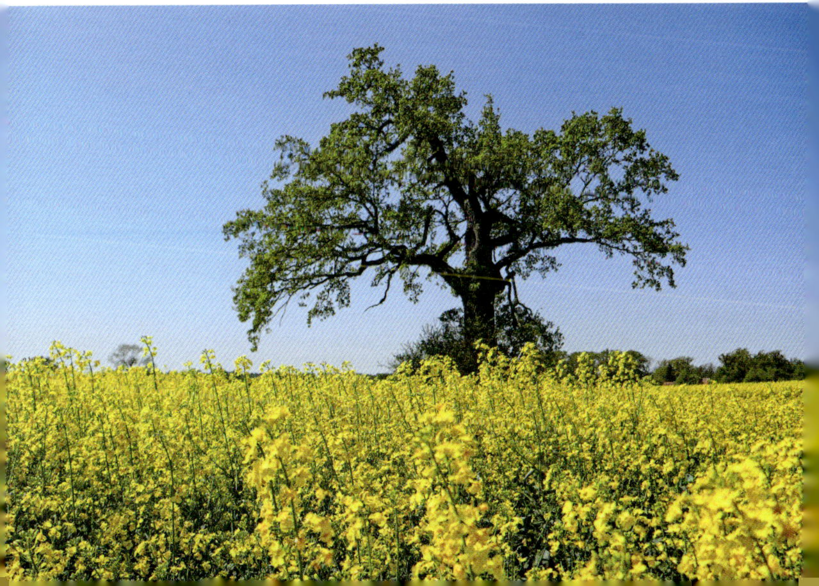

12 Neustadt in Holstein – Groß Parin

7.45 Std.
31 km

Lübeck rückt näher

Mit etwas Respektabstand zur Ostseeküste geht es heute durch das landwirtschaftlich geprägte Hinterland weiter Richtung Süden. Drei größere Seen liegen am Weg, wobei uns nur der Große Pönitzer See länger an seinem Ufer entlangwandern lässt. In der zweiten Tourenhälfte wechseln sich Wald- und Straßenabschnitte ab. Um diese und die folgende Etappe etwa gleich lang zu halten, beenden wir die Etappe etwas außerhalb von Bad Schwartau.

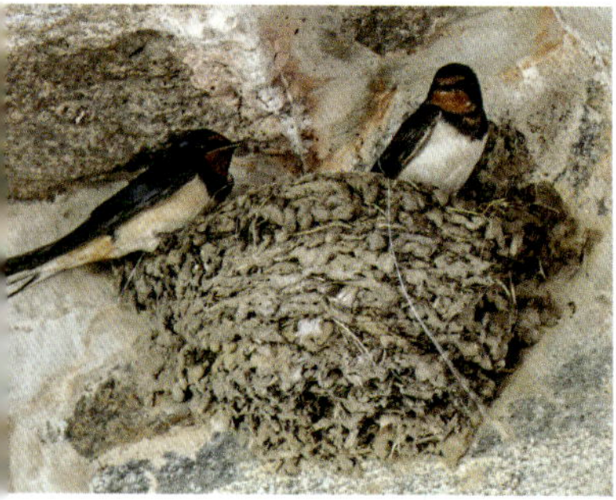

Air B'n'B in der Bismarcksäule.

Ausgangspunkt: Neustadt, Bahnhofstraße, 16 m. Man kann diese Etappe aber auch ruhigen Gewissens bei der Pohnsdorfer Mühle starten – auf dem Weg durch das Industriegebiet versäumt man nichts. Bei der Mühle befindet sich die Bushaltestelle direkt an der Stelle, wo unser Weg die Straße verlässt.
Höhenunterschied: 240 m im Aufstieg, 220 m im Abstieg.
Anforderungen: Abgesehen von der Länge keine besonderen Schwierigkeiten.
Einkehr: **Pönitz am See:** Café in der Badeanstalt Klingberg. – **Schürsdorf:** GH Brechtmann (ab 11.30 Uhr, Mo/Di RT); Gaststätte Pariner Berg (ab 12 Uhr, Mo–Mi RT).
Unterkunft: **Pohnsdorfer Mühle,** Tel. +49 4561 59 49 915, ostsee-pension-pm.de. – **Klingberg:** Reiterpension Marlie, Tel. +49 4524 8220, www.reiterpension-marlie.de. – **Schürsdorf:** Hotel & Restaurant Butz, Tel. +49 4524 200 99 88, www.butz-ostsee.de. – **Bad Schwartau:** Mehrere, z. B. Haus Magdalene, Tel. +49 451 28 99 90, www.jugendstil-hotels.de/haus-magdalene-bad-schwartau.htm; Pension Thiel, Tel. +49 451 48 68 86-0, www.pension-thiel.de.
Verkehrsmittel: Bus 5803 Neustadt ZOB/Bahnhof–Pohnsdorfer Mühle fährt vormittags mehrmals; Bus 1 Groß Parin–Bad Schwartau–Lübeck in kurzem Intervall; Zug Neustadt–Bad Schwartau–Lübeck.
Information: TI Bad Schwartau, Tel. +49 451 2000-2334, www.bad-schwartau.de.
Karten: Wie Etappe 10.
Hinweis: Direkt am Ende der Etappe gibt es keine Unterkünfte, aber eine Busverbindung nach Bad Schwartau oder Lübeck.
Tipps: Die Strecke Neustadt in Holstein bis Lübeck lässt sich auch gut mit dem Fahrrad erkunden – ein Abstecher zur Ostsee (Timmendorfer Strand) ist dann ebenfalls drinnen.
Die Etappenendpunkte bis Mölln eignen sich für ein mehrtägiges Standquartier, da es in beide Richtungen gute Zugverbindungen gibt. So sind auch Apartments zu kriegen, die für eine einzelne Nacht nicht vermietet werden.

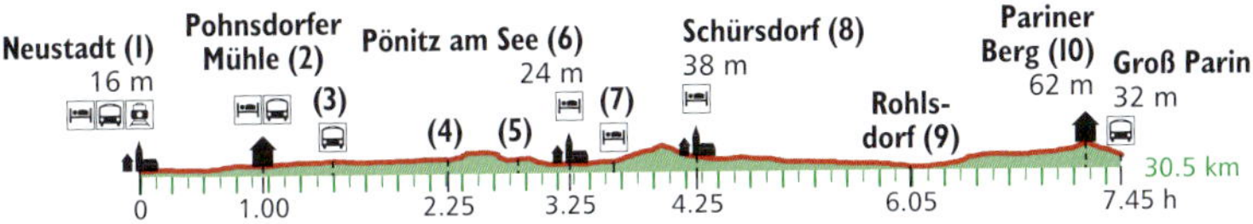

Die Bahnhofstraße von **Neustadt in Holstein (1)**, 16 m, bringt uns Richtung Süden am Bahnhof vorbei zur Abzweigung in die Wieksbergstraße, die uns nach 300 m zum Spazierweg An den Geleisen führt. Entlang des Zaunes kommen wir in die Straße Am Holm und überqueren 1 km hinter der Eventfabrik rechts erneut die Geleise. Nun folgen wir etwa 5 Min. dem Holmer Weg entlang zur Sierksdorfer Straße und weiter links zum Kreisverkehr. Hier schwenken wir in den Radweg ein, dem wir bis zur Bushaltestelle bei der **Pohnsdorfer Mühle (2)**, 24 m, folgen.
Gegenüber geht es für uns nun weg von der Straße: Vom Fahrverbotsschild bringt uns ein unbefestigter Weg mitten in die Rapsfelder und in etwa 30 Min. geradewegs zum Gut **Oevelgönne (3)**, 35 m. Hier biegen wir

Schattenspender am Pariner Berg.

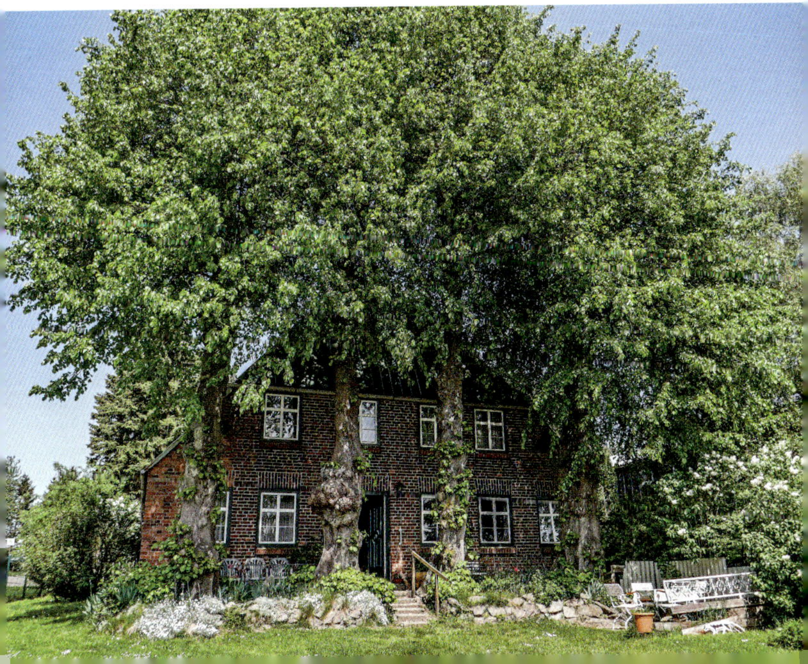

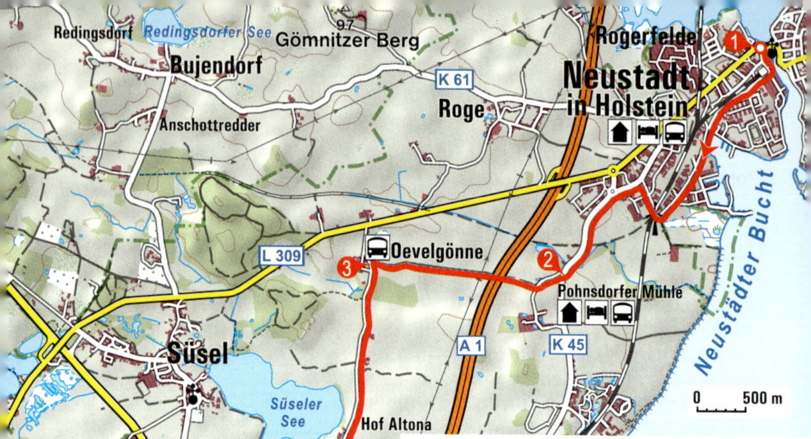

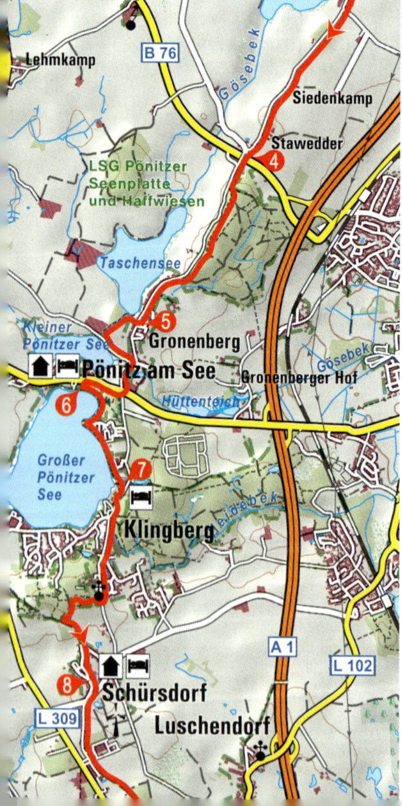

links in den Altonaer Weg ein, der uns am gleichnamigen Hof vorbei nach **Stawedder (4)**, 35 m, führt. Links hilft uns eine Brücke beim Überqueren der B 76. Nach der Siedlung Steinredder geht es links in den Wald hinein, um bei den Häusern von **Gronenberg (5)**, 35 m, wieder an die Dorfstraße zurückzukehren. Dieser folgen wir bis ans andere Ortsende. Bei der Schulbushaltestelle steigen wir die Treppe rechts hinunter zum Ufer des Taschensees. Der Uferweg dreht nach wenigen Minuten bereits wieder nach links ab und wir kommen zurück zur Straße Am Redder, die uns links um das Ostufer des Kleinen Pönitzer Sees herum nach **Pönitz am See (6)**, 24 m, hineinführt.

Noch vor Erreichen der Ortsmitte zweigen wir links in einen Fußweg ab, der uns ans Seeufer des Großen Pönitzer Sees bringt. Im Uhrzeigersinn folgen wir dem Spazierweg nun bis zur Badeanstalt **Klingberg (7)**, 28 m, wo wir wenig später wieder auf die Straße treffen. Nach dem Ortsteil Uhlenflucht verlassen wir die gleichnamige Straße vor dem Gebetshaus rechts und erreichen nach kurzem Aufstieg über Betonstufen das Kriegerdenkmal auf dem Fierth. Ein breiter Waldweg führt uns nach **Schürsdorf (8)**, 38 m, und am Gutshof vorbei zum Café-Hotel am Dorfteich.

In südlicher Richtung folgen wir nun der Straße Sandenredder zum Parkplatz einer großen Gärtnerei. Hier wechseln wir links auf einen Feldweg, der uns in ein Waldgebiet bringt, wo wir bald rechts abzweigen. Nach Überqueren der L 309 stehen wir vor den Geleisen der Bahnlinie Eutin–Lübeck. Links geht es zum Bahnübergang. Gegenüber biegen wir nach 100 m in die Alte Landstraße ab und erreichen so die Häuser von **Alt-Techau**. Rechts die Straße entlang kommen wir nach **Rohlsdorf (9)**, 9 m.

Der Straße folgen wir nun etwa 10 Min. nach Süden und zweigen dann rechts in die Straße Am Breitenrehm ab. Nach 10 Min. verlassen wir diese wieder und zweigen links erneut nach Süden in die Wälder des Hobbersdorfer Geheges ab. Bald nach Verlassen des Waldes erreichen wir die Landesstraße, der wir – nun leider ohne Gehweg – nach links zur **Bismarcksäule** am **Pariner Berg (10)**, 62 m, folgen. Ein Ausflugsgasthaus befindet sich gleich daneben.

Weiter die Straße entlang gelangen wir zur Bushaltestelle **Groß Parin (11)**, 32 m, am nördlichen Stadtrand von **Bad Schwartau**.

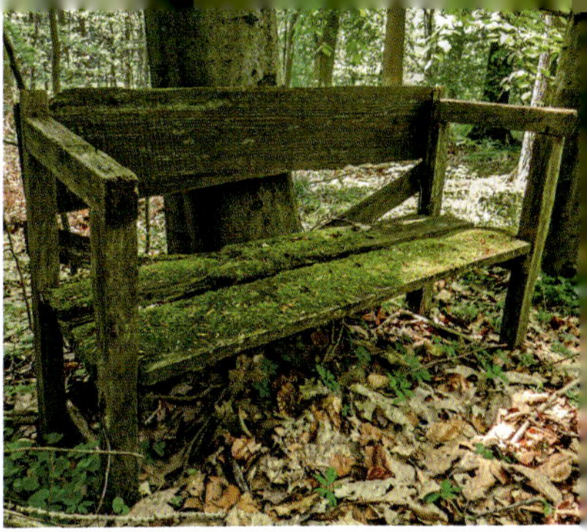

Älter als der E1?

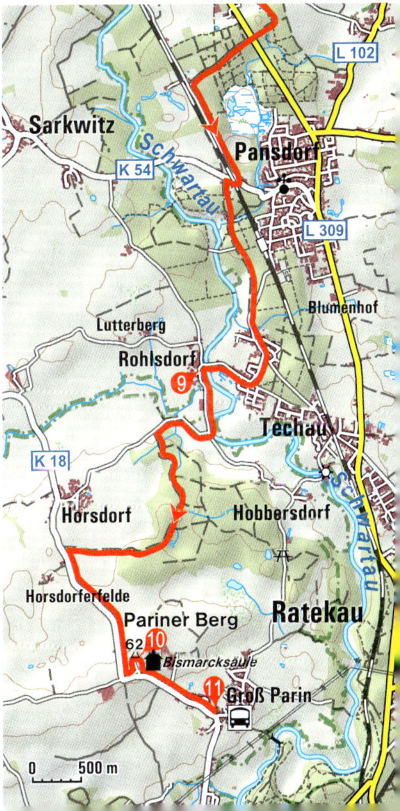

13 Groß Parin – Lübeck Altstadt

7.45 Std.
29 km

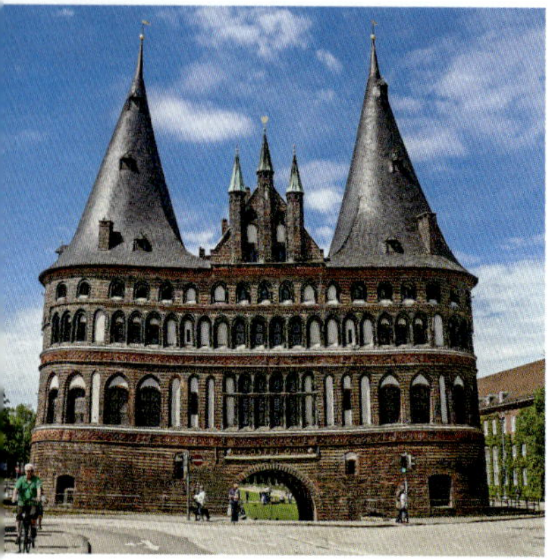

Hallo Lübeck!

Königin der Hanse

In kulturhistorischer Hinsicht wartet heute einer der Höhepunkte dieses Buches auf uns: Zahlreiche Kulturschätze machten die rundum von Wasser umgebene Lübecker Altstadt zum UNESCO-Weltkulturerbe – und zu einem Publikumsmagneten. Gleichzeitig hat die Stadt einen gut gefüllten, lebhaften Veranstaltungskalender. Kurzum: Lübeck hat hohes Pausentag-Potenzial.

Ausgangspunkt: Groß Parin, Bushaltestelle, 32 m.
Höhenunterschied: 190 m im Aufstieg, 210 m im Abstieg.
Anforderungen: Waldwege und Asphalt wechseln sich ab, die Wege bleiben jedoch durchwegs einfach.
Einkehr: Ratekau, Lübeck.
Unterkunft: Ratekau: Mehrere, z. B. Hotel-Restaurant Zur Linde, Tel. +49 4504 600-0, www.hotel-ratekau.de. – **Kreuzkamp:** Motel Ostsee Lodge, Tel. +49 451 39 30 61, motel-ostsee-lodge.schleswig-holstein.org; Pensionshof Offendorferfelde, Tel. +49 451 39 53 80. – **Lübeck:** Zahlreiche, z. B. CVJM Altstadt-Hostel, Tel. +49 451 399 9 4 10, www.altstadt-hostel.de; Apartmenthaus Beckergrube, Tel. +49 451 790 77 32; DJH Lübeck, Tel. +49 451 334 33, luebeck.jugendherberge.de.
Einkauf: In Ratekau und Lübeck.
Verkehrsmittel: Bus 1 Groß Parin–Bad Schwartau–Lübeck; Bus 5951 Ratekau–Lübeck; Anruf-Linienfahrt von Kreuzkamp Tel. +49 4561 51 11 11; Herrentunnel: Durchgang nicht möglich, der kostenlose Shuttlebus fährt tagsüber alle 15 Min.; Busverbindungen in die Stadtmitte ab Herrentunnel, Waldsaum oder Roeckstraße.
Information: TI Lübeck, Tel. +49 451 889 97 00, www.luebeck-tourismus.de.
Variante: Wer das Stadtgebiet von Lübeck umgehen möchte, kann der Ostvariante des E1 folgen, die vom Herrentunnel nach Süden verläuft und beim Kleinen See (Etappe 14) wieder auf die Stadtvariante trifft. Ein GPS-Track für dieses Stück befindet sich im Downloadbereich des Verlags.
Karten: Wie Etappe 10, sowie K Kartenset 725 Hamburg und Umgebung.

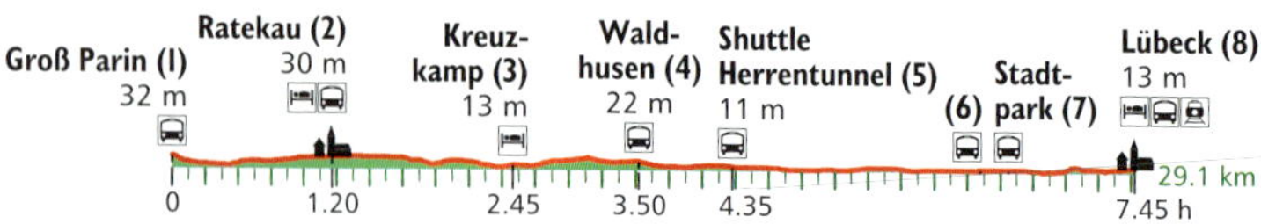

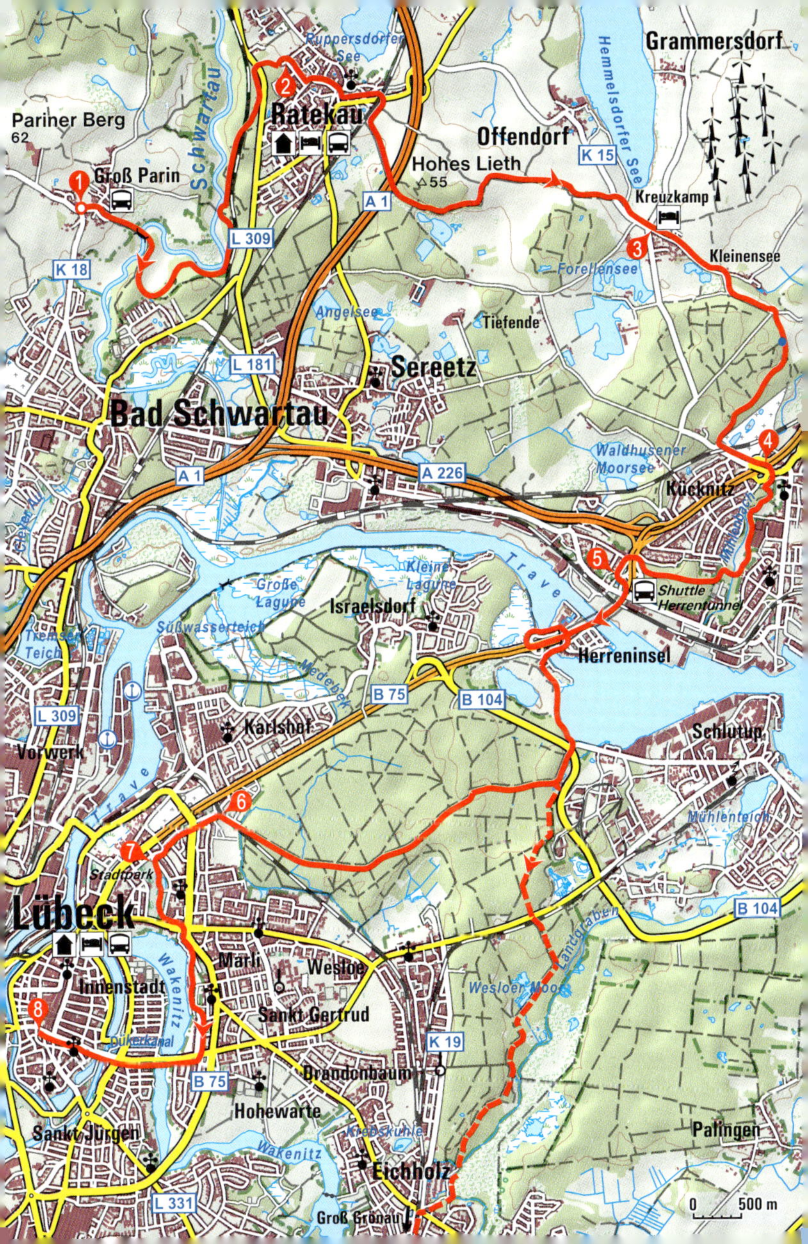

Ruppersdorfer See
Grammersdorf
Hemmelsdorfer See
Pariner Berg
62
Ratekau
Offendorf
K 15
Hohes Lieth
55
Groß Parin
Schwartau
A 1
Kreuzkamp
L 309
K 18
Forellensee
Kleinensee
Angelsee
Tiefende
L 181
Sereetz
Bad Schwartau
Waldhusener Moorsee
A 1
A 226
Kücknitz
Mühlenbach
Trave
Kleine Lagune
Große Lagune
Israelsdorf
Shuttle Herrentunnel
Süßwasserteich
Tremser Teich
Herreninsel
Medebek
B 75
B 104
L 309
Karlshof
Schlutup
Vorwerk
Trave
Mühlenteich
Stadtpark
Lübeck
B 104
Landgraben
Marli
Wesloe
Innenstadt
Wakenitz
Wesloer Moor
Sankt Gertrud
Krähenteich
K 19
B 75
Brandenbaum
Hohewarte
Palingen
Sankt Jürgen
Krebskuhle
Wakenitz
Eichholz
L 331
Groß Grönau
0
500 m

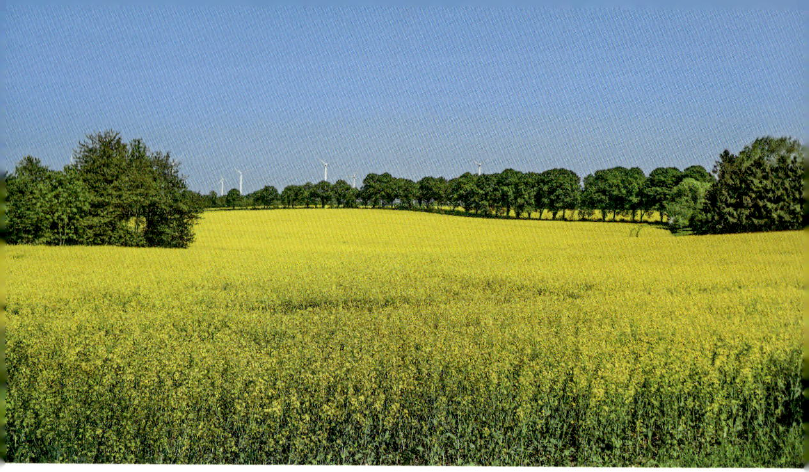

Unterwegs im Sielbektal.

Von der Bushaltestelle **Groß Parin (1)**, 32 m, verlassen wir das Wohngebiet durch die Ortsstraße in südöstlicher Richtung. Ein schöner Spazierweg führt uns hinunter zur Schwartau. Über die Brücke kommen wir in den Wald und ein weiteres Mal zur Bahnlinie Lübeck–Eutin. Zuerst links, dann rechts der Schienen entlang wandern wir ausnahmsweise Richtung Norden, um nach Erreichen des Wohngebietes von **Ratekau (2)**, 30 m, rechts in die Kösliner Straße einzubiegen. Über die Poststraße geht es in die Ortsmitte. Der E1 zweigt hier unbarmherzig nach rechts ab, obwohl sich nur eine Gehminute entfernt die sehenswerte Vicelinkirche befindet – mit Eisdiele und einigen Einkehrmöglichkeiten rundherum.
Weiter geht es der Hauptstraße entlang nach Süden. Bei einer T-Kreuzung halten wir uns links. Gleich nach der Bahnunterführung geht es scharf rechts endlich wieder weg vom Asphalt. Ein breiter Wirtschaftsweg bringt uns nach Querung der Autobahn in das NSG Sielbektal. Eine markante Linksabzweigung am Ende des Waldstücks führt zur wenig befahrenen Verbindungsstraße zwischen Ratekau und Offendorf, die rechts durch weitläufige Ackerflächen hindurch zur Straße verläuft. Für uns geht es rechts am Radweg weiter nach **Kreuzkamp (3)**, 13 m. Dort bringt uns die Offendorfer Straße geradeaus an das südliche Ortsende, wo wir auf den Europäischen Fernwanderweg E9 (»Küstenweg«) treffen. Bis Güster (Etappe 16) sind wir nun auf drei Fernwanderwegen gleichzeitig unterwegs.
Es folgt ein längeres Waldstück, welches uns an einem Eventhotel (keine Einkehr) vorbei zum nördlichen Ortsrand von Kucknitz führt. Geradeaus kommen wir zur Autobahnbrücke, nach deren Querung wir rechts an der Bushaltestelle **Friedhof Waldhusen (4)**, 22 m, auf eine Altstoffsammelstelle treffen.

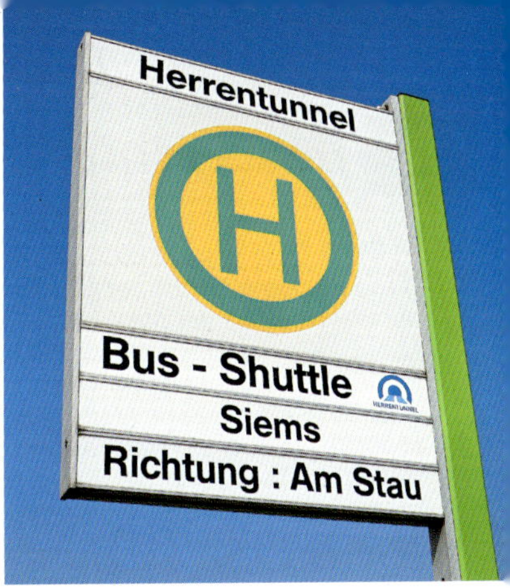

Keine Staugefahr für Fernwanderer.

Hier zweigt unser Weg links in den Wald ab. Haben wir das Waldstück hinter uns gelassen, folgen wir der guten Markierung zum Shuttlebus durch den **Herrentunnel (5)**, 11 m. Die Beschilderung des »Kundencenter Herrentunnel« zeigt in Richtung unserer Fortsetzung auf der anderen Seite der Trave. Ein gut markierter Spazierweg führt uns zu einem Gatter zum Schutze der Fischotter, welches uns als Hinweis dafür dient, dass unser Weg gleich danach nach rechts abzweigt (geradeaus verläuft hier die Ostvariante des E1 parallel zu den Fernwanderwegen E6 und E9; siehe Variante). Wie schon in Kiel erwartet uns nun ein (für eine Großstadt) erstaunlich grüner Schlussabschnitt: Nach der Abzweigung führt unser Weg nun längere Zeit durch schönen Auwald auf das Lübecker Stadtzentrum zu. An der Straße **Am Waldsaum (6)**, 7 m, angelangt, überqueren wir links den Bahnübergang und erreichen die stark befahrene Straße Heiligen-Geist-Kamp. Hier müssen wir ein kurzes Stück nach links gehen, um auf der gegenüberliegenden Straßenseite die markierte Fortsetzung des E1 aufzunehmen, die uns geradeaus in südwestlicher Richtung zum **Stadtpark (7)**, 7 m, bringt. Bei freier Routenwahl Richtung Süden kommen wir zur Roeckstraße, der wir ein kurzes Stück nach links folgen, um vorbei am Lübecker Yacht-Club in den Fußweg am Ufer der Wakenitz einzuschwenken. Am Ende der Parkanlage bringt uns die Jürgen-Wullenwever-Straße zum Moltkeplatz, wo wir rechts die Wakenitz überqueren und uns in der Altstadt von **Lübeck (8)**, 13 m, wiederfinden.

***i* Lübeck erleben**

Die Lübecker Altstadt ist weitwandererfreundlich, denn alle bedeutenden Sehenswürdigkeiten befinden sich in unmittelbarer Nähe zueinander. Die etwa 1000 denkmalgeschützten Gebäude der Stadt lassen sich aller Beinschwere zum Trotz am besten zu Fuß erkunden. Namentlich hervorzuheben wären das Holstentor (mit Stadtmuseum), daneben die fotogenen Salzspeicherhäuser mit Stufengiebeln, die Petrikirche mit 50 Meter hohem Aussichtsturm, das Buddenbrookhaus bei der Marienkirche (mit Heinrich-und-Thomas-Mann-Zentrum) und natürlich der Museumshafen der Hansestadt. Zu guter Letzt wäre das Café Niederegger (mit Museum) zu erwähnen, denn wer dort kein Marzipan verkostet, ist nicht in Lübeck gewesen.

14 Lübeck Altstadt – Berkenthin

7.30 Std.
29 km

Es grünt so grün

Diese Etappe führt uns recht rasch auf schönen Wegen entlang dem Ufer der Wakenitz aus der Stadt hinaus und ins gleichnamige Naturschutzgebiet. Naturbelassene Erlenwälder sind hier Heimat vieler Vogel- und Blumenarten. Die Feuchtgebiete des Naturschutzgebietes erstrahlen im Frühling im kräftigen Gelb der Sumpfdotterblume und bieten im Frühsommer zur Seerosenblüte ein ebenso reizvolles Bild. Die »Zigarren«, die in Ufernähe aus dem Boden wachsen, sind die Blütenstände des Rohrkolbens, auch »Kanonenputzer« genannt. Nach einem weniger aufregenden Straßenstück erreichen wir bei Krummesse den Elbe-Lübeck-Kanal, dem wir bis zum Etappenende treu bleiben – dabei können wir den Sport- und Freizeitbooten zusehen, die ihn hauptsächlich befahren.

Die alten Speicherhäuser an der Trave.

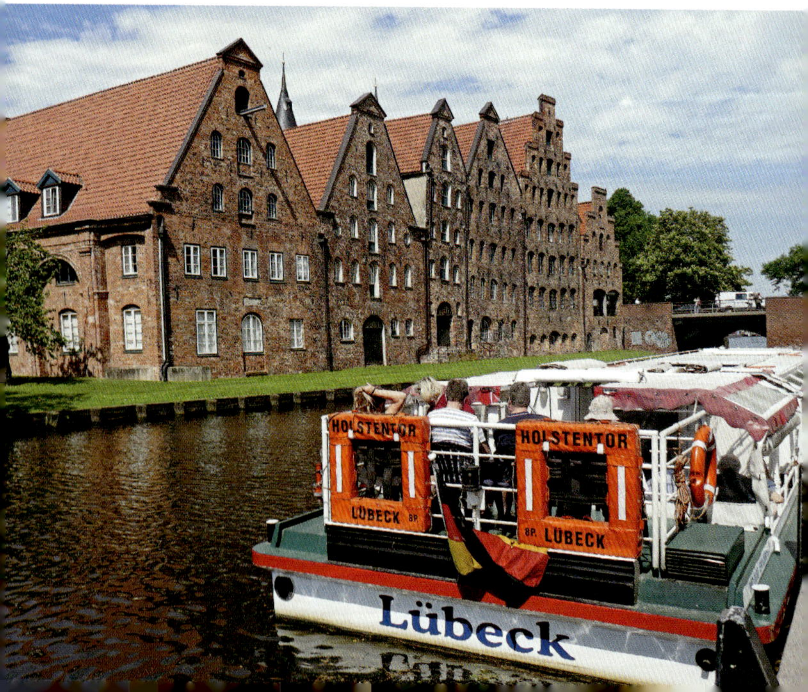

Ausgangspunkt: Lübeck, Stadtmitte, 13 m.
Höhenunterschied: Jeweils 140 m im Auf- und Abstieg.
Anforderungen: Einfache Wanderung, kaum Höhenunterschiede.
Einkehr: Klein Grönau: Imbiss (ab 12 Uhr, Mo RT); Krummesse, Berkenthin.
Unterkunft: **Krummesse:** Landhotel Klempau, Tel. +49 4508 264, www.hotel-klempau.de; Hotel Thormählen, Tel. +49 4508 79 94 70, www.hotel-thormaehlen.de. – **Berkenthin:** Zimmer am Bauernhof, Fam. Benn, Tel. +49 4544 285; De Kanalkieker, Tel. +49 4544 312, dekanalkieker.de; Gästehaus Clasen, Tel. +49 4544 1493, www.haus-clasen.de.
Einkauf: Krummesse, Berkenthin.
Verkehrsmittel: Verschiedene Busverbindungen Lübeck–Groß Grönau, Krummesse bzw. Berkenthin.
Information: TI Berkenthin, Tel. +49 4544 8001-58, www.berkenthin.de.
Karten: K Kartenset 725 Hamburg und Umgebung (Etappen 14–22); L Blatt 11 Lübeck – Neustadt.
Tipp: In Krummesse alles für ein Picknick an der Schleuse einkaufen.

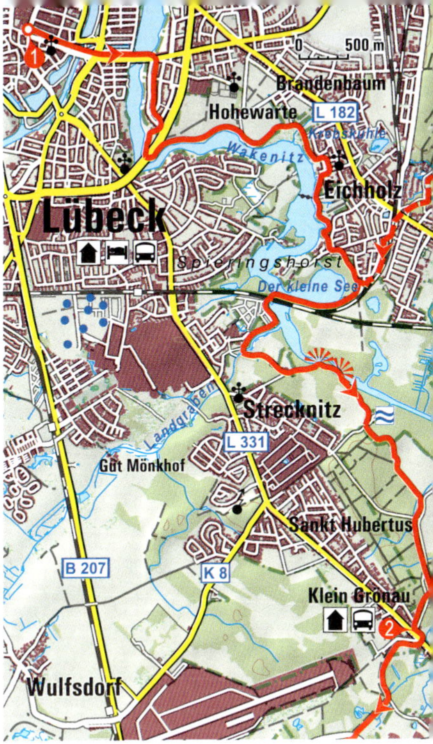

Wir verlassen **Lübeck (1)**, 13 m, so, wie wir das Zentrum erreicht haben: Die Wahmstraße führt von der Altstadtmitte über den Elbe-Lübeck Kanal und die Wakenitz aufs Festland. Rechts zweigt die Elsässer Straße ab und bringt uns zu unserem Einstieg in den Uferweg. Stets nahe am Wasser und in Begleitung des Radweges erreichen wir den Kleinen See, eine fotogene, mit Gänsen und Enten besiedelte Bucht an der »Halbinsel« Kranichenberg. Hier treffen die Ostvariante und der Stadtweg zusammen.
Bald erreichen wir die Bahnlinie, der wir kurz folgen, um uns nach ihrer Überquerung im NSG Wakenitz wiederzufinden. Drei Fernwanderwege sowie et-

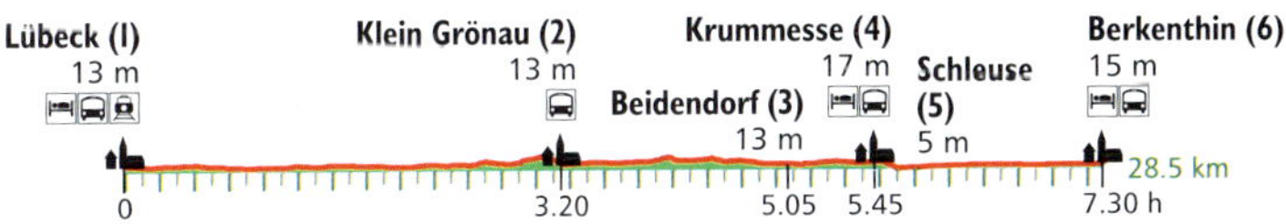

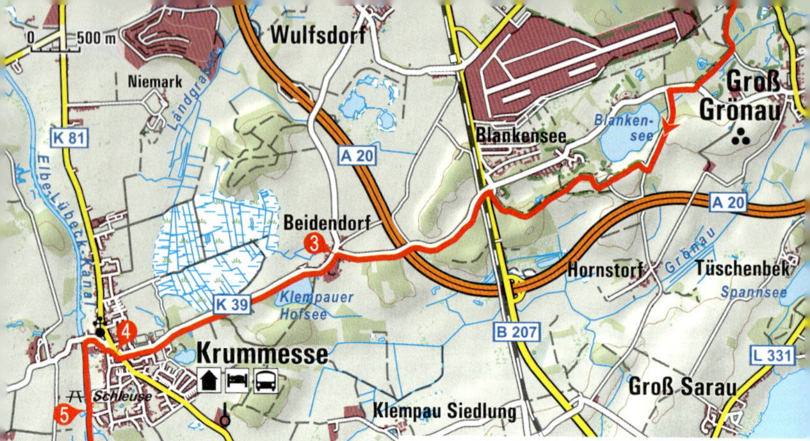

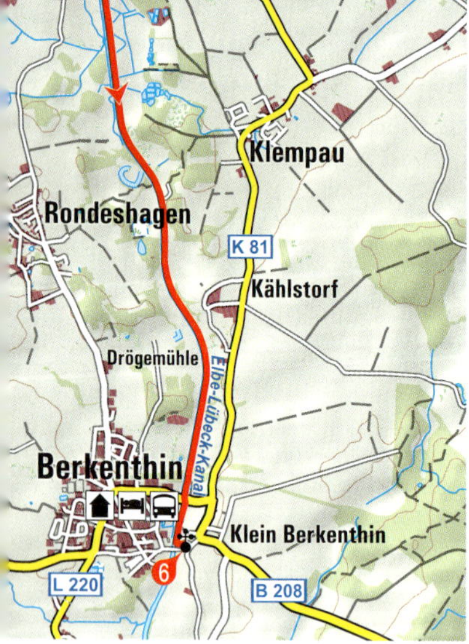

liche regionale Radwege teilen sich heute die Wegführung, die Orientierung sollte also unter normalen Umständen kein großes Kopfzerbrechen bereiten.
Ein abwechslungsreicher, sehr schöner Weg führt uns nun an die Hauptstraße von **Klein Grönau (2)**, 13 m, wo wir gleich nach dem Bistro rechts abzweigen (Bushaltestelle Groß Grönau, Am Tormoor). Die Straße Am Tormoor leitet uns mitten in das NSG Grönauer Heide. Südlich des Blankensees zweigen wir rechts auf einen verwachsenen, aber gut begehbaren Fußweg ab, der uns fotogene Ausblicke auf den See ermöglicht. Wieder auf Asphalt überqueren wir die Bahnstrecke und folgen der Straße westwärts an der Siedlung **Beidendorf (3)**, 13 m, vorbei in die Ortsmitte von **Krummesse (4)**, 17 m. Die Klempauer Straße gehen wir ein kurzes Stück nach links, um gegenüber einem Fußgängerweg in die Niedernstraße Richtung Kanal zu folgen. Über die Brücke und gleich danach in spitzem Winkel zurück zum Ufer des Kanals wird der Rad-/Fußweg erreicht, dem wir nun stets direkt am Wasser zur **Schleuse (5)**, 5 m, und weiter zur schon von Weitem sichtbaren Fußgängerbrücke und Kirche von **Berkenthin (6)**, 15 m, folgen.

7.30 Std.

27 km

Berkenthin – Mölln 15

» ... so möge er mich am spegel ulen.«

»Nur wo du zu Fuß warst, bist du wirklich gewesen.« – In dieser kleinen, in jedem zweiten Tourismusprospekt zu findenden Weisheit steckt eine ganze Portion Wahrheit, und sei es nur deshalb, weil man sich auf Reisen Wissen aneignet, welches man zuhause im Polstersessel nie erworben hätte. So verhalf uns die Spurensuche nach Till Eugenspiegel, der im Jahre 1350 in Mölln den Weg alles Irdischen ging, zu einem völlig neuen Weltbild: Der Schalk wurde in niederdeutscher Schreibe »Dyl Ulenspegel« genannt. Ergänzt mit dem Wissen, dass »ulen« damals für »wischen« stand, und »spegel« mitunter in Zusammenhang mit dem menschlichen Gesäß zur Verwendung kam, ergibt sich aus dem Namen »Ulenspegel« ein völlig neuer Kontext, der dem Götzzitat näherzustehen scheint als die uns bisher bekannte Schreibweise.

Idylle am Ratzeburger See.

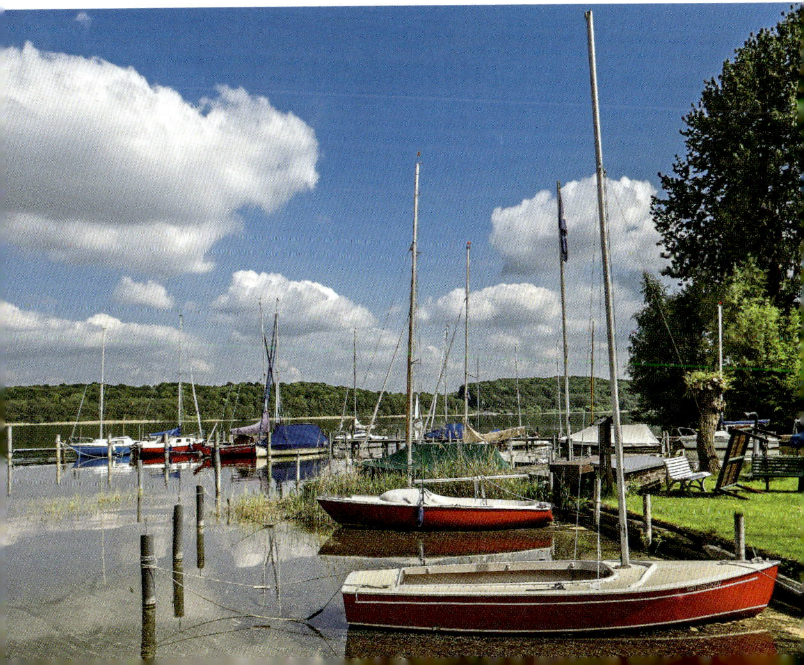

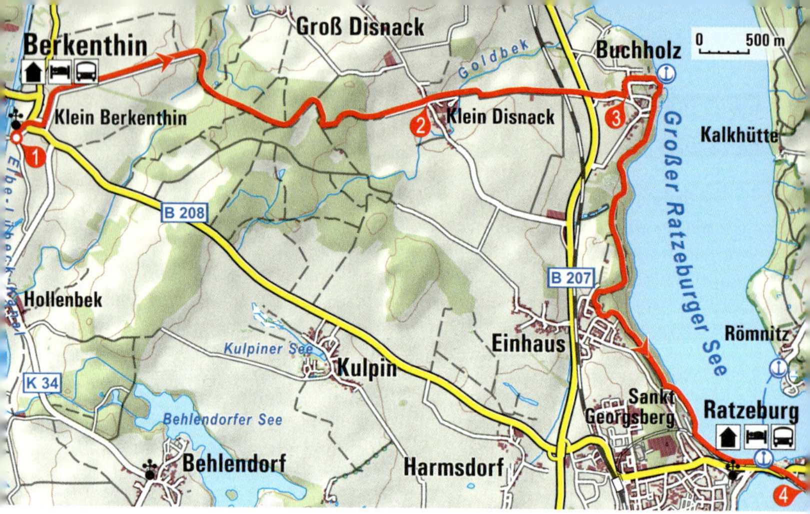

Ausgangspunkt: Berkenthin, 15 m.
Höhenunterschied: Jeweils 300 m im Auf- und Abstieg.
Anforderungen: Abwechslungsreiche Etappe ohne besondere Schwierigkeiten.
Einkehr: Ratzeburg; Farchauer Mühle.
Unterkunft: Ratzeburg: Hotel Der Seehof, Tel. +49 4541 86 01 01, www.derseehof.de. – **Farchau:** Hotel Farchauer Mühle, Tel. +49 4541 860 00, www.farchauer-muehle.de. – **Mölln:** Hotel-Restaurant Zum Weissen Ross, Tel. +49 4542 2772, www.moelln-tourismus.de/gastro/restaurant-zum-weissen-ross; Pension Seeschlösschen, Tel. +49 4542 3737, www.seeschloesschen-moelln.de; DJH Mölln, Tel. +49 4542 2601, moelln.jugendherberge.de.
Einkauf: Ratzeburg, Mölln.
Verkehrsmittel: Bus 8770 Berkenthin–Mölln, Bus 8740 Berkenthin–Ratzeburg (beide nur Mo–Fr; Sa/So Sammeltaxi, nur nach Voranmeldung, Tel. +49 4544 8001-55); Zug Ratzeburg–Mölln.
Information: TI Ratzeburg, Tel. +49 4541 8000-886, www.inselstadt-ratzeburg.de; TI Mölln, Tel. +49 4542 856 88-90, www.moelln-tourismus.de; TI Herzogtum Lauenburg, Tel. +49 4542 85 68 60, www.herzogtum-lauenburg.de.
Karten: Wie Etappe 14, sowie L Blatt 12 Ratzeburg – Lauenburg.

Die Kirchenstraße von **Berkenthin (1)**, 15 m, mündet im Osten kurz vor der Bushaltestelle in die Ratzeburger Straße. Wir wollen rechts in den Disnacker Weg, dem wir etwa 2 km bis zum Waldrand folgen. Bei einem idyllischen allein stehenden Haus angelangt, zweigen wir rechts ab und wandern durch Wald, später über offene Felder nach **Klein Disnack (2)**, 42 m. Ein längerer, weitestgehend geradeaus verlaufender Wegabschnitt bringt uns nun weiter nach Osten nach **Buchholz am Ratzeburger See (3)**, 25 m. Am Seeufer angelangt, folgen wir dem Uferweg in die Inselstadt **Ratzeburg (4)**, 36 m. Die Markierung des E1 bleibt im Süden der Insel – eine Besichtigung der Altstadt ist allerdings sehr empfehlenswert.

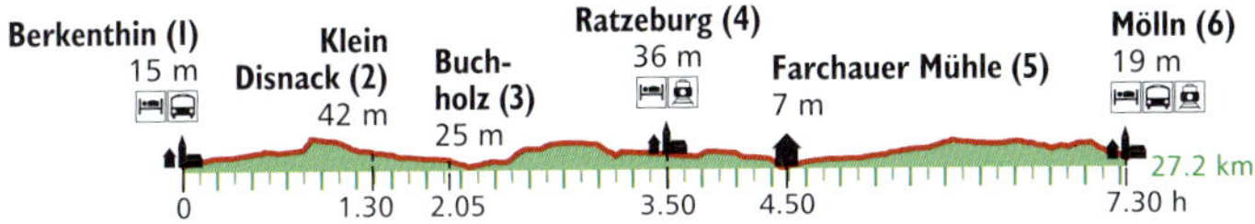

Wieder zurück auf dem Festland, wandern wir der Ostseite des Küchensees entlang nach Süden zur **Farchauer Mühle (5)**, 7 m, mit freundlicher Einkehrmöglichkeit im Hotel-Café. Die Abzweigung zur alten, jedoch kürzlich totalsanierten Papiermühle am Farchauer Hof (privat) befindet sich bereits kurz vorher. Unser Weg verläuft nach der Brücke in südwestlicher Richtung auf der Forststraße zu den Bahngeleisen.

Am Waldrand der Schmilauer Tannen haben wir für einige Gehminuten freie Sicht, bevor der Weg erneut in den Wald eintaucht. Das letzte Stück vor Mölln ändert bis zum Stadtrand wiederholt seine Richtung – ein regelmäßiger Kontrollblick auf das GPS-Gerät kann hier nicht schaden. Hervorzuheben ist eine einsame Rastbank, an der unser Weg unvermittelt nach links abzweigt.

Die im allgemeinen guten Markierungen führen uns am Kriegerdenkmal vorbei zu den Häusern am Heidberg. Über eine Treppe steigen wir hinunter zur Wassertorbrücke, die uns an der Eulenspiegel-Silhouette vorbei in die Stadtmitte von **Mölln (6)**, 19 m, bringt.

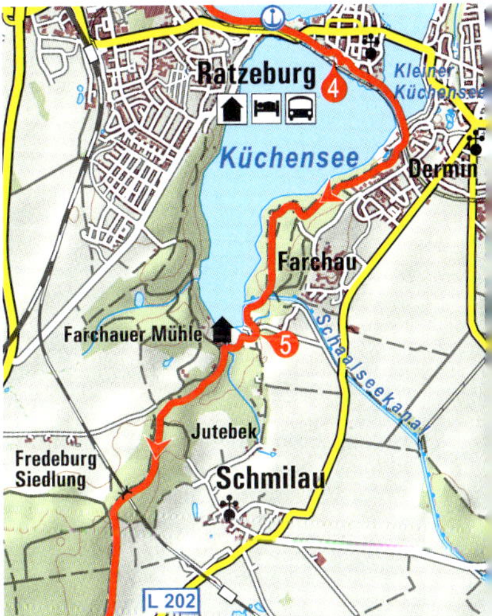

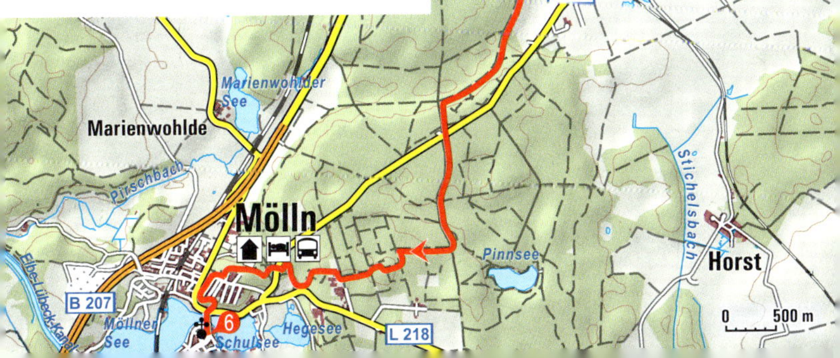

16 Mölln – Güster

5.00 Std.

19 km

Das Leben – ein Fluss

Der heutige Tourentag führt uns an die Möllner Seenkette und das Hellbachtal, welches als eines der wertvollsten Schmuckstücke im Naturpark Lauenburgische Seen gilt. Das Hellbachtal ist ein Schutzgebiet und schließt den Krebs-, Lott- und Schwarzsee mit ein. Die drei Seen wurden – wie die gesamte Region – von kaltzeitlicher Gletschertätigkeit geformt. Unter der Eismasse bildete das Schmelzwasser sogenannte Strudellöcher, in denen durch kreisförmige Fließbewegung des Wassers Material weggeschwemmt wurde, wodurch Vertiefungen entstanden. Rund um die Gewässer leben zahlreiche geschützte Tier- und Pflanzenarten. Bis zum Verlassen der Seenkette bei der Gudower Mühle ändert der Hellbach übrigens zweimal seinen Namen: Kennt man ihn bei der Waldhalle noch als Pinnau, nennt er sich ab dem Drüsensee Lüttauer Bek, um letztendlich als Hellbach durch das gleichnamige Naturschutzgebiet zu fließen.

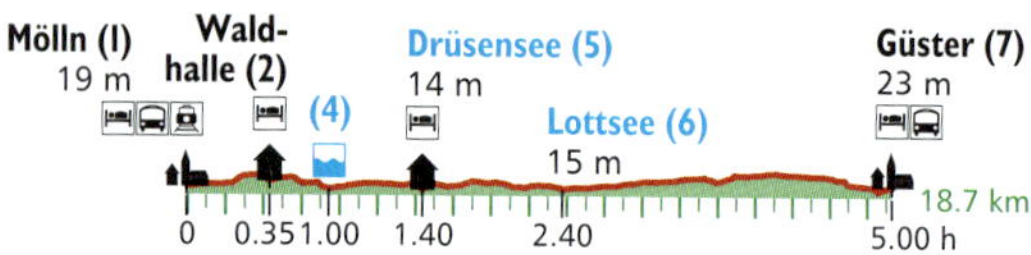

Ausgangspunkt: Mölln, Ortsmitte, 19 m.
Höhenunterschied: Jeweils 190 m im Auf- und Abstieg.
Anforderungen: Leichte Wanderung ohne nennenswerte Höhenunterschiede.
Einkehr: Café Uhlenkolk (beim Hotel Waldhalle), Drüsensee, Güster.
Unterkunft: **Hotel Waldhalle,** Tel. +49 4542 8588-0, www.waldhalle.de. – **Drüsensee:** Brandt's Gaststätte und Apartments, Tel. +49 4542 2269, www.gaststaette-brandt.de. – **Gudow:** Gästehaus Gudow, Tel. +49 4042 851 47 02, www.notgemeinschaft-feuerwehr-hamburg.de. – **Güster:** Egge's Gasthof (Dorfgemeinschaftshaus der Gemeinde Güster, Zimmervermietung ohne Frühstück), Tel. +49 151 62 97 36 73 oder +49 4158 8412; Zimmer Mietzner, Tel. +49 4158 8412; Ferienhaus beim See (ab 2 Personen), Tel. +49 4158 497, www.freizeitwelt-guester.de.
Einkauf: Bä, S in Güster.
Verkehrsmittel: Bus 8830 Güster–Mölln.
Information: Wie Etappe 15.
Karten: K Kartenset 725 Hamburg und Umgebung; L Blatt 12 Ratzeburg – Lauenburg.

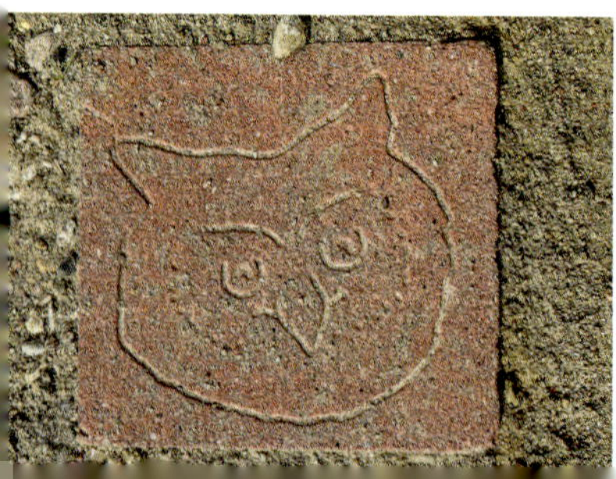

Die (E)ulen von Mölln.

In **Mölln (1)**, 19 m, halten wir uns in der Straße Am Markt links und kommen durch den Mühlengang zum wasserführenden Mühlengraben. Nun links über die Brücke »Auf den Dämmen« und geradeaus den Mühlengraben entlang. Am Ende des Weges gehen wir rechts über die Brücke und zweigen bei der folgenden Rechtskurve links beim Haus Hubertus in die Nebenstraße. Dem breiten Waldweg folgend, gelangen wir zu einer Aussichtsplattform mit schönem Blick in das Moor. Zwischen Moor und Wald erreichen wir die Abzweigung zum Café und Hotel **Waldhalle (2)**, 30 m. Weiter direkt am Ufer der Pinnau oder am Hotel vorbei kommen wir am Westufer des **Schmalsees (3)**, 25 m, entlang zur Badestelle am **Lüttauer See (4)**, 15 m.

Auch dort bleiben wir am gut beschilderten Westuferweg, der uns im Süden nach Überquerung der L 287 zum **Drüsensee (5)**, 14 m, bringt. Dazu folgen wir dem asphaltierten Gehweg kurz nach links und biegen noch vor dem Campinggelände rechts in den Wald ab.

Am Südende des Drüsensees führt ein Holzsteg in den Wald. Rechter Hand befinden sich Moorwiesen, deren lebhafte Fauna und Flora das eine oder andere Fotomotiv abwirft.

Die Beschilderung Richtung Schwarzsee führt uns vorerst im Uhrzeigersinn um den **Lottsee**

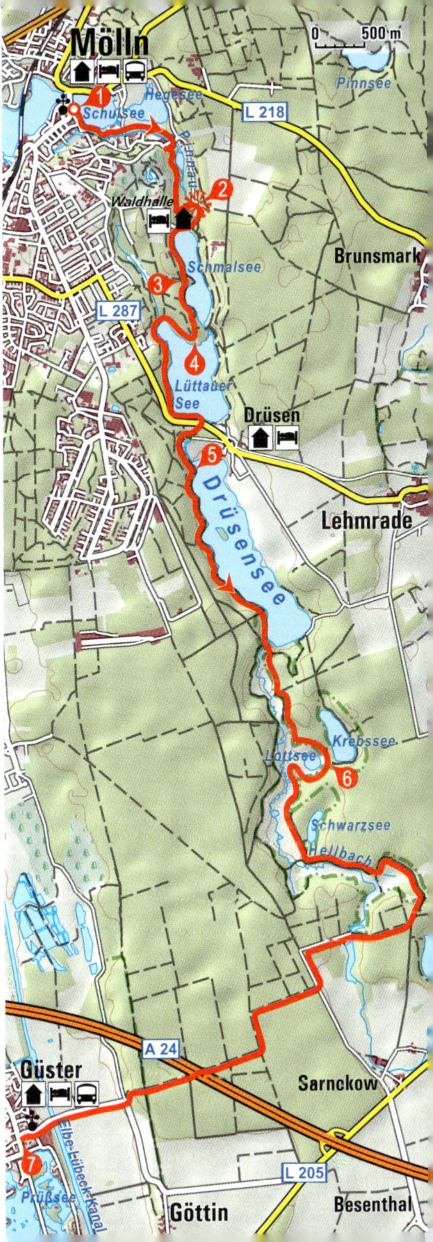

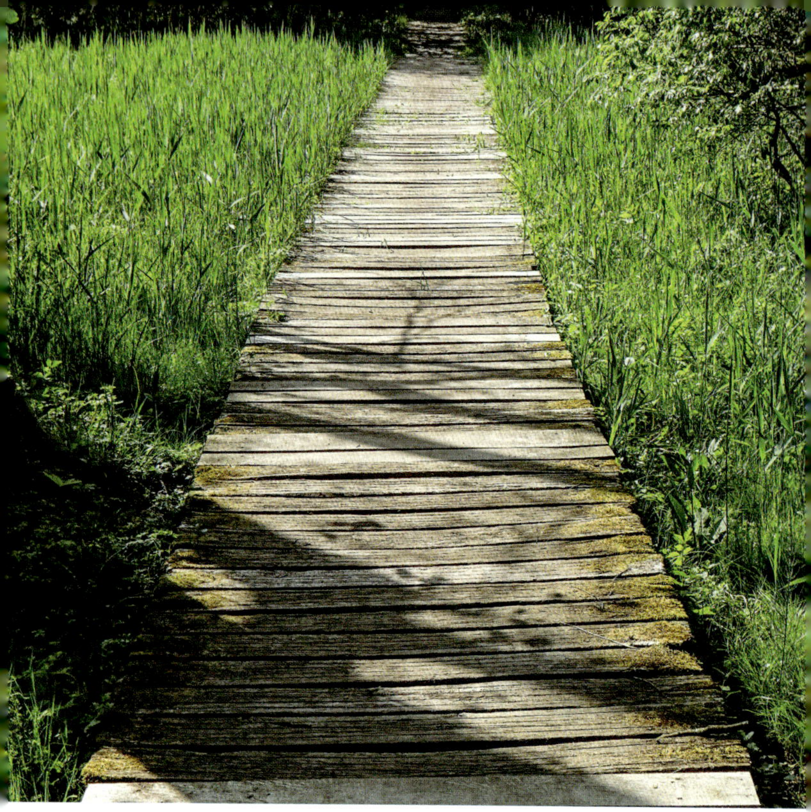

»Danke« den Wegewarten!

(6), 15 m, herum, bevor sie nach Süden an der Abzweigung Krebssee vorbei ihrem Ziel nahekommt. Der E1 ignoriert die Abzweigung zum Schwarzsee und führt uns geradeaus weiter. An einer Wegkreuzung mit einem befahrenen Wirtschaftsweg halten wir uns rechts, bei der nächsten Gabelung ebenfalls.

Mehrere Richtungswechsel fordern unsere Aufmerksamkeit, bevor wir die Autobahn erreichen. Die Fernwanderwege E1 und E9 verabschieden sich kurz nach der Unterführung vom E6, der nach Süden Richtung Lauenburg abbiegt. Für uns geht es geradewegs nach Westen weiter, um nach Überquerung einer Asphaltstraße den Elbe-Lübeck-Kanal sowie den Ortsrand von **Güster (7)**, 23 m, zu erreichen.

6.00 Std.
22 km

Güster – Basthorst 17

Alles Gut

Eine gemütliche Tour führt uns heute durch Wald und eine beeindruckende Buchenallee zum Gut Wotersen mit fotogenem Herrenhaus und einem Ausflugsgasthaus nebenan. Durch die ruhigen Orte Talkau und Fuhlenhagen geht es entspannt weiter zum idyllisch gelegenen, vom sympathischen Gutsherren Enno Freiherr von Ruffin unaufgeregt geführten und – dank der Stammgäste aus dem gesamten Hamburger Metropolraum – ein klein wenig mondänen Gut Basthorst.

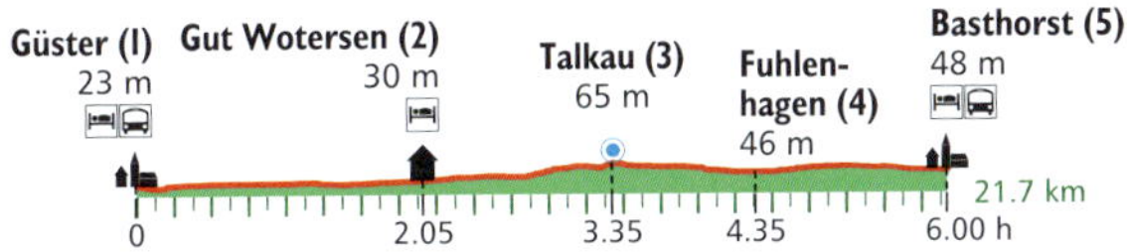

Ausgangspunkt: Güster, Dorfplatz, 23 m.
Höhenunterschied: 140 m im Aufstieg, 110 m im Abstieg.
Anforderungen: Keine nennenswerten Herausforderungen.
Einkehr: Wotersen, Basthorst.
Unterkunft: **Wotersen:** Gaststätte Pension Heitmann, Tel. +49 4158 456, www.heitmann-wotersen.de. – **Basthorst:** Gut Basthorst, Tel. +49 4159 8252-0, www.gut-basthorst.de; Gasthof Hamester, Tel. +49 4159 335, www.gasthof-hamester.uc.net.
Verkehrsmittel: Bus 8830 Talkau–Mölln; unregelmäßige Busverbindungen Basthorst–Hamfelde.
Information: TI Lauenburg, s. Etappe 15.
Karten: Wie Etappe 15.

Auf dem Gut Wotersen.

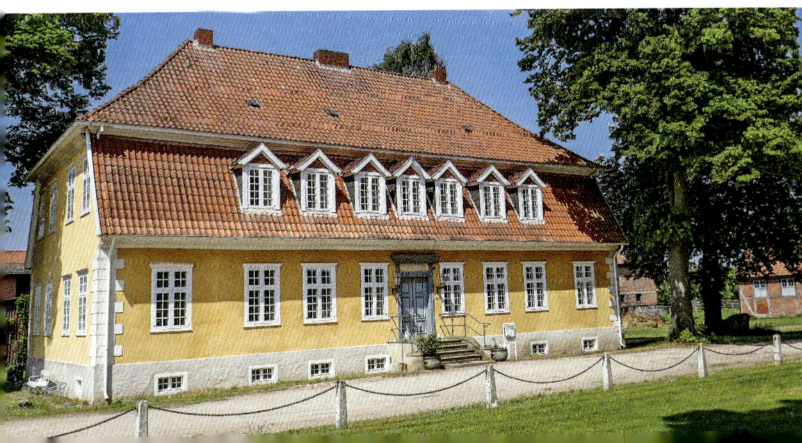

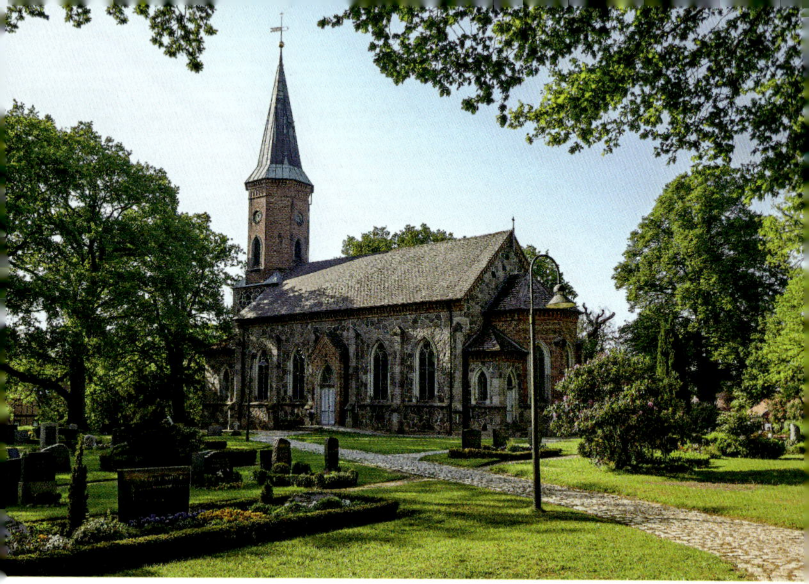

Die Feldsteinkirche Basthorst.

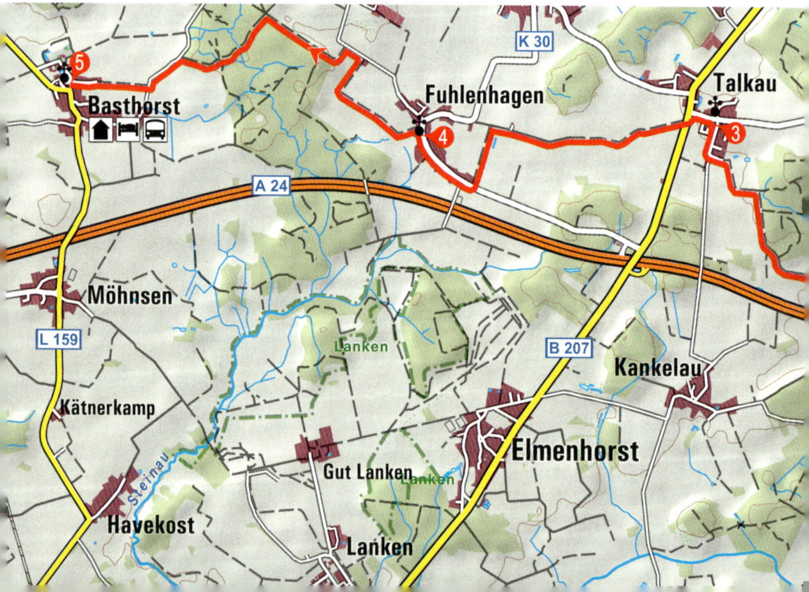

Wir starten am Dorfplatz in **Güster (1)**, 23 m, und folgen der Hauptstraße an der Bushaltestelle vorbei in die Hornbeker Straße. Nach dem Alten Bahnhof führt der Weg am Ortsende links in den Wald. Mehrere Richtungsänderungen im Forstgebiet erfordern unser wachsames Auge, bevor wir nach 45 Min. am Ortsrand von Roseburg auf die Landesstraße treffen. Hier wenden wir uns kurz nach links, wo wir gleich nach dem Ortsschild rechts in den Trammer Weg einschwenken. Bald unter neuem Namen (»Am Walde«) geht es geradeaus erneut in den Forst. Bei einer befahrbaren Straße folgen wir rechts der Radmarkierung Richtung Wotersen. In der Rechtskurve halten wir uns geradeaus – eine sehr schöne Lindenallee führt uns nun zum **Gut Wotersen (2)**, 30 m. Kurz nach den letzten Häusern schwenken wir links Richtung Tramm ein. Durch die Allee und über die Autobahnbrücke erreichen wir **Talkau (3)**, 65 m, wo wir am Friedhof den überhaupt ersten frei zugänglichen Wasserbrunnen seit Dänemark vorfinden.
Am Ende der Friedhofstraße halten wir uns links (Beschilderung »Mölln«) und kommen entlang der Dorfstraße zur B 207. Links geht es in einen Feldweg. Eine Weile wandern wir nun geradeaus, bis uns ein Radwegweiser den Hinweis gibt, nach links abzuzweigen und der Beschilderung an den Ortsrand von **Fuhlenhagen (4)**, 46 m, zu folgen. Die Ortsstraße führt uns an der sehenswerten Kirche vorbei zu einer Gabelung, wo wir links zwischen ehemaligen Stall- und Wohngebäuden in einen Feldweg einschwenken.
Der Weg knickt bald rechts ab und hält auf ein allein stehendes Haus zu. Dort geht es für uns links an der Straße entlang, bevor wir kurz darauf abermals links in einen Feldweg abbiegen. Bei der nun folgenden Gabelung halten wir uns rechts. Eine unscheinbare Wegkreuzung fordert ein letztes Mal unsere Aufmerksamkeit ein: Links durch den Wald kommen wir zum Mühlenrader Weg, in den wir nach links einschwenken. Nach einigen Minuten zweigt rechts ein Feldweg ab, der uns zur Kirche von **Basthorst (5)**, 48 m, führt. Wer zum Gasthof Hamester möchte, folgt der Straße links in die Ortsmitte. Der Gutshof wiederum befindet sich rechts von der Kirche.

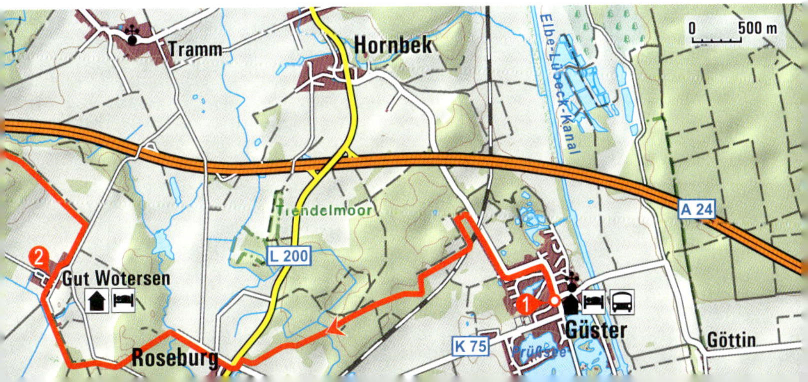

18 Basthorst – Reinbek

6.30 Std.
25 km

Grün bis über beide Ohren

Unauffällig bringt uns der E1 heute nach Kuddewörde und bald darauf in das Naturschutzgebiet Billetal, welches später in den Sachsenwald übergeht. Und was für alle bisher besuchten Großstädte galt, trifft auch auf Hamburg zu: Der Weg vom Wald- in den Speckgürtel verläuft noch weit in die morgige Etappe hinein auf grünen, lohnenden Wegen abseits des Trubels.

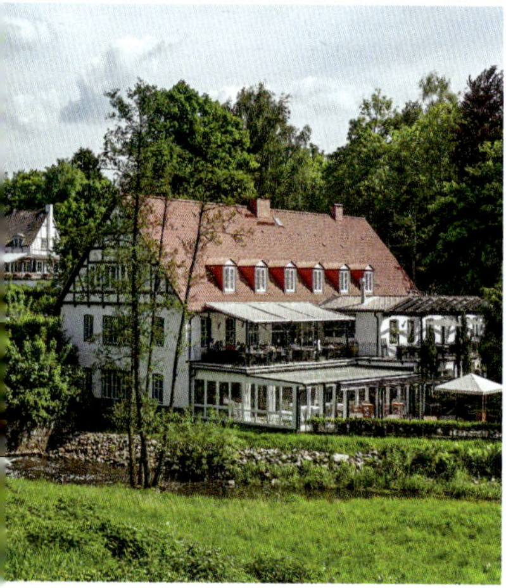

Bei der Aumühle.

Ausgangspunkt: Basthorst, Kirche, 48 m.
Höhenunterschied: 150 m im Aufstieg, 170 m im Abstieg.
Anforderungen: Leichte Etappe, in der zweiten Hälfte auf abwechslungsreichen Waldwegen.
Einkehr: Kuddewörde, Aumühle, Reinbek.
Unterkunft: **Kuddewörde:** Gasthof zur Eiche, Tel. +49 4154 2350; Grander Mühle, Tel. +49 4154 810 21, grandermuehle.de. – **Aumühle:** Hotel Waldesruh am See, Tel. +49 4104 695 30, www.waldesruh-amsee.de; Ristorante Hotel Italia, Tel. +49 4104 9788-0, ristorante-italia.eatbu.com; Fürst Bismarck Mühle, Tel. +49 4104 2028, www.bismarckmuehle.com. – **Silkerfeld:** Niemann's Gasthof (nur ÜN mit Frühstück), Tel. +49 4104 2391, www.niemanns-gasthof.de. – **Reinbek:** Bed& Breakfast Reinbek, Tel. +49 4072 257 40, www.bubreinbek.de; Sachsenwald Hotel Reinbek, Tel. +49 4072 7610, www.sachsenwaldhotel.de; Pension Fenster zum Rosenplatz, Tel. +49 40 85 40 47 34, www.fensterzumrosenplatz.de.
Einkauf: Bä in Kuddewörde, Reinbek.
Verkehrsmittel: Busse nach Kuddewörde; Bus 443 Kuddewörde–Aumühle; ab Aumühle siehe Infobox, Infos unter www.hvv.de.
Information: TI Stormarn, Tel. +49 4531 160 13 95, www.tourismus-stormarn.de.
Karten: Wie Etappe 15.
Tipp: Ein sehenswertes, jederzeit zugängliches Museum historischer Eisenbahngarnituren befindet sich ca. 10 Gehminuten vom GH Aumühle entfernt. Man folgt hier vor Überquerung der Brücke dem Flusslauf bis zur nächsten Brücke, nach deren Überquerung links ein Abzweiger zum Museumsbahnhof führt. (www.vvm-museumsbahn.de).

»Fluchtweg« zur Bushaltestelle Witzhave.

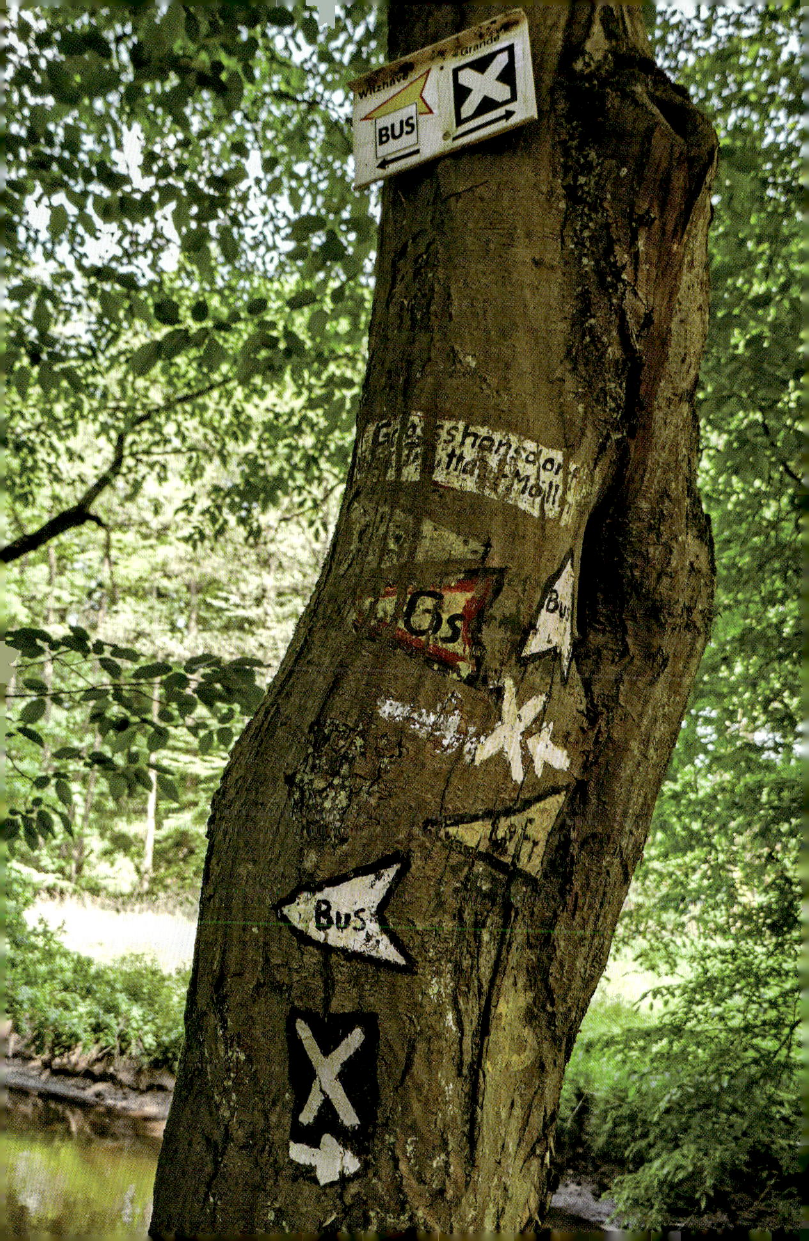
BUS
Gs
Bus
Bus

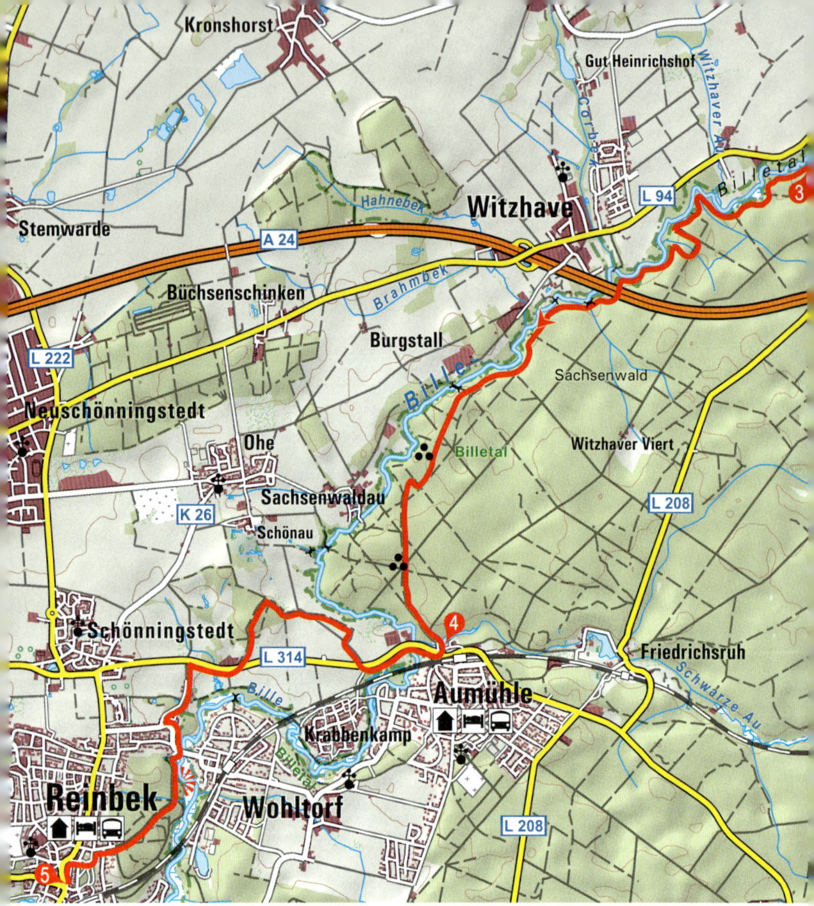

Von der Kirche in der Ortsmitte von **Basthorst (1)**, 48 m, folgen wir der Hauptstraße nach Süden, bis rechts der Fahrradweg Richtung Dahmker abzweigt. Bei einer Gabelung links wechseln wir nach einigen Metern auf Schotter und umgehen ein Waldstück. Eine Asphaltstrecke führt uns nun zu einer Wohnstraße am Rande von **Kuddewörde (2)**, 28 m. Die Möllner Straße bringt uns links über die Brücke und nach etwa 10 Min. zu einer Kreuzung mit Bäckerei. Hier biegen wir rechts in die Lauenburger Straße ab. Gleich wieder links geht es an der Grander Mühle vorbei zur Sachsenwaldstraße. Ein paar Gehminuten weiter rechts zweigt rechts eine Nebenstraße ab und

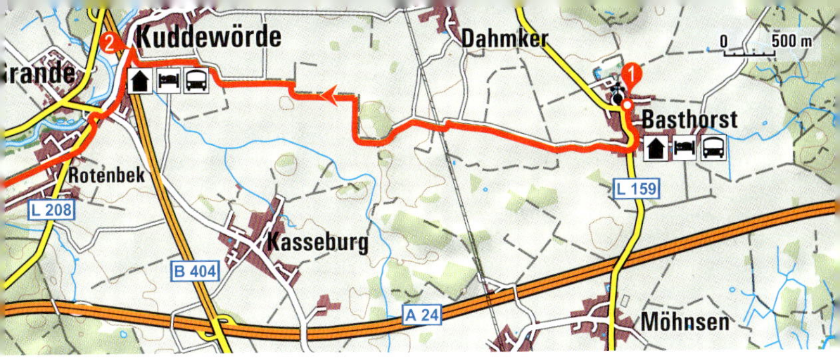

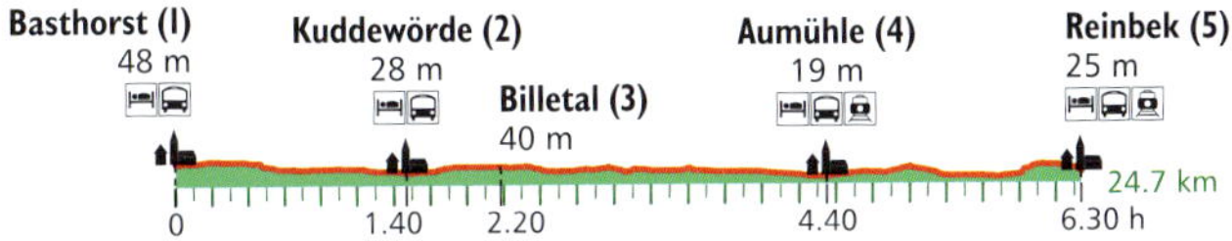

führt uns an einer Pferdekoppel vorbei zu unserem Eintrittspunkt in das **NSG Billetal (3)**, 40 m.

Die nächsten 8 km können wir uns nun der hervorragenden Markierung des Norddeutschen Wanderverbandes anvertrauen, die uns zunächst stets nahe

Falsch abgebogen?

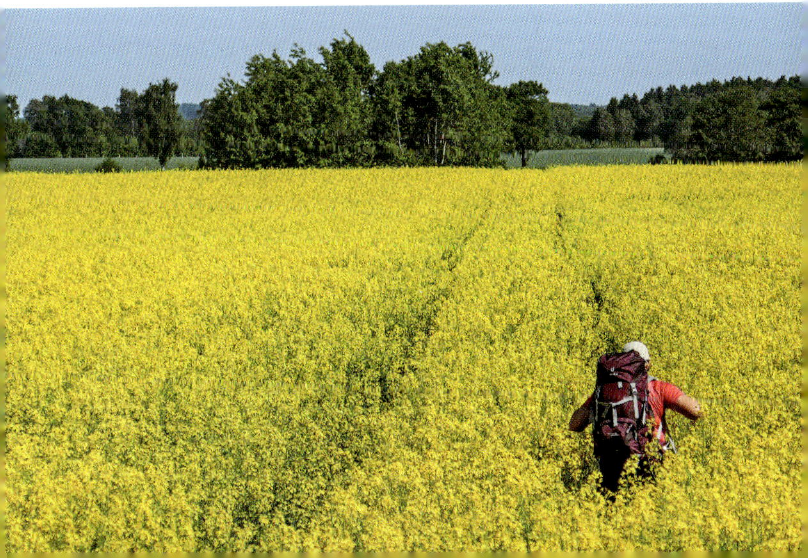

i ***Öffis in Hamburg***

Ab dem Bahnhof Aumühle besteht S-Bahn-Anschluss an das Netz des Hamburger Verkehrsverbundes (HVV). Die S21 fährt über Reinbek Richtung Stadtzentrum. An der Haltestelle Berliner Tor erreicht man das Hamburger U-Bahn-Netz. Es lohnt sich, ab der ersten Benützung darüber nachzudenken, ob man sich eine Mehrtageskarte kaufen möchte. Hamburg ist in Ringe aufgeteilt – für die meisten Besucher wird eine Karte für Kernzonen (1–2 Ringe) die richtige Wahl sein. Diese Zone gilt ab dem Ende dieser Etappe (S-Bahn Reinbek) und deckt alles bis Fischbek ab, dem Ende von Etappe 21. Für Fahrten außerhalb ist ein Aufschlag zu bezahlen. Für die Zonen gibt es Einzel-, Tages- oder Wochenkarten. Eine Einzelfahrt kostete bei Drucklegung 3,50 €, die Tageskarte 8.20 €, die Wochenkarte 30 €. Alle Karten können an Bahnhöfen, online oder mit der HVV-App gekauft werden – die App ist insbesondere dann praktisch, wenn man viele Einzelfahrten bezahlt. Infos dazu unter www.hvv.de bzw. www.hvv.de/de/hvv-app.

an der Bille zur deutlich markierten Abzweigung nach Witzhave führt. Der Ort war früher ein Etappenendpunkt am E1, doch wie in vielen anderen Gegenden auch gibt es dort inzwischen keine Übernachtungsmöglichkeit mehr. Allerdings befindet sich jenseits der Bille eine Bushaltestelle mit Anschluss an das Hamburger Stadtgebiet.

Wir unterqueren 150 m weiter südlich die Autobahn, um gleich nach der Unterführung rechts nahe an der Bille zu bleiben. Eine Weile folgen wir noch dem Fluss, der Weg dreht jedoch langsam Richtung Süden. Trotz guter Markierungsqualität heißt es aufmerksam sein, da morastige Abschnitte immer wieder eine Umleitung erforderlich machen. Kurz vor dem Ende unseres Gastspiels im Sachsenwald erreichen wir einen Wildzaun, der uns links zur Brücke am Ortsrand von **Aumühle (4)**, 19 m, führt.

Vom Parkplatz des Mühlengasthauses schickt uns die E1-Markierung nun entlang der Sachsenwaldstraße nach Westen. Ein Fußweg erlöst uns nach etwa 500 m vom Straßenlärm. Rechts geht es jetzt auf Wirtschaftswegen um den Hamelsberg herum. Die Markierung ist gut, dennoch erfordern einige unvermittelte Richtungswechsel wieder unsere Aufmerksamkeit; insbesondere der wichtigste Abzweiger dieses Teilstücks – ein Richtungswechsel nach links nach etwa 1,5 km – kommt unerwartet. Zurück an der Sachsenwaldstraße auf Höhe Silkerfeld gehen wir an Niemann's Gasthof vorbei, die Straße wird ein Stück weiter vorn überquert. Der Silker Weg bringt uns zur Wohltorfer Straße.

Links leicht bergab erreichen wir die Abzweigung zur Wolfsschlucht. Eine Brücke wird überquert, links wandern wir nun in südlicher, später südwestlicher Richtung durch den Wald, der uns nach etwa 15 Min. im Reinbeker Wohngebiet wieder ausspuckt. Nun geht es noch ein kurzes Stück die Bismarckstraße entlang, bevor wir durch ein kleines Waldstück zur Linken ins Zentrum in der Nähe des Bahnhofs in **Reinbek (5)**, 25 m, kommen.

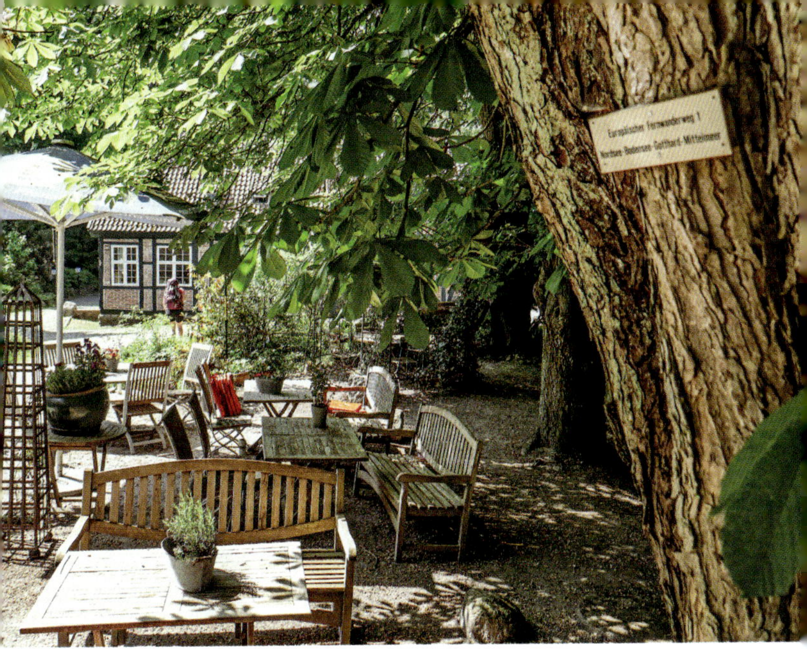

Kuddewörde: Gastgarten für Fernwanderer.

Übernachten in Hamburg

Für uns Wanderer bietet sich aufgrund der kurzen Fahrzeiten erneut die Möglichkeit, innerhalb der stadtnahen Zonen ein Standquartier zu beziehen. Zwischen Aumühle und Buchholz an der Nordheide (Etappe 22) kommt man in engen Intervallen überall hin. Im Zentrum sind die Unterkünfte allerdings recht teuer – günstiger wird es in den umliegenden Stadtteilen, die mit U- oder S-Bahn rund um die Uhr gut zu erreichen sind. Hier wird jeder Wanderer auch ohne unsere Hilfe fündig. Falls es dennoch einmal schnell gehen muss, nennen wir drei Beispieladressen, wo wir zufrieden waren: außerhalb des Zentrums: Hotel Jeta in Harburg (an der S-Bahn Station Harburg Rathaus), Tel. +49 40 76 79 61 30, www.hotel-jeta.de; mitten im Zentrum: Europäischer Hof, Tel. +49 40 24 82 48, www.europaeischer-hof.de; preiswert: DJH Hamburg (mehrere, unsere Empfehlung wegen der tollen Lage: Stintfang), Tel. +49 40 570 15 90, nordmark.jugendherberge.de. Außerdem gibt es viele Apartments, die tageweise zu mieten sind. Bei Wohnungen in der Vorstadt ist es jedoch bestimmt kein Fehler, darauf zu achten, wie weit der nächste Supermarkt entfernt ist, sodass man abends nicht ewig mit dem Bus herumfahren muss, bis alle Zutaten fürs Abendessen beieinander sind.

19 Reinbek – Hamburg / Berliner Tor

6.00 Std.
22 km

Von den Dänen zu den Dünen

Unsere letzten Meter auf Schleswig-Holsteinischem Boden. Wie schon bei der vorherigen Etappe angedeutet, erwartet uns heute noch ein sehr naturnaher Wegabschnitt, welcher uns anfangs durch den Stadtwald und entlang der Bille zu den Brauereiteichen führt. Bald finden wir uns in der Boberger Niederung wieder – einem artenreichen Naturschutzgebiet mitten im Stadtgebiet. Neben einigen vom Aussterben bedrohten Tierarten findet man hier seltene Orchideen. Später kommen wir bei einem Segelflugplatz vorbei, auch ein Naturbadestrand liegt direkt am Weg. Hier treffen wir auch auf die Dünen, die für das Wortspiel oben herhalten mussten: Eiszeitliche Sandverfrachtungen sorgen hier für eine für Nordeuropa ungewohnte Bodenbeschaffenheit, die jedoch wegen land- und bauwirtschaftlicher Nutzung in der Natur kaum mehr als solche zu erkennen ist.

Auch große Kinder sollten immer genügend Zeit für Abenteuerspielplätze einplanen.

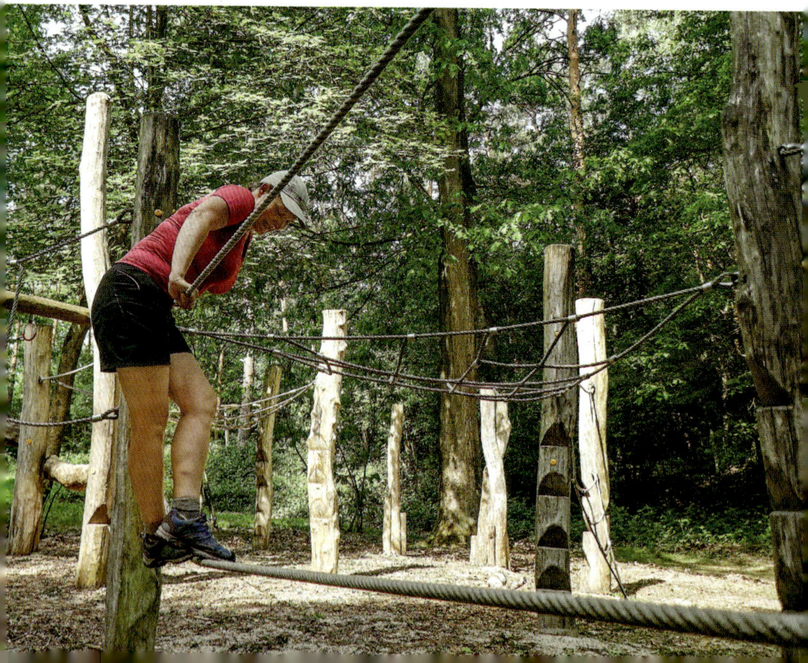

Ausgangspunkt: Reinbek, Bahnhofstraße, 25 m.
Höhenunterschied: 130 m im Aufstieg, 140 m im Abstieg.
Anforderungen: Leichte Wanderung.
Einkehr: Mehrere ab Steinbeker Berg.
Unterkunft: Berliner Tor: Mehrere, z. B. MAC City Hostel, Tel. +49 40 35 62 91 46, mac-city-hostel.unterkunft-niedersachsen.de; Junges Hotel Hamburg, Tel. +49 40 41 92 30, junges-hotel-hamburg.at-hotels.com.
Einkauf: Etliche Möglichkeiten ab Steinbeker Berg.
Verkehrsmittel: Netz der HVV.
Information: TI Hamburg, Tel. +49 40 300 51701, www.hamburg-tourism.de.
Karten: K Kartenset 725 Hamburg und Umgebung; L Blatt 12 Ratzeburg – Lauenburg bzw. Blatt 7 Itzehoe – Pinneberg.

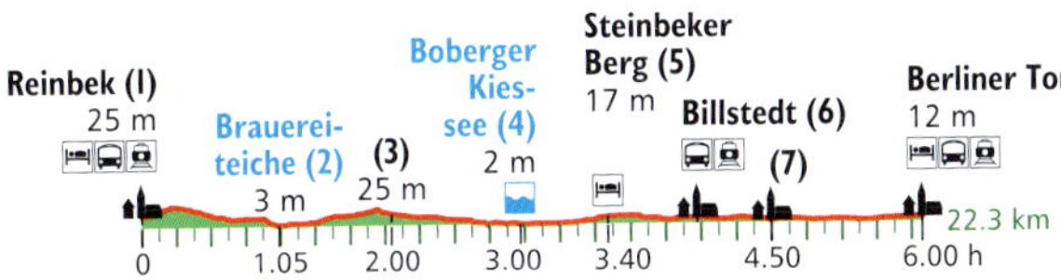

Wir starten von der Bahnhofstraße in **Reinbek (1)**, 25 m, nach Norden in die Bergstraße. Am Rosenplatz zweigen wir nach Westen in den schmalen Küpergang ab. Hinter der Wohnanlage geht es für uns geradeaus in den Stadtwald, wo wir anfangs nahe an der Klosterbergenstraße bleiben, bald jedoch nach Südwesten drehen, die Hamburger Straße queren und weiter Richtung Süden die Bahnlinie Reinbek–Hamburg erreichen.
In Hörweite des Zugverkehrs wandern wir weiter durch den Auwald der Bille zu den **Brauereiteichen (2)**, 3 m, wo wir rechts um den größten Teich herum weiter der Bille nach Westen folgen. Etwa 15 Min. später umgehen wir mehrere Teiche nordseitig und kommen so zur stark befahrenen Straße Am Beckerkamp.
Auf der anderen Straßenseite durchschreiten wir den Bornmühlenweg, folgen der Leuschnerstraße nach links und zweigen rechts in die Straße Sanmannreihe ab, um links in die Maikstraße zu kommen. Nach Querung der Lohbrügger Landstraße folgen wir der Straße An den Tannen geradeaus bis zur Lohbrügger Kirchstraße, die uns links bis zur Straße Höperfeld bringt. Rechts geht es für uns zur Kirche und gleich daneben geradeaus in den Walter-Hammer-Wanderweg. An einer Schule vorbei und weiter links hilft uns eine Brücke über die Bergerdorfer Straße. Gleich danach zweigen wir rechts in das **NSG Boberger Niederung (3)**, 25 m, ab.
Nun wandern wir länger prinzipiell geradeaus zu einem Spaziergänger-Parkplatz weiter, den wir einfach geradeaus queren. Auf Höhe des Segelflugplatzes sehen wir rechts neben unserem (befahrbaren) Weg einen schmalen Fußgängersteig, der bei trockenem Boden weitaus angenehmer zu begehen ist als der Fahrweg und uns durch Birkenwald ebenfalls (unmarkiert) zum Naturbadestrand am **Boberger Kiessee (4)**, 2 m, bringt.

Rechts/nördlich des Sees können wir noch ein Stück neben der Zufahrtsstraße bleiben, sollten jedoch die wichtige Abzweigung Richtung Öjendorfer Park (Radwegmarkierung) nicht übersehen, die uns unter der Autobahn hindurchführt. Rechts überqueren wir nach etwa 500 m die Schienen der Kreisbahn und gehen weiter geradeaus nach Norden, bis wir an der Steinbeker Hauptstraße stehen. Zwei Gehminuten weiter links zweigen wir rechts ab und folgen der Straße An der Glinder weitere 2 Min., um danach etwas versteckt links in den Treppenweg zur Kirche und zum Friedhof auf dem **Steinbeker Berg (5)**, 17 m, abzuzweigen (Trinkwasser).
Der folgende Weg durch die Vorstadt ist gut markiert, daher hier nur in Stichworten die Abfolge der benützten Straßen: Vom Steinbeker Markt rechts in den Brockhausweg, dann links in die Kapellenstraße bis zum Getränkemarkt. Nun links und rechts durch den Spielplatz in den Gehweg vis-à-vis. Durch die Klinkstraße und nach Überschreitung der »Schleemer Mühle« geht es rechts ins Grüne. Wir überqueren die Möllner Landstraße und halten uns

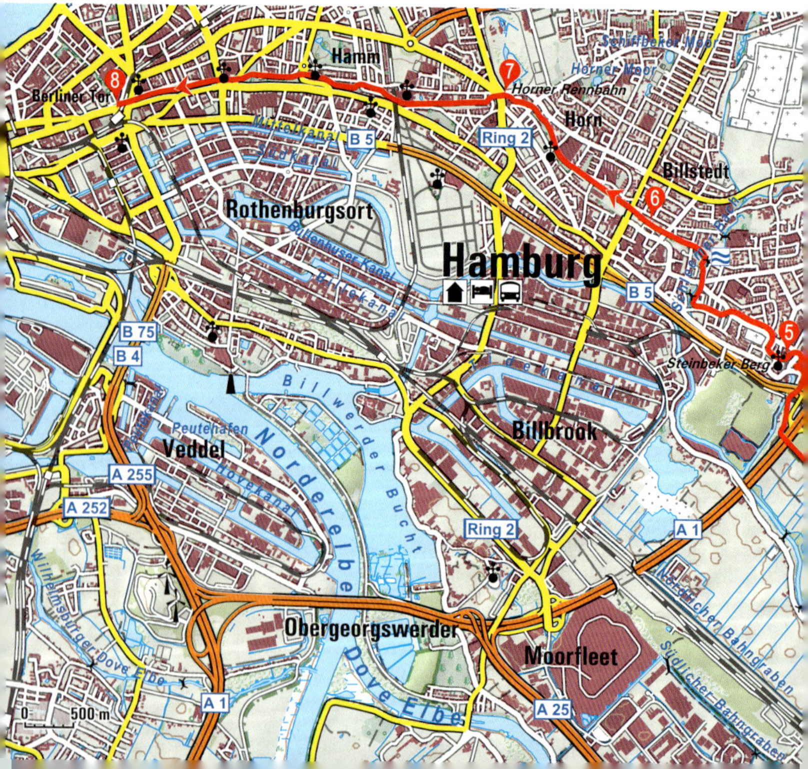

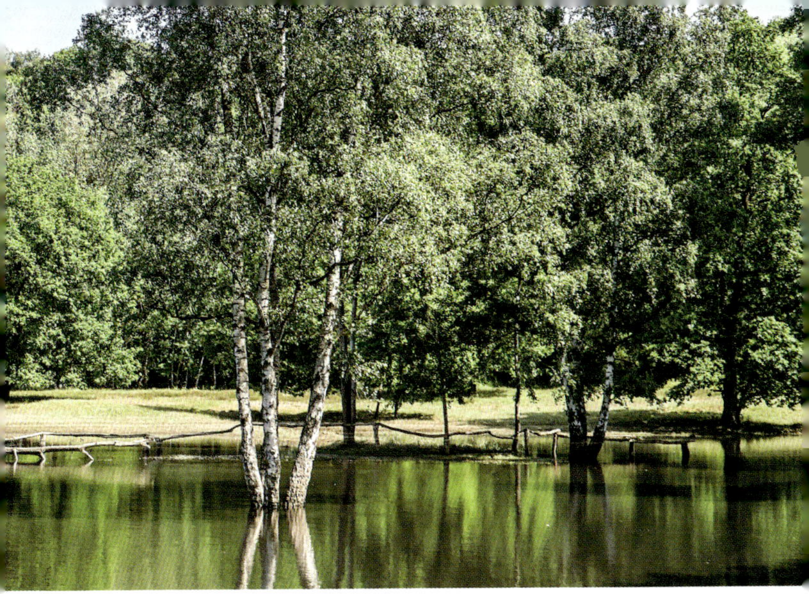

Beim Boberger Kiessee.

über die kleine Brücke halb links. Nach der Bahnüberführung kommen wir links durch die Grünanlage (Kleingärten) zur U-Bahn-Station **Billstedt (6)**, 14 m. Der Parkstreifen zieht sich weiter nahe an den Geleisen zur Station **Horner Rennbahn (7)**, 6 m. Gelegentlich wird der Grünstreifen durch querende Straßen unterbrochen – solange wir uns jedoch an den Geleisen (und der guten Markierung) orientieren, erreichen wir problemlos unseren Etappenendpunkt, den Verkehrsknotenpunkt **Berliner Tor (8)**, 12 m

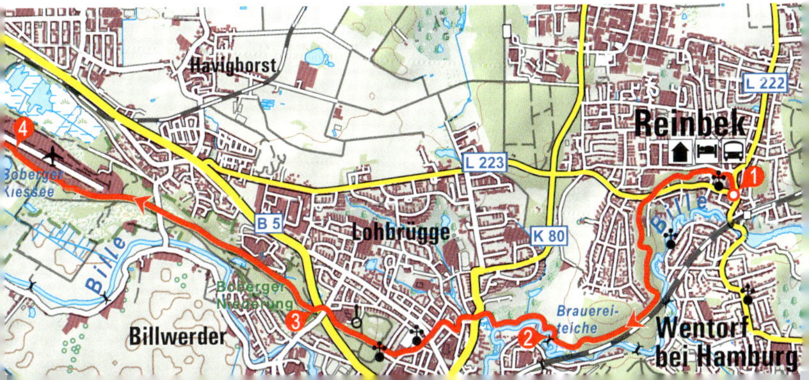

20 Hamburg / Berliner Tor – Blankenese

4.45 Std.

18 km

Einmal Hamburg mit allem bitte

Wanderer, die sich vor der Stadtdurchquerung fürchten, werden von der heutigen Streckenführung vermutlich positiv überrascht sein, verbindet der Weg doch die Parkanlagen Hamburgs miteinander, ohne die fotogenen Plätze am Rande der Innenstadt auszulassen. Nach der Lombardsbrücke hätten wir auf Wunsch die Möglichkeit, den Altstadtkern in unsere Hamburg-Durchquerung miteinzubinden. Die sehr gute Markierung führt uns jedoch auf dem grünen Band – den ehemaligen Wallanlagen – außen herum zu den St.-Pauli-Landungsbrücken. In der zweiten Etappenhälfte bleiben wir – mit Ausnahme eines kurzen Besuches des aussichtsreichen Altonaer Balkons – stets nahe an der Elbe.

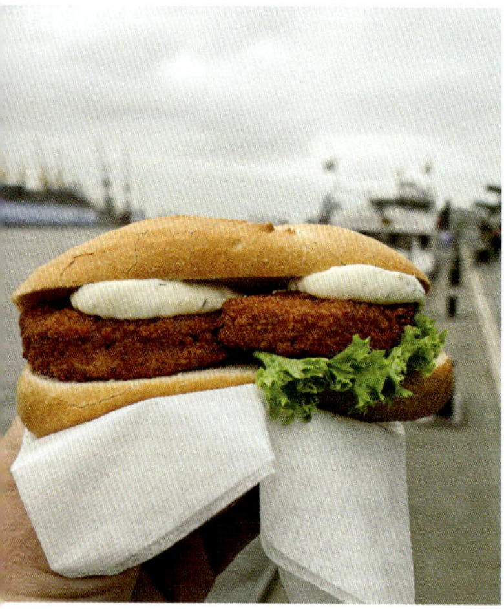

Fischbrötchen – Pflichtprogramm am Hamburger Hafen.

Ausgangspunkt: Berliner Tor, U- und S-Bahn-Station, 12 m.
Höhenunterschied: 110 m im Aufstieg, 120 m im Abstieg.
Anforderungen: Einfache Stadtwanderung entlang der Hamburger Parkanlagen.
Einkehr: Zahlreich, besonders in der Altstadt. Lohnend ist z. B. eine Einkehr im Café Dat Backhus bei der Petrikirche, wo man mitten im Café die archäologische Ausgrabungsstätte eines Altstadtgebäudes aus dem 12. Jahrhundert vorfindet.
Unterkunft: Siehe Infobox Etappe 18.
Einkauf: Im Stadtteil Barmbek befindet sich einer der größten Outdoor-Läden Deutschlands: die Globetrotter-Filiale bei der Haltestelle Barmbek (S1, U2, U3), Mo–Sa 10–20 Uhr, www.globetrotter.de.
Variante und Verkehrsmittel: Siehe Infoboxen auf den Seiten 122 und 123.
Information: Wie Etappe 19, Büros am Hauptbahnhof und zwischen den St.-Pauli-Landungsbrücken 4 und 5.
Karten: Wie Etappe 19.

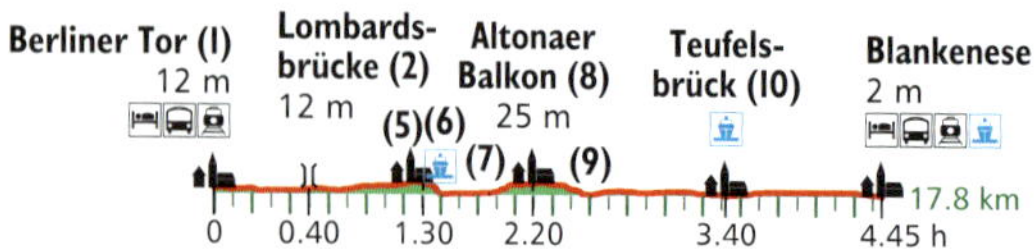

Der Eingang **Berliner Tor (1)**, 12 m, der gleichnamigen U-Bahn-Station markiert den heutigen Ausgangspunkt. Ein etwa 1 km langer Grünstreifen verbindet die Station mit der Außenalster: Richtung Nordwesten folgen wir einem gepflasterten Fußweg an mehreren Universitätsgebäuden vorbei und über den stark befahrenen Steindamm (hier U1-Station Lohmühlenstraße) in den Lohmühlenpark. Beim nördlichen Parkausgang queren wir die Straße Lange Reihe und folgen der Lohmühlenstraße zum Ufer der Außenalster.
Wir spazieren am Promenadenweg links im Uhrzeigersinn der Alster entlang bis zur Kennedybrücke, unter der wir zur **Lombardsbrücke (2)**, 12 m, gelangen. Über die Stufen hinauf und gleich rechts folgen wir den Schienen über die Alster in den Alsterpark. Nach Querung des Neuen Jungfernstiegs geht es für uns links unter der Bahnunterführung durch, um gleich danach rechts

Das Hamburger Rathaus.

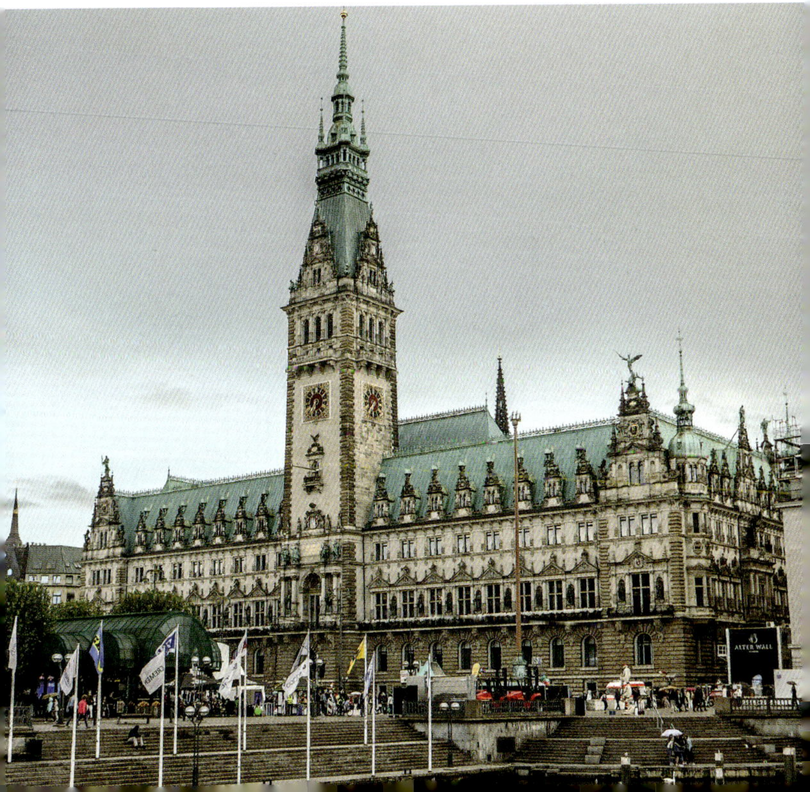

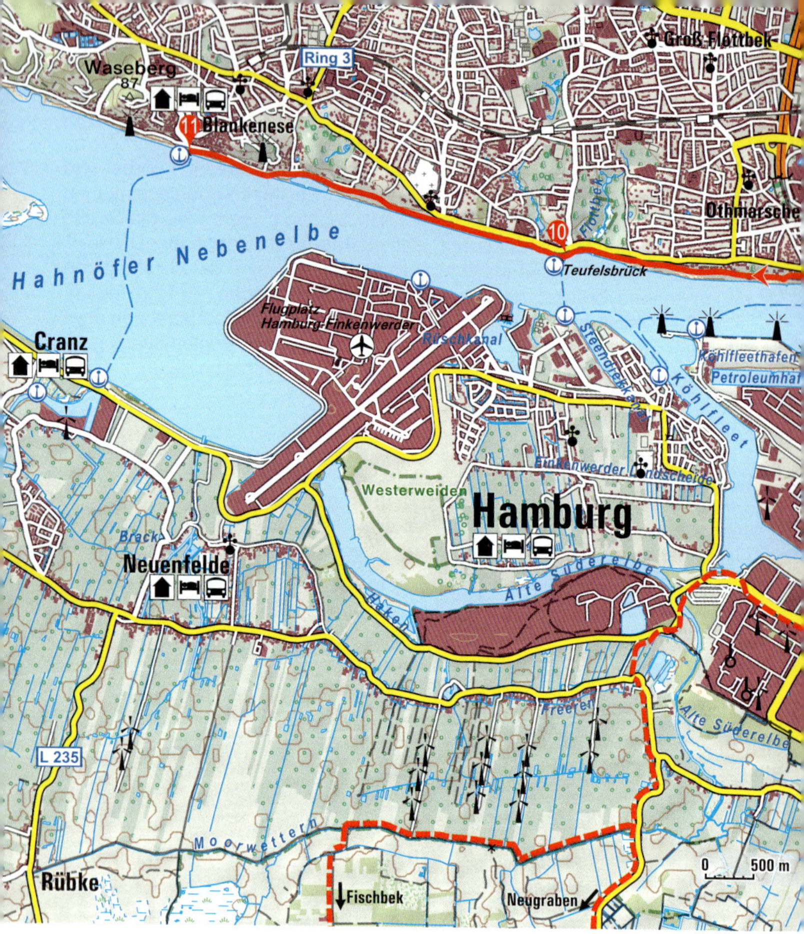

in den Hans-Grahl-Weg und damit in den Gustav-Mahler-Park einzuschwenken. Eine Fußgängerbrücke hilft uns über den Dammtordamm (mit Blick auf den Hauptbahnhof zur Rechten und den Stephansplatz zur Linken).
Nach der Brücke gehen wir vor der U1-Station Stephansplatz links an den Kriegerdenkmälern vorbei und zweigen gleich nach dem Eissalon rechts in den **Alten Botanischen Garten (3)**, 12 m, ein. Rechts um den Teich herum wird die Jungiusstraße erreicht. Gegenüber kommen wir in den Park Kleine Wallanlage (U2 Messehallen) und gehen links unter der Unterführung zu den

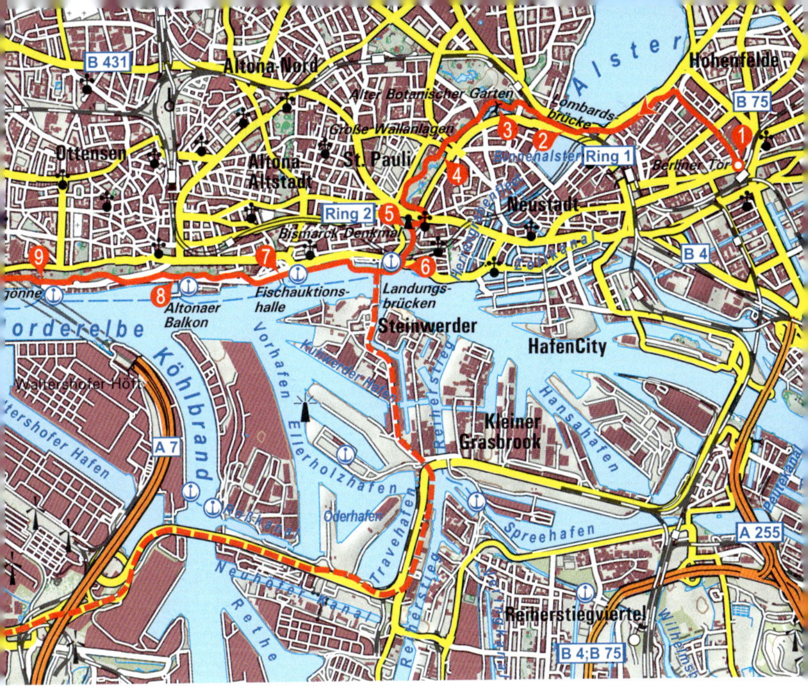

prunkvollen Gebäuden des Hanseatischen Oberlandesgerichtes. Nach der nächsten Unterführung befinden wir uns bei den **Großen Wallanlagen (4)**, 17 m, wo wir etwa in der Mitte des Parks einen Biergarten durchqueren und am Minigolfplatz vorbei den südlichen Ausgang ansteuern. Die Ludwig-Erhard-Straße überqueren wir ein Stück weiter links bei der nächsten Ampel. Im Alten Elbpark angelangt, geht es zum **Bismarck-Denkmal (5)**, 25 m, hinauf. Die nächste Straße wird geradeaus gequert, um in der Einfahrt zur Jugendherberge Auf dem Stintfang rechts in den Spazierweg einzuschwenken, der uns zum großartigen Aussichtsbalkon über dem Hafenbecken und weiter zu den **St.-Pauli-Landungsbrücken (6)**, 2 m, bringt.

Bis Blankenese bleiben wir nun fast immer nahe am Wasser: Nach den Landungsbrücken folgen wir flussabwärts der Hafenstraße zur **Fischauktionshalle (7)**, 6 m. Beim Hamburger Elbspeicher zweigen wir rechts ab und kommen über Stufen in den Park und weiter der lokalen Beschilderung nach zum **Altonaer Balkon (8)**, 25 m. Von hier aus eröffnet sich eine großartige Aussicht auf die Docks des Altonaer Hafens bis zurück zu den Hamburger Elbbrücken. Künftigen Wanderern ist zu wünschen, dass sich der Verschönerungsverein, der sich hier um den Park kümmert, die Böschung frei-

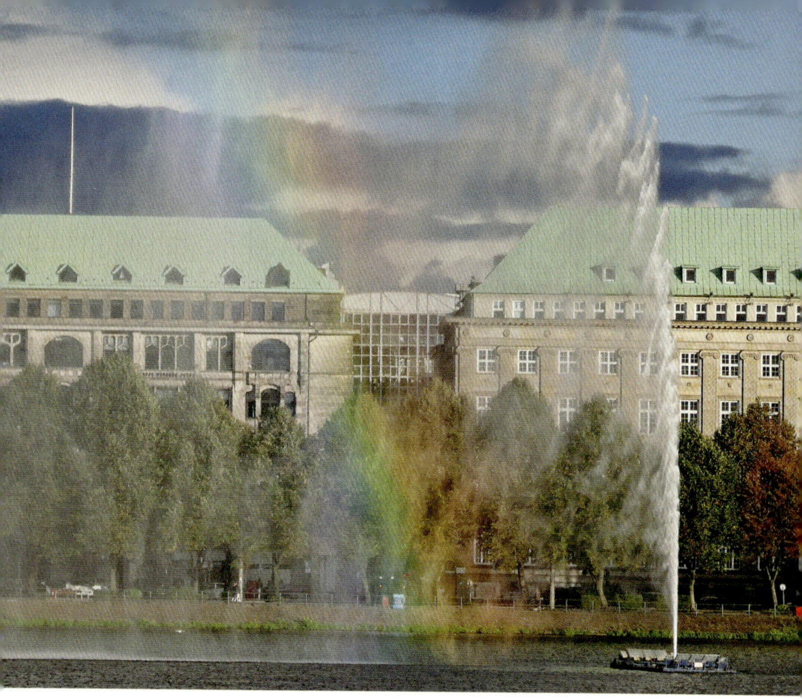

Foto oben: Eines von mehreren Wahrzeichen Hamburgs: die Alsterfontäne.
Rechts unten: Tickbek, Trickbek & Trackbek.

i **Verkehrsmittel auf der Elbe:** Die Fähren im Hafengebiet sind Teil des Hamburger Verkehrsverbundes. So ermöglicht die Linie 62 eine Hafenbesichtigung zu Wasser – zum Preis eines Einzelfahrscheines. Sie verkehrt im 15-Min.-Takt entlang des E1 zwischen Landungsbrücke 3 und dem Museumshafen Oevelgönne, mit Zwischenstopps beim Fischmarkt und am Altonaer Hafen. Endstation ist der Hafen Finkenwerder am südlichen Elbe-Ufer. Wer mit der Fähre nach Blankenese möchte, kann dazu 4 x täglich die HanseFerry benützen. An Bord erklärt ein Multimedia-Guide via Smartphone die Sehenswürdigkeiten unterwegs (Rabatt mit HamburgCard, Landungsbrücken 8/9, www.frs-hanseferry.de). Von Blankenese geht stündlich eine Fähre nach Cranz (täglich, im Winter sonntags kein Fährbetrieb). Sollte der Wasserstand in Cranz eine Anfahrt nicht ermöglichen, wird Finkenwerder angesteuert. Wer hier landet, folgt einem Wanderweg nach Neuenfelde und trifft dort wieder auf die E1-Markierung. Alternativ fährt Bus 150 alle 15 Min. von Finkenwerder nach Cranz.

i **Historische Alternative:** *In Hamburg benützt der offizielle E1 die Fähre nach Cranz. Es gibt jedoch auch eine Möglichkeit für Fußgänger, trockenen Fußes die Südseite der Elbe zu erreichen: Der* **Alte Elbtunnel** *leitet Wanderer unter dem Fluss hindurch auf die ehemalige Insel Steinwerder, heute ein Stadtteil von Hamburg. Der vor über 100 Jahren eröffnete »Sankt-Pauli-Elbtunnel«, wie er mit vollem Namen heißt, gilt als architektonisches Meisterwerk und ist ein klassischer Insider-Tipp für Hamburg-Besucher. Selbst wenn Sie nicht vorhaben, ihn für den Weiterweg zu benutzen, lohnt sich ein Abstecher, da man auf dieser Etappe ohnehin am Eingang vorbeikommt. Das Zugangsportal befindet sich gleich bei der Landungsbrücke 6. Wahlweise mit dem Aufzug oder über die Treppe geht es zuerst einmal 24 Meter hinunter, bevor man die denkmalgeschützte Röhre betritt. Der Aufzugsschacht ist derselbe, in dem vor einem Jahrhundert alle Fahrzeuge, die den Tunnel benutzen wollten, hinunter- bzw. hinaufbefördert wurden.*
Von Steinwerder führt der kürzeste Weg zurück zur E1-Markierung über die Köhlbrandbrücke nach Altenwerder. Allerdings ist die Überquerung der s-förmigen Brücke, auch »Golden Gate von Hamburg« genannt, Fußgängern nicht gestattet. Die Buslinie 151, die uns an die Westseite bringt, fährt von der Haltestelle Nippoldstraße (am Neuhöfer Damm östlich der Brücke) nach Waltershof. Südlich von Brakenburg verläuft eine Straße am Rande des NSG Moorgürtel nach Westen und trifft an der Niedersächsisch-Hamburgischen Grenze auf den E1. Da es jedoch auf dem Hauptweg durch Fischbek keine Nächtigungsmöglichkeiten gibt, empfiehlt es sich, in Brakenburg gleich Richtung Süden nach Neugraben zu gehen (siehe Etappe 21).

schneiden lässt, sonst wird man vorbeifahrende Containerschiffe bald nicht mehr sehen können.
Weiter Richtung Westen bringt uns eine Fußgängerbrücke in den Heinepark. Gleich danach führt uns ein schmaler gepflasterter Weg wieder ans Elbe-Ufer auf Höhe des Museumshafens **Oevelgönne (9)**, 2 m. Das verbleibende Wegstück zur Fähranlegestelle **Teufelsbrück (10)**, 2 m, und weiter nach **Blankenese (11)**, 2 m, folgt ab nun dem Elbuferweg mit seinen Cafés und Badestränden. Die Etappe endet an der Fähranlegestelle, wo auch die Westvariante des E1 einmündet.

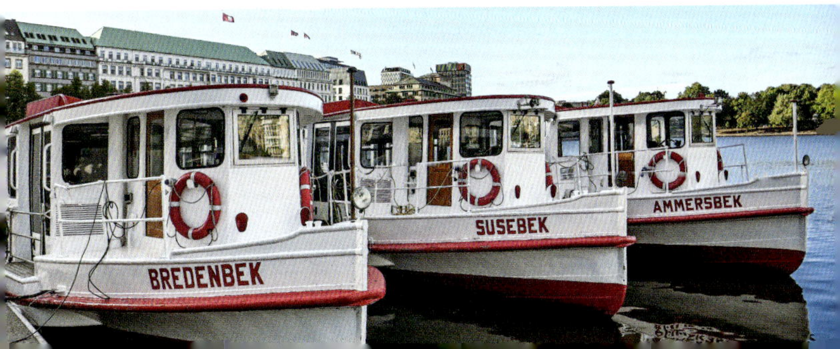

21 Blankenese / Cranz – Hamburg-Fischbek

3.15 Std.
12 km

Altes Land

Zwischen Hamburg und Stade erstreckt sich auf einer Länge von 32 Kilometern das größte geschlossene Obstanbaugebiet Deutschlands. Auf 157 Quadratkilometern befinden sich weitläufige Baumplantagen in dem von Bewässerungskanälen durchschnittenen Marschland. Besonders zur Kirschblüte ist das Alte Land ein beliebtes Ausflugsziel der Städter, aber auch weit angereister Bustouristen. Bereits im 12. Jahrhundert wurde nahe der Elbe ein erster Landstreifen kultiviert, weitere Eindeichungen folgten. Die Ausdehnung, wie wir sie heute kennen, besteht seit nahezu fünf Jahrhunderten. Wir durchqueren den größten Obstgarten des Landes und erreichen an seiner Südgrenze die Lüneburger Heide.

Ausgangspunkt: Fähranlegestelle Cranz, 1 m (erreichbar mit der Fähre ab Blankenese, aber Achtung: Bei Niedrigwasser verkehrt die Fähre von Blankenese nach Finkenwerder).
Höhenunterschied: Jeweils ca. 20 m im Auf- und Abstieg.
Anforderungen: Einfache Tour.
Einkehr: Tagsüber nur in Cranz.
Unterkunft: **Cranz:** Altes Fährhaus, Tel. +49 40 756 62 684, www.altes-faehrhaus.com. – **Neuenfelde:** Hotel-Restaurant Bundt's, Tel. +49 40 3570 31-0, www.bundts.de; GH Zur alten Eiche, Tel. +49 40 745 93 29, www.zuralteneiche.de. – **Neugraben-Fischbek:** Hotel Auszeit, Tel. +49 40 702 04-0, www.auszeit-hh.de; Hotel Deutsches Haus Neugraben, Tel. +49 40 70 10 13-0, www.itm-hotels.de/hotel-deutsches-haus.
Einkauf: Neuenfelde, Fischbek (Details siehe Etappe 22).
Verkehrsmittel: Bus in Cranz und Neuenfelde, S-Bahn Hamburg-Fischbek oder Hamburg-Neugraben.
Information: Wie Etappe 20.
Karten: Wie Etappe 19.
Hinweise: Zwischen Neuenfelde und Fischbek wird eine Schnellstraße gebaut. Hier ist der E1 wohl längerfristig unterbrochen. Der zukünftige Wegverlauf stand bei Drucklegung noch nicht fest. Am besten rechtzeitig im Voraus auf der Website hiking.waymarkedtrails.org den aktuellen Wegverlauf überprüfen.
Fischbek bietet keine Übernachtungsmöglichkeiten, aber sehr gute Schnellbahnverbindungen. Im Raum Harburg gibt es einigermaßen günstige Quartiere direkt an der Schnellbahnlinie.

Wirtschaftshöfe prägen das »Alte Land« südlich der Elbe.

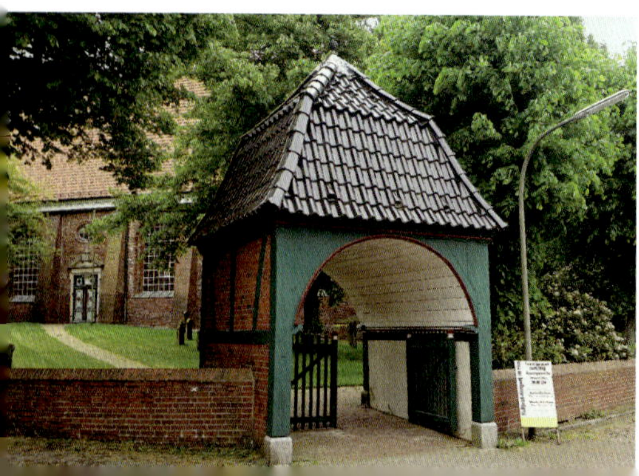

Von der Fähranlegestelle **Cranz (1)**, 1 m, wandern wir auf der Ortsstraße Estedeich in südwestlicher Richtung zur Bushaltestelle Altes Estesperrwerk, wo unser Weg nach links dreht. Über die Rollbrücke gelangen wir zum Neuenfelder Fährdeich, dem wir nun bis Neuenfelde folgen. Zu Beginn passieren wir die weitläufige Anlage des Schiffsbauunternehmens Pella Sietas. 1635 gegründet, ist es die älteste Werft Hamburgs. Beim beschilderten Besucherplatz geht es gleich nach der Mauer links auf den Damm (den wir unterwegs allerdings immer wieder kurz verlassen).

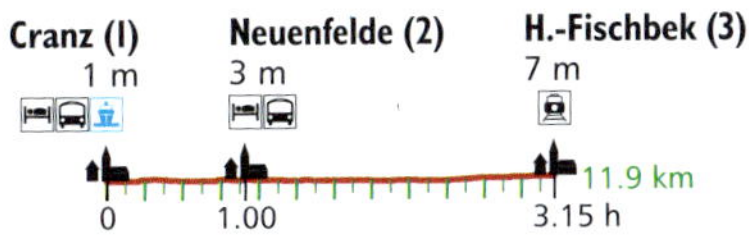

Bei der Kirche in **Neuenfelde (2)**, 3 m, biegen wir rechts in den Organistenweg ein. Vor dem Friedhof halten wir uns links und schwenken dann rechts in den Arp-Schnitger-Stieg ein. Am Ende des Weges zweigt links bei der gleichnamigen Bushaltestelle der Nincoper Moorweg in südlicher Richtung ab. Bei der ersten Wegkreuzung (mit Bäumen und einem Stromverteiler) halten wir links auf einen Asphaltweg zu und unterqueren eine Starkstromleitung. Ein Rechtsschwenk bringt uns über die Brücke und wieder zurück auf Schotter. Nach einer Rechtskurve und der darauffolgenden Gabelung kommen wir links abermals unter der Starkstromleitung durch. Vorbei an einem einsam gelegenen Anwesen und einer Schrebergartensiedlung erreichen wir die Bahngeleise und damit ein paar Gehminuten weiter rechts unser Tagesziel, den Bahnhof **Hamburg-Fischbek (3)**, 7 m.

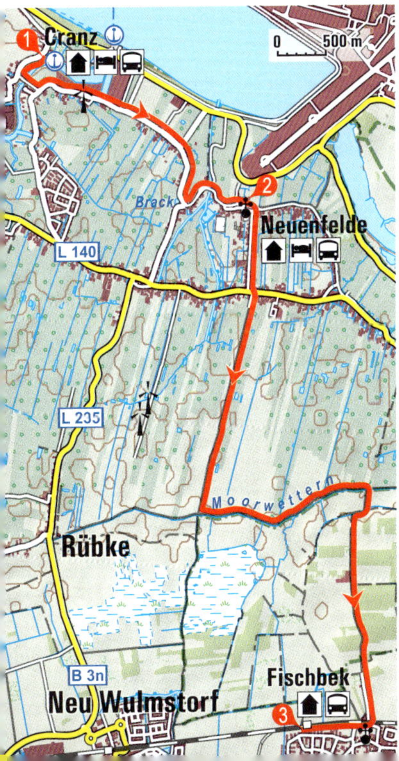

Wer in Neugraben übernachten möchte, kann von hier eine Station mit der S-Bahn fahren. Zu Fuß geht es vor Überschreiten der Geleise links und in etwa 15 Min. zur Bahnunterführung auf Höhe der Ortsmitte.

22 Hamburg-Fischbek – Buchholz in der Nordheide

6.45 Std.
23 km

Ab in die Heide

Kleine Hügel markieren am Rande der Fischbeker Heide unseren Einstieg in eine – für bisherige Verhältnisse – ungewohnte Landschaftstopologie. Ab nun geht es eine Woche lang immer wieder rauf und runter. Nie allzu schlimm, aber für norddeutsche Verhältnisse doch bemerkenswert abwechslungsreich. Außerdem verlassen wir heute Hamburg und marschieren in Niedersachsen ein.

Ausgangspunkt: Bahnhof Hamburg-Fischbek, 7 m.
Höhenunterschied: 330 m im Aufstieg, 270 m im Abstieg.
Anforderungen: Zum ersten Mal auf dem E1 machen wir in der Fischbeker Heide ordentlich Höhenmeter. Die kerzengeraden Forstwege in der zweiten Tourenhälfte sind weniger für die Kondition als eher für das Gemüt des (nach Abwechslung dürstenden) Wanderers eine Herausforderung.
Einkehr: Steinbeck. Entlang des Heidschnuckenweges sind nahe gelegene Einkehrmöglichkeiten abseits des Weges (mit Entfernungsangabe) angegeben.
Unterkunft: Steinbeck: Hotel Zur Eiche, Tel. +49 4181 200 00, www.zur-eiche.de. – **Buchholz:** Deutsches Haus, Tel. +49 4181 6682, www.deutsches-haus-buchholz.de; Achat Plaza, Tel. +49 4181 919-0, www.achat-hotels.com.
Einkauf: Fischbek: Kleiner Supermarkt (tägl. ab 7.00, So ab 9.00 Uhr), Buchholz.
Verkehrsmittel: S-Bahn Hamburg-Fischbek–Buchholz/Nordheide über Hamburg-Harburg; Busse von Steinbeck nach Buchholz/Nordheide. Heide-Shuttle siehe Infobox.
Information: TI Lüneburger Heide, Tel. +49 4131 309 39 60, www.lueneburger-heide.de.
Karten: K Kartenset 725 Hamburg und Umgebung; PP Wanderkarte Heidschnuckenweg Hamburg-Fischbek – Celle, 1:35 000.

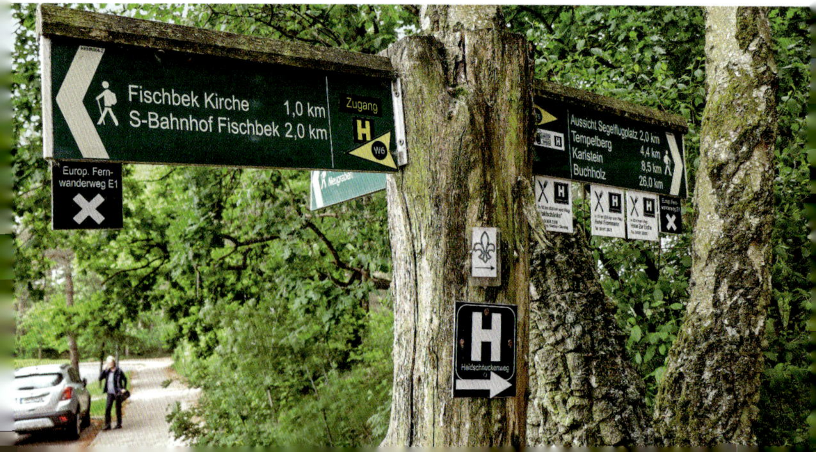

Offizieller Startpunkt ist der S-Bahnhof **Hamburg-Fischbek (1)**, 7 m, wo wir gleich den südlichen Ausgang nehmen können. Wer noch etwas einkaufen möchte, findet auf dem Weg zur evangelischen Kirche einen kleinen Supermarkt. Bei der Kirche treffen wir auf die E1-Markierung und schwenken rechts in den Fischbeker Heuweg ein. Bei der Bushaltestelle an der Cuxhavener Straße startet der Heidschnuckenweg, der uns ab dort den ganzen Tag begleitet. Richtung Süden geht es für uns 600 m geradeaus durch den Ort, bevor wir rechts in den »richtigen« Heidschnuckenweg abzweigen – der breite Weg durch das **NSG Fischbeker Heide (2)**, 25 m, ist hervorragend markiert.

In ständigem Auf und Ab mäandert der Weg durch die Heide, wobei wir uns immer Richtung Süden orientieren. Wir passieren einen Flugplatz mit Graspiste und erreichen in 90 m Seehöhe den **Tempelberg (3)**. In der gleichnamigen Siedlung folgen wir ein kurzes Stück der Zufahrtsstraße, ohe der Wanderweg bei Hausnummer 10 links abzweigt. Auf angenehmen Waldwegen erreichen wir kurz vor Querung der Rosengartenstraße den **Karlstein (4)**, 99 m. Der 2,5 m hohe Findling wurde in der letzten Eiszeit von Südschweden hierher verfrachtet. Aufgrund von archäologischen Funden weiß man, dass sich hier schon in der Jungsteinzeit Menschen aufhielten.

»H« steht hier für Heidschnucke. Diese Schafrasse begleitet uns auf dem gleichnamigen Weg bis nach Celle.

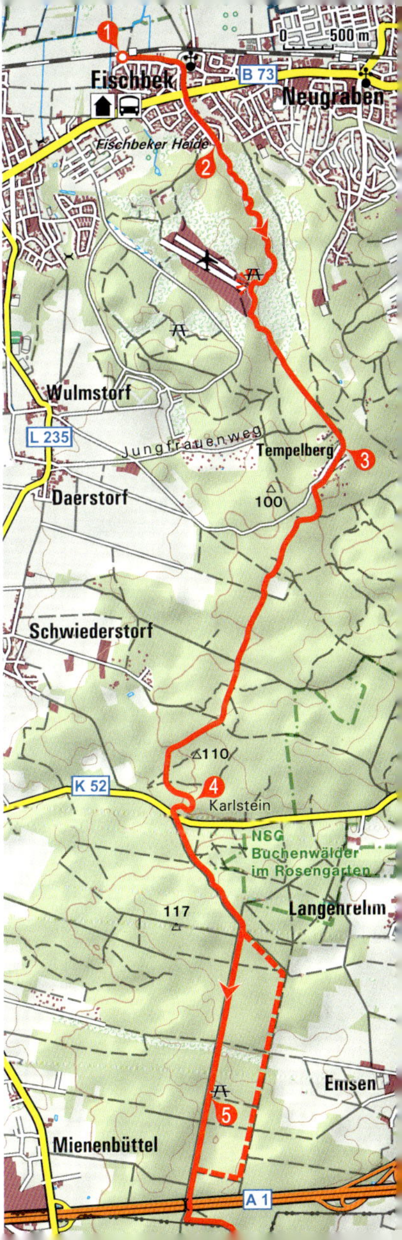

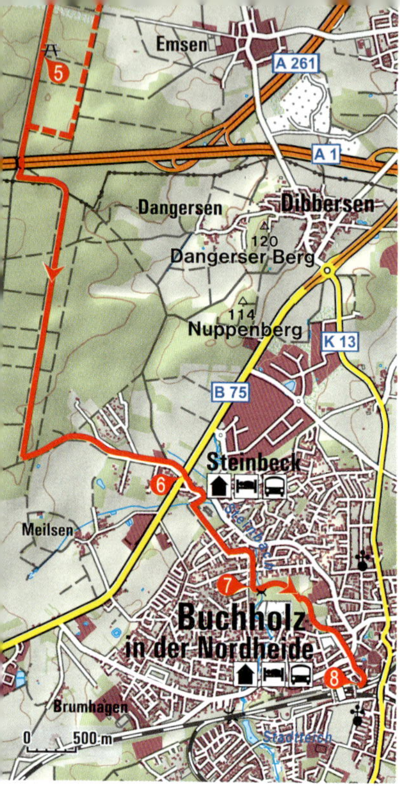

Auf der anderen Straßenseite beginnt eine Abfolge meist schnurgerade verlaufender Wirtschaftswege durch den Niedersächsischen Forst. Bei einer Kreuzung mit einem Asphaltweg weist die Radwegmarkierung Richtung Buchholz nach rechts. Je nach persönlicher Präferenz wird man sich hier geradeaus an der E1-Markierung orientieren, die ein Stück des asphaltierten Radweges umgeht, oder rechts dem Radweg gute 2,5 km geradewegs nach Süden zur Autobahnbrücke folgen. Der Weg rechts hat den Vorteil, dass er bei einer einsamen und daher umso erfreulicheren **Rastbank (5)**, 105 m, vorbeiführt.

Nach der Autobahn verlassen wir bald den Radweg links, um bei der nächsten Möglichkeit rechts weiter Richtung Süden zu wandern. Eine weitere halbe Stunde später biegen wir an einer T-Kreuzung links ab und erreichen den Waldrand. In **Steinbeck (6)**, 60 m, queren wir die Bundesstraße. Auf Höhe des Hotels Zur Eiche zweigen wir rechts ab (Wegweiser »Kriegsgräberstätte«). Über einen Feldweg und geradeaus weiter durch das Wohngebiet am Eichholz kommen wir zur Heimgartenstraße, der wir bis zum Steinbecker Mühlenweg folgen. Ein kurzes Stück am Gehsteig rechts bringt uns auf Höhe des Stöversweges links in den **Buchholzer Stadtwald (7)**, 80 m. Ist das südöstliche Ende des Parks mit der Parkstraße erreicht, können wir links gegenüber die Friedhofstraße entlanggehen, um in die Stadtmitte bzw. stets geradeaus zum Bahnhof von **Buchholz in der Nordheide (8)**, 67 m, zu kommen.

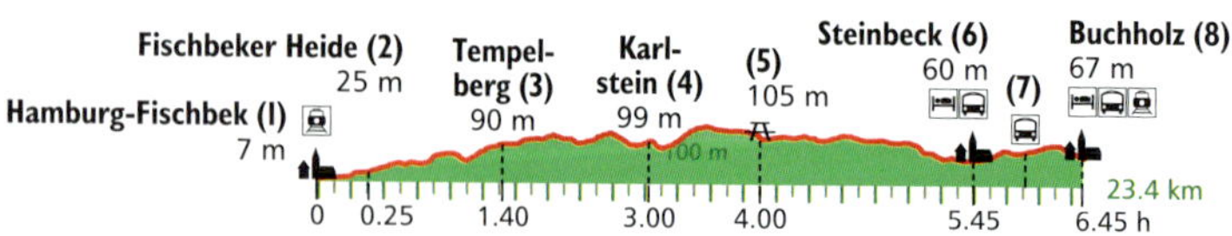

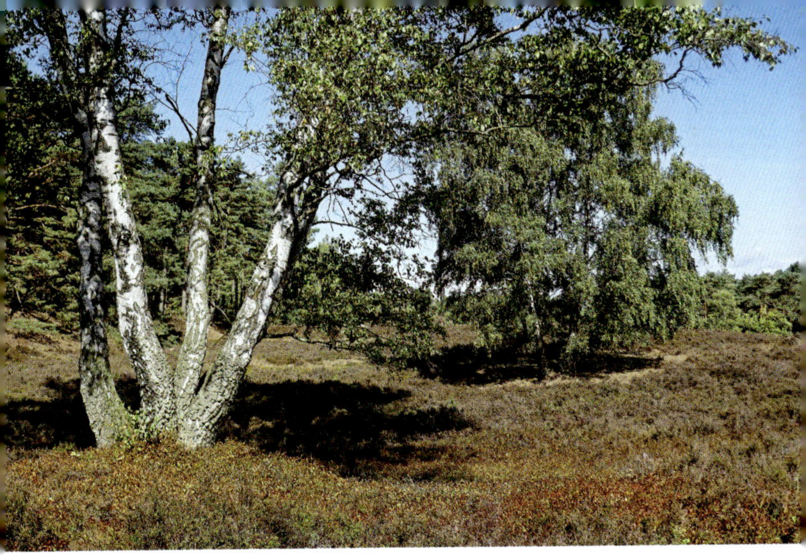

In der Fischbeker Heide.

Heidschnuckenweg

Der Heidschnuckenweg ist Norddeutschlands jüngster Weitwanderweg. 2012 eröffnet, verläuft der Trail in Nord-Süd-Richtung von Fischbek nach Celle und bringt es dabei auf 223 km. Der Weg deckt sich oft mit dem E1, weshalb man sich nicht davor scheuen sollte, die touristischen Angebote für Schnuckenwanderer mitzunutzen. So gibt es neben der ausführlichen Homepage eine »Notnummer« zur Quartiersuche. Darüber hinaus hat man die Möglichkeit, das Heide-Shuttle in Anspruch zu nehmen, sei es für die An- und Abreise oder für den Gepäcktransport. Der Hauptweg ist mit einem weißen »H« auf schwarzem Untergrund markiert. Von den Anreise-Bahnhöfen Hamburg-Neugraben, Hamburg-Fischbek, Soltau und Celle gibt es markierte Zugänge (gelbes »H« auf schwarzem Untergrund). Auch die vier Varianten, die abseits des E1 verlaufen und bei Quartiernot eine Option sein könnten, sind zur leichteren Unterscheidung in Gelb gehalten. Apropos Quartiernot: Am meisten los ist etwa Mitte August bis Mitte September – zur Zeit der Heideblüte sollte man auch als E1-Wanderer besser vorbuchen.

Die Heidebahn ERIXX (RB 38) verkehrt stündlich zwischen Hannover und den E1-Wegpunkten Mellendorf, Soltau, Handeloh, Büsenbachtal und Buchholz in der Nordheide. Der kostenlose Heide-Shuttlebus düst von Mitte Juli bis Mitte Oktober alle 1–2 Std. zwischen Soltau und Buchholz quer durch die Nordheide.

Infos: www.heidschnuckenweg.de, Quartier-Hotline: +49 700 2099 3099; Fahrplan ERIXX: www.erixx.de, Fahrplan Heide-Shuttle: www.lhg.me/876.

23 Buchholz in der Nordheide – Undeloh

7.30 Std.

26 km

Unter freiem Himmel

Im Naturschutzgebiet Büsenbachtal bietet sich heute eine gute Gelegenheit für ein Heide-Picknick. Gleich beim Bahnhof Buchholz gibt es einen Supermarkt, wo man alles Notwendige bekommt. Wieviel vom Proviant den Weg über den Brunsberg übersteht, hängt davon ab, ob man auf diesem schönen Aussichtspunkt schon ein wenig vorkostet. Richtig gespeist wird dann unter Birken und inmitten von knorrigen Wacholderbüschen am Rande des weiten und ebenfalls aussichtsreichen Heidegebietes.

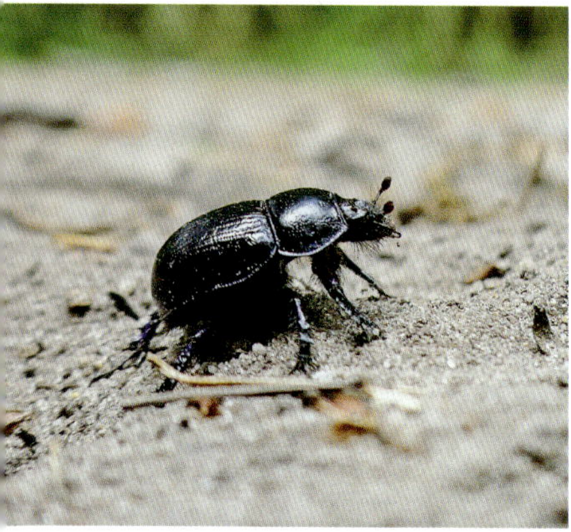

Eine »Fauna & Flora«-Etappe.

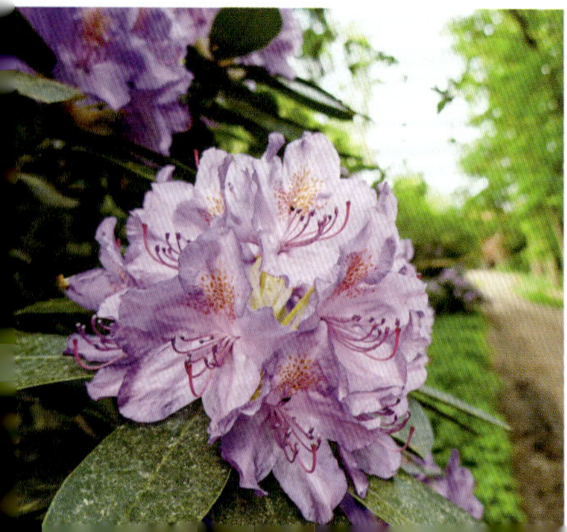

Ausgangspunkt: Bahnhof Buchholz in der Nordheide, 67 m.
Höhenunterschied: 260 m im Aufstieg, 240 m im Abstieg.
Anforderungen: Insgesamt einfache Tour mit Waldpfaden Richtung Brunsberg.
Einkehr: Handeloh, Undeloh.
Unterkunft: Handeloh: Hotel-Restaurant Fuchs, Tel. +49 4188 414, www.hotel-restaurant-fuchs.de. – **Undeloh:** Mehrere, z. B. Pension Hof Hartig, Tel. +49 4189 422; Gasthof Undeloher Hof, Tel. +49 4189 457, www.undeloher-hof.de; Pension Cord Overbeck, Tel. +49 4189 246; Landhaus Calluna, Tel. +49 4189 593, www.landhaus-calluna.de.
Einkauf: S in Handeloh.
Verkehrsmittel: Bus Buchholz–Undeloh; Bhf in Handeloh (Zone HVV); Heide-Shuttle Buchholz–Soltau (im Sommer täglich, Fahrplan unter www.heidschnuckenweg.de).
Information: Wie Etappe 22 sowie TI Undeloh, Tel. +49 4189 333, www.undeloh.de.
Karten: K 718 Lüneburger Heide; PP Wander- und Fahrradkarte Lüneburger Heide; PP Wanderkarte Heidschnuckenweg, Hamburg-Fischbek – Celle.

Nach Überquerung der Brücke am Bahnhof **Buchholz in der Nordheide (1)**, 67 m, wandern wir rechts am Parkhaus vorbei ein Stück die Rütgersstraße entlang, die bald darauf in einer Linkskurve in die Wiesenstraße mündet. Gleich rechts geht es in die Breslauer Straße, an deren Ende geradeaus ein Weg neben den Häusern in den Wald führt. Am Stadtteich vorbei kommen wir zum Seppenser Mühlenweg (schlecht einsehbare Tunnelausfahrt!). Gegenüber geht es durch Wald bis zum Bahnübergang Suerhop.

Auf der anderen Seite der Geleise führt unser Weg links in den Wald, bleibt aber nun für etwa 15 Min. nahe an der Bahntrasse, bevor wir bei einer unscheinbaren Gabelung rechts abbiegen. Wir kreuzen den Ahornweg und wandern weiter durch Gehölz. Nach einigen Wegschlingen zweigt der Weg scharf nach links (bergab) ab. Gleich wieder rechts erreichen wir bald den aussichtsreichen **Brunsberg (2)**, 127 m, inmitten des gleichnamigen Naturschutzgebietes.

Für uns geht es links den Bergrücken hinunter und wieder in den Wald. Bei einer Kreuzung wählen wir den linken Weg, um gleich darauf rechts einzubiegen (der Heidschnuckenweg verläuft geradeaus). Nun halten wir uns für längere Zeit geradeaus, auch wenn die Wegbeschaffenheit sich mehrmals ändert.

Vor einigen Häusern dreht der Weg nach rechts und verläuft dann 15 Min. lang geradeaus. Nach einem Wanderwegweiser spazieren wir über eine kleine Holzbrücke und

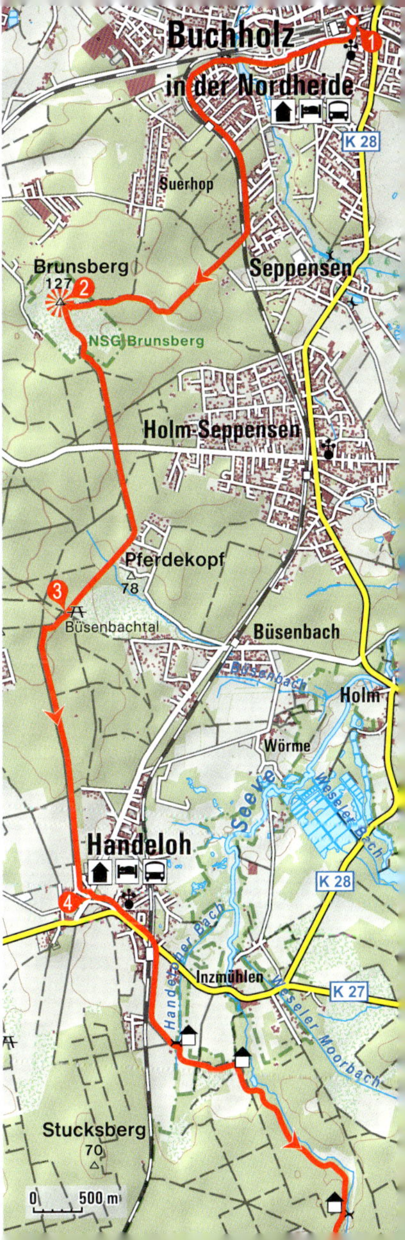

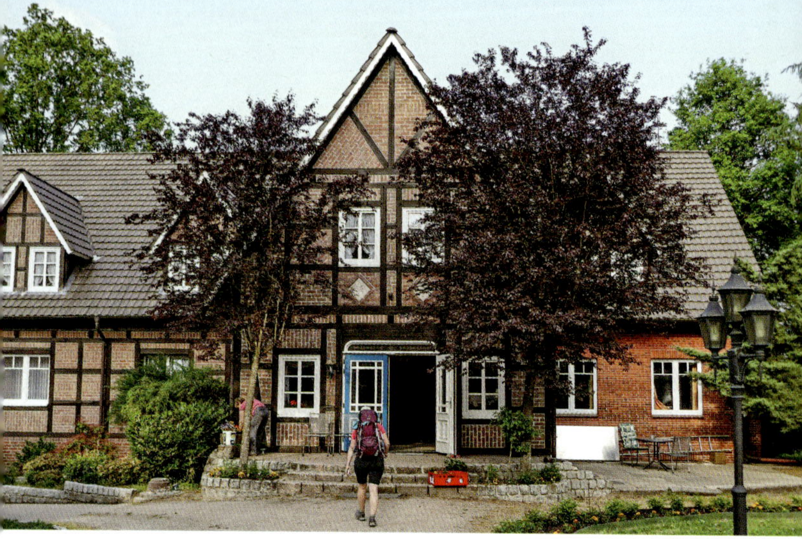

Nachtquartier in Undeloh.

an einem Bienenhaus vorbei. Beim Rastplatz bei den Informationstafeln zum **NSG Büsenbachtal (3)**, 90 m, gibt es perfekte Picknick-Tische.
Weiter in südwestlicher Richtung kommen wir zu einer Kreuzung, wo wir uns links halten. Stets geradeaus Richtung Südosten erreichen wir den Ortsrand von **Handeloh (4)**, 60 m. Bei der Freiwilligen Feuerwehr gehen wir links in den Höckeler Schulweg, gerade über die Wörmer Straße und durch die Alte Dorfstraße bis zur Hauptstraße (Einkehr). Die Bahngeleise werden überquert und wir gehen rechts in den Hubertusweg. Bei der T-Kreuzung halten wir uns links (Wegweiser »Heidbrakel«) und gelangen zu einer Holzbrücke. Links und rechts zweigen Wanderwege ab, wir behalten aber unsere Richtung bei. Im Wald zweigt unser Weg nach einem Teich links ab. Bei einer weiteren Gabelung befindet sich eine Unterstandshütte – hier gehen wir links. An der nächsten größeren Weggabelung wenden wir uns abermals nach links, kommen an einem Haus vorbei und halten uns bei der nächsten Verzwei-

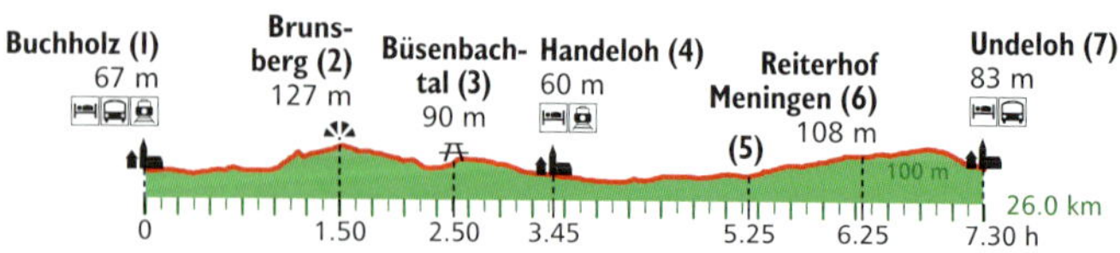

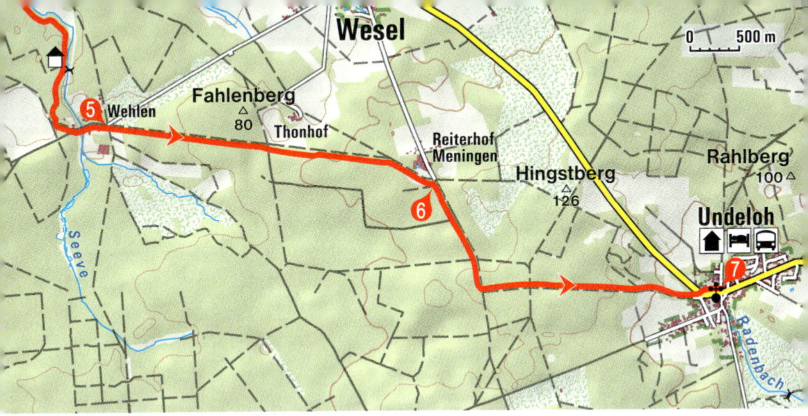

gung erneut links. Am Ende des Örtchens **Wehlen (5)**, 60 m, führt unsere Fortsetzung halb rechts vom Asphalt weg. Etwa 45 Min. gehen wir nun geradeaus nach Osten. Nachdem wir den **Reiterhof Meningen (6)**, 108 m, hinter uns gelassen haben, dreht sich unser Weg nach Südosten. Etwa 15 Min. wandern wir nun wiederum beinahe geradeaus, um danach gut markiert nach links/Osten abzuzweigen und geradeaus in die Ortsmitte von **Undeloh (7)**, 83 m, zu gelangen.

Durch das Naturschutzgebiet Büsenbachtal.

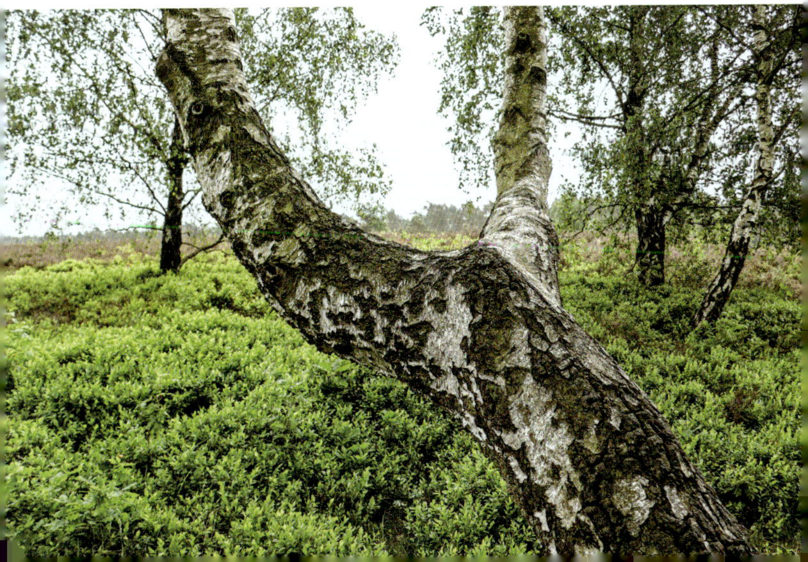

24 Undeloh – Bispingen

5.00 Std.

19 km

Auf den höchsten Heideberg

Der Aufstieg auf den Wilseder Berg gilt als eine der beliebtesten Wanderungen Norddeutschlands. Zur Zeit der Heideblüte kann hier ordentlich was los sein! Für uns Langstreckenläufer ist der vier Kilometer lange Anstieg natürlich nicht mehr als ein reizender Spaziergang, weshalb wir ohne Mühe noch 15 Kilometer draufsetzen. Die spektakulär schöne Landschaft rund um den Totengrund macht es uns auch nicht allzu schwer, noch ein wenig durchzuhalten – auch wenn uns danach ein eher meditativer Schlussabschnitt bevorsteht. Alles in allem erwartet uns jedoch ein toller Tag!

Wilsede – keine Parkplätze vonnöten.

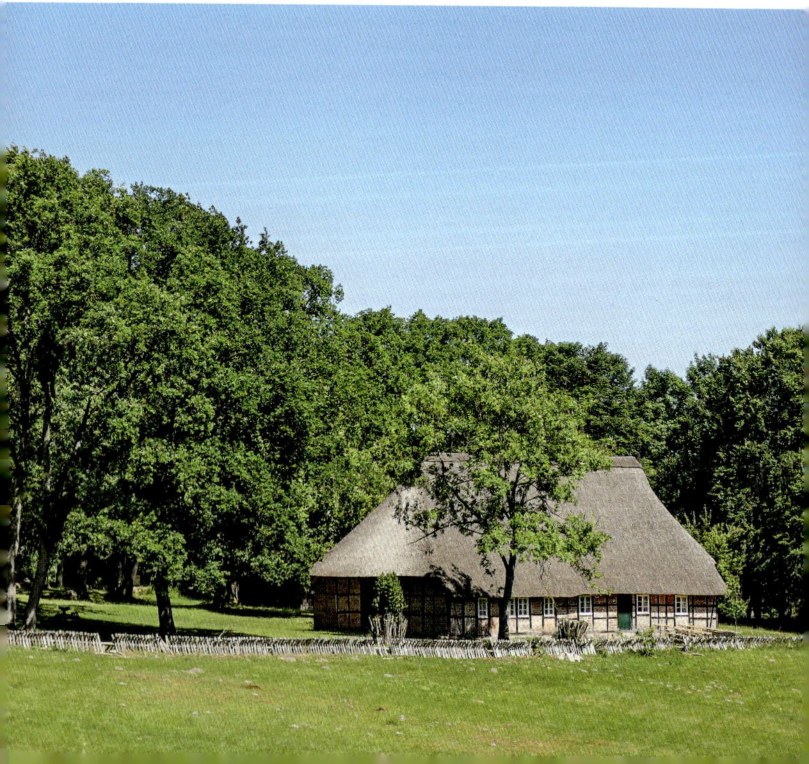

Ausgangspunkt: Undeloh, Ortsmitte, 83 m.
Höhenunterschied: Jeweils ca. 170 m im Auf- und Abstieg.
Anforderungen: Abwechslungsreiche Tour mit längeren Abschnitten ohne Unterstandsmöglichkeit.
Einkehr: Wilsede, Behringen, Rosenhof, Bispingen.
Unterkunft: **Behringen:** Mehrere, z. B. Hotel-Restaurant Zur grünen Eiche, Tel. +49 5194 985 80, www.hotel-behringen.de; Gästehaus Roßmeißl, Tel. +49 5194 2072, www.gaestehaus-rossmeissl.de. – **Bispingen:** Pension Sander, Tel. +49 5194 2837, www.pension-sander.de; Pension Albers' Rosenhof, Tel. +49 5194 7164, www.albers-rosenhof.de (beide außerhalb des Ortes); Pension Haus Monika, Tel. +49 151 18 36 03 81, www.pension-haus-monika.de; Schumanns Gasthaus, Tel. +49 5194 1261, www.schumanns-gasthaus.de; DJH Bispingen, Tel. +49 5194 2375, bispingen.jugendherberge.de.
Einkauf: Bispingen.
Verkehrsmittel: Verbindung Undeloh–Bispingen über Bhf Buchholz; Bhf Bispingen.
Information: TI Bispingen, Tel. +49 5194 98 79 69-0, www.bispingen-touristik.de.
Karten: Wie Etappe 23.
Tipp: Wer etwas Abwechslung vom Alltag des Fernwanderers sucht, könnte sie im Verrückten Haus in Bispingen finden, www.dasverruecktehaus-bispingen.de.

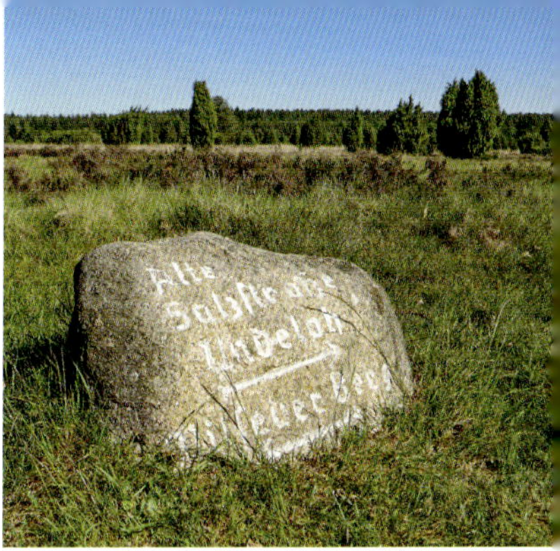

Der Stein markiert die bekanntesten vier Wanderkilometer Norddeutschlands.

Unser Weg aus **Undeloh (1)**, 83 m, hinaus folgt der Wilseder Straße nach Süden zum Dorfteich und weiter zum Undeloher Hof. Nach dem Restaurant queren wir rechts den Parkplatz und betreten den Wald. Auf breitem Weg wandern wir dank »ewiger« Markierungen auf Steinen ohne Schwierigkeiten auf den Wilseder Berg zu.
Am Ende des Waldes erwartet uns offenes Heidegebiet, welches wir in einem weiten Linksbogen durchschreiten. Bei einer Gabelung am Waldrand (Sitzbank, Wegstein) zweigt der Weg rechts ab. Wir erreichen mit dem **Wilseder Berg (2)**, 169 m, den höchsten Punkt der Lüneburger Heide – mehrere Rastbänke und die großartige Aussicht auf die umliegende Heidelandschaft lassen einen nur schwer wieder los.

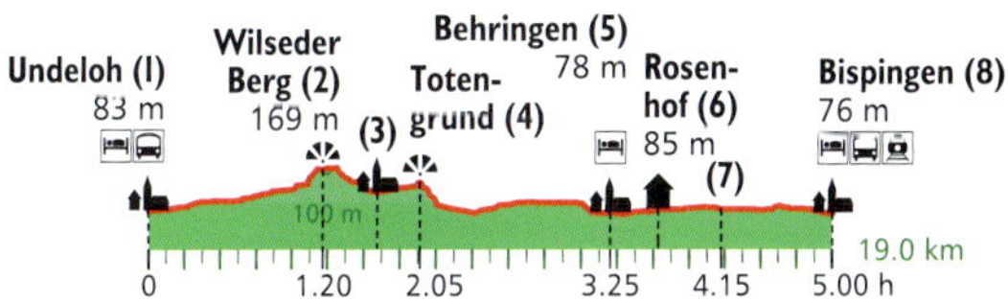

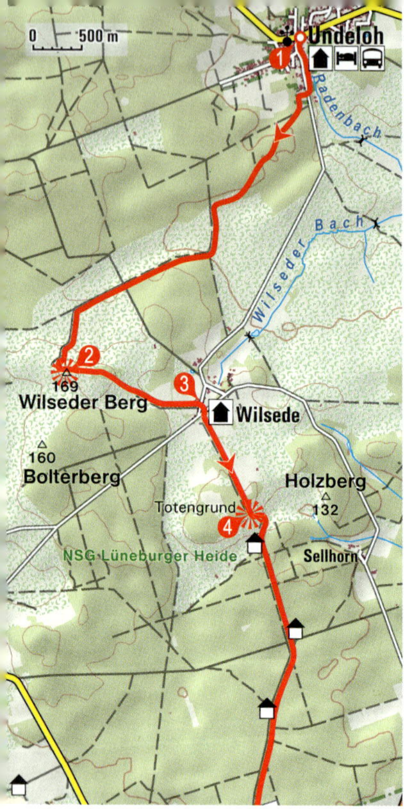

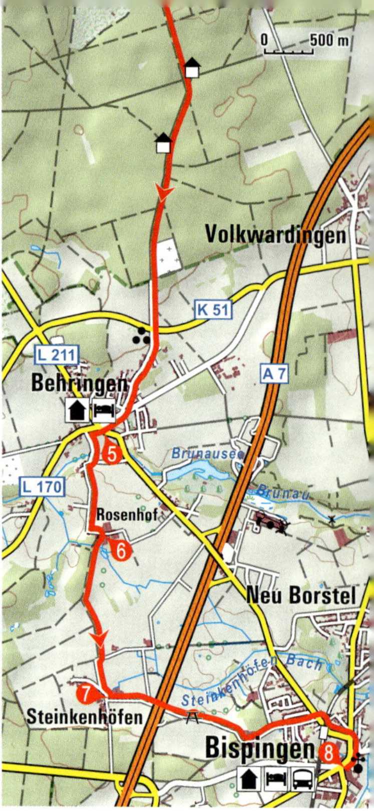

Über den Gipfel geht es irgendwann dennoch weiter in das autofreie **Museumsdorf Wilsede (3)**, 120 m. Bei der Gabelung rechts führt unser Weg entlang einer schattigen Allee aus dem Dorf hinaus bis zum Aussichtspunkt am **Totengrund (4)**, 142 m. Hier folgen wir dem Wegstein Richtung Behringen.
Am Boden des Totengrundes angelangt, halten wir uns rechts und wandern kurz durch die Heide, bis uns nach der Gabelung links erneut der Wald aufnimmt. Etwa 15 Min. geht es für uns nun stur geradeaus, bis wir rechts dem Radwegweiser Richtung Behringen Folge leisten. Am Parkplatz vorbei kommen wir zur Landesstraße, wo sich direkt an der Kreuzung rechts eine sehenswerte Hügelgräbergruppe befindet, die erst vor wenigen Jahren von ehrenamtlichen Helfern freigelegt wurde.
Am Ende des Sellhorner Weges erreichen wir die Häuser von **Behringen (5)**, 78 m. Hier biegen wir nach rechts in die Mühlenstraße, queren die Straße Im

Dorfe und schwenken links in die Wohnstraße Außengarten ein. Bei der Gabelung halten wir uns rechts und finden uns im Mümmelmannsweg wieder. Vor dem **Rosenhof (6)**, 85 m, biegen wir rechts ab. Durch Gehölz kommen wir auf eine Lichtung, wo wir am Waldrand zu einer Gabelung gehen und noch vor der Rastbank links abzweigen. Annähernd geradeaus geht es nun 1 km lang Richtung Süden zu den **Steinkenhöfen (7)**, 85 m. Bei einem Wartehäuschen zweigen wir links ab und schlüpfen unter der Autobahn hindurch zu einem sympathischen, schattigen Rastplatz unter einer imposanten Eiche. Weitere 20 Gehminuten trennen uns nun noch von der Behringer Straße, die uns rechts in die Ortsmitte von **Bispingen (8)**, 76 m, bringt.

Ruhen – im Schatten der Eiche.

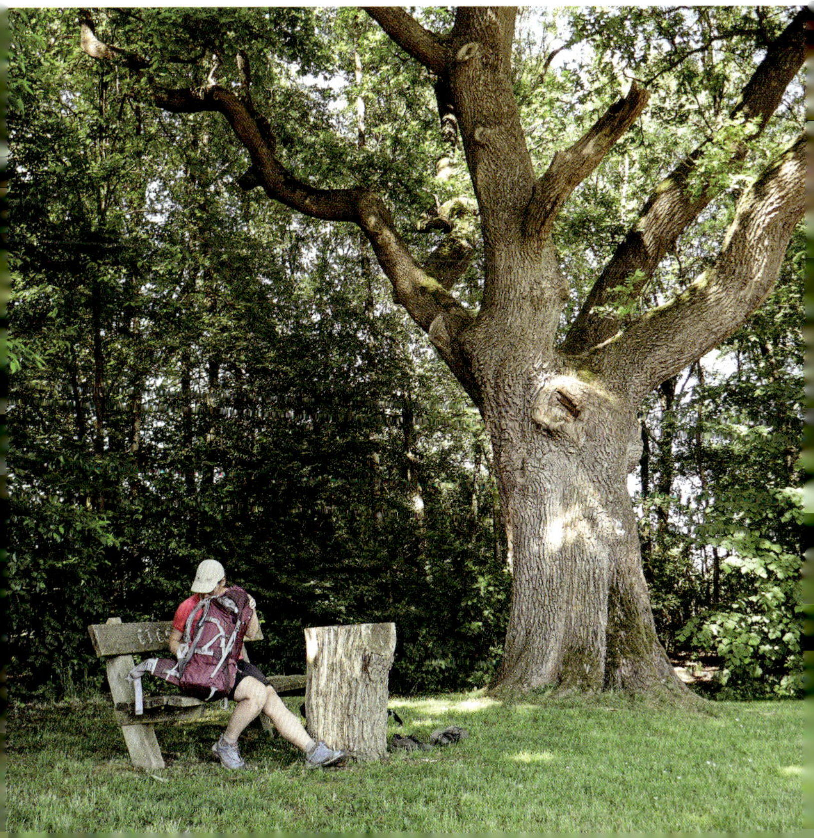

25 Bispingen – Soltau

5.00 Std.
20 km

Von der Luhequelle zur Ruhequelle

Der vergleichsweise kurze Wandertag heute ermöglicht es uns, in Soltau entweder auf Erkundungstour zu gehen oder einfach einmal alle Viere von uns zu strecken und die Wellnesstherme zu nutzen, die mit Außenbecken und sieben Saunen bei jeder Wetterlage zu gebrauchen ist.

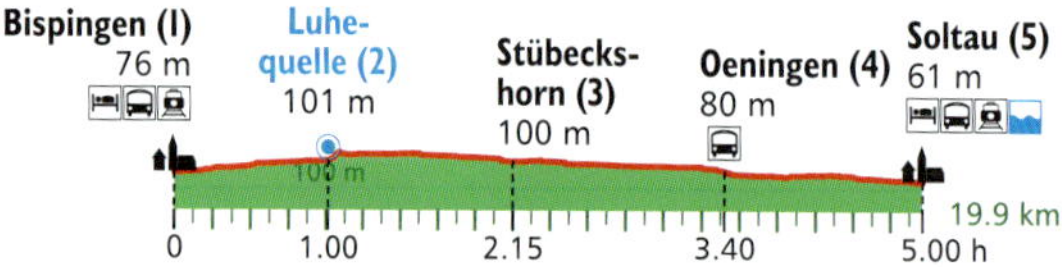

Ausgangspunkt: Bispingen, Bushaltestelle Kreissparkasse, 76 m.
Höhenunterschied: 75 m im Aufstieg, 90 m im Abstieg.
Anforderungen: Einfache Wanderung durch Wald und auf verkehrsberuhigten Verbindungsstraßen.
Einkehr: Camping Moränasee, Soltau.
Unterkunft: **Soltau:** Mehrere, z. B. Dat greune Eck, www.dat-greune-eck-soltau.de, Tel. +49 5191 163 57; Hotel Heide-Paradies, www.hotel-heideparadies.de, Tel. +49 5191 98 19 20.
Einkauf: Soltau.
Verkehrsmittel: Bus 150 Bispingen–Soltau, Bus 305 Stübeckshorn–Oeningen–Soltau.
Information: TI Soltau, Tel. +49 5191 82 82 82, www.soltau-touristik.de.
Karten: Wie Etappe 23.

Willkommen in Soltau!

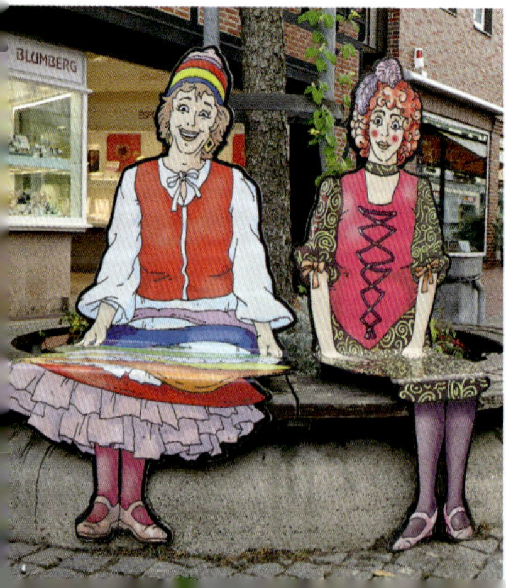

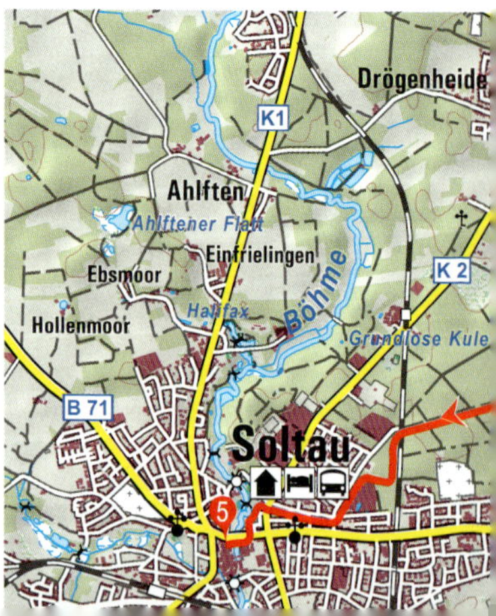

Nach der evangelischen Kirche von **Bispingen (1)**, 76 m, biegen wir links in die Töpinger Straße ein, der wir bis zur Jugendherberge folgen. Danach gehen wir rechts und folgen der Beschilderung zum Abenteuerspielplatz Luhegrund. Der Hermann-Billung-Wanderweg begleitet uns nun den ganzen Tag (Markierung B).
Beim Spielplatz angelangt, halten wir uns rechts und folgen nahe an den Bahngeleisen einem schönen Waldweg weiter in Richtung der immer deutlicher zu hörenden Autobahn. Kurz vor der Bahnunterführung zweigen wir bei einer Infotafel zur **Luhequelle (2)**, 101 m, nach Süden ab. Auf der Lichtung (Sender) halten wir uns links und durchqueren auf breiten Wegen den Wirtschaftswald. Aufmerksamkeit ist dennoch geboten: Bei einem umzäunten Baum zweigen wir links in einen weniger gepflegten Forstweg ab, kommen jedoch bald wieder auf einen breiten Fahrweg, dem

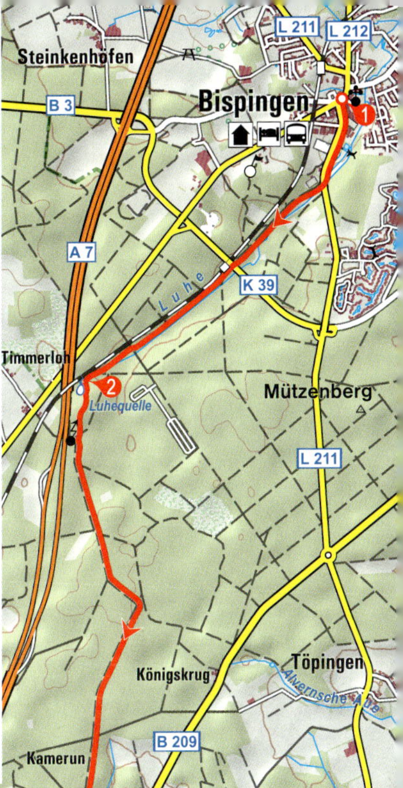

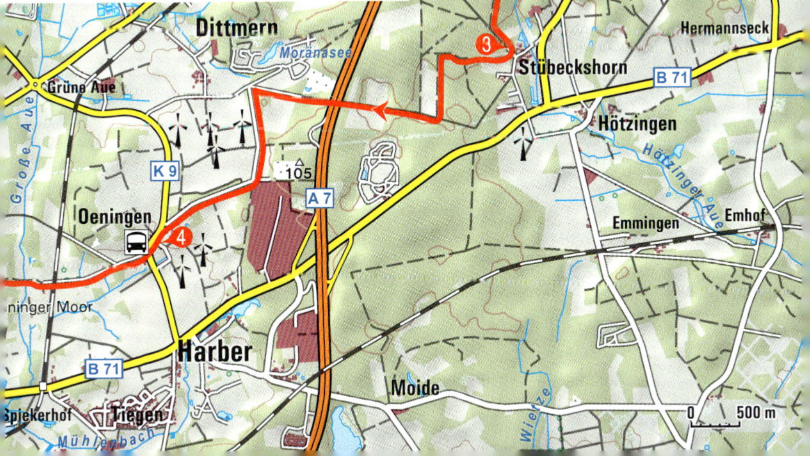

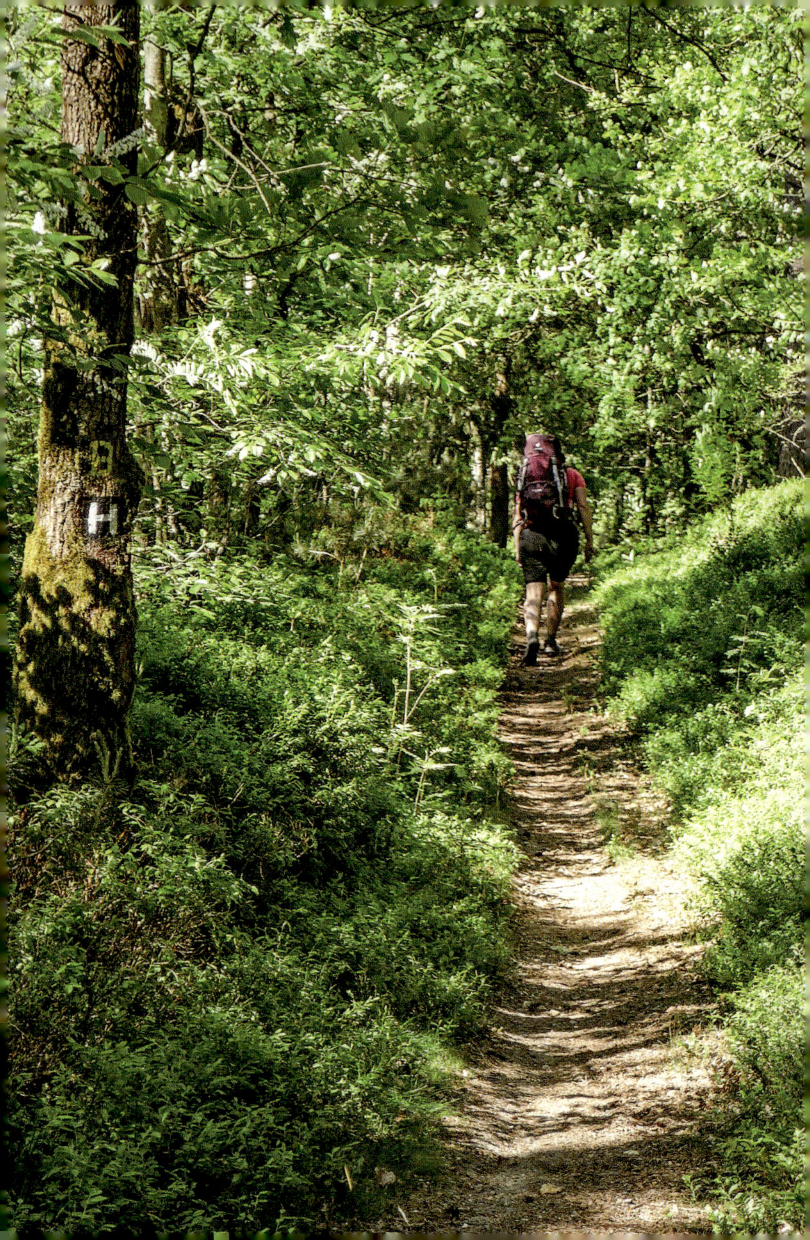
H

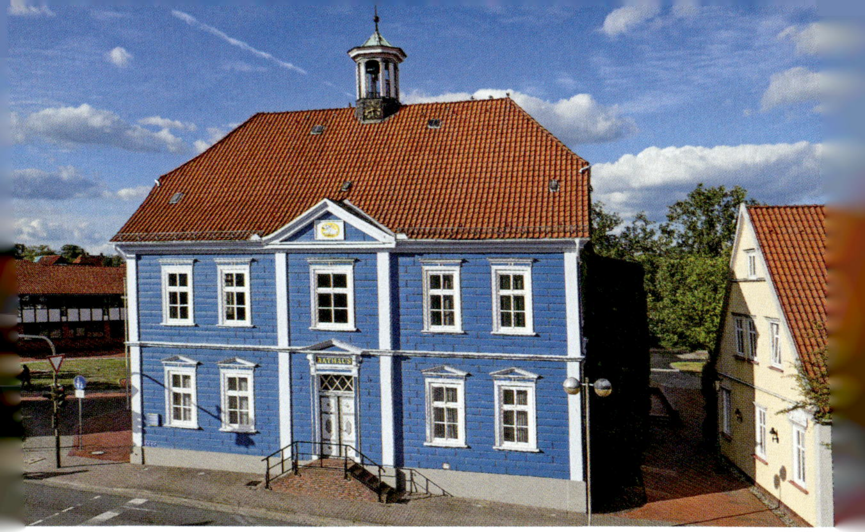

Hinten rot, vorne blau: das Alte Rathaus von Soltau.

wir nach Süden bis zum kleinen Fußballplatz bei **Stübeckshorn (3)**, 100 m, folgen. Am rechten Flügel stürmen wir hier auf den gegenüberliegenden Torraum zu, um etwa auf Höhe der Eckfahne einem schmalen, durch Äste verwachsenen Pfad geradeaus zu folgen, bis wir ein Getreidefeld erreichen. Hier geht es links am Waldrand entlang Richtung Süden. Der nächsten Straße folgen wir dann nach rechts und kommen so doch noch unter der Autobahn hindurch.

An der Kreuzung, wo es rechts zum Campingplatz Moränasee (Einkehr) geht, biegen wir links ab. Mit Blick auf die Windräder folgen wir dem Straßenverlauf bis zu einem Firmengelände. Bei der Kreuzung zweigen wir rechts ab (Asphalt, Radmarkierung) und halten geradewegs auf die Häuser **Oeningens (4)**, 80 m, zu. Bei der Hauptstraße gehen wir nach links und biegen nach etwa 300 m halb rechts in den beschilderten Radweg nach Soltau ab. Nach Überquerung der Bahngeleise geht es rechts an den Häusern vorbei über einen Holzsteg. Über Ackerflächen verläuft der Weg bald in den Wald, kreuzende Wanderwege werden ignoriert. Wenige Meter nach einer weiteren Querung von Geleisen zweigen wir links ab, um bei der nächsten Möglichkeit rechts die Bahntrasse zu verlassen. Wieder auf Asphalt folgen wir links dem Oeninger Weg bis zum Böningweg, der uns rechts zum Böhmepark inmitten der Stadt **Soltau (5)**, 61 m, bringt.

Unterwegs zur Luhequelle.

26 Soltau – Müden (Örtze)

8.00 Std.
31 km

Perle der Heide

Bevor wir heute das historische Heidedorf Müden an der Örtze erreichen, gilt es noch, den 102 m hohen Wietzer Berg zu erklimmen. Oben thront der Löns-Stein, ein eiszeitlicher Findling, der zur Erinnerung an den Journalisten und Schriftsteller Hermann Löns zu einem Denkmal ausgebaut wurde. Der passionierte Stadtmensch war Chefredakteur der heutigen Hannoverschen Allgemeinen Zeitung, bevor er sich als Heimatdichter einen Namen (und der Südheide seine regelmäßige Aufwartung) machte. Das Denkmal verdankt der Literat nicht seinem liederlichen Lebensstil, sondern vor allem seinem Engagement als Naturschützer: Löns gilt als einer der Geburtshelfer bei der Gründung des Naturparks Lüneburger Heide.

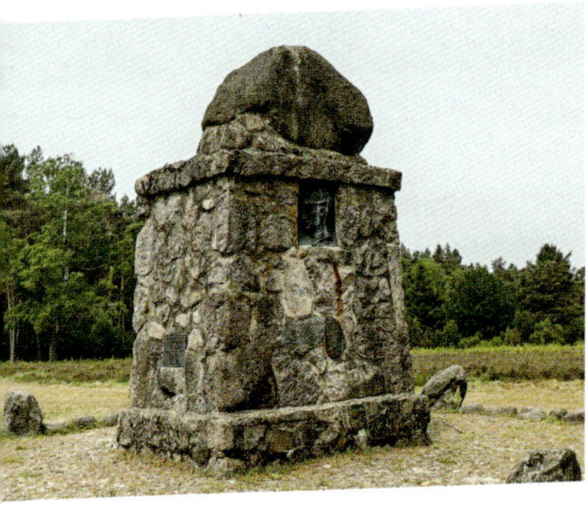

Der Löns-Stein.

Ausgangspunkt: Fußgängerzone in Soltau, 61 m.
Höhenunterschied: Jeweils 130 m im Auf- und Abstieg.
Anforderungen: Ungewöhnlich lange, dennoch gemütliche Wanderung durch Wald und über Felder mit einigen Asphaltabschnitten.
Einkehr: Brock, Camping Imbrock, Wietzendorf, Imbiss-Stand Parkplatz Löns-Stein; Müden.
Unterkunft: **Brock:** GH Pension Heidehof, Tel. +49 5191 172 75, www.heidehof-brock.de; Hotel Garni Bei Ulbrichs, Tel. +49 5191 97 96 94, www.ulbrich-betriebsservice.de. – **Wietzendorf:** Landgasthaus Wietzendorf, Tel. +49 5196 1678; Pension Brüggemann, Tel. +49 5196 1425. – **Müden:** Mehrere, z. B. Landhotel Bauernwald, Tel. +49 5053 98 99-0, www.landhotel-bauenwald.de; Hotel Landhaus Müden, Tel. +49 1578 069 01 17, www.landhaus-mueden.de; DJH Müden, Tel. +49 5053 225, mueden.jugendherberge.de.
Einkauf: Wietzendorf; B, Bä in Müden.
Verkehrsmittel: RB 37 Soltau–Munster, Bus BB202 Munster–Faßberg–Müden, Flixbus zum Designeroutlet Soltau.
Information: Lüneburger Heide, www.lueneburger-heide.de; TI Wietzendorf, Tel. +49 5196 2190, www.wietzendorf.de; TI Müden (Örtze), Tel. +49 5053 98 92 22, www.touristinformation-mueden.de.
Karten: LN WL3 Naturpark Südheide; K FK3014 Uelzen – Südheide – Celle.
Tipp: In Müden kann man Schäfer Carl Kuhlmann und seine Heidschnucken besuchen (Termine auf www.heidschnuckenhof-niederohe.de), außerdem kann man jeden Mittwoch der Herde beim Eintrieb auf dem denkmalgeschützten Hof in Niederohe bei Müden (Örtze) zusehen.

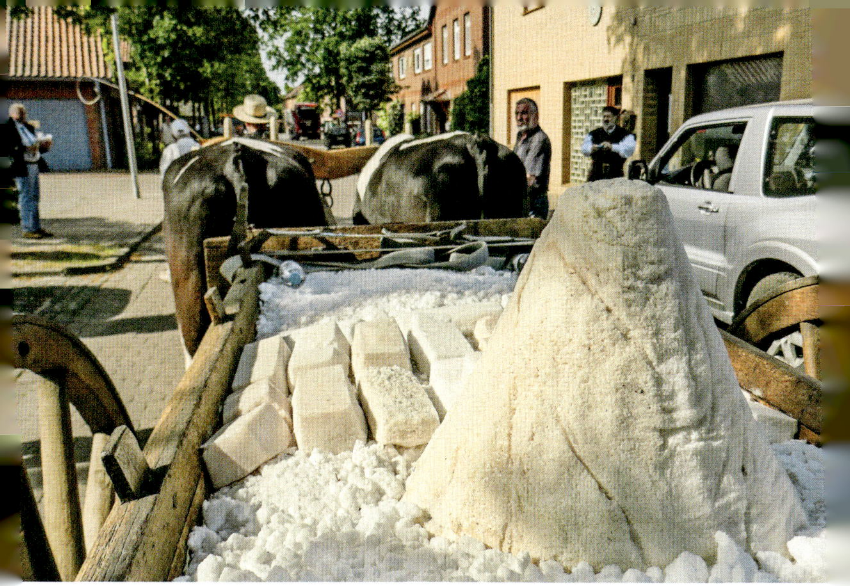

Wietzendorf – Geschichtsbewusstsein an der Alten Salzstraße.

Wir starten in der Fußgängerzone von **Soltau (1)**, 61 m, Richtung Süden, unterqueren die Bahnstrecke und zweigen danach gleich links zur Böhme ab. Vorbei am Drewes-Hof kommen wir zur Alten Zollstraße, an der wir rechts bis zur nächsten Abzweigung entlanggehen, um dort links Richtung Süden zum Campingplatz Imbrock zu gelangen.

Stets Richtung Süden erreichen wir den Ort **Brock (2)**, 56 m. An der Bushaltestelle Brock BAB-Brücke bringt uns eine Brücke rechts über die Autobahn. Dahinter zweigen wir links ab und folgen der Radwegmarkierung bis zu einer asphaltierten Straße. Auf dieser wandern wir stets Richtung Osten und über die Bundesstraße zur Güterbahn in Lührsbockel. Hier biegt rechts ein Feldweg weg. An dessen Ende kommen wir wieder auf eine Straße, der wir ein kurzes Stück nach rechts folgen, ehe wir vor dem Fahrverbotsschild links abzweigen (geradeaus Militärstraße).

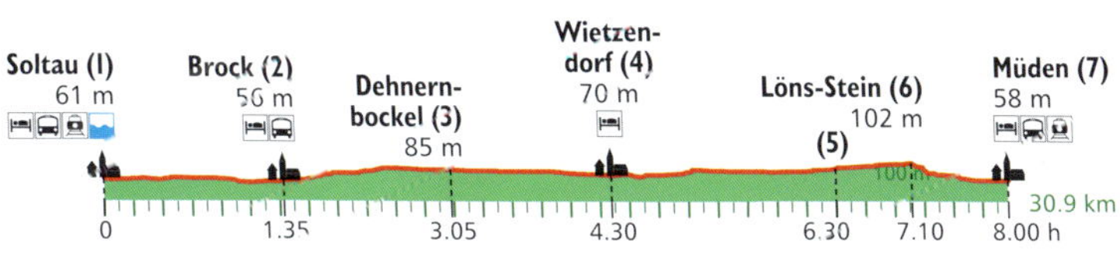

So gelangen wir zu den Häusern von **Dehnernbockel (3)**, 85 m, wo sich unser Weg bei einer Gabelung im Ort nach Osten (links) dreht. Geradeaus auf Sand geht es in den Wald. Bei der nächsten Gabelung halten wir uns rechts. Wir kreuzen die Landstraße und folgen bald den Schienen links. Nach 10 Min. queren wir die Bahnlinie und kommen auf der Feldstraße in die Ortsmitte von **Wietzendorf (4)**, 70 m.
Auf der Hauptstraße geht es für etwa 10 Min. nach Süden, um bei der Kreuzung am Ortsausgang dem Radweg Richtung Hermannsburg zu folgen. Bei der Abzweigung zum Waldkindergarten (Unterstand, 10-Grad-Stein) nehmen wir die nächste Abzweigung links in den Wald. Nach dem kleinen, feinen Heidegebiet kreuzen wir die Landesstraße und wandern geradeaus weiter durch Wald und Äcker, kurz auch der Landesstraße

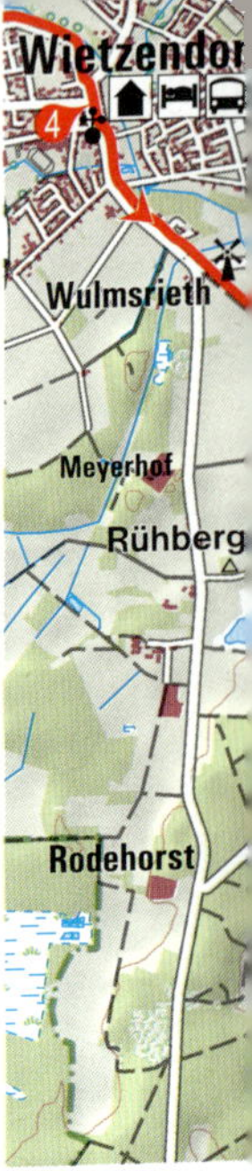

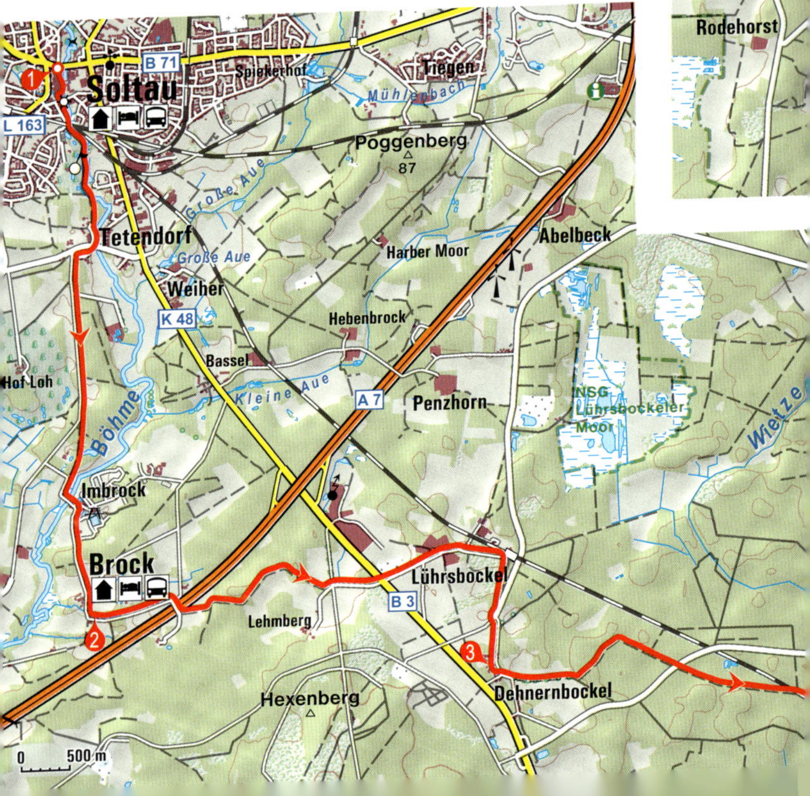

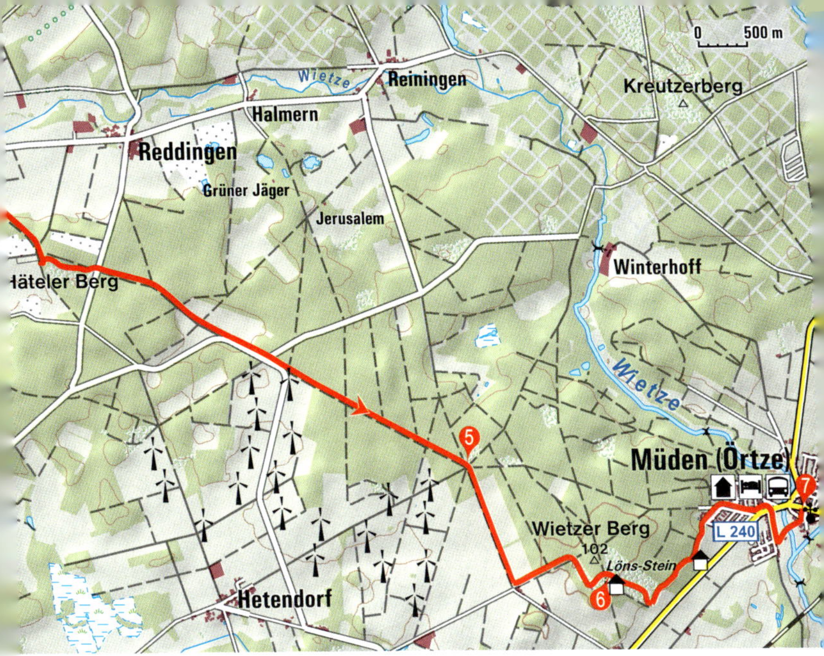

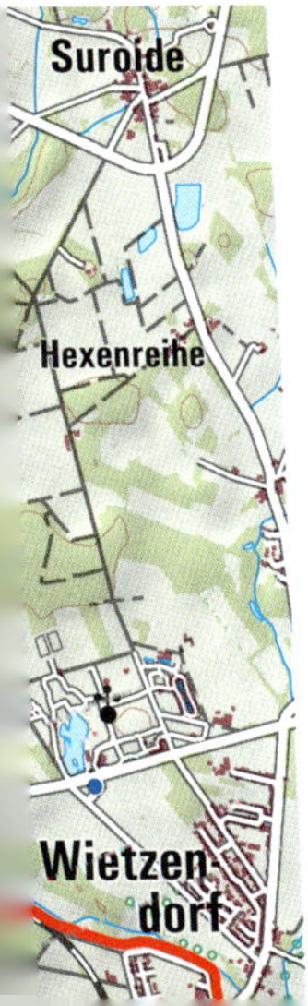

entlang, etwa 1 Std. in südöstlicher Richtung bis zum **Siebenarmigen Wegweiser (5)**, 88 m.

Eine der wenigen Möglichkeiten, von hier wieder wegzukommen, ohne im militärischen Trainingsgebiet unabsichtlich zwischen die Fronten zu geraten, führt in südsüdöstlicher Richtung aus dem Wald hinaus. Vor einem Wohnhaus mit Kinderspielplatz setzt die Markierung zum **Löns-Stein (6)** ein, der wir nach links folgen, um nach etwa 10 Gehminuten rechts zum Ehrenmal auf 102 m Seehöhe abzuzweigen. Wenige Meter vor dem Besucherparkplatz dreht sich unser Weg links nach Nordosten. Durch Wald gelangen wir zu den ersten Wohnhäusern unseres Tageszieles: Der Bromberger Weg bringt uns in den Wietzendorfer Weg, der in die Hermannsburger Straße mündet. Geradeaus geht es in die Ortsmitte. Alternativ kann man bei der nächsten Querstraße der E1-Beschilderung durch den Heuweg zu den historischen Bauten des alten Dorfkernes folgen und kommt letztendlich an der frühgotischen St.-Laurentius-Kirche vorbei ebenfalls bei den Einkehr- und Nächtigungsmöglichkeiten von **Müden (Örtze) (7)**, 58 m, an.

27 Müden (Örtze) – Dehningshof

6.00 Std.
22 km

Wo die Heide an den Schuhen kratzt ...

... und der Sand unter der Sohle knirscht: So fasst der örtliche Tourismusverband sehr passend die Wanderung durch die Misselhorner Heide und das Tiefental zusammen. Uns erwartet heute ein sehr schöner, stellenweise einsamer Abschnitt. Zuerst geht es jedoch noch nach Hermannsburg, wo Schnuckenwanderer alles bekommen, was sie auf der zivilisationsfernen Strecke bis Celle brauchen könnten. Nur eines gibt es in Hermannsburg nicht: eine Burg. Wo Sachsenherzog Hermann Billung (911–973) einst residierte, ist unbekannt. Reste der Burg wurden bis heute nicht gefunden.

Ausgangspunkt: Müden (Örtze), 58 m.
Höhenunterschied: Jeweils 130 m im Auf- und Abstieg.
Anforderungen: Leichte Wanderung auf oft wechselndem Terrain.
Einkehr: Hermannsburg, Dehningshof.
Unterkunft: **Hermannsburg:** Best Western Hotel Heidehof, Tel. +49 5052 9700, www.plazahotels.de; Restaurant & Hotel im Ludwig-Harms-Haus, Tel. +49 5052 694 00, www.ludwig-harms-haus.de. – **Misselhorn:** Misselhorner Hof, Tel. +49 5052 8001, www.misselhorner-hof.de. – **Dehningshof:** Zur Alten Fuhrmanns-Schänke, kein Restaurantbetrieb, Informationen für Weitwanderer auf der Homepage (Vorbestellung Getränke, Brotzeit, Grillpakete, Gemeinschaftsküche, Übernachtung im Heu u. ä.), Tel. +49 5054 989 70, www.fuhrmanns-schaenke.de; Reiter- und Ferienhof Severloh, Tel. +49 5054 483, www.reiterhof-severloh.de.
Einkauf: Hermannsburg.
Verkehrsmittel: Bus 220 Müden–Hermannsburg, Bus 260 Hermannsburg–Misselhorn.
Information: TI Südheide, Tel. +49 5052 6574, www.naturpark-suedheide.de; TI Celle, Tel. +49 5141 70 95 11-95, www.celle-tourismus.de.
Karten: Wie Etappe 26.

Misselhorner Heide.

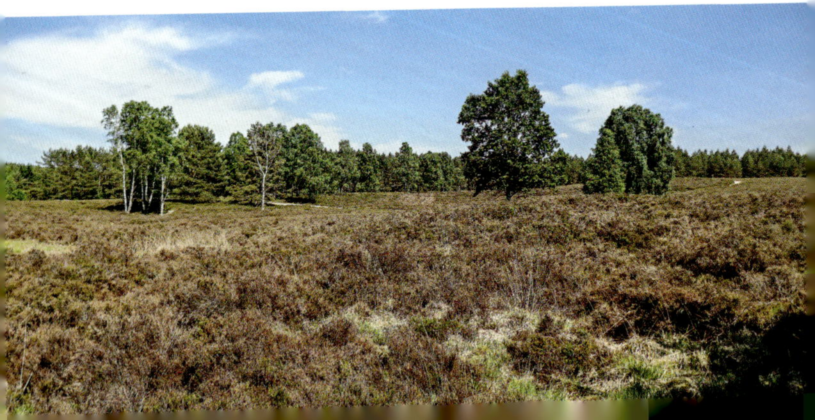

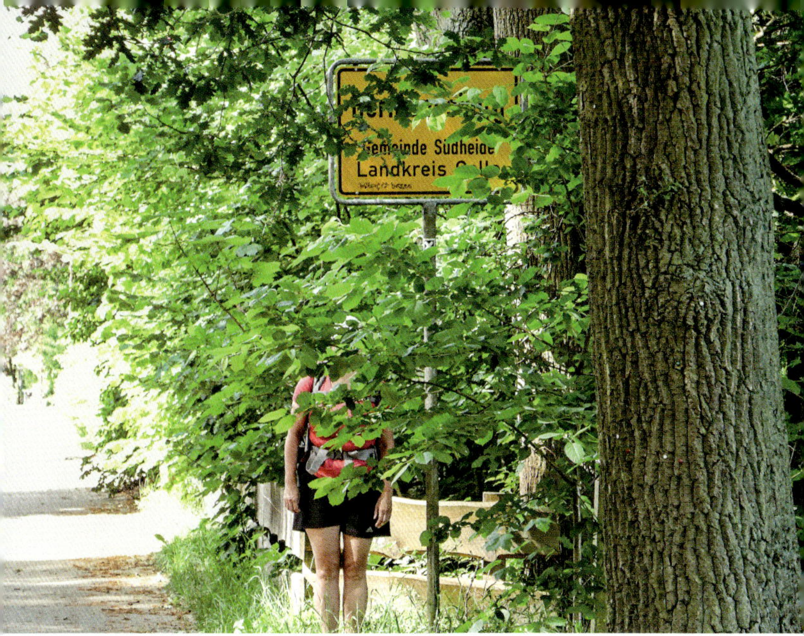

Bewerbungsfoto »Netzwerk anonymer Weitwanderer«.

Wir starten in der Hauptstraße von **Müden (1)**, 58 m, und gehen östlich über die Brücke der Örtze, um gleich danach rechts in den kleinen Flusspfad einzubiegen. Bald queren wir die Bahnlinie und folgen rechts dem beschilderten Waldpfad. Stets nahe an der Örtze wandern wir nun eine gute Stunde lang Richtung Süden.
Kurz vor **Hermannsburg (2)**, 53 m, treffen wir auf einen Parkplatz mit Bootsanlegestelle. Links die Straße entlang passieren wir das Ortsschild, gehen danach geradeaus weiter in die Waldstraße und halten uns kurz vor deren Ende rechts. Über eine Brücke kommen wir nahe an den Ortskern, biegen jedoch vor einer weiteren Brücke links Richtung Billingstraße ab. Am Ende des Parks gehen wir nochmals links über eine Brücke und zweigen bald rechts in die Georg-Haccius-Straße ab. An deren Ende gelangen wir in den

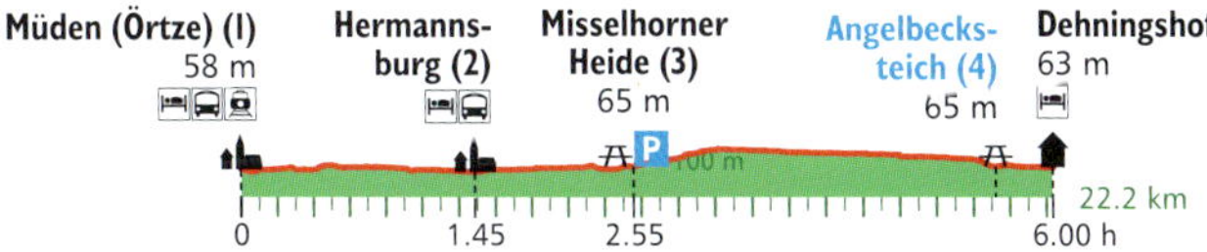

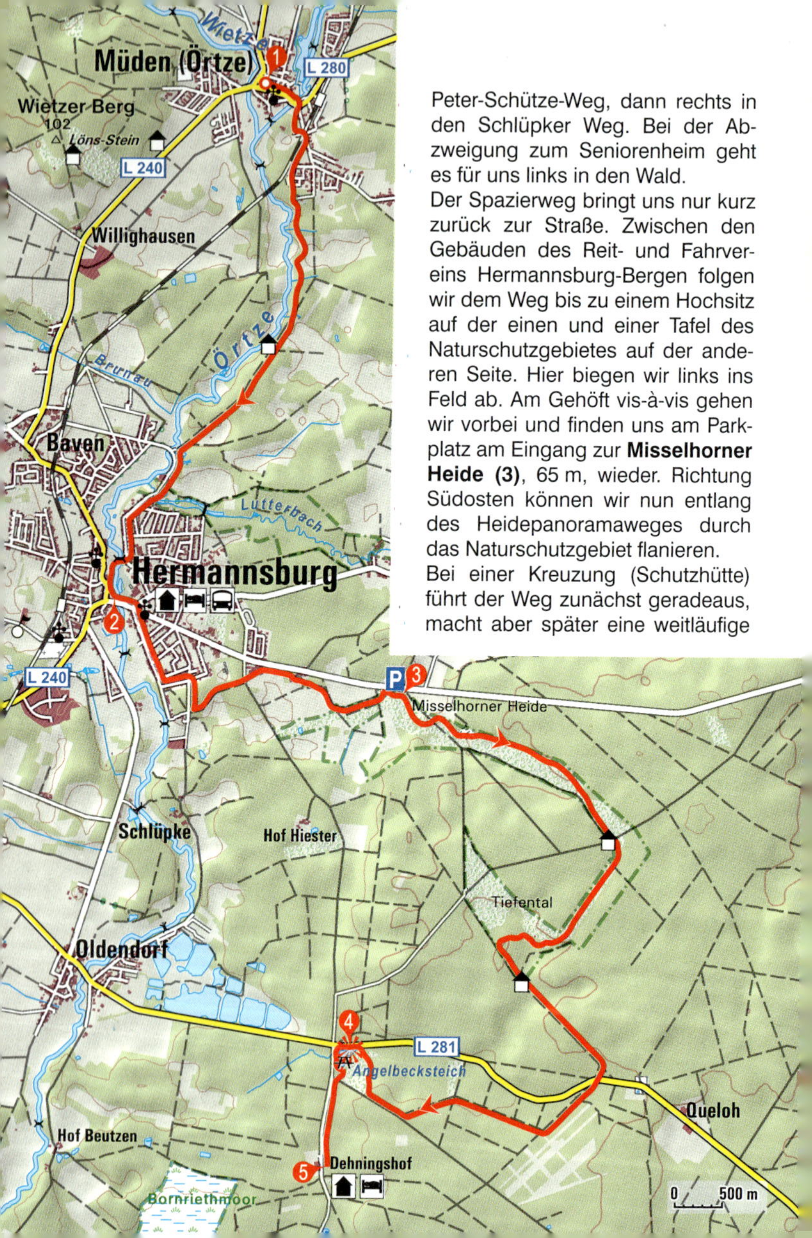

Peter-Schütze-Weg, dann rechts in den Schlüpker Weg. Bei der Abzweigung zum Seniorenheim geht es für uns links in den Wald.

Der Spazierweg bringt uns nur kurz zurück zur Straße. Zwischen den Gebäuden des Reit- und Fahrvereins Hermannsburg-Bergen folgen wir dem Weg bis zu einem Hochsitz auf der einen und einer Tafel des Naturschutzgebietes auf der anderen Seite. Hier biegen wir links ins Feld ab. Am Gehöft vis-à-vis gehen wir vorbei und finden uns am Parkplatz am Eingang zur **Misselhorner Heide (3)**, 65 m, wieder. Richtung Südosten können wir nun entlang des Heidepanoramaweges durch das Naturschutzgebiet flanieren.

Bei einer Kreuzung (Schutzhütte) führt der Weg zunächst geradeaus, macht aber später eine weitläufige

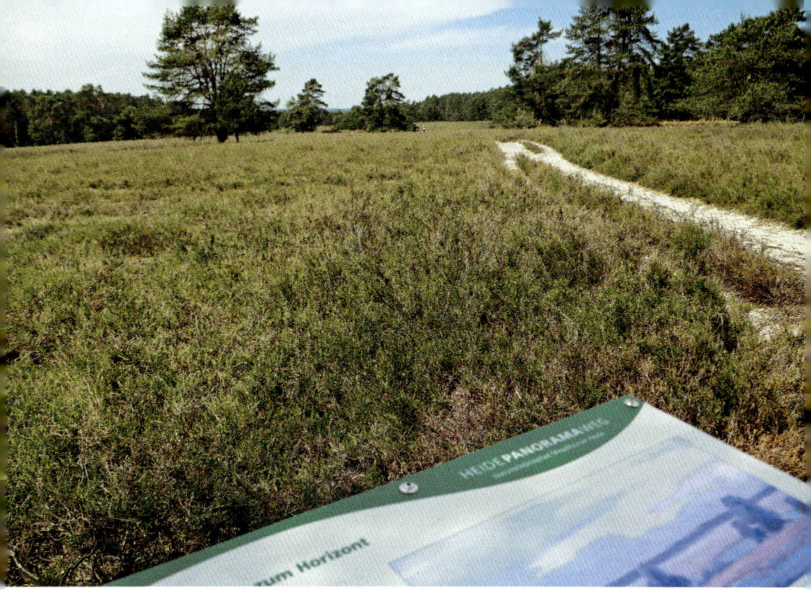

Informativer Themenweg durch die Südheide.

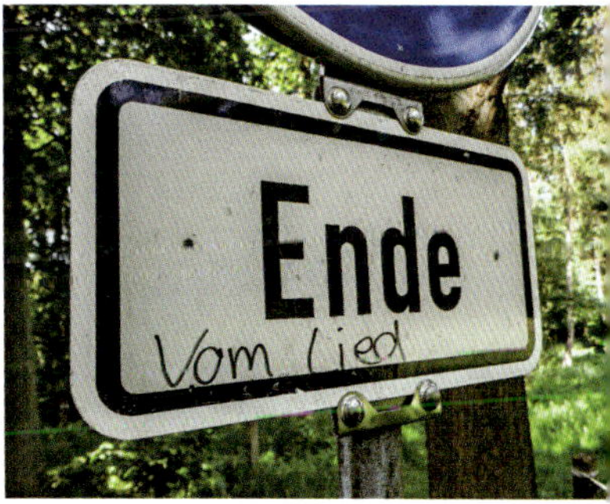

Rechtskurve. Noch im Wald verlässt uns der Heidepanoramaweg; wir biegen gemeinsam mit dem Heidschnuckenweg links ab (Wegweiser Richtung Dehningshof), um uns bei der nächsten Gabelung abermals links zu halten. An einem Pfahl mit vielen Wanderzeichen halten wir uns rechts, überqueren eine Straße und kommen erneut in den Wald. Bei der zweiten Gabelung wenden wir uns nach rechts, ebenso bei einer bald folgenden Radwegmarkierung. Ein dritter Rechtsschwenk bringt uns durch schönes Heidegebiet zum **Angelbecksteich (4)**, 65 m, den wir in einem weiten Linksbogen umgehen. Nach dem Seegelände biegen wir rechts hinaus zum Parkplatz und folgen einem Nebenweg links bis zum Tagesziel, der Alten Fuhrmannsschänke am **Dehningshof (5)**, 63 m. Alternativ kommen wir geradeaus und bei der einzigen Gabelung rechts in 20 Min. zum Hof Severloh (siehe Karte Etappe 28).

28 Dehningshof – Celle

5.45 Std.
22 km

Ex-Celle-nter Tagesausklang

Ein längerer Waldabschnitt bringt uns heute nach Scheuen, einem Stadtteil von Celle mit Dorfcharakter. Von dort sind es dann noch ca. zwei Stunden, bevor wir in die hübsche Altstadt von Celle eintauchen. Zwischen den farbenfrohen Fachwerkhäusern der denkmalgeschützten Altstadt erwartet uns ein ebenso buntes Treiben, dem wir gemütlich bei einem Eiskaffee oder einem kalten Glas Bier beiwohnen können.

Ausgangspunkt: Dehningshof, Alte Fuhrmannsschänke, 63 m.
Höhenunterschied: 80 m im Aufstieg, 100 m im Abstieg.
Anforderungen: Anfangs längerer Abschnitt auf sandigen Forstwegen, danach vorwiegend Asphalt auf dem Weg durch die Vororte von Celle.
Einkehr: Celle.
Unterkunft: **Scheuen:** Gästehaus Spengler, Tel. +49 5141 27 87 81, www.gästehaus-spengler.de. – **Celle:** Mehrere, z. B. City-Pension mit Flair, Tel. +49 5141 6900, www.city-pension-celle.de; Hotel Celler Hof, Tel. +49 5141 91196, www.cellerhof.de.
Einkauf: Celle.
Verkehrsmittel: Bus 2 Scheuen–Celle.
Information: TI Celle, Tel. +49 5141 90 90 80, www.celle-tourismus.de.
Karten: Wie Etappe 26.
Tipp: Wer sich nicht entscheiden kann, welches der 450 Fachwerkhäuser dereinst das E1-Fotoalbum zieren soll, sollte das knapp 500 Jahre alte Hoppener Haus in der Poststraße in Erwägung ziehen.

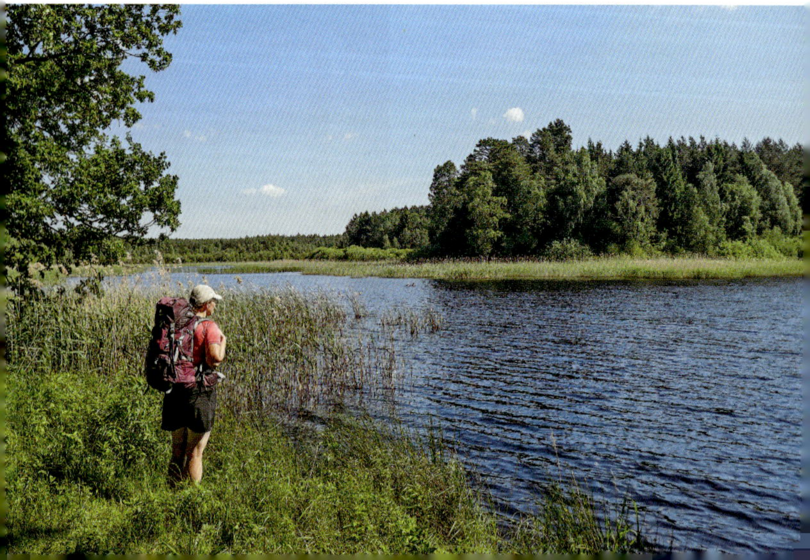

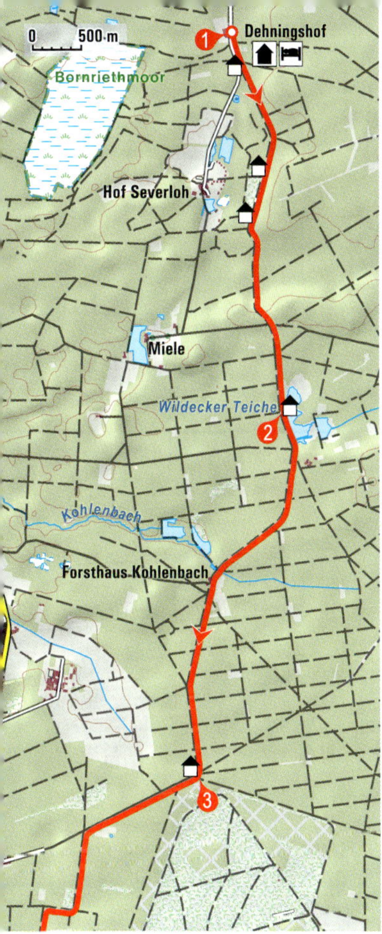

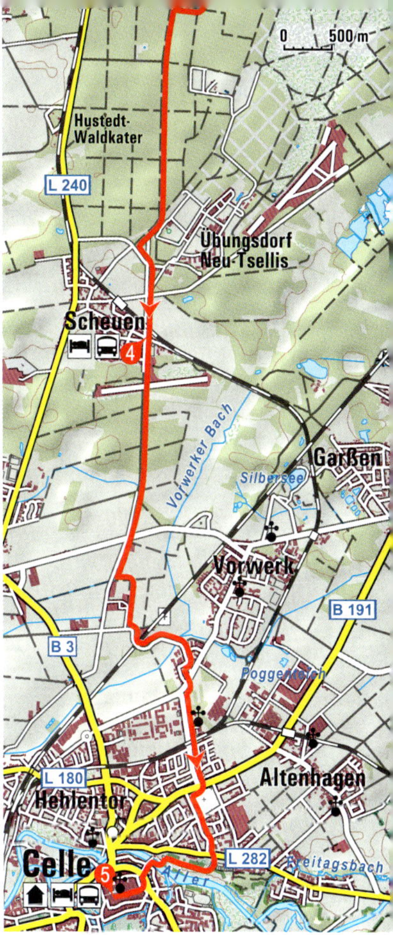

Wir starten den heutigen Tag vom **Dehningshof (1)**, 63 m, aus wie gewohnt in Richtung Süden, doch im Unterschied zu manch anderen Etappenstarts Richtung Bodensee brauchen wir uns heute ab der Gabelung nach 400 m zwei Stunden lang keine großen Gedanken über die Wegführung zu machen – es folgen zwar einige Kreuzungen, doch für uns geht es stets geradeaus: vorbei an den fotogenen **Wildecker Teichen (2)**, 62 m, und dem Forsthaus

Bei den Wildecker Teichen.

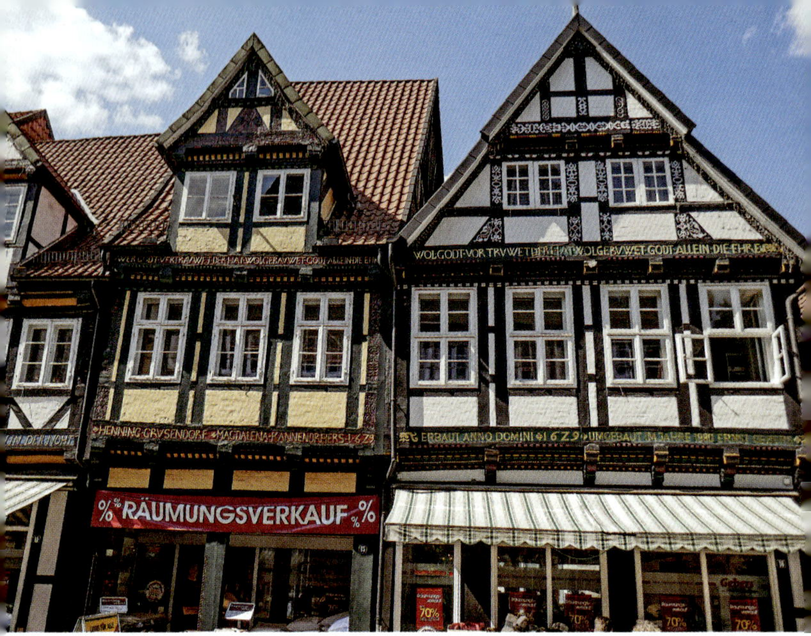

Das Denkmalschutzamt ist wohl erst ab dem ersten Stockwerk zuständig.

Kohlenbach bleiben wir stets am markierten Radweg Richtung Celle. Neben dem sandigen Reitweg gibt es immer wieder einen »Fußgängerstreifen« mit etwas festerem, leichter zu begehendem Untergrund.
Nach etwa 8 km stoßen wir an einer T-Kreuzung auf eine Grenze des militärischen Übungsgebietes. Links befindet sich ein überdachter **Unterstand (3)**, 67 m. Wir gehen hier jedoch etwa 15 Min. nach rechts, um an einer Schranke vorbei am Rande des Truppenübungsplatzes nach Südsüdwesten zu wandern. Eine weitere Forstwegkreuzung lässt uns nochmals nach rechts abzweigen; gleich bei der nächsten Möglichkeit schwenken wir wieder nach links/Süden ein. Wir erreichen die ersten Häuser von **Scheuen (4)**, 60 m, und folgen einem Graben nach rechts zur Straße Reiherberg. Ein Stück weiter links befindet sich die Bushaltestelle Scheuen Reiherberg, von der an

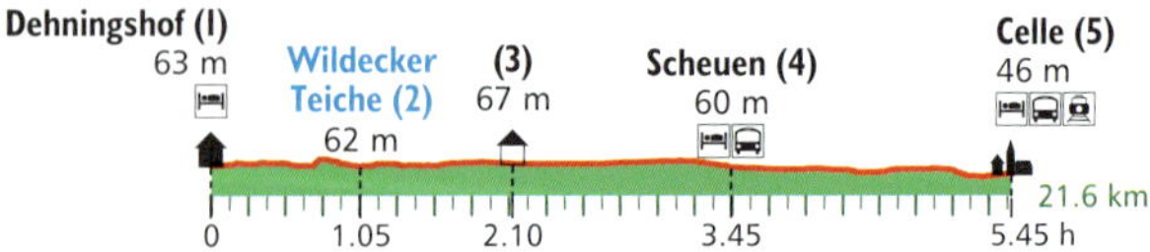

Wochentagen stündlich ein Bus nach Celle fährt.
Diese Option ist durchaus überlegenswert, denn das verbleibende Wegstück ist mehr Pflicht als Kür: Nach der Bushaltestelle biegen wir rechts in den Hermannsburger Weg ein, der uns über den Bahnübergang zum Sportplatz in Scheuen bringt. Wenn das Gelände nicht gerade versperrt ist, gibt es auf der Veranda des Vereinshauses eine Möglichkeit, an Trinkwasser zu kommen. Nach den letzten Häusern durchqueren wir trotz einschüchternder Beschilderung völlig legal den Segelflugplatz und marschieren auf einer Schotterstraße zur Kreuzung mit der Landesstraße Zur Hasselklink. Geradeaus bringt uns der Heinhof-Weg zu einer weiteren Kreuzung, wo wir links in eine schattige Allee einschwenken, die wir bereits nach 2 Min. wieder rechts nach Süden verlassen.

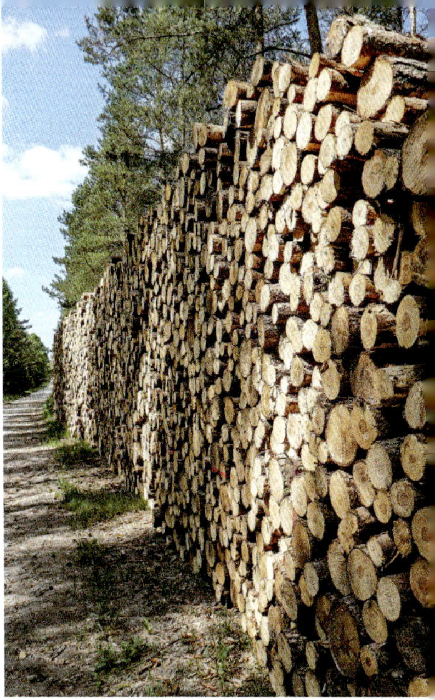

Foto oben: Im Garßener Holz.
Unten: Ehemalige Pferdewechselstation am Kohlenbach.

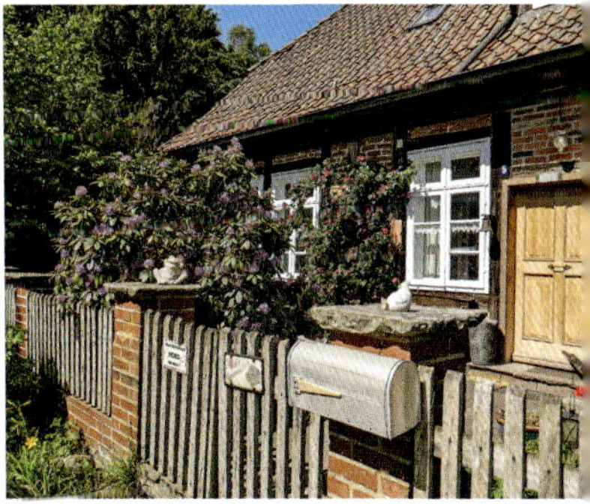

Wir erreichen den Tannholzweg, dem wir nach links zum Talweg folgen, der uns über die Regionalbahnlinie hinüber zu den Wohnanlagen am Himmelsberg bringt. In der Mummenhofstraße haben wir wieder Anschluss an den Stadtbus. Zu Fuß kommen wir rechts in die Spengerstraße, die uns stets geradeaus 1 km näher an die Stadtmitte bringt. Am Ende stehen wir vor dem Stadtfriedhof, den wir rechts umgehen, um der Straße Prinzengarten bzw. später der Albert-Schweitzer-Straße zur Robert-Koch-Straße zu folgen. Am Heilpflanzengarten angelangt, geht es in einer schmalen Gasse bergab in die Gartenanlage und weiter mit der lokalen Beschilderung in die Altstadt von **Celle (5)**, 46 m.

29 Celle – Fuhrberg

5.30 Std.
21 km

In drei Tagen ans Meer

Die knapp 68 Kilometer lange Strecke zwischen Celle und dem Steinhuder Meer war früher auf zwei Etappen aufgeteilt – so findet man es noch in älterer Wanderliteratur. Da sich die Quartiersituation inzwischen zu unseren Gunsten geändert hat, bietet sich eine Aufteilung auf drei entspannte Etappen an. Wer dennoch in zwei Tagen durchkommen möchte, muss nochmals 2 mal 2 Kilometer hinzurechnen, da es auf halber Strecke – auf der Höhe von Wennebostel – derzeit keine Nächtigungsmöglichkeit gibt und man deshalb auf Bissendorf ausweichen muss.

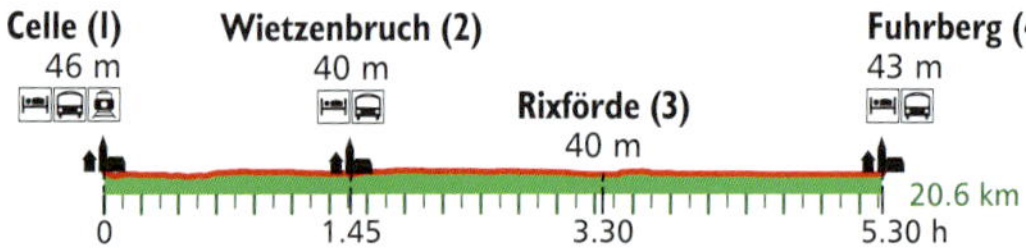

Ausgangspunkt: Celle, Marktplatz, 46 m.
Höhenunterschied: Jeweils 50 m im Auf- und Abstieg.
Anforderungen: Gemütliche Etappe ohne nennenswerte Schwierigkeiten.
Einkehr: Wietzenbruch: Zum Alten Kanal (Mo RT), Fuhrberg.
Unterkunft: **Wietzenbruch:** Hotel Schnarr, Tel. +49 5141 413 55, www.hotel-schnarr.de. – **Fuhrberg:** Mehrere, z. B. Heidehotel Klütz, Tel. +49 5135 790, www.heide-hotel-kluetz.de; Pension Giesemanns, Tel. +49 5135 220, www.giesemanns.de; Schmetjens Hof (Zimmer mit Küche), Tel. +49 5135 692, www.schmetjens-hof.de.
Einkauf: Wietzenbruch (etwas abseits in der Ortsmitte), Fuhrberg.
Verkehrsmittel: Bus 13 Celle–Wietzenbruch; Bahn RE2 Celle–Großburgwedel; Bus 651 Großburgwedel–Fuhrberg.
Information: Stadt Burgwedel, Tel. +49 5139 8973-0, www.burgwedel.de.
Karten: K FK3014 Uelzen – Südheide – Celle.

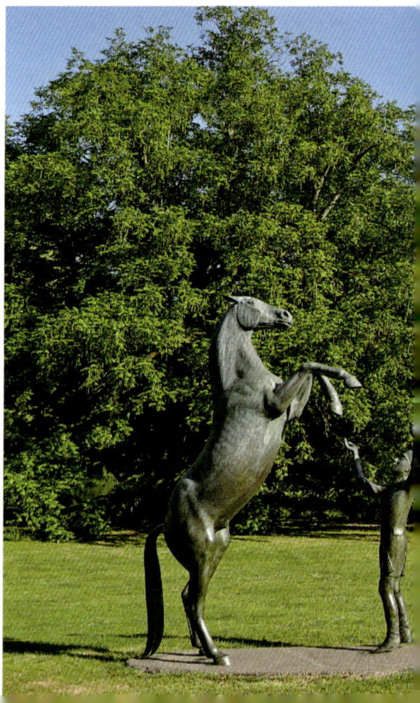

Unser Weg startet inmitten der historischen Celler Sehenswürdigkeiten, namentlich dem Glockenspiel, der barock ausgestalteten Stadtkirche Sankt Marien und dem Alten Rathaus (mit sehenswertem Renaissance-Giebel) im Zentrum von **Celle (1)**, 46 m. Wir gehen durch die Stechbahn in den Schlosspark und links am Celler Schloss – einem der ältesten Gebäude der Stadt – vorbei Richtung Süden zum Thaerplatz. Von dort wandern wir entlang der Triftanlagen, einer lang gezogenen Grünfläche, bis zur Trift (Straßenname), der wir bis zum Kreisverkehr folgen. Hier geht es links zum Bahnhofplatz. Unter dem Parkhaus durch und über die Fuhse-Brücke kommen wir rechts zur Bahnunterführung. Der Fuhserandweg führt uns zur Bredenstraße und gegenüber leicht links weiter geradeaus. Nach zwei weiteren Überquerungen der Fuhse treffen wir auf einen Kreisverkehr. Wir nehmen die Ausfahrt links, zweigen von der Welfenallee jedoch gleich rechts in den Lönsweg ab.
Nach etwa 15 Min. bringt uns eine Brücke über den Wilhelm-Heinichen-Ring. Südwestlich durch Wald geht es zur Waldwirtschaft Alter Kanal. Noch vor der folgenden Brücke zweigt unser Weg rechts ab. Etwa 10 Min. später

Fotogener Endpunkt des Heidschnuckenweges: das Celler Schloss.

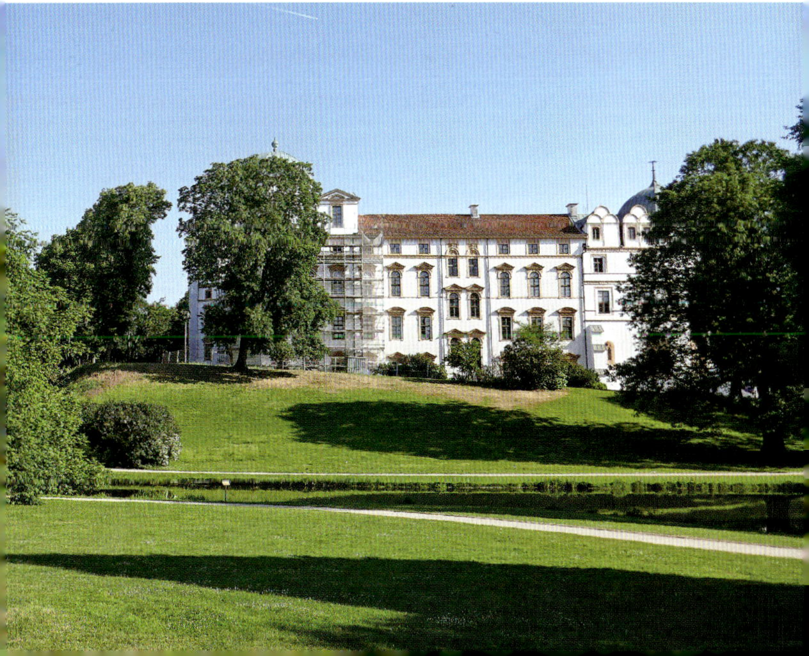

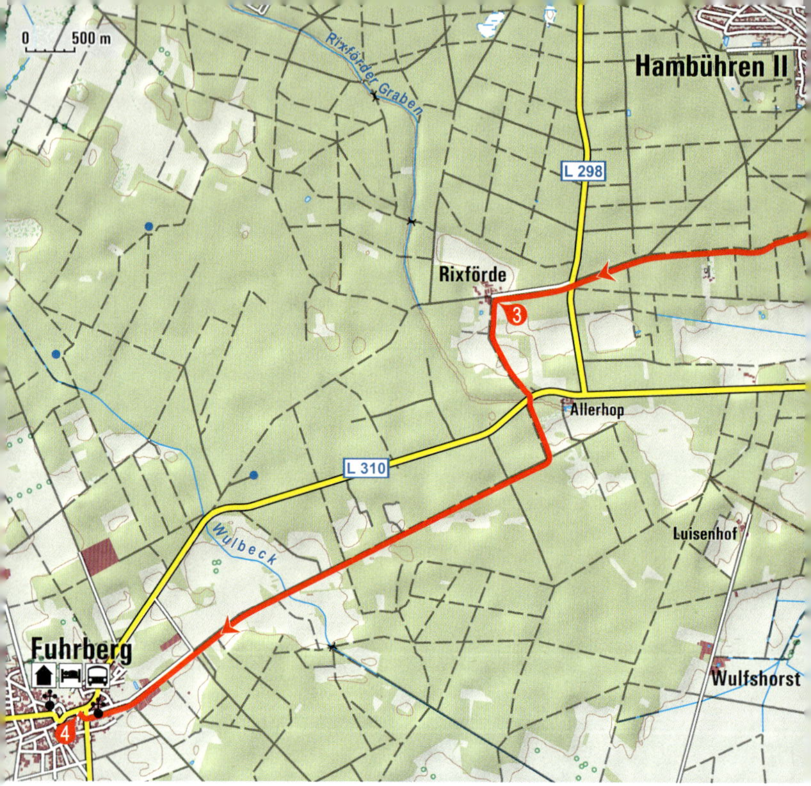
0
500 m
Rixförder Graben
Hambühren II
L 298
Rixförde
3
Allerhop
L 310
Wulbeck
Luisenhof
Fuhrberg
4
Wulfshorst

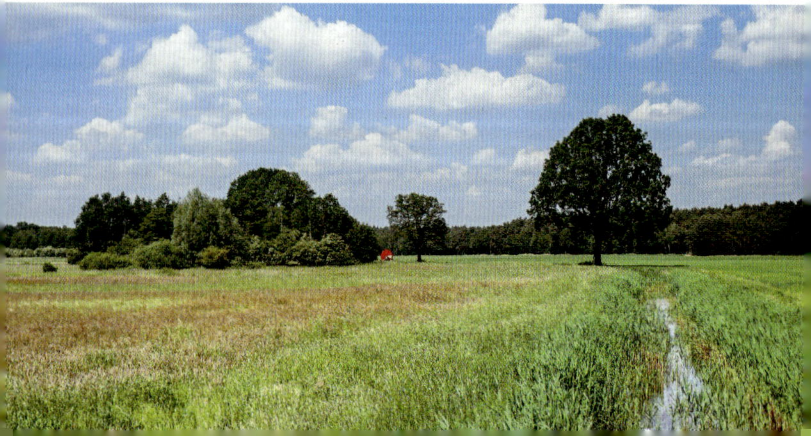

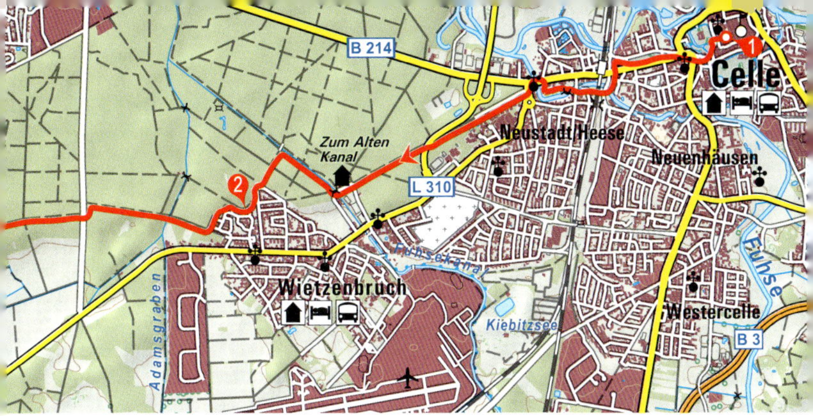

bringt uns eine Brücke links zum Ortsrand von **Wietzenbruch (2)**, 40 m. Zwischen Waldrand und Gartenzäunen kommen wir zu einer Straße und halten uns rechts. Nach Überquerung des Kanals macht die Straße eine Rechtskurve, wir gehen allerdings geradeaus weiter. So kommen wir zum Bruchweg, wo wir der Asphaltstraße einige Meter nach links folgen, um bei nächster Gelegenheit wieder rechts (Radwegweiser) einzuschwenken. Der Waldweg bringt uns nun in etwa 1.15 Std. geradeaus nach **Rixförde (3)**, 40 m.

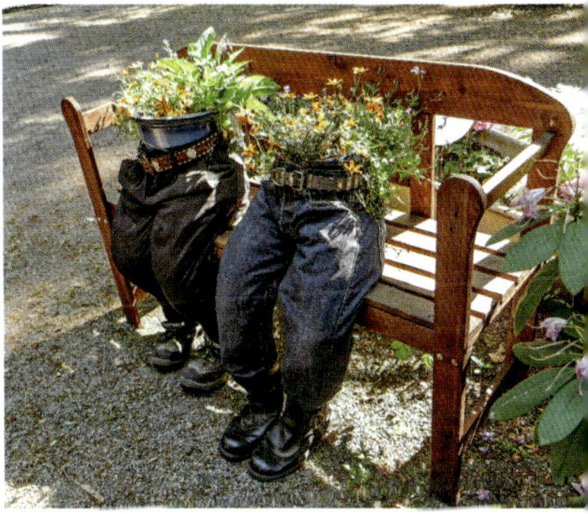

Am »Alten Kanal« können die Beine rasten.

Beim Gutshof dreht sich der Weg nach links (Süden). An einem eisernen Tor gelangen wir auf die Celler Straße, der wir – vorbei am Clubhaus eines Motorradvereines – ein kurzes Stück nach rechts folgen, um bei der beschilderten Bezirksgrenze von Hannover links in den Wald abzubiegen. Ist dieser ungewöhnlich verwachsene Abschnitt überwunden, folgen wir der Schotter-, später Asphaltpiste nach rechts bis zur Biogasanlage.

Weiter geradeaus durch den Grasbruchweg gehen wir vor bis zur Hannoverschen Straße. Rechts befindet sich der Dorfplatz in der Ortsmitte von **Fuhrberg (4)**, 43 m.

Rund um Fuhrberg befinden sich weitläufige Anbauflächen (vor allem Spargel).

30 Fuhrberg – Otternhagen

8.00 Std.
29 km

Hannoversche Moorgeest

Unsere Reise Richtung Westen setzt sich heute bis Otternhagen fort, Hauptattraktion ist das gleichnamige, unter Schutz gestellte Hochmoor. Der Europa-Fernwanderweg zieht am Rande der Stillgewässer vorbei an Wollgraswiesen und knorrigem Birken-Bruchwald. Ziel ist der gemütliche Gasthof Perl im Westen der eiszeitlich geprägten Geestlandschaft.

Ausgangspunkt: Fuhrberg, 43 m.
Höhenunterschied: Jeweils ca. 90 m im Auf- und Abstieg.
Anforderungen: Vor allem in der zweiten Tageshälfte schöne Wanderung durch das Otternhagener Moor, wenig Schatten!
Einkehr: **Wennebostel:** Gasthaus Bludau Di–Sa ab 17, So 10.30–13 Uhr, Mo RT, Tel. +49 5130 8786; **Otternhagener Moor:** Paradies zum Waldeseck, mittags lediglich am WE geöffnet, Tel. +49 5130 6096 262.
Unterkunft: **Otternhagen:** Hotel-Restaurant Perl, Tel. +49 5032 95 49 50, www.hotel-perl.de.
Einkauf: S in Wennebostel, Bä in Otternhagen.
Verkehrsmittel: Bus 690 von Wennebostel nach Mellendorf (Bhf) und Bissendorf (Bhf); Busse Otternhagen–Neustadt.
Information: TI Neustadt am Rübenberge, Tel. +49 5032 84-0, www.neustadt-a-rbge.de.
Karten: Wie Etappe 29, sowie K WK848 Hannover und Umgebung.

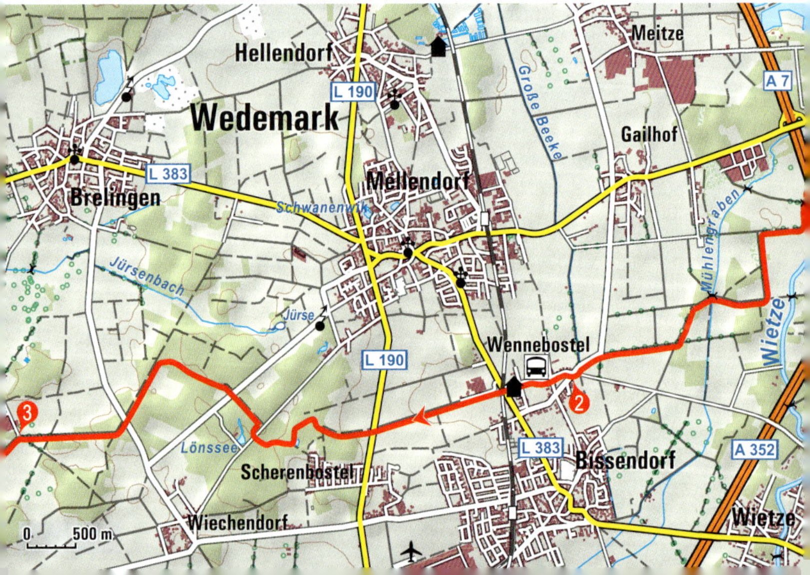

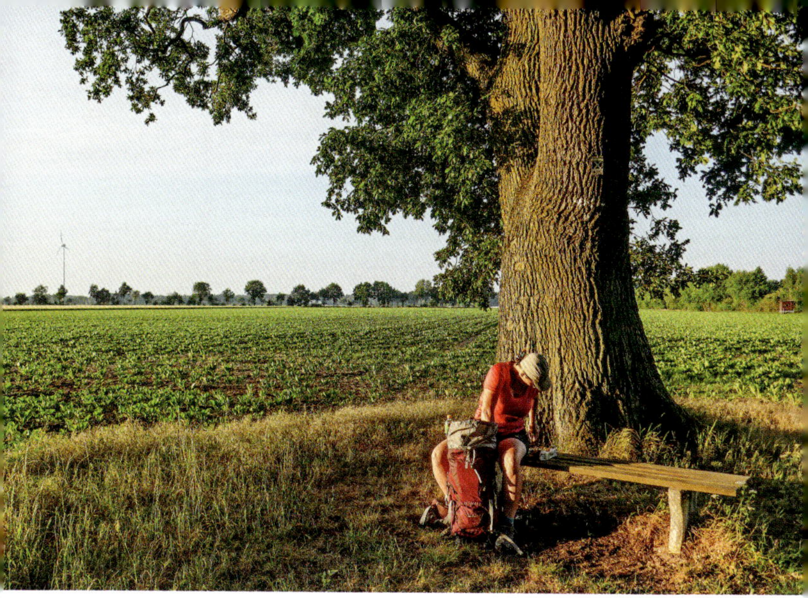

Morgentau und erste Sonnenstrahlen für den Fuhrberger Spargel.

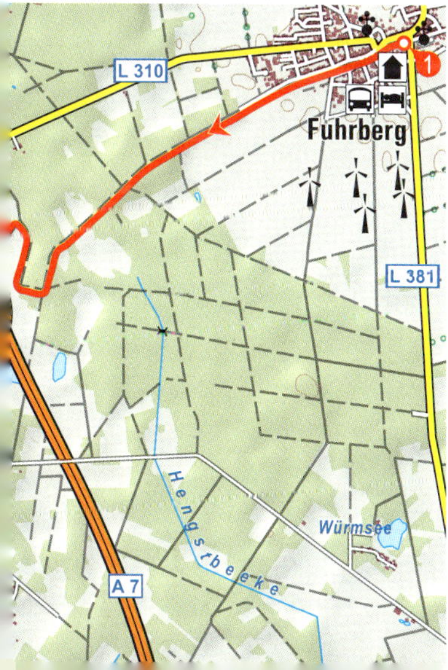

Die Dorfstraße von **Fuhrberg (1)**, 43 m, bringt uns zu Beginn des Tages an den westlichen Ortsrand und – später auf Schotter – weiter geradeaus in den Wald. Der hervorragend markierte E1 teilt sich bis zur Autobahn die Wegführung mit dem Radweg Richtung Wennebostel – etwaige Orientierungsprobleme entstehen hier am ehesten dann, wenn das rasch nachwachsende Buschwerk eine wichtige Markierung verdeckt.

Noch vor der bereits hörbaren Autobahn verlassen wir den Wald und folgen dem Wirtschaftsweg am Waldrand nach Norden, um in einer Kurve scharf links abzuzweigen und über eine freie Weidefläche zur Autobahn zu kommen. Nach einem

Feld biegen wir links ab und gehen am Waldrand entlang weiter. Vor dem Sicherheitszaun wenden wir uns auf dem Traktorweg für ein kurzes Stück nach rechts, ehe wir durch einen Tunnel die Autobahn unterqueren. Nachdem uns eine Brücke über die Wietze hilft, zweigen wir links in eine Abfolge von Wirtschaftswegen ab, die uns dank der guten Markierungsarbeit des Hannoverschen Gebirgsvereines unkompliziert durch Felder zur Ortstafel von **Wennebostel (2)**, 52 m, bringt.
Hier gehen wir rechts in die Hugo-Riechers-Straße. Am anderen Ortsende wird die Regionalbahnlinie überquert. Geradeaus weiter kommen wir zur Kaltenweider Straße, nach deren Querung wir wieder in den Wald eintauchen. Die Wegführung weicht hier von manchen Karten ab, was aber aufgrund der weiterhin guten Markierung wenig tragisch ist. Bei einer As-

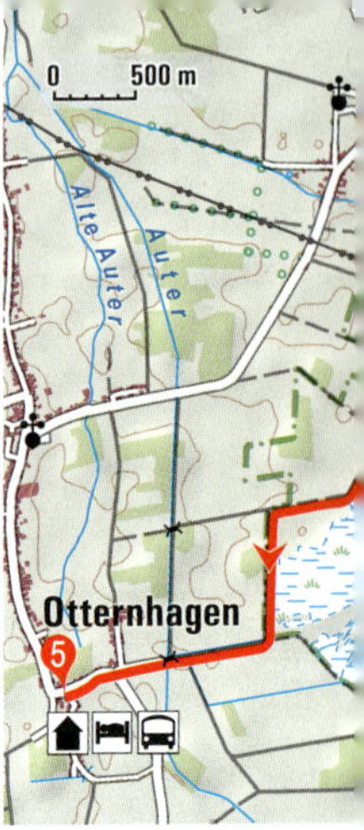

Unterwegs nach Schadehop.

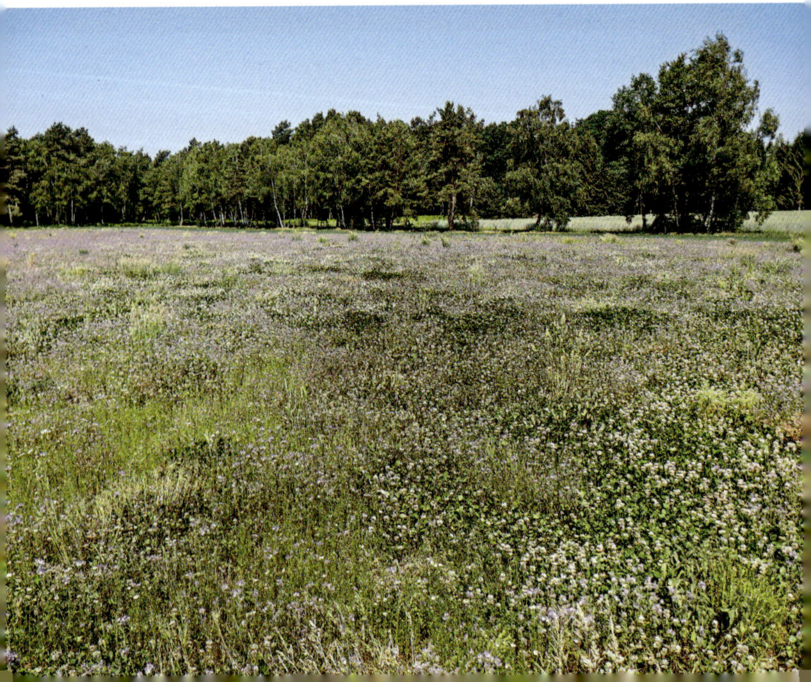

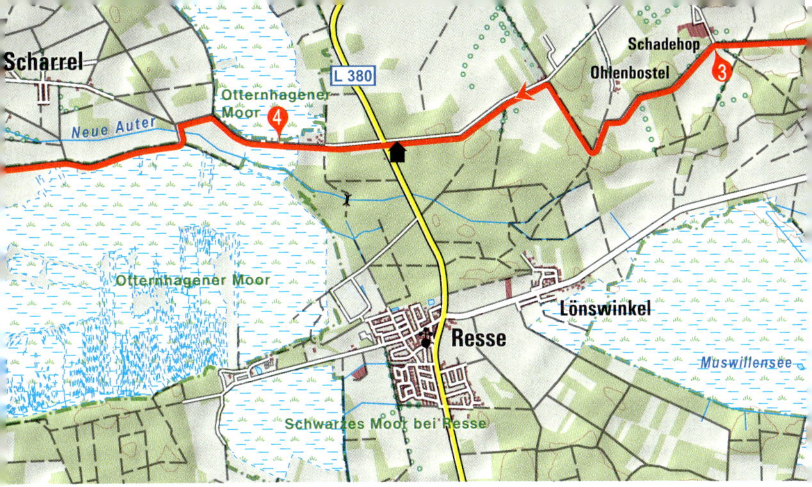

phaltstraße wenden wir uns nach rechts, um bei nächster Gelegenheit vor einem umzäunten Garten links abzubiegen. Wir queren die Hermann-Löns-Straße und halten uns weiterhin geradeaus. Im Wald ist erhöhte Aufmerksamkeit gefragt: Eine unscheinbare (verwachsene) Abzweigung führt uns rechts auf einen kleinen Erdwall, wo wir den Weg fortsetzen. Wir treffen auf einen breiteren Waldweg (Radweg R2), dem wir links folgen. Über die Straße und weiter durch Wald kommen wir zu den Pferdekoppeln am Ortsrand von **Schadehop (3)**, 56 m. Während es rechts in den Ort geht, führt unser Weg annähernd geradeaus weiter.

An einer breiteren Straße (Radweg) gehen wir 300 m nach links, um bei der nächsten Möglichkeit rechts ins Gehölz abzubiegen. Bei einem Gebäude (Heidelbeerplantage) wenden wir uns links in den asphaltierten Scharreler Weg. Wir queren die Straße (Einkehrmöglichkeit 80 m links) und kommen geradeaus zuerst auf Asphalt, später auf Schotter in das **NSG Otternhagener Moor (4)**, 50 m. Breite Wirtschaftswege verlaufen in westlicher, später südwestlicher Richtung am Rande des Schutzgebietes. Am Ende der Schutzzone treffen wir auf eine Asphaltstraße, über die wir unser Tagesziel **Otternhagen (5)**, 43 m, anvisieren. Unser Quartier erreichen wir, indem wir der Kranichstraße bis zur Straße Am Berggarten folgen, die unmittelbar vor dem Hotel endet.

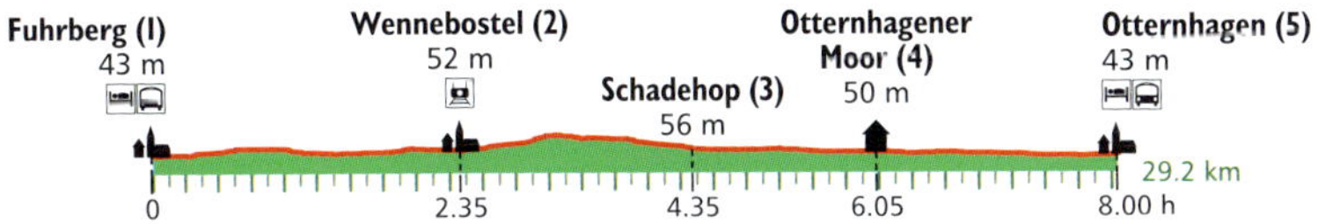

31 Otternhagen – Steinhude

4.30 Std.
17 km

Eine Nacht im Knast

Niedersachsens größter See – das Steinhuder Meer – befindet sich mitten im gleichnamigen Naturpark und gilt als Eldorado für zahlreiche Wassersportarten. Doch nicht nur tagsüber können Wanderer aus ihren üblichen Mustern ausbrechen, auch nächtens gibt es dazu eine Möglichkeit – eine Übernachtung auf der ehemaligen Gefängnisinsel Wilhelmstein zum Beispiel. Historische Boote, Auswanderer genannt, verkehren zwischen Steinhude und der Insel, auf der es auch ein Restaurant gibt. Geschlafen wird in der ehemaligen Soldatenunterkunft. Die Insel wird ganzjährig von einem Verwalterehepaar bewohnt und ist damit eine der kleinsten bewohnten Inseln überhaupt. Abends kann es auf dem kleinen Eiland schon mal ziemlich einsam und ruhig werden. Kurzum, ideal für müde Wanderer!

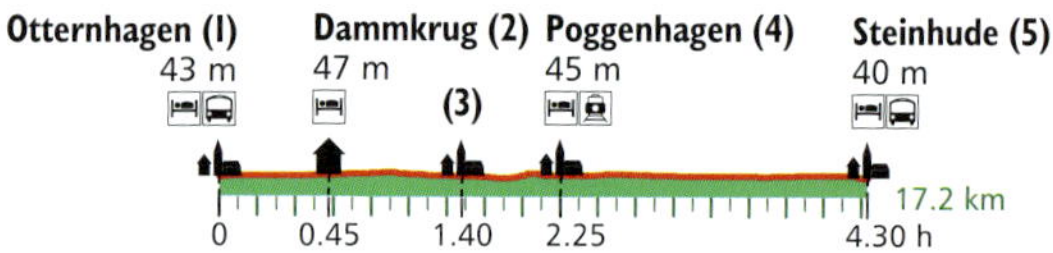

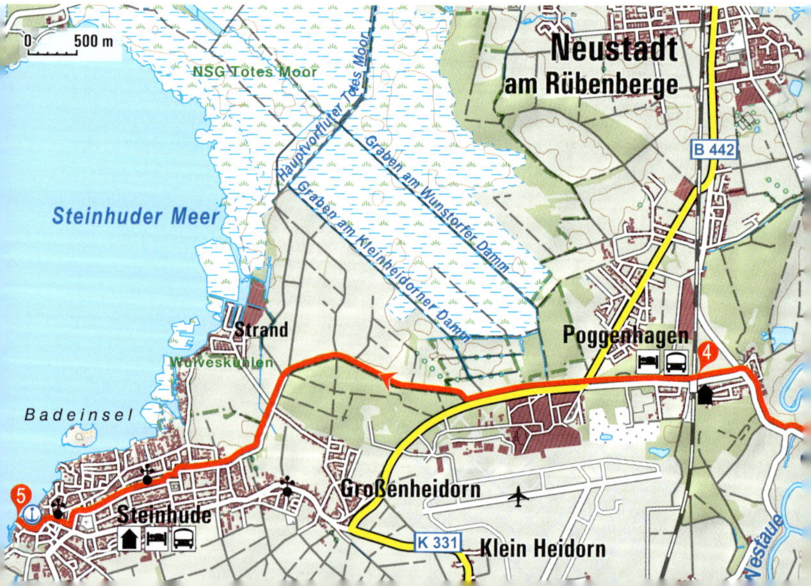

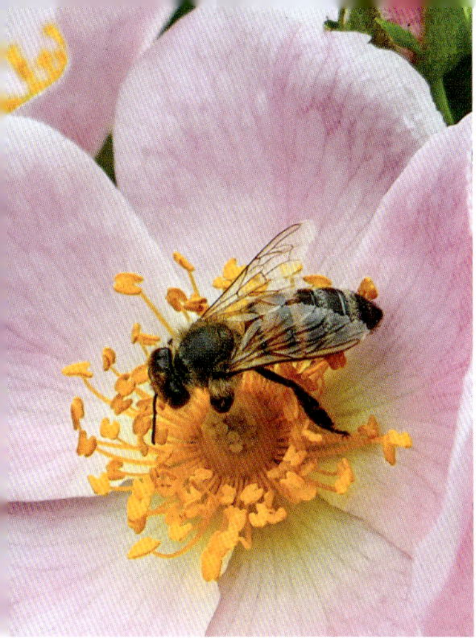

Hi, Honey!

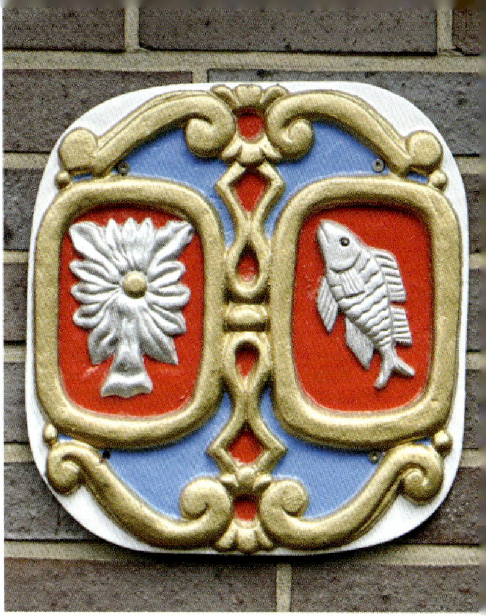

Hauswappen in Steinhude.

Ausgangspunkt: Hotel Perl, Otternhagen, 43 m.

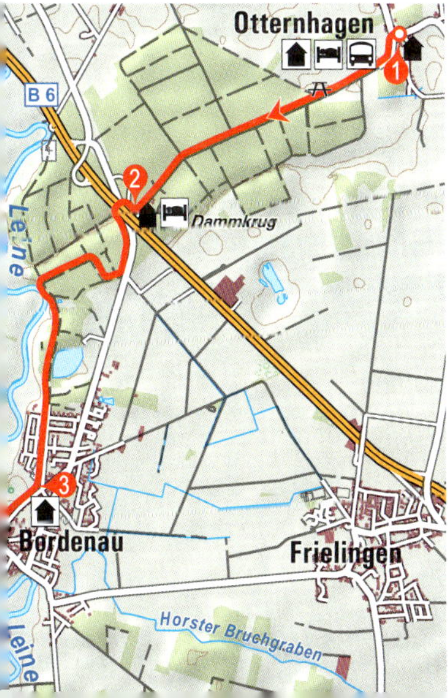

Höhenunterschied: Je ca. 40 m im Auf- und Abstieg.

Anforderungen: Beinahe ebene, unschwierige Wanderung.

Einkehr: Bordenau, Steinhude.

Unterkunft: **Poggenhagen:** Landgasthaus Meyer, Tel. +49 5032 963 65 63, www.lgh-meyer.de. – **Steinhude:** Mehrere, z. B. Hotel Kranenborgh, Tel. +49 1751 61 54 17, www.kranenborgh.de; Zimmer MittendrIn, Tel. +49 5033 2200, zimmer-mittendrin.business.site.

Einkauf: S in Bordenau, Steinhude am Meer.

Verkehrsmittel: Bhf Poggenhagen–Hannover; Bus 820 Poggenhagen–Steinhude am Meer.

Information: Steinhuder Meer Tourismus GmbH, Tel. +49 5033 950 10, www.steinhuder-meer.de.

Karten: PP Steinhuder Meer; K WK 848 Hannover und Umgebung.

Tipp: Infos zur Übernachtung auf Wilhelmstein findet man unter www.schloss-bueckeburg.de, Fahrplan der Auswanderer unter www.steinhuder-personenschifffahrt.de.

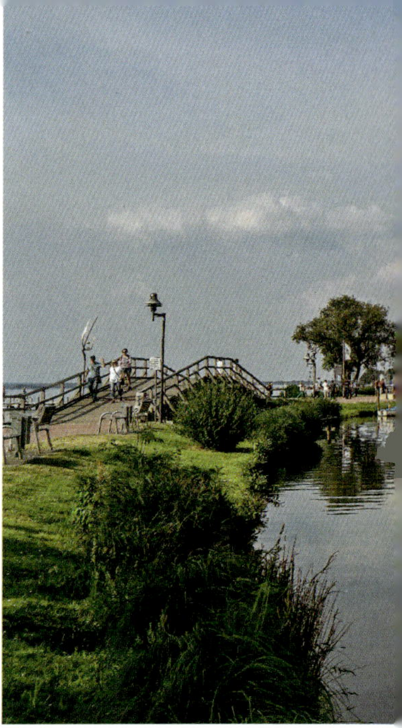

Von **Otternhagen (1)**, 43 m, gehen wir über die Straße Zum Dammkrug in südwestlicher Richtung ins Waldgebiet Mecklenhorst und weiter zum Hotel **Dammkrug (2)**, 47 m, direkt an der B 6. Rechts am Rastplatz vorbei führt uns die Radwegmarkierung Richtung Bordenau zu einer Treppe. Oben angelangt, überqueren wir die B 6 und bleiben noch ein kurzes Stück neben der Bordenauer Straße, die wir aber bald überqueren, um über Forstwege den Parkplatz am Bordenauer See zu erreichen. Der Burgsteller Weg verläuft durch den Ort **Bordenau (3)**, 44 m. Bevor wir rechts in den Steinweg abzweigen, können wir am Friedhof unsere Flaschen auffüllen – beide Zapfstellen liefern laut Friedhofsgärtner Wasser in Trinkwasserqualität.
Die Straße Am Kampe bringt uns zur Brücke über die Leine. Stets

Bitte hier nicht abbiegen!

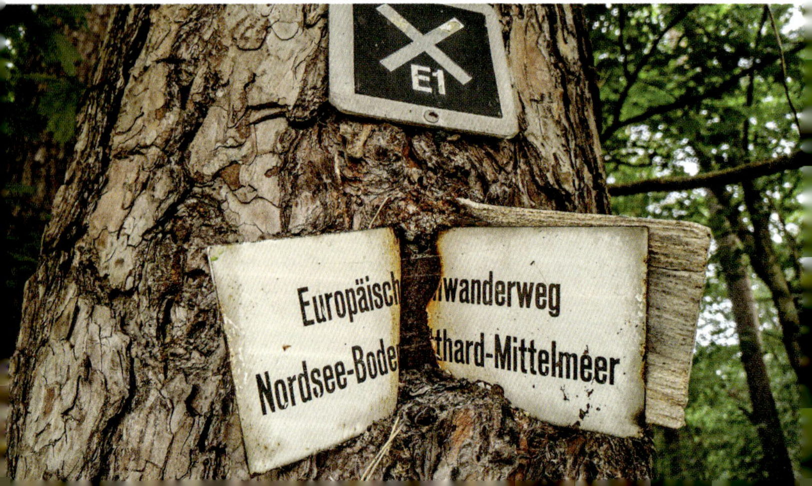

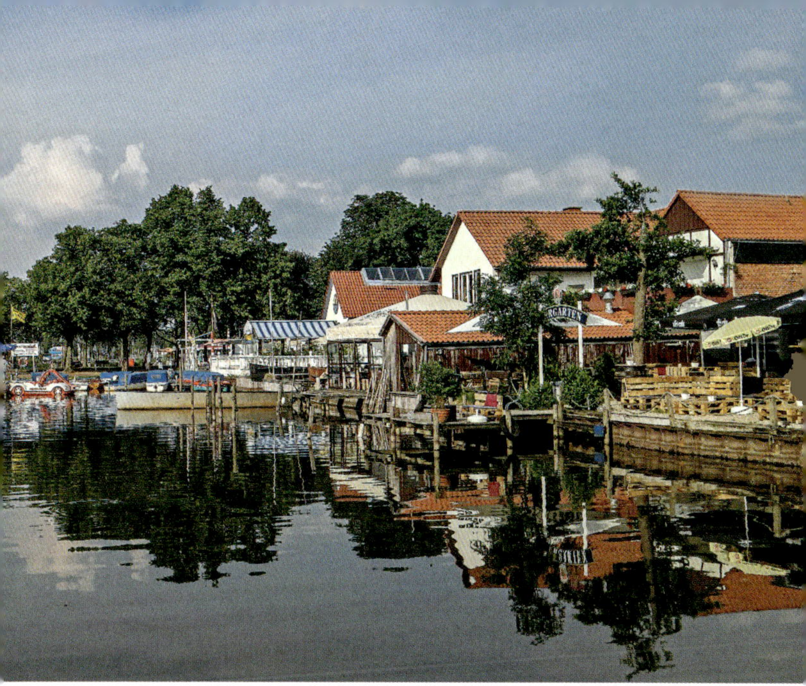

Der »Jachthafen« am Steinhuder Meer.

der Straße nach kommen wir nach **Poggenhagen (4)**, 45 m, und zur Kreuzung mit der Bahnhofstraße, die uns am Bahnhof vorbei über die Geleise und am Radweg bis zu einer Verkehrsinsel führt, wo wir die Straßenseite wechseln. Der Radweg folgt der Kreisstraße bis ans Meer, wir jedoch haben nach 15 Gehminuten die Möglichkeit, vom Asphalt auf eine Schotterstraße zu wechseln, die das Staatsforstgebiet bei Steinhude nördlich umfährt.

Am Ortsrand angekommen, wenden wir uns nach einigen Gehminuten bei der Kreuzung Schlesierweg-Jahnstraße nach links, kommen durch »In der Siedlung« und durch die nächste Querstraße links in den Fuhrenweg. Nach dem Friedhof biegen wir links in die Straße Tiefental ein (hier rechts ebenfalls E1-Markierungen, die uns wohl zu verschiedenen Nächtigungsmöglichkeiten leiten wollen).

Die Straße Ottenlock bringt uns zum Anger, der kurz später rechts in die Graf-Wilhelm-Straße einmündet, die wiederum direkt an der Uferpromenade von **Steinhude (5)**, 40 m, endet.

32 Steinhude – Bad Nenndorf

7.00 Std.
27 km

Glaube und versetzte Berge

Landschaftliche Freuden erwarten uns im ersten Drittel dieses Tourentages, wo wir nahe am Ufer des Steinhuder Meeres zum Naturschutzgebiet Hagenburger Moor wandern. Geologisch wie auch geschichtlich interessierte Wanderer kommen im weiteren Etappenverlauf auf ihre Kosten: Die Abraumhalde des Kalibergwerkes Bokeloh ist ein (nicht nur für das norddeutsche Flachland) äußerst ungewöhnlicher Anblick. Hier gibt es weit unter der Erdoberfläche eine mächtige Salzader, die einen Durchmesser von einem Kilometer aufweist. Bis vor Kurzem wurde aus einer Tiefe von bis zu 1400 Metern Stein- und Kalisalz zutage gefördert. Und all die Erde, die dabei mit ans Licht kam, landete auf dem Berg vor uns. Der Betrieb des Bergwerkes ist jedoch nicht mehr rentabel und wird sukzessive eingestellt. Als Erinnerung bleibt die über 100 m hohe Abraumhalde, die bereits begrünt wird.

Nicht minder spannend ist die liebenswert kleine, beinahe 900 Jahre alte romanische Kirche in Idensen. Der renommierte Dehio-Kunstführer für Deutschland bezeichnet die Sigwardskirche als den »bedeutendsten sakralen Kleinbau des 12. Jahrhunderts im deutschsprachigen Raum«. Egal ob man nun aus Glaubensgründen vorbeikommt, aus baugeschichtlicher Neugier oder wegen der Störche, die hier jedes Jahr auf dem Dach Station machen – der Besuch lohnt sich allemal.

Sehnsucht nach der Ferne.

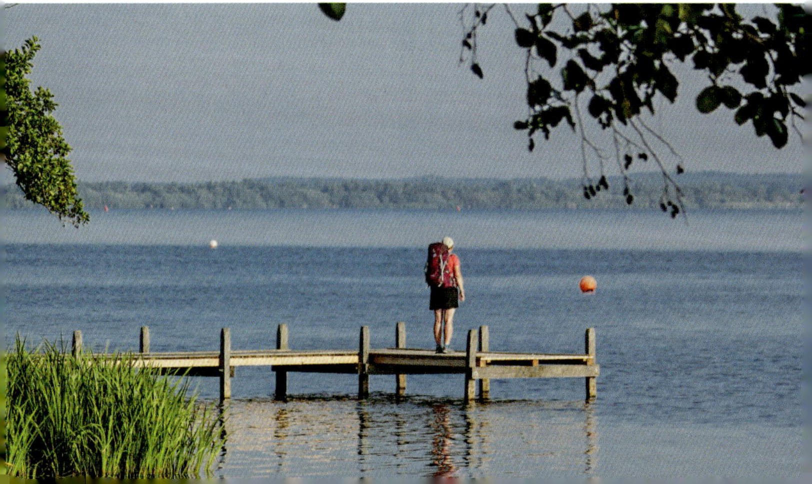

Ausgangspunkt: Steinhude, Strandterrassen, 40 m.
Höhenunterschied: 140 m im Aufstieg, 100 m im Abstieg.
Anforderungen: Einfache, abwechslungsreiche, jedoch lange Tour.
Einkehr: Hagenburg; Idensen Hafen: GH Schatzinsel (Mo–Fr abends, Sa/So ab Mittag); Bad Nenndorf: Restaurant Möbel Heinrich, mehrere im Zentrum.
Unterkunft: Hagenburg: Zwey Heüser am Schloss, Tel. +49 5033 9800-00, www.steinhuder-meer.de. – **Idensen:** Deutsches Haus, Tel. +49 5031 135 23, www.deutsches-haus-idensen.de. – **Haste:** Mehrere, z. B. Gästehaus Gisela, Tel. +49 5723 816 56, www.gaestezimmer-gisela.de. – **Bad Nenndorf-Buchenallee:** Hotel-Restaurant Buchenfürst, Tel. +49 5723 703 96 45, www.hotel-buchenfuerst.de. – **Zentrum:** Mehrere, z. B. Ferienwohnung am Kurpark, Tel. +49 5723 908 86 65, www. booking.com; Aparthotel Berlin, Tel. +49 5723 9456, www.aparthotelberlin.net.
Einkauf: Hagenburg, Bad Nennburg.
Verkehrsmittel: Bus 711 Steinhude–Bad Nenndorf–Wunstorf, Bahn RE70 Wunstorf–Bielefeld, Bahn S1 Haste–Bad Nenndorf und Hannover, Bus 740 von Mesmerode und Idensen zum Bhf Wunsdorf.
Information: TI Bad Nenndorf, Tel. +49 5723 74 85 60, www.badnenndorf.de.
Karten: K WK 848 Hannover und Umgebung.

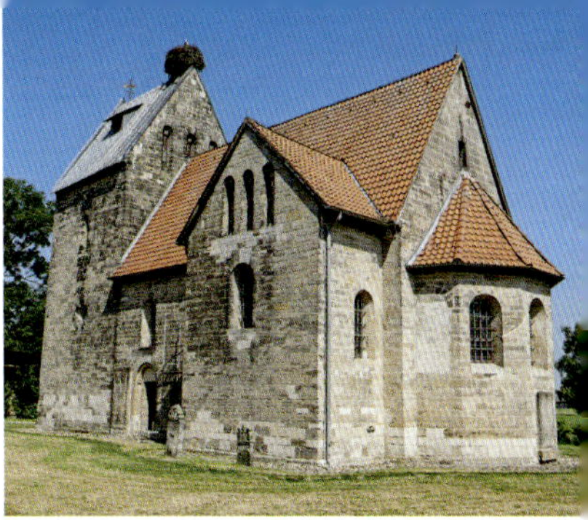

Die Sigwardskirche ...

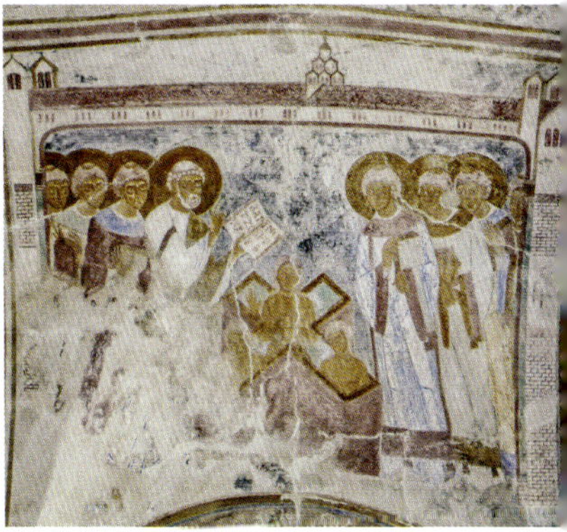

... mit hochmittelalterlichen Fresken.

Zu Tagesbeginn folgen wir von **Steinhude (1)**, 40 m, erstmal dem Uferspazierweg Richtung Sonnenuntergang. Der Weg am Steinhuder Meer verläuft bei den Strandhäusern an der Lütjen Deile vorbei, bleibt aber dann bis zu einem aussichtsreichen Rastplatz mit Unterstand direkt am Wasser. Dort

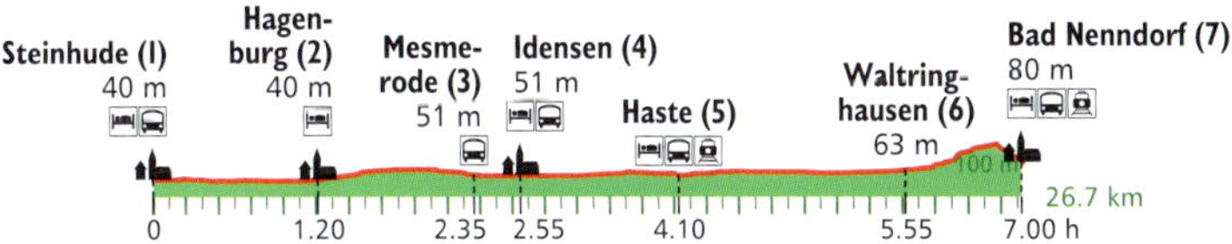

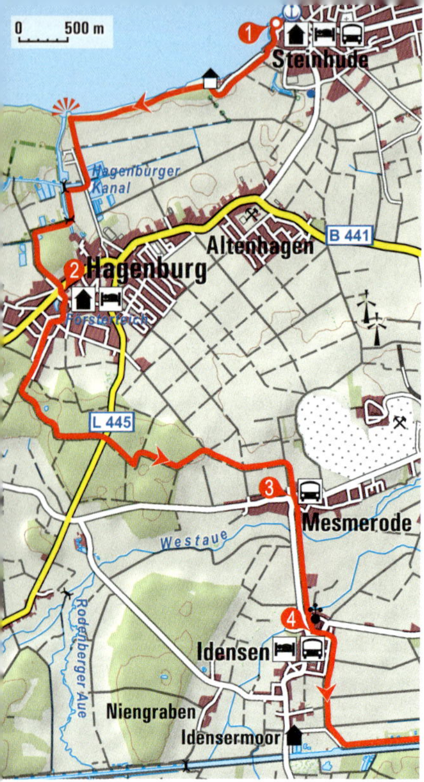

dreht die Route nach Süden, führt am Jachthafen vorbei und über eine Brücke an den Rand des NSG Hagenburger Moor bzw. weiter an den westlichen Ortsrand von **Hagenburg (2)**, 40 m. Nach dem Försterteich biegen wir in die Schützenstraße ein, ehe wir links dem Düdinghäuser Weg in den Wald folgen. Nach 1 km ab dem Försterteich verlassen wir die Straße nach links – es folgt ein längerer Forstwegabschnitt durch den Schierwald, auf dem unterwegs die Landesstraße Hagenburg–Sachsenhagen gequert wird. Beinahe bis zum Ende des Waldes bleiben wir auf einem breiten Fahrweg, verlassen diesen jedoch in einer markanten Rechtskurve. Ein verwachsener, leicht zu übersehender Abzweiger (u.U. überwucherte Markierung) führt hier geradewegs ins Dickicht und endet an einem Getreidefeld, wo wir weg- und markierungslos zwischen Wald- und Ackerrand geradeaus weiterwandern, bis wir auf einen Feldweg stoßen, der uns rechts nach **Mesmerode (3)**, 51 m, bringt. Geradeaus vor uns haben wir dabei stets die Halde des Kalibergwerkes Bokeloh im Blick. Nach Überquerung der Bokeloher Straße gehen wir geradeaus nach Süden weiter nach **Idensen (4)**, 51 m, mit der fotogenen romanischen Sigwardskirche (WC beim Spielplatz). Die Straße Unter den Linden führt von der Ortsmitte nach Osten an den Ortsrand. Weiter auf einer für den Verkehr gesperrten Straße und an einem Unterstand vorbei kommen wir zum Jachthafen am Ufer des Mittellandkanals. Diesem folgen wir nun links bis zur nächsten Brücke, die uns in den Haster Wald bringt. Nach mehreren Abzweigern erreichen wir die Bundesstraße am Ortsrand von **Haste (5)**, 50 m, wo wir auch gleich die Bahn unterqueren (hier rechts der Hauptstraße entlang in 15 Min. zum Zentrum bzw. Bhf). Nach der Unterführung wandern wir durch die Wohnstraße »Forstweg« links in südöstlicher Richtung erneut in den Haster Wirtschaftswald, wo wir kurz der Landesstraße links folgen, jedoch nach

100 m beim kleinen Parkplatz wieder verlassen.
Am südlichen Waldrand geht es zum Windpark, den wir durchqueren. Die Straße dreht kurz vor Erreichen der Autobahn nach rechts und führt uns nach **Waltringhausen (6)**, 63 m. Durch die Osterfeld- und später Dorfstraße durchschreiten wir den Ort. Nach den Geleisen biegen wir links in die Bückethaler Straße ab. Gleich rechts geht es am Unteren, dann Oberen Hohlweg zum Möbelhaus (mit Restaurant) und weiter zur Landwehrstraße, die wir nach wenigen Schritten nach rechts über die Buchenallee wieder verlassen. Wer außerhalb des Zentrums nächtigen möchte, findet hier bereits die ersten Unterkünfte. Alle anderen folgen der Buchenallee – mit freiem Deisterblick zur Linken – etwa 30 Min. bergauf, zuletzt jedoch hinunter in die Ortsmitte von **Bad Nenndorf (7)**, 80 m.

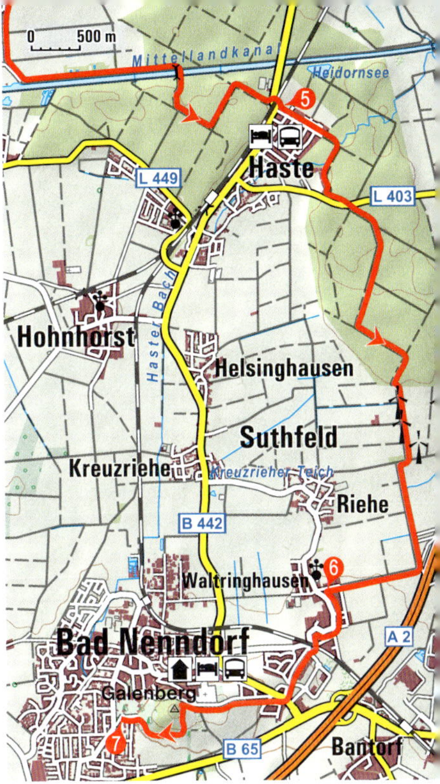

Der Hausberg von Mesmerode.

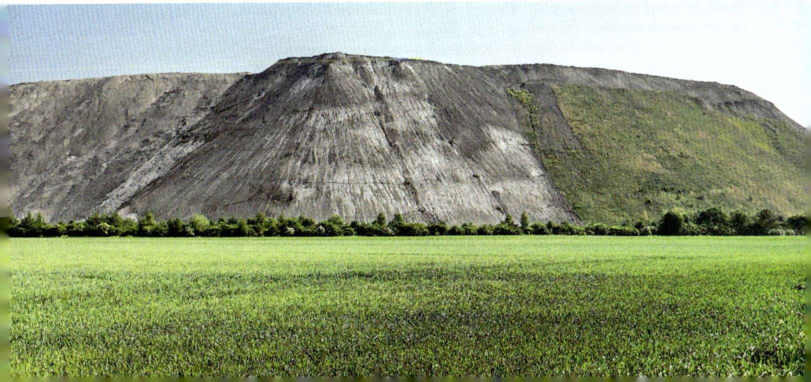

33 Bad Nenndorf – Bad Münder

9.00 Std.

27 km

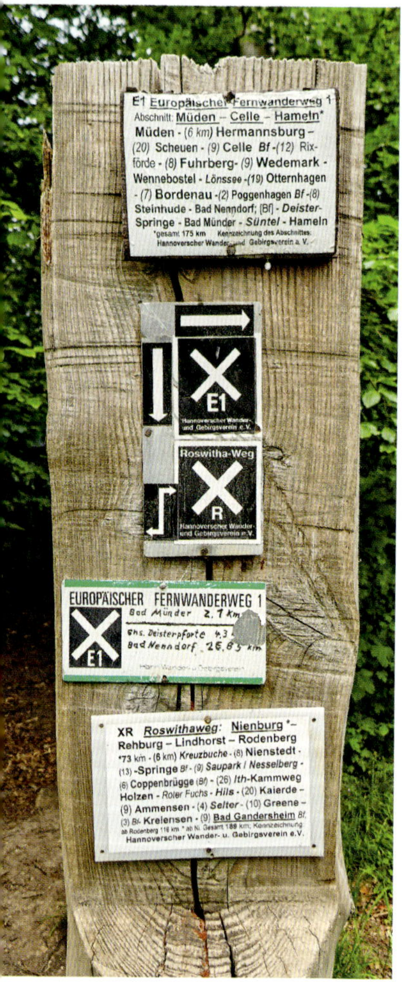

Kopf in den Nacken

Bevor wir den Nordteil des deutschen E1 abhaken, haben wir die Möglichkeit, uns ein wenig auf den Südteil einzustimmen, denn: Mit dieser Etappe erreichen wir die deutsche Mittelgebirgslandschaft – und damit das Hauptcharakteristikum des Folge-Wanderführers. Wer sich das Höhenprofil des Gesamtweges ansieht, der weiß: Ab nun ist nichts mehr, wie es früher war. Aus dem gemächlichen Geplänkel der bisherigen Höhenlinie wird das aus Krimiserien bekannte EKG, das nun 900 km lang aufgeregt herumspringt und erst wieder zur Ruhe kommt, wenn uns die Bodenseeschifffahrt über den See schippert. Diese Etappe ist eine passende, wenn auch noch nicht typische Einstimmung für alles, was uns bis dorthin noch erwartet. Denn heute geht es gleich auf den ersten 6 km ziemlich zackig hinauf. Unterbrochen wird die Höhenwanderung nur vom Niedstedter Pass.

Ausgangspunkt: Kurpark Bad Nenndorf, 80 m.
Höhenunterschied: 740 m im Aufstieg, 580 m im Abstieg.
Anforderungen: Es erwarten uns einige kurze ungewohnt steile Abschnitte, weshalb wir für die letzten beiden Etappen Schuhe mit Profilsohle empfehlen.
Einkehr: Die Deister-Gaststätten Moos-

Vorsicht, Verwechslungsgefahr! Der Roswitha-Weg »R« schmückt sich ebenfalls mit dem weißen Andreaskreuz.

hütte, Teufelsbrücke, Nordmannsturm und Annaturm öffnen Di–So am späten Vormittag.

Unterkunft: Bad Münder: Mehrere, z. B. Berggasthaus Ziegenbuche, Mo, Di RT, Tel. +49 5042 3378, www.ziegenbuche.de; Hotel Terrassen-Café, Tel. +49 5042 6070, www.hotel-terrassen-cafe.de.

Verkehrsmittel: Bahn S1 Bad Nenndorf–Hannover, S5 Weetzen–Paderborn, Bürgerbus 15 Ziegenbuche–Bad Münder (Mo–Sa stündlich, www.buergerbus-bad-muender.de). Informationen zur Nahverkehrsregion Hameln-Pyrmont unter www.oeffis.de.

Information: TI Bad Münder, Tel. +49 5042 92 98 04, www.bad-muender.de.

Karten: K Kartenset 848 Hannover und Umgebung.

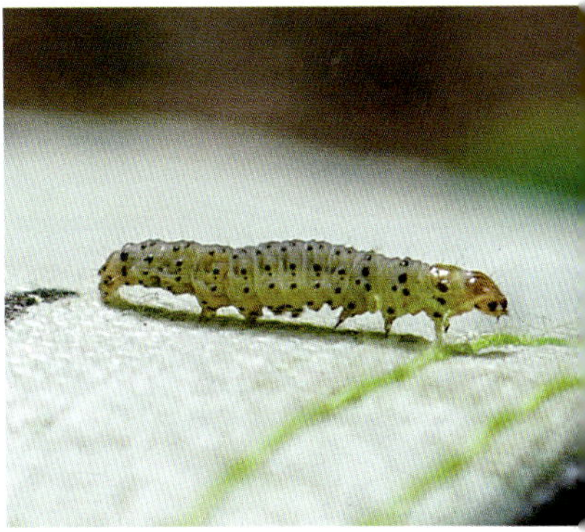

Rucksackpassagier.

Wir starten im Kurpark von **Bad Nenndorf (1)**, 80 m, vor dem Haus Kassel durch die Parkstraße nach Osten, wo uns die Beschilderung durch die Süntelbuchenallee Richtung Erlengrund – einem Waldstück zwischen B 65 und A 2 – schickt. Nach Querung der beiden Straßen wählen wir beim Parkplatz den Weg rechts Richtung Teufelsbrücke. Am Weg dorthin können wir dem (durch Baumwuchs seinem Namen nicht gerecht werdenden) Belvedereturm einen Besuch abstatten. Unser nächster beschilderter Wegpunkt ist die **Mooshütte (2)**, 166 m, ein Ausflugsgastaus mit Besucherparkplatz. Links befinden sich einige große Informationstafeln; dort weisen uns Wanderwegschilder den Weg Richtung Teufelsbrücke.

Nach der **Waldschänke Teufelsbrücke (3)**, 256 m, wählen wir bei der Gabelung den oberen Weg. Wir erreichen einen gepflasterten Abschnitt, dem wir ein kurzes Stück folgen, um dann bei einem Funkmast links abzubiegen. Beim offenen Unterstand am Wegekreuz **Kreuzbuche (4)**, 328 m, bleiben wir geradeaus und kommen zum Fernmeldeturm am Großen Hals. Von hier schicken uns die Wegweiser an der nächsten Einkehr, dem **Nordmannsturm (5)**,

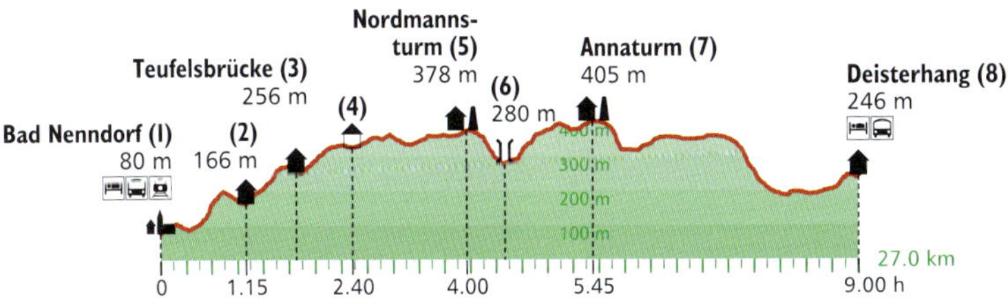

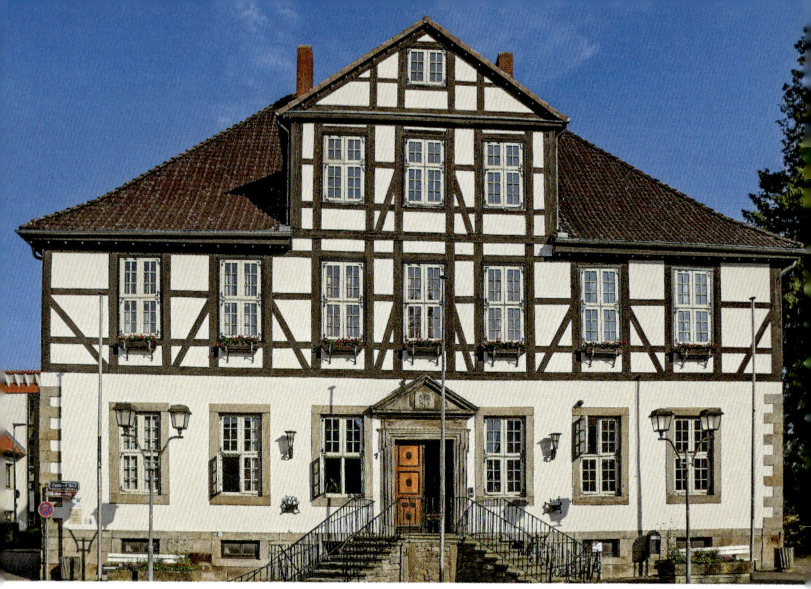

Lohnender Stadtbummel in Bad Münder.

378 m, vorbei zum **Nienstedter Pass (6)**, 280 m. Die Landstraße durchschneidet den Deisterkamm hier ziemlich gerecht in zwei Hälften. Der große Parkplatz ist trotz fehlender Gastronomie ein beliebtes Ziel der Biker, da die Deisterstraße Steigungen aufweist, die man sonst im Raum Hannover vergebens sucht. Über den Parkplatz kommen wir zur Straße Richtung **Annaturm (7)**, der wir am Radar der Deutschen Flugsicherung vorbei bis zur gleichnamigen Gaststätte folgen. Der Bröhn, auf dessen Gipfel wir uns hier befinden, ist mit 405 m nicht nur der höchste Berg des Deisters, sondern auch der nördlichste »Vierhunderter« Mitteleuropas.

Nach dem Annaturm zweigt von unserem Weg rechts ein Pfad ab, der uns in die Siedlung Köllnischfeld bringt (Parkplatz). Ab hier könnten wir der Beschilderung Richtung Deisterpforte folgen, einem Ausflugsgasthof, der aber seit Jahren geschlossen ist. Weshalb wir uns genauso gut gleich der Beschilderung Richtung Ziegenbuche anvertrauen können, die uns aussichtsreich nahe am Waldrand zur ersten Nächtigungsmöglichkeit im Norden von Bad Münder am Deister führt. Aufgrund der Länge lassen wir diese Etappe hier enden. Wer dennoch in der Stadt nächtigen will, folgt entweder dem geradewegs in die Ortsmitte verlaufenden Zufahrtsweg oder benützt den Bürgerbus, der das **Berggasthaus Ziegenbuche** am **Deisterhang (8)**, 246 m, mit dem Zentrum bzw. dem etwas außerhalb gelegenen Bahnhof verbindet.

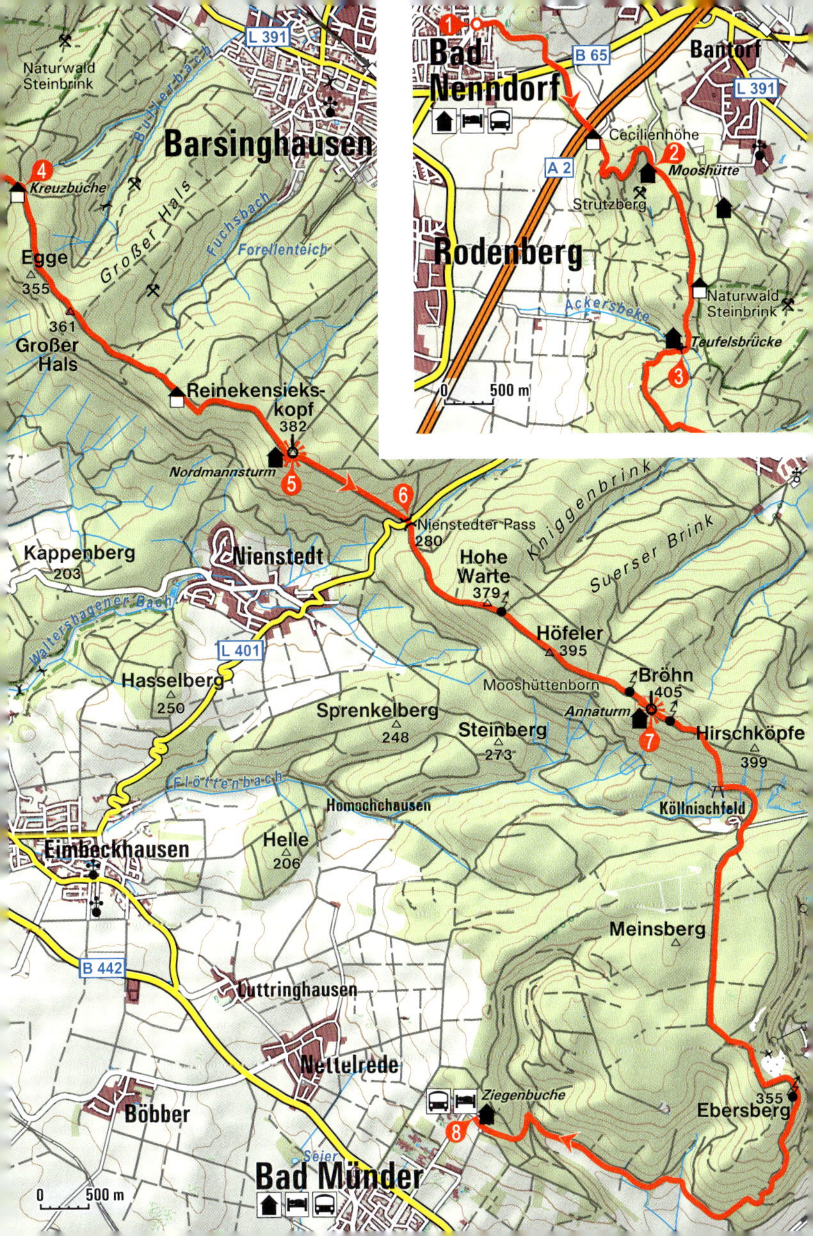

1
Bad Nenndorf
B 65
Bantorf
L 391
Cecilienhöhe
2
Mooshütte
A 2
Strutzberg
Rodenberg
Naturwald Steinbrink
Ackersbeke
Teufelsbrücke
3
0 500 m
Naturwald Steinbrink
L 391
Barsinghausen
Bullerbach
4
Kreuzbuche
Großer Hals
Fuchsbach
Forellenteich
Egge
355
361
Großer Hals
Reinekensieks-kopf
382
Nordmannsturm
5
6
Nienstedter Pass
280
Kniggenbrink
Suerser Brink
Kappenberg
203
Nienstedt
Hohe Warte
379
Waltershagener Bach
L 401
Höfeler
395
Hasselberg
250
Mooshüttenborn
Bröhn
405
Sprenkelberg
248
Annaturm
Steinberg
273
7
Hirschköpfe
399
Flöttenbach
Homochchausen
Köllnischfeld
Eimbeckhausen
Helle
206
Meinsberg
B 442
Luttringhausen
Nettelrede
Ziegenbuche
355
Ebersberg
8
Böbber
Seier
Bad Münder
0 500 m

34 Bad Münder – Hameln

7.00 Std.
21 km

Ratten, Ratten – überall Ratten!

»Rattenfängerstadt« verhält sich zu Hameln ungefähr so wie »James« zu Bond: »Gestatten, Hameln. Rattenfängerstadt Hameln.« – Bevor wir uns jedoch dem Mythos des Flötenspielers hingeben, der der Sage nach alle Kinder der Stadt nach seiner Pfeife tanzen ließ, gilt es vorher noch, den höchsten Punkt des gesamten Nordabschnittes des E1 zu überwinden. Was nach harter Arbeit klingt, entpuppt sich allerdings unterwegs als ein sanftes Flötenspiel. Und auch wenn sich der Refrain heute dreimal wiederholen sollte – nichts kann uns jetzt noch vom Besuch der liebenswürdigen und charmanten Stadt an der Weser abhalten. Dort dürfen wir uns dann ohne Hemmungen einen Teller flambierte Rattenschwänze bringen lassen – denn den haben wir uns wahrlich verdient.

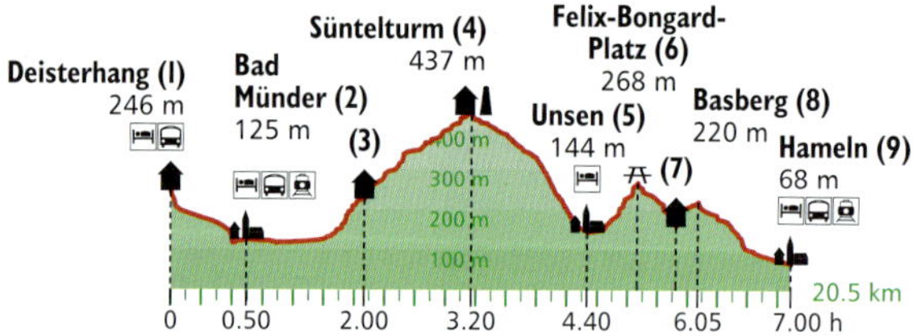

Ausgangspunkt: Berggasthaus Ziegenbuche am Deisterhang bei Bad Münder, 246 m.

Höhenunterschied: 560 m im Aufstieg, 740 m im Abstieg.

Anforderungen: Einfache Wanderung mit knackigen Anstiegen.

Einkehr: Waldgasthaus Bergschmiede, Mo RT, Tel. +49 5042 520 08; Waldgaststätte Süntelturm, Di–So 10–17, nach Jahreszeit Mo, Di RT, Tel. +49 5042 4258, www.suentelturm.de; Hameln Schweineberg: Forsthaus Heisenküche, Mo RT, Di–So ab 12 h, Tel. +49 5151 415 84, forsthausheisenkueche.eatbu.com; Hameln.

Unterkunft: **Unsen:** Hotel-Restaurant Waldhof, Tel. +49 5151 882 22, www.waldhof-unsen.de. – **Hameln:** Mehrere, z. B. Hotel An der Altstadt Hameln, Tel. +49 5151 402 40, www.hotel-hameln.de; Hotel Altstadt-Wiege, Tel. +49 5151 278 54, www.hotel-altstadtwiege.de; DJH Hameln, Tel. +49 5151 3425, hameln.jugendherberge.de.

Einkauf: B, Bä, S in Bad Münder, B, S in Hameln.

Verkehrsmittel: Kleinbus BB15 Bad Münder–Ziegenbuche, Bahn S5 Bad Münder–Paderborn.

Information: TI Hameln, Tel. +49 5151 95 78 23, www.hameln.de.

Karten: Wie Etappe 33.

Tipps: Über 300 bronzene Rattensymbole weisen dem Besucher Hamelns den Weg zu den wichtigsten Sehenswürdigkeiten. Einen Stadtplan zu diesem Rundgang gibt es um 1 Euro in der Tourismusinformation im Bürgergarten.
Im Altstadt-Parkhaus Kopmanshof gibt es eine Gepäckaufbewahrung.

Vom **GH Ziegenbuche** am **Deisterhang (1)**, 246 m, bringt uns der Panoramaweg am Akademiehotel vorbei hinunter in die Ortsmitte von **Bad Münder (2)**, 125 m. Die Lange Straße verläuft rechts in die Altstadt und weiter zur Wermuthstraße, die uns links aus dem Stadtgebiet hinausführt. In der Rahlmüller Straße folgen wir links dem Spazierweg, der am Rande des Wohngebietes beschildert auf den Süntel zielt. Nach einem kurzen Stück auf der Süntelstraße zweigen wir links zum Waldgasthaus **Bergschmiede (3)**, 226 m, ab. Von hier aus können wir uns der E1-Markierung oder der lokalen Beschilderung hinauf zum **Süntelturm (4)**, 437 m, anvertrauen, deren gemeinsame Wegführung gelegentlich die Zufahrtsstraße abkürzt.
Vor dem Turm ist unser nächstes Teilziel Unsen bereits beschildert. Überhaupt ist die verbleibende Strecke bis Hameln hervorragend markiert. Auf den Bergwegen vor und nach Unsen begleitet uns der E 11 – er ist damit der vierte Europäische Fernwanderweg, der uns in diesem Buch begegnet. Auf Höhe des Kindererholungsheims biegen wir links ab, queren einen Parkplatz und kommen zur Bushaltestelle in der Ortsmitte von **Unsen (5)**, 144 m.
Die Straße Ortsfeld bringt uns in ca. 10 Min. zur Abzweigung unseres Wanderweges auf den Schweineberg. Der Picknicktisch am **Felix-Bongard-**

Rückblick auf das Sünteltal.

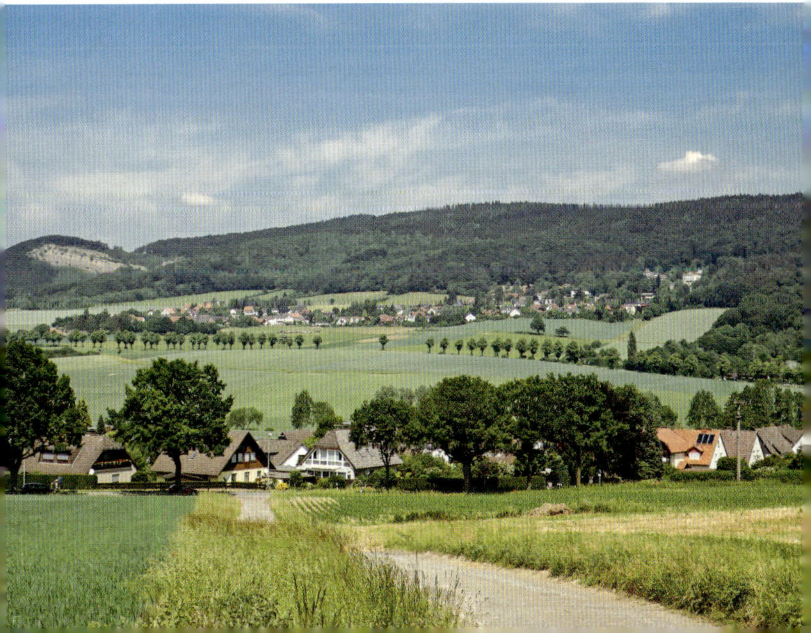

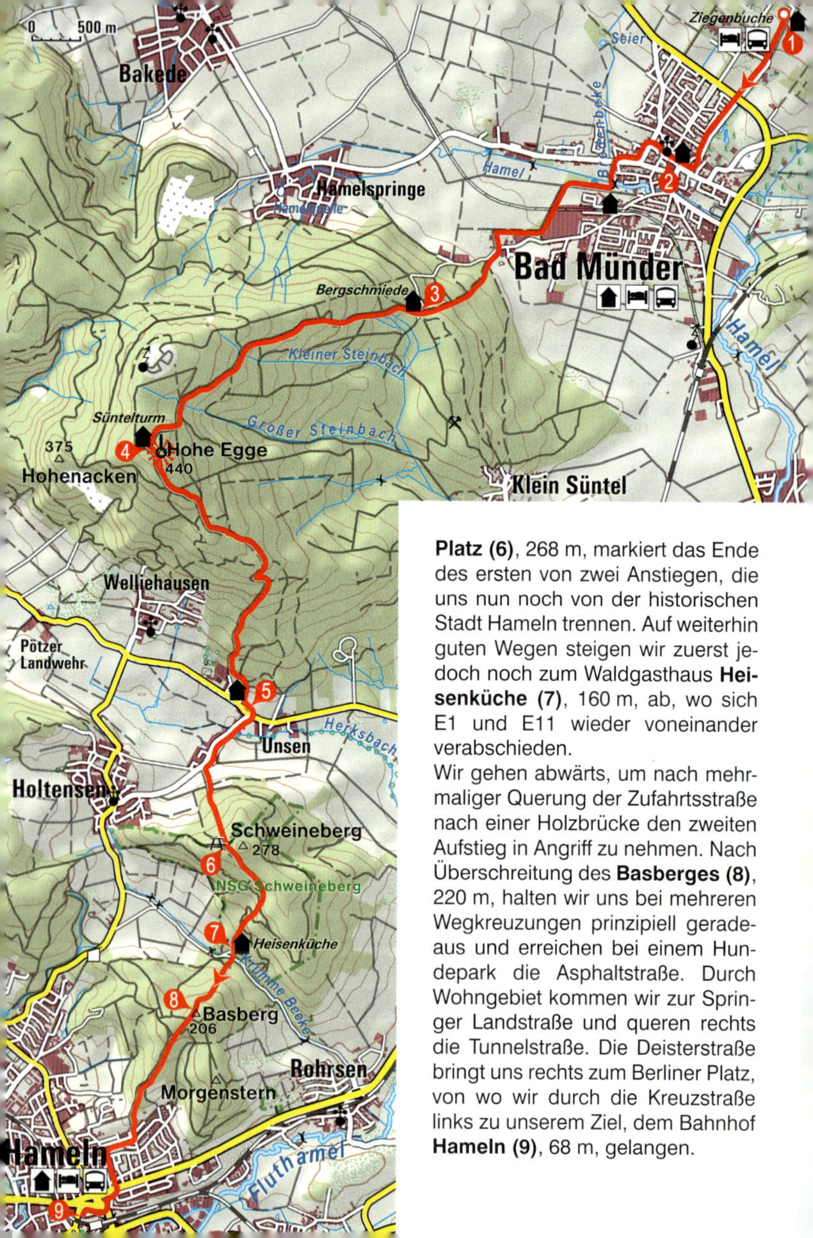

Platz (6), 268 m, markiert das Ende des ersten von zwei Anstiegen, die uns nun noch von der historischen Stadt Hameln trennen. Auf weiterhin guten Wegen steigen wir zuerst jedoch noch zum Waldgasthaus **Heisenküche (7)**, 160 m, ab, wo sich E1 und E11 wieder voneinander verabschieden.

Wir gehen abwärts, um nach mehrmaliger Querung der Zufahrtsstraße nach einer Holzbrücke den zweiten Aufstieg in Angriff zu nehmen. Nach Überschreitung des **Basberges (8)**, 220 m, halten wir uns bei mehreren Wegkreuzungen prinzipiell geradeaus und erreichen bei einem Hundepark die Asphaltstraße. Durch Wohngebiet kommen wir zur Springer Landstraße und queren rechts die Tunnelstraße. Die Deisterstraße bringt uns rechts zum Berliner Platz, von wo wir durch die Kreuzstraße links zu unserem Ziel, dem Bahnhof **Hameln (9)**, 68 m, gelangen.

Die Magie der Flötenmelodie

Ein gar wunderlicher Mann mit Gewändern aus buntem Tuch machte im Jahre 1284 der Stadt Hameln seine Aufwartung. Sein Beruf: Outdoor-Kammerjäger. Für bare Münze, so versprach er es den Hamelner Bürgern, würde er die Stadt von allen Mäusen und Ratten befreien. Nach getaner Arbeit ging es an die Abrechnung, doch die Stadtväter zeigten dem Mann mit der Flöte die lange Nase. Das machte den Rattenfänger sehr traurig. Und wütend. Weshalb er eine Weile später – es war gerade Sonntag – zurückkam und erneut die Flöte ansetzte. Doch diesmal kamen nicht die Vierbeiner, sondern alle Mägdlein und Knaben gesprungen und folgten dem Mann in der bunten Tracht durch das Stadttor hinaus. Was genau aus den 130 Kindern wurde, wissen nicht einmal die Gebrüder Grimm zu berichten, die das ganze Geschehen überhaupt erst zu Papier brachten.

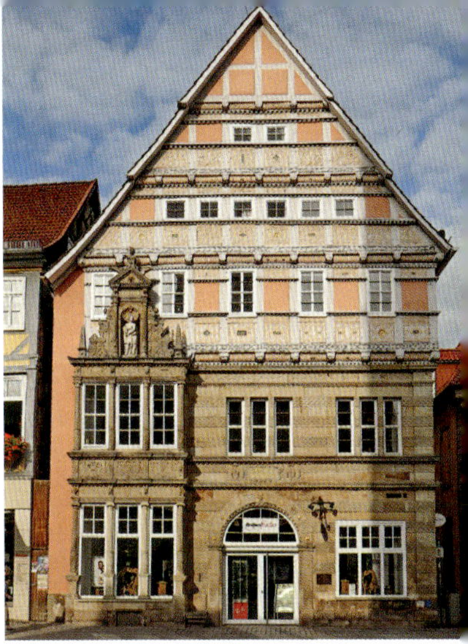

Dempterhaus, Baujahr 1607.

»Gehen wir mal dem da nach – der kennt sich hier scheinbar aus.«

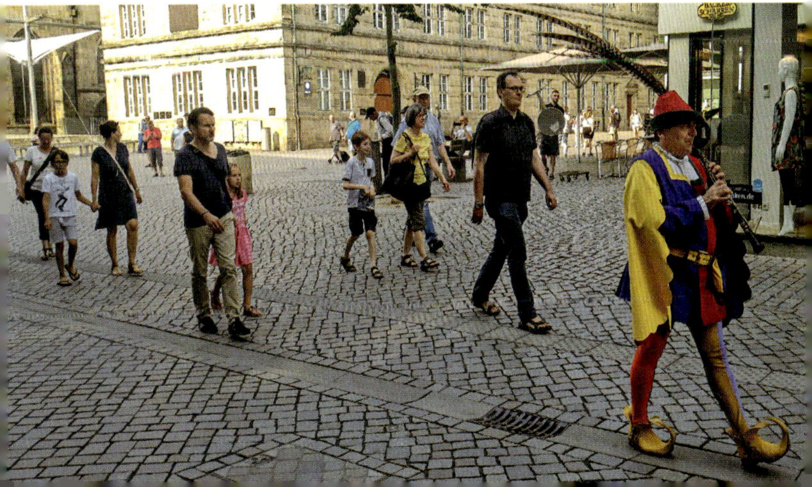

WV 1 Schleswig – Dörpstedt

6.00 Std.
23 km

Danæwirchi

Für den mittelalterlichen Fernverkehr war Haithabu das Zentrum, welches die Handelsströme zwischen Skandinavien und Mitteleuropa überwachte. Kontrolliert wurden die mittelalterlichen Spediteure von den Wikingern, die im heutigen Schleswig ihre skandinavische Südgrenze schützten. Dazu errichteten sie zwischen dem damals unpassierbaren Eider-/Treene-Tiefland und der Schlei einen Grenzwall und zwei Burgen. Durch die 6 Meter hohe und 30 Meter breite Mauer war der Durchzug von größeren Heeresverbänden nicht mehr möglich. Etwa ein halbes Jahrtausend lang wurde der Wall, den die alten Dänen »danæwirchi« nannten, bewacht, bevor er durch politische Machtverschiebungen in der Region seine strategische Bedeutung verlor. Das Danewerk gilt als größtes Baudenkmal Nordeuropas und ist seit 2018 UNESCO-Weltkulturerbe.

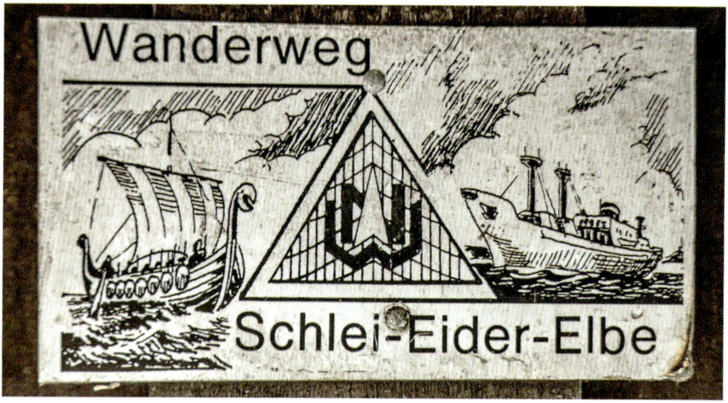

Eine historische, fast vergessene Strecke – heute Teil des E1.

Ausgangspunkt: Schleswig, Zufahrt Schloss Gettorf, 1 m.
Höhenunterschied: Jeweils 100 m im Auf- und Abstieg.
Anforderungen: Leichte, abwechslungsreiche Wanderung. Steilere Passagen am Wall sind durch Stufen entschärft. Radfahrer müssen hier tragen.

Einkehr: Odins Haddeby (Restaurant mit Bäckerei, täglich ab 7.00 Uhr); Gasthof Rothenkrug in Dannewerk (Mo RT, ab 10 Uhr).
Unterkunft: Direkt am Weg keine. Busverbindungen nach Schleswig siehe Verkehrsmittel.
Einkauf: Zu Etappenbeginn in den Su-

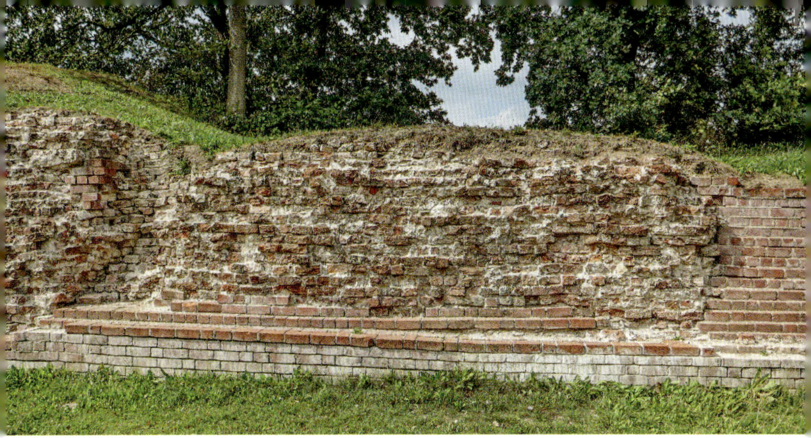

Die Waldemarsmauer, 850 Jahre alt.

permärkten am Schleswiger Stadtrand.
Verkehrsmittel: Bus 1512 Friedrichstadt–Schleswig, Bus 1513 Dörpstedt–Schleswig bzw. Bus 1518 Bergenhusen–Schleswig. Weitere Haltestellen nahe dem Weg: Norderstapel, Wohlde, Bünge, Kurburg, Dannewerk; Fahrpläne auf www.vsf-gmbh.com. Achtung: Die Busse in der Region verkehren nur von Montag bis Freitag!
Information: TI Schleswig, Tel. +49 4621 8500-50, www.ostseefjordschlei.de.
Karten: L Blatt 5 Schleswig – Eckernförde; K WK714 Kiel – Rendsburg – Schleswig bzw. K WK712 Husum – St. Peter-Ording.
Tipp: Das Danewerk (dänisch Danevirke) sicherte auf etwa 30 km die Südgrenze des mittelalterlichen Skandinaviens und hatte bis in die jüngere Vergangenheit strategische Bedeutung. Es gilt als das größte Bauwerk Nordeuropas. Infos zum Danewerk unter www.haithabu-danewerk.de; Danevirke Museum, www.danevirkemuseum.de.

Von **Schleswig (1)**, 1 m, bis zum Wikingermuseum **Haithabu (2)**, 15 m, folgen wir der Beschreibung der Etappe 3 dieses Buches.
Bald nach dem Museum gilt es auf die Markierung zu achten, denn hier teilen sich die Ost- und die Westvariante des E1. Während Erstere nahe am Haddebyer Noor bleibt, folgt unsere Westvariante dem breiten Radweg nach **Busdorf (3)** 18 m. Nach Querung der Bundesstraße 77 gelangen wir durch den Kirchenweg zur Rendsburger Straße. Das Niedersachsenhaus am Eck (Kirchenweg 1) ist übrigens das älteste Haus in Busdorf. Ein Stück links die Straße entlang bringt uns zur Alten Landstraße und weiter rechts über die

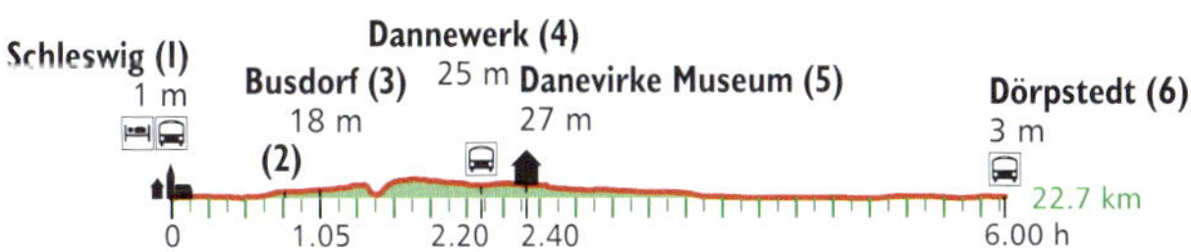

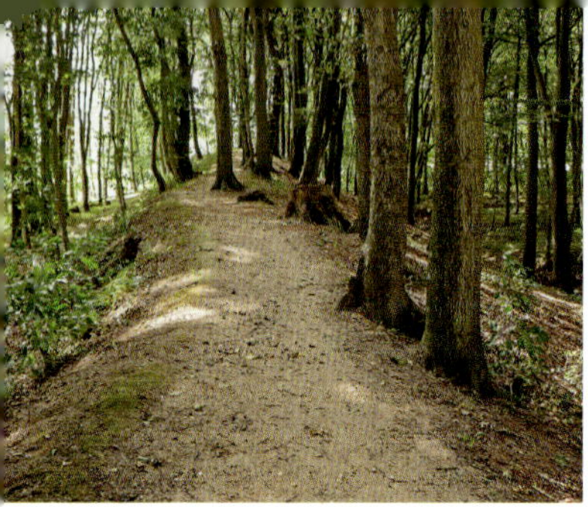

Wandern auf dem Wall.

Bahnverbindung Flensburg–Neumünster zum Margarethenwall. Der Einstieg in den archäologischen Lehrweg befindet sich gleich nach der Bahnbrücke rechts. Richtung Westen kommen wir nahe an die A 7 heran, wo wir kurz einem verwachsenen Weg folgen, der parallel zur Autobahn verläuft. Am anderen Ende dieses Weges gilt es noch die Leitschienen der Hauptstraße zu umgehen, der wir dann auf der gegenüberliegenden Straßenseite entlang des Radweges in den Ort **Dannewerk (4)**, 25 m, folgen.

An der Gabelung, an der ein braunes Schild die Fahrstrecke zum Museum Danewerk/Danevirke anzeigt, verlassen wir den Radweg und schwenken scharf rechts zwischen den Häusern in den Seeredder ein. Durch Wald gelangen wir zum Wall, auf dem wir nach links auf schönem Weg durch das Naturschutzgebiet Richtung **Danevirke Museum (5)**, 27 m, wandern. Einige Meter weiter links befindet sich das Gasthaus Rothenkrug.

Hinter dem Museumsgebäude beginnt der Archäologiepark am Hauptwall – mit Einblicken in dessen »Innerstes«, der Waldemarsmauer. Nach Passieren der Schanze 14, einer Wehranlage aus dem deutsch-dänischen Krieg von 1864, folgen wir dem Hauptwall auf schönem Weg durch den Borstgrasrasen des Naturschutzgebietes zur Kreisstraße, die hier den Wall durchbricht. Bei der Bushaltestelle Kurburg (Linie 1512 Friedrichstadt–Schleswig) folgen wir links dem Traktorweg, der uns entlang dieses baumfreien Abschnittes die Möglichkeit gibt, den Wall (samt vorgelagertem Graben) von der Seite zu begutachten.

Nach etwa 15 Gehminuten wechseln wir auf die Nordseite (Radwegbeschilderung) und erreichen ein allein stehendes Haus, wo wir von Asphalt auf Schotter wechseln und dem beschilderten Margarethenwall-Weg folgen.

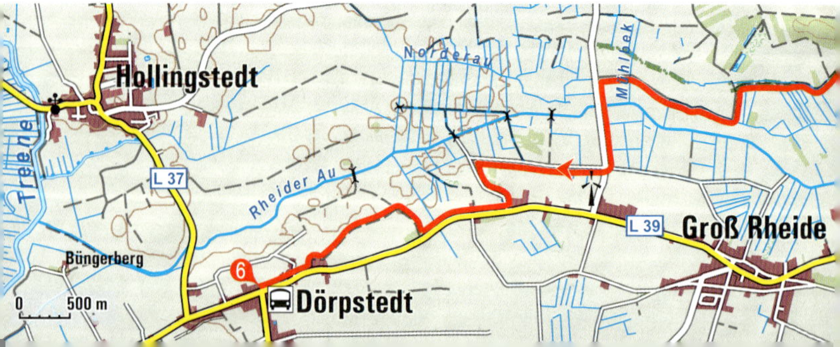

Bei einer T-Kreuzung mit Infotafel zum Krummwall zweigen wir links ab. 300 m später schwenken wir nach rechts (Westen) und gelangen über den Weg Reitfenne zu einer asphaltierten Straße. Dort in Richtung Süden (links), wenden wir uns nach etwa 850 m bei einem Weidetor in den Weg rechts. Nach etwa 15–20 Min. zweigen wir links zur Landesstraße ab. Nach einem kurzen Stück rechts entlang des Radweges wechseln wir die Straßenseite und folgen einer Nebenstraße bis zur ersten Abzweigung links, von wo aus wir in einer Viertelstunde zurück zur Straße am Ortsrand von **Dörpstedt (6)**, 3 m, kommen.

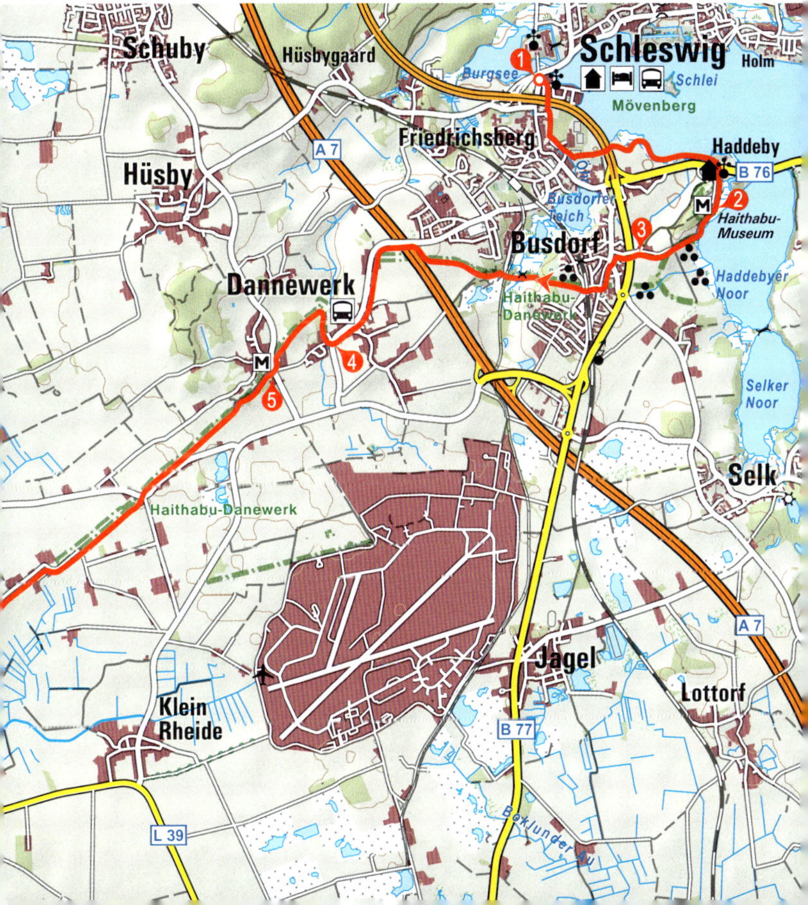

WV 2 Dörpstedt – Erfde

6.00 Std.
23 km

Mit einem Bein in Bergenhusen

Unsere heutige Wanderung führt uns in die Eider-Treene-Niederung. Wie bereits bei der vorherigen Etappe angesprochen, war dieses Gebiet im Mittelalter nur schwer zugänglich, da Seen, Sümpfe und Moore das Vorankommen beinahe unmöglich machten. Auch heute noch ist das Gebiet die größte zusammenhängende Moorfläche des Bundeslandes und damit Heimat für zahlreiche Wiesenvogelarten. In Bergenhusen findet man eine der größten Weißstorchpopulationen Europas vor, was der Gemeinde den Namen »Storchendorf« einbrachte. In guten Jahren ziehen hier bis zu 20 Brutpaare ihren Nachwuchs groß. Der Naturschutzbund Deutschland betreibt in Bergenhusen neben einer Forschungsstation auch eine Pflegestation für verletzte und kranke Störche.

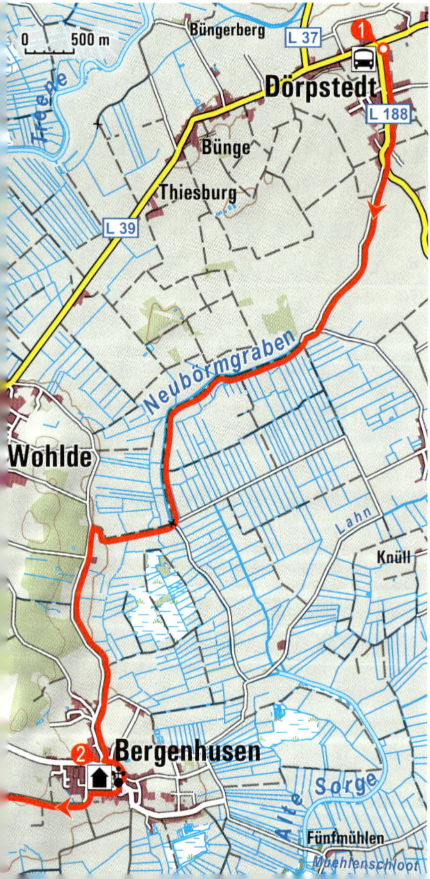

Ausgangspunkt: Dörpstedt, Abzweigung Dorfstraße, 3 m.
Höhenunterschied: Jeweils ca. 90 m im Auf- und Abstieg.
Anforderungen: Leichte Wanderung.
Einkehr: Bergenhusen, Erfde.
Unterkunft: Norderstapel: GH Sievers, Tel. +49 4883 314, www.sievers-gasthof.de. – **Erfde:** Lühr's Landgasthof, Tel. +49 4333 220, www.luehrs-landgasthof.de (Reservierung mind. 1 Tag im Voraus).
Einkauf: Erfde.
Verkehrsmittel: Wie WV01 bzw. Bus 3210 Rendsburg–Erfde–Norderstapel.
Information: TI Erfde, Tel. +49 4333 454, www.erfde.de.
Karten: L Blatt 5 Schleswig – Eckernförde; K WK712 Husum – St. Peter-Ording.

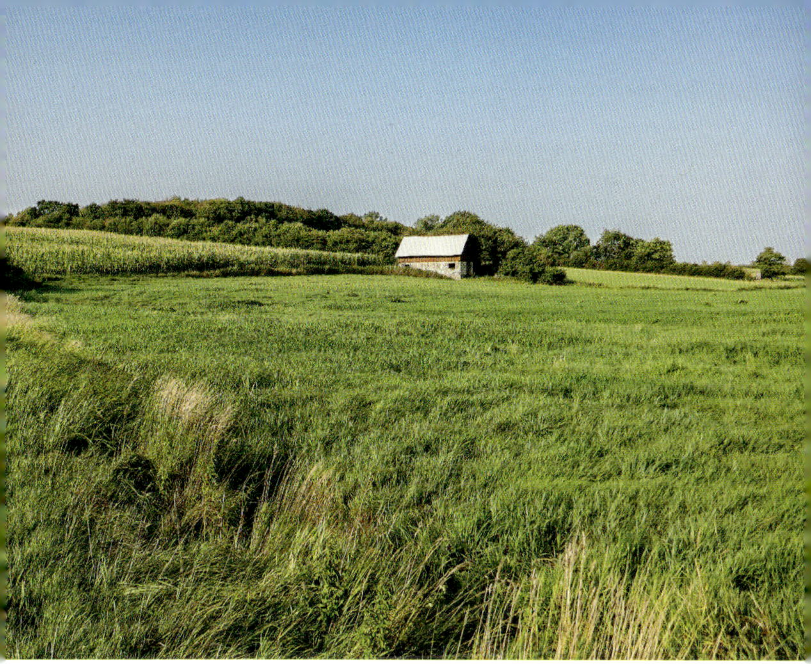

Foto oben: Durchquerung des Südermoores. – Unten: Frechheit!

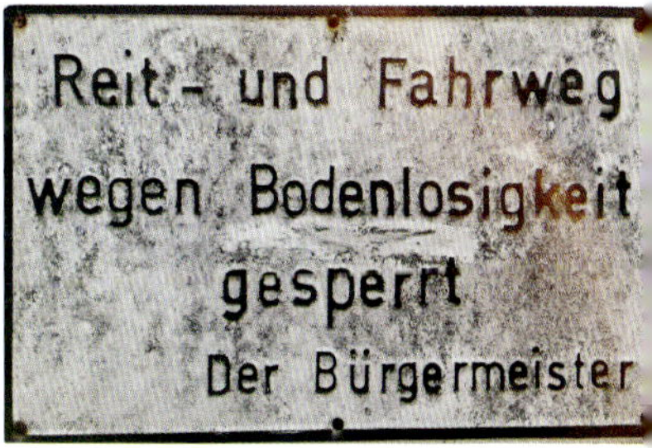

Nahe der Tankstelle in der Ortsmitte in **Dörpstedt (1)**, 3 m, verläuft die Dorfstraße nach Süden. Kurz vor dem Ortsende folgen wir dem Seewiesendamm rechts durch das Dörpstedter Moor, stets einen Entwässerungsgraben (»Schlot«) an unserer Seite. Nach etwa 1 Std. überqueren wir gemeinsam mit dem Radweg rechts eine Brücke. Auf Schotter, bald jedoch auf As-

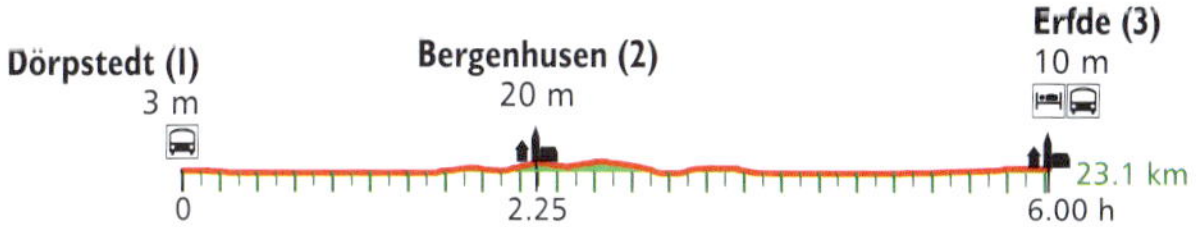

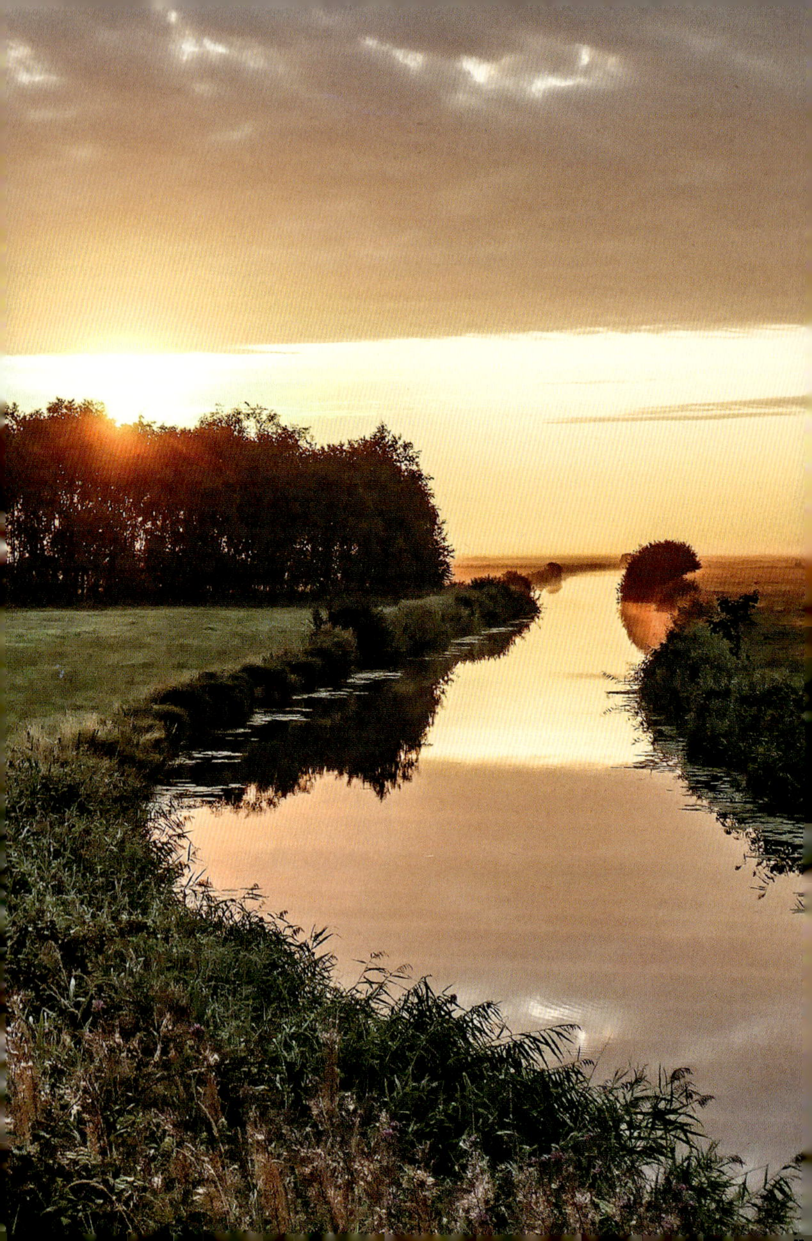

phalt erreichen wir die nach Süden führende Straße in das Storchendorf **Bergenhusen (2)**, 20 m.

Wir folgen der Ortsstraße zum Gasthaus bei der Kirche, wo unser Weg rechts abzweigt und entlang der Straße Karkenstreng um den Friedhof herum verläuft. Am Ende der Straße zweigen wir links in die Straße am Hersbarg (Hersberg) ab, auf der wir nun bis zu einem Gehöft am Rande des Südermoores bleiben. Vor der Steinmauer biegen wir in den Feldweg links. Nach Querung eines kleinen Kanals folgen wir dem überwachsenen Weg an zwei markanten Pfählen vorbei. Nach südseitiger Umgehung einer landwirtschaftlich genutzten Fläche kommen wir zu einer befestigten Straße Richtung Norderstapel. Nach etwa 20 Min. zweigt der Weiterweg nach Süden ab (wer in Norderstapel nächtigen möchte, folgt von hier dem Weg geradeaus in den Ort, ca. 1,5 km zum GH Sievers).

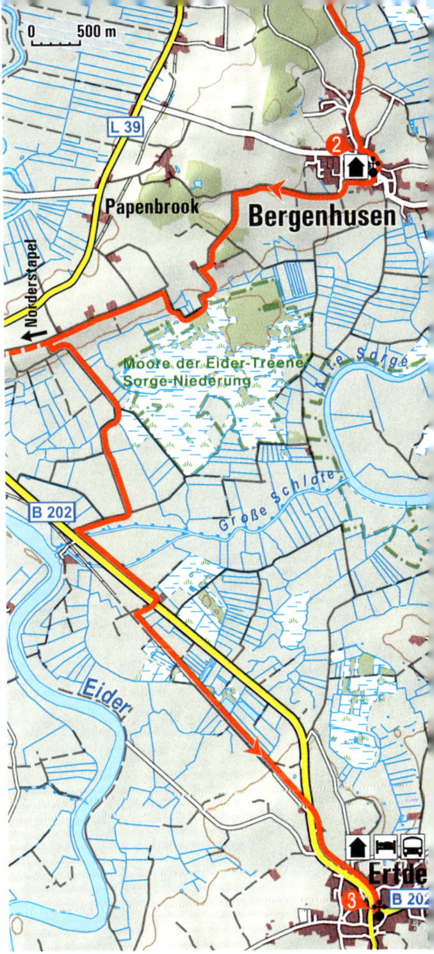

Weiter Richtung Südosten wird das Gebiet des verlandeten Dacksees gequert. Befestigte Wege führen uns nahe an die Neue Schlote heran, die wir nach Erreichen der Bundesstraße 202 etwas weiter rechts (westlich) queren. Hier ist Vorsicht geboten, die Straße ist mitunter stark befahren. Wir folgen der Straße nach links und wechseln nach etwa 1 km auf den Radweg, der mit etwas Abstand zur Straße entlang des Dammes in Richtung der Ortsmitte von **Erfde (3)**, 10 m, verläuft.

Frühmorgens an der Neuen Schlote.

WV 3 Erfde – Albersdorf

8.30 Std.
31 km

An der Nordseeküste

Sobald wir heute die Eider überquert haben, finden wir uns in der einstigen Bauernrepublik Dithmarschen wieder. Die Bezeichnung kommt daher, dass die (auch heute noch landwirtschaftlich geprägte) Region im Mittelalter weitgehende Freiheiten genoss, nachdem die Bauern die Vertreter des Adels kurzerhand aus ihrem Landstrich rausgeworfen hatten. Schlösser und Herrensitze sucht man deshalb in Dithmarschen vergeblich. Auch später, als sich die politischen Verhältnisse verschoben und andere Herren das Sagen hatten, behielten die Bauern weitgehende Freiheiten. Heute sind die Dithmarscher Bauern vor allem für den Kohl bekannt – nirgendwo in Europa gibt es größere Anbauflächen. Nicht weniger wichtig für die Region ist der Tourismus, vor allem die Nordseeküste zieht viele Menschen an. Und das flache Marschland im Landesinneren gilt als Paradies für Radfahrer.

Ausgangspunkt: Erfde, 10 m.
Höhenunterschied: 200 m im Aufstieg, 170 m im Abstieg.
Anforderungen: Lange, abwechslungsreiche Etappe ohne besondere Schwierigkeiten.
Einkehr: Tankstellencafé Pahlen; Tellingstedt; Albersdorf.
Unterkunft: **Tellingstedt:** Hotel Wilhelmshof, Tel. +49 4838 920, www.wilhelmshof-hotel.de. – **Albersdorf:** DJH, Tel. +49 4835 642, albersdorf.jugendherberge.de; Hotel Bess, Tel. +49 4835 97 83 00, www.hotel-bess-albersdorf.de.
Einkauf: Tankstelle in Pahlen, Tellingstedt, Albersdorf.
Verkehrsmittel: Bahnhof Albersdorf; Bus 1546 Erfde–Scheppern–Pahlen; Bus 2618 Heide–Dörpling–Pahlen–Erfde; Bus 2501 und 2505 Bunsoh–Albersdorf. Rufbus siehe Infokasten Seite 189.
Information: TI Tellingstedt, Tel. +49 4838 1058, www.tellingstedt.de; TI Dithmarschen, Tel. +49 481 212 25 55, www.echt-dithmarschen.de.
Karten: Wie WV 2, bzw. K WK717 Heide – Dithmarschen, K WK711 Nord-Ostsee-Kanal.

Jungsteinzeitlicher Schalenstein bei Bunsoh.

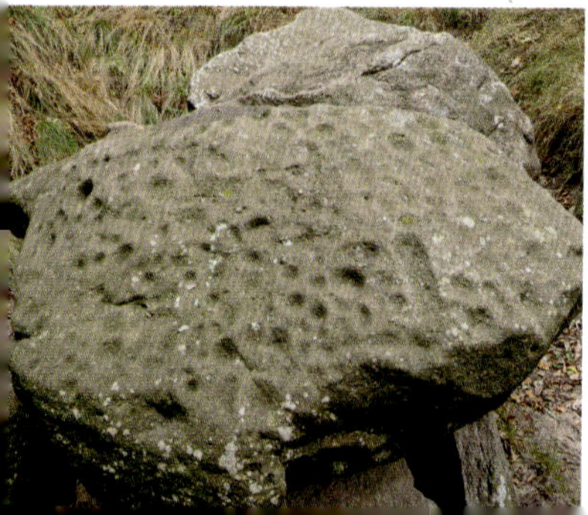

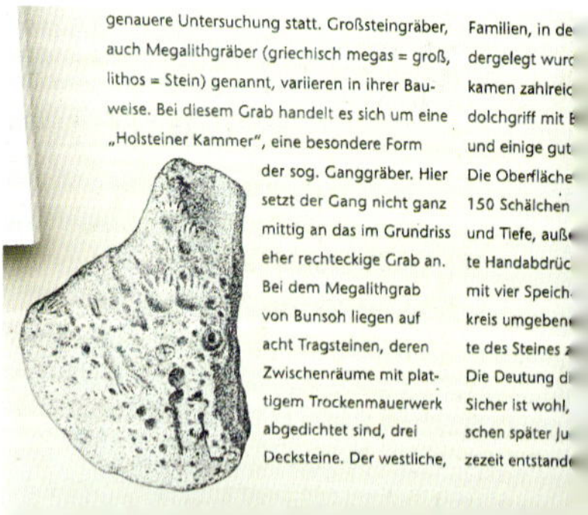

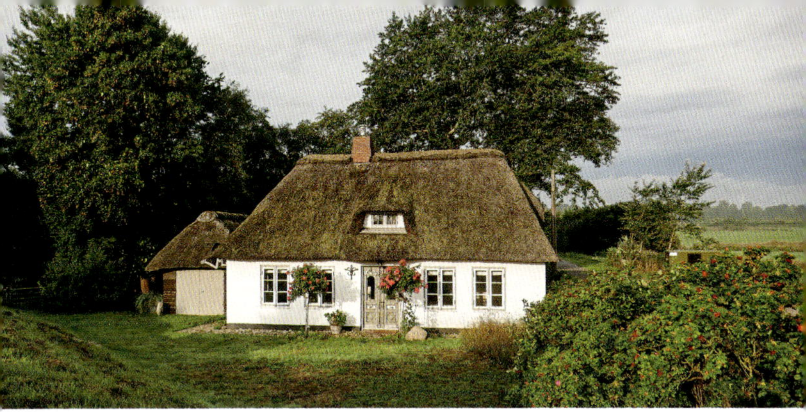

Uferhäuschen an der Eider.

Ausgehend von der Kirche in **Erfde (1)**, 10 m, folgen wir der Straße Richtung Pahlen bis zum Ortsende, wo wir rechts die Straße nach **Scheppern (2)**, 6 m, nehmen. Dort angekommen, halten wir uns bei der Bushaltestelle links. Bald treffen wir auf einen parallel zur Eider verlaufenden Weg, der uns wieder zur Landesstraße 172 zurückführt. Rechts an der Straße entlang überqueren wir die Eider über die Klappbrücke und gelangen etwa 10 Min. später in die Ortsmitte von **Pahlen (3)**, 11 m. Bei der Tankstelle zweigen wir links in die Schulstraße ab und wandern bis zu einer markanten Rechtskurve. Hier geht es für uns links in der Bergstraße weiter, der wir nun bis zu den Teichen folgen. Zwischen den Teichen führt rechts ein Weg in südlicher Richtung nach **Dörpling (4)**, 15 m, wo wir nahe dem GH Dörplinger Krog die Hauptstraße queren und halb links weiter der Bergstraße bis zur Bushaltestelle Dörpling Endstation folgen.

Durch den Dörplinger Kleinbahneinschnitt, einer gut erhaltenen ehemaligen Bahntrasse, gelangen wir nun ins NSG Kleiner Geestrücken am Rande des Dörplinger Moores. Bald wird der quer verlaufende Radweg Richtung Dellstedt erreicht, dem wir links ein Stück folgen. Dann bleiben wir bei einer Y-Gabelung rechts und überqueren eine kleine Brücke. Bei einer Kreuzung ist der Radweg nach Tellingstedt mit 5,4 km angegeben. Wir gehen durch den Bockhorst, kommen zur Straße und links weiter zum Markt von **Tellingstedt (5)**, 14 m.

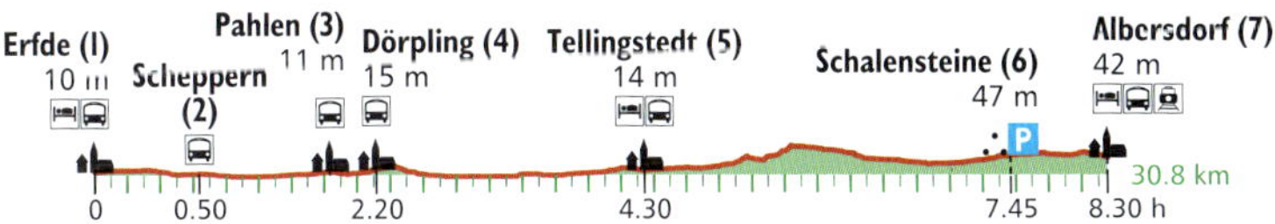

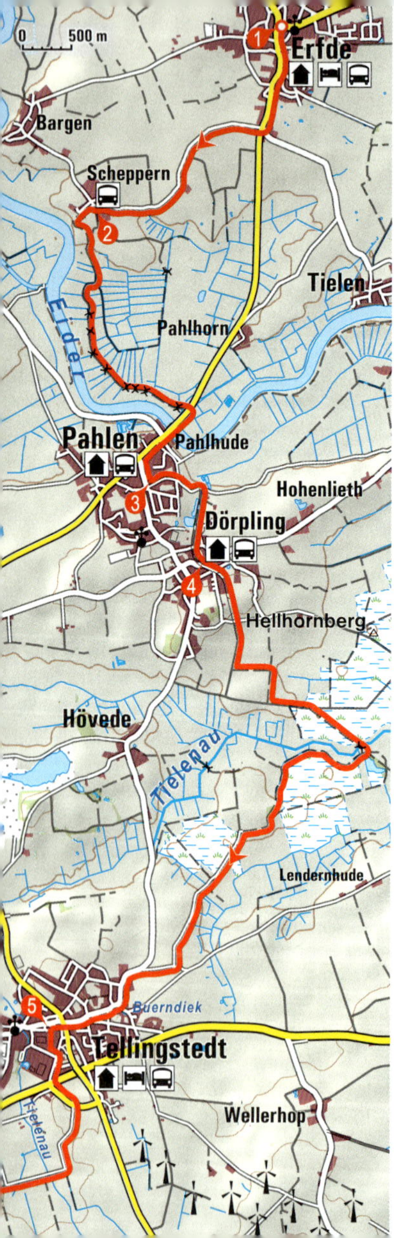

Durch den Schulweg verlassen wir den Ort nach Süden. Die Teichstraße bringt uns links zur Bahnhofstraße. Ein Stück weiter rechts queren wir die Bundesstraße 203. Es geht weiter geradeaus und für etwa 20 Min. entlang der Straße Südermühle, um dann rechts in den Wald einzuschwenken (weiterhin Beschilderung »Südermühle«). Weitere 1,3 km später kommen wir zu einer markanten Rechtskurve. Wir setzen hier im Wald gleich links auf einem Wanderweg fort.

Mehrere Richtungswechsel später verlassen wir den Kaiser-Wilhelm-Forst und kommen etwas weiter

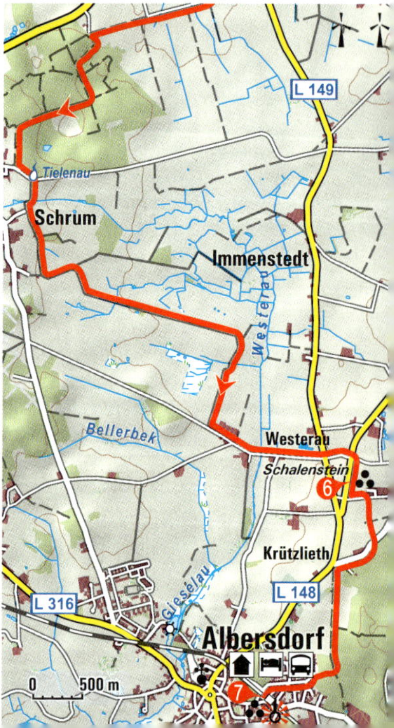

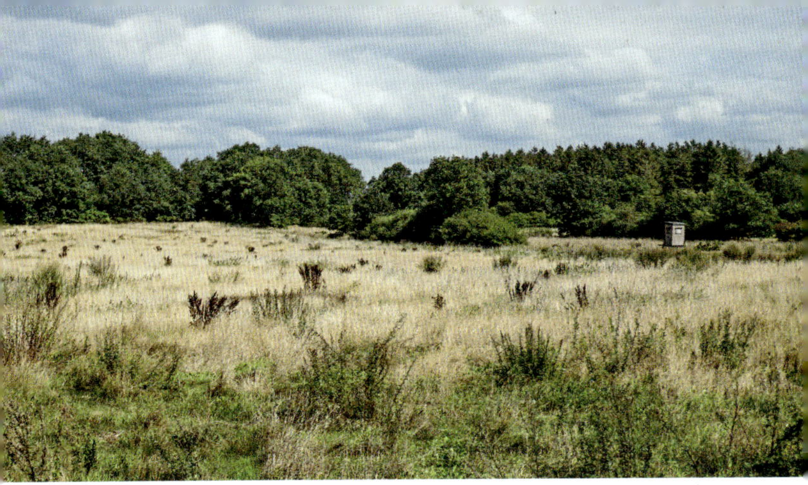

Marschland, nur wenige Kilometer von der Nordsee entfernt.

südlich zu einem Rastplatz mit Tisch und Bank. Dem Schrumbrooksweg folgen wir links am Ortsende vorbei für 200 m, um dann rechts in einen Feldweg einzuschwenken. Zuerst in südlicher, später in grundsätzlich südöstlicher Richtung führt uns eine Abfolge befestigter Wege zur Albersdorfer Landesstraße, die wir geradeaus queren. Wenig später erreichen wir die Landesstraße 148 (Bhst. Bunsoh Abzweigung) und folgen ihr rechts bis zur nächsten Querstraße. Links befindet sich der Parkplatz mit dem Zugang zu den **Schalensteinen (6)** des Großsteingrabes Bunsoh, welches man vom Parkplatz aus in wenigen Gehminuten erreicht.
Am Parkplatz vorbei folgen wir der Nebenstraße für 150 m, um noch vor der Ortstafel rechts abzuzweigen. Ein überwachsener Weg mündet in die Dorfstraße, auf der wir rechts bis kurz vor die Landesstraße gehen. Ein Wirtschaftsweg bringt uns zum Parkplatz Tiefengrund am Ortsrand von **Albersdorf (7)**, 42 m. Zum Bahnhof gelangt man, indem man der Wohnstraße (anfangs Danziger Straße, später Grossers Allee) etwa 10 Min. nach Westen folgt.

***i* Rufbus »RuDi«:**
Einige Verbindungen in der Region Dithmarschen werden als Rufbus geführt, sie sind in den Fahrplänen mit ALT (Anruf-Linien-Taxi) gekennzeichnet. Auf diesen Linien ist eine Voranmeldung mindestens 45 Min. vor Abfahrt erforderlich, damit die jeweilige Haltestelle angefahren wird. Es wird der Regulärtarif plus 2 Euro Aufschlag verrechnet. Infos zum Rufbus Dithmarschen unter www.dbregiobus-nord.de, Suchbegriff »RuDi«; Voranmeldung unter Tel. +49 4832 97 90 09.

WV 4 Albersdorf – Meldorf

7.00 Std.
27 km

Tief im Westen

Die heutige Etappe führt uns ganz nahe an die Nordsee heran. Meldorf ist die beste Gelegenheit, tatsächlich einen Fuß ins Wattenmeer zu setzen, denn von der Stadtmitte sind es nur mehr wenige Kilometer zur Meldorfer Bucht. Schon die nächste Etappe führt uns wieder ins Landesinnere zurück, weshalb es durchaus eine Überlegung wert ist, zumindest einen Tag Aufenthalt einzuplanen.

Ausgangspunkt: Bhf Albersdorf, 42 m.
Höhenunterschied: 130 m im Aufstieg, 160 m im Abstieg.
Anforderungen: Schöne Wanderung abseits der Verkehrswege, im Gieselauer Wald kurz steil abfallende Wegflanke.
Einkehr: Meldorf.
Unterkunft: Meldorf: Hotel Zur Linde, Tel. +49 4832 9595-0, www.linde-meldorf.de; Wohnprojekt frische bauern, Tel. +49 4832 951 99 71, www.frischebauern.de; Pension Haus Dithmarschen (etwas außerhalb, Bus 2583 ab Bhf/ZOB Meldorf), Tel. +49 4832 8864, via booking.com; Pension Dithmarscher Bucht (Gehzeit ca. 30 Min. ab Zentrum, keine Kochmöglichkeit), Tel. +49 4832 7123, www.hotel-dithmarscher-bucht.de; mehrere Privatzimmeranbieter auf www.meldorf-aktiv.de.
Einkauf: Meldorf.
Verkehrsmittel: Bus 2503 Albersdorf–Wolmersdorf–Meldorf; RuDi siehe Infobox bei Etappe WV 3; Bus 2502 Dellbrück–Meldorf.
Information: TI Meldorf, Tel. +49 4832 97800, www.meldorf-aktiv.de.
Karten: L Blatt 3 Meldorf – Brunsbüttel; K WK717 Heide – Dithmarschen, K WK711 Nord-Ostsee-Kanal.
Tipp: Steinzeitpark Dithmarschen, https://steinzeitpark-dithmarschen.de.

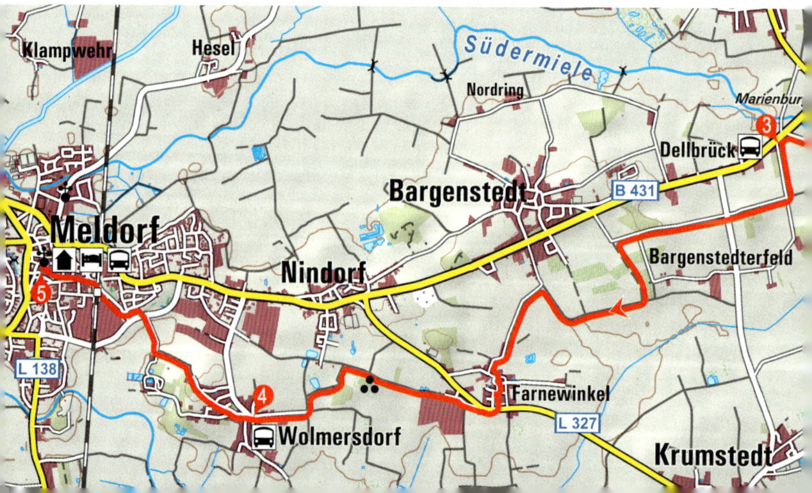

Beim Kurpark neben dem Bahnhof **Albersdorf (1)**, 42 m, setzen wir unsere Wanderung Richtung Süden fort. Die Straße Brutkamp führt uns an jungsteinzeitlichen Grabanlagen (»Riesenbetten«) vorbei in den Gieselauer Wald, den wir auf stellenweise schmalen Wanderwegen durchstreifen, um dann am Waldrand rechts zu den Bahngeleisen abzuzweigen. Wir folgen der Bahnlinie in südöstlicher Richtung bis zur Kanalstraße. Wenige Gehminuten links befindet sich die beschilderte Brücke (Aussichtspunkt) über den Nord-Ostsee-Kanal. Unser Weg verläuft jedoch ein kurzes Stück nach rechts, vorbei am ehemaligen Gasthof Hochbrücke, und zweigt halb links in den Vierthofweg ab (Beschilderung »Grünthalring«).
Der Weg bringt uns nun in westlicher Richtung zum Windpark, wo wir vor den Windrädern links gehen, bald jedoch rechts zur Autobahnbrücke abbiegen. Wir erreichen die ersten, bei-

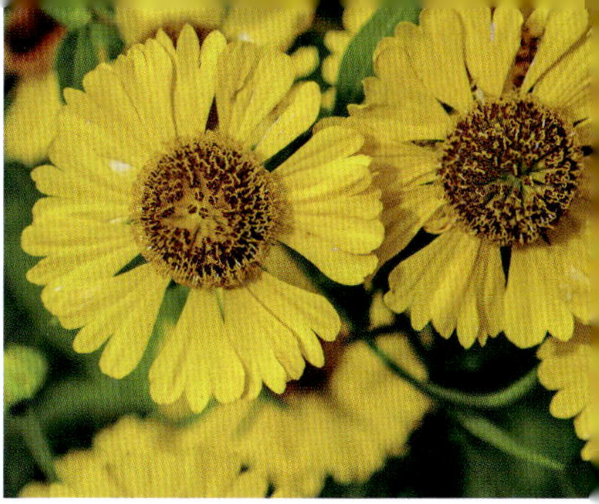

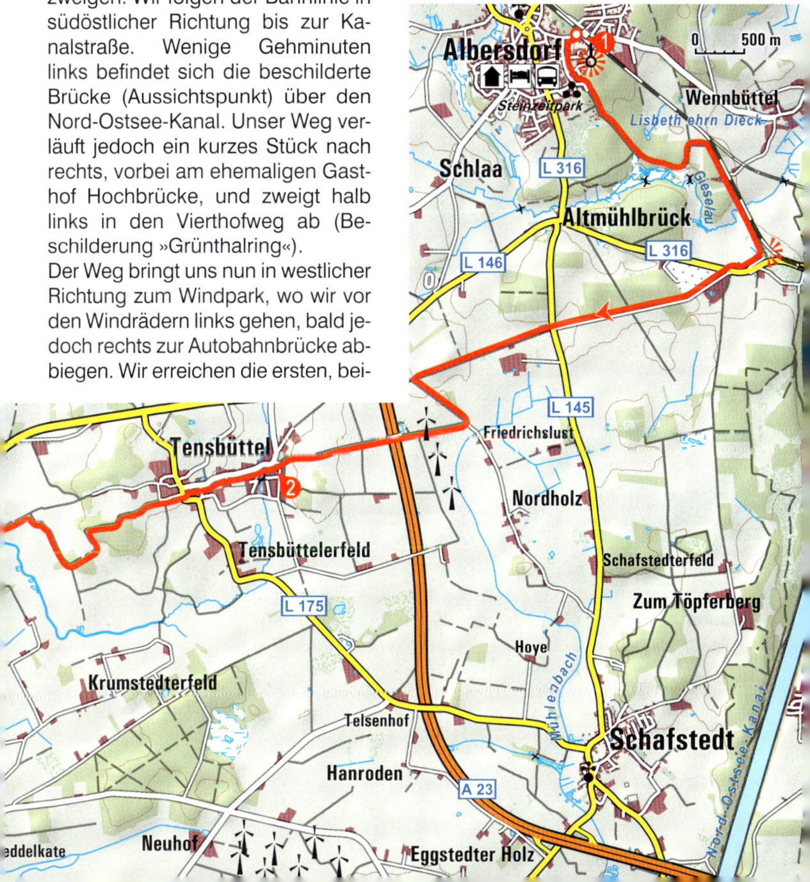

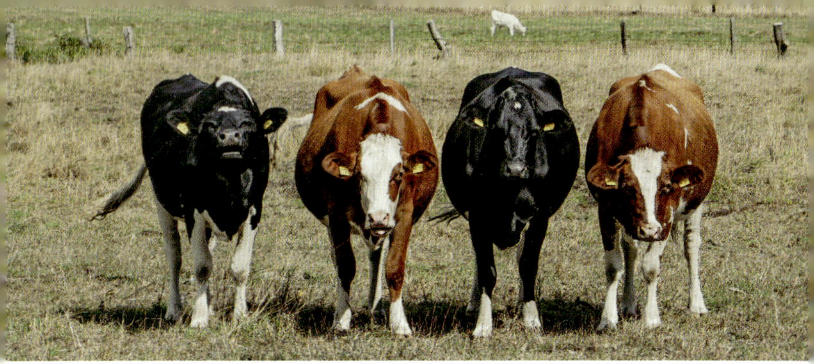

Foto oben: Joe, William, Jack und Averell. – Rechts: Zitat Wikipedia: »An der Westküste dominieren Landwirtschaft, Tourismus und Windkraftanlagen.«

nahe durchwegs in rotem Backsteinbau gehaltenen Häuser von **Tensbüttel (2)**, 17 m. An der Hauptstraße angelangt, gehen wir 50 m nach links und folgen der Radwegmarkierung rechts, die uns auf Feld- und Waldwegen nach **Dellbrück (3)**, 5 m, führt. Der Weg dorthin ist schön und abwechslungsreich, für die Markierung gilt aber allenfalls Letzteres, weshalb auf diesem Abschnitt hin und wieder ein Kontrollblick auf Karte oder GPS kein Fehler ist.
Von Dellbrück verläuft der Weiterweg durch das Bargenstedterfeld. Manche Karten lassen den Schlei-Eider-Elbe-Wanderweg dem Radweg folgen, markiert ist hier jedoch folgender Verlauf: Etwa 500 m südlich von Dellbrück befindet sich eine Radwegkreuzung (Schild »Bargenstedterfeld 7«), wo wir den Radweg nach rechts verlassen und 2 km geradeaus einem Wirtschaftsweg folgen. Nach einem Maisfeld gelangen wir an eine Kreuzung, wo wir links zum Radweg zurückkehren und diesem bis zur Ortstafel von Bargenstedt folgen. Wenige Meter davor biegen wir nach links Richtung Farnewinkel ab. An der Farnewinkler Straße angelangt, halten wir uns für ein kurzes Stück nach rechts und gehen links in den Süderlandweg, der uns zu den Grabhügeln von Wolmersdorf (Infotafel) führt.
Den Ort **Wolmersdorf (4)**, 13 m, erreichen wir, indem wir bald nach den Grabhügeln nach links abzweigen und dem unmarkierten Weg zur Asphaltstraße folgen. Ab der Kreuzung führt die Radwegmarkierung rechts in die Ortsmitte. Der Kirchsteigweg – ebenfalls als Radweg markiert – verläuft über weitere 3 km ins Zentrum von **Meldorf (5)**, 13 m.

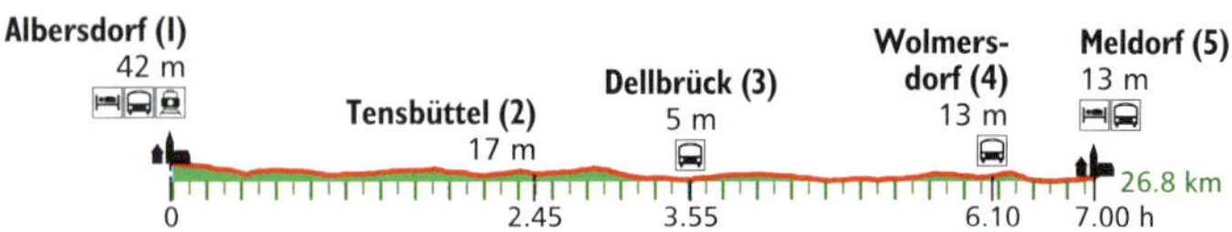

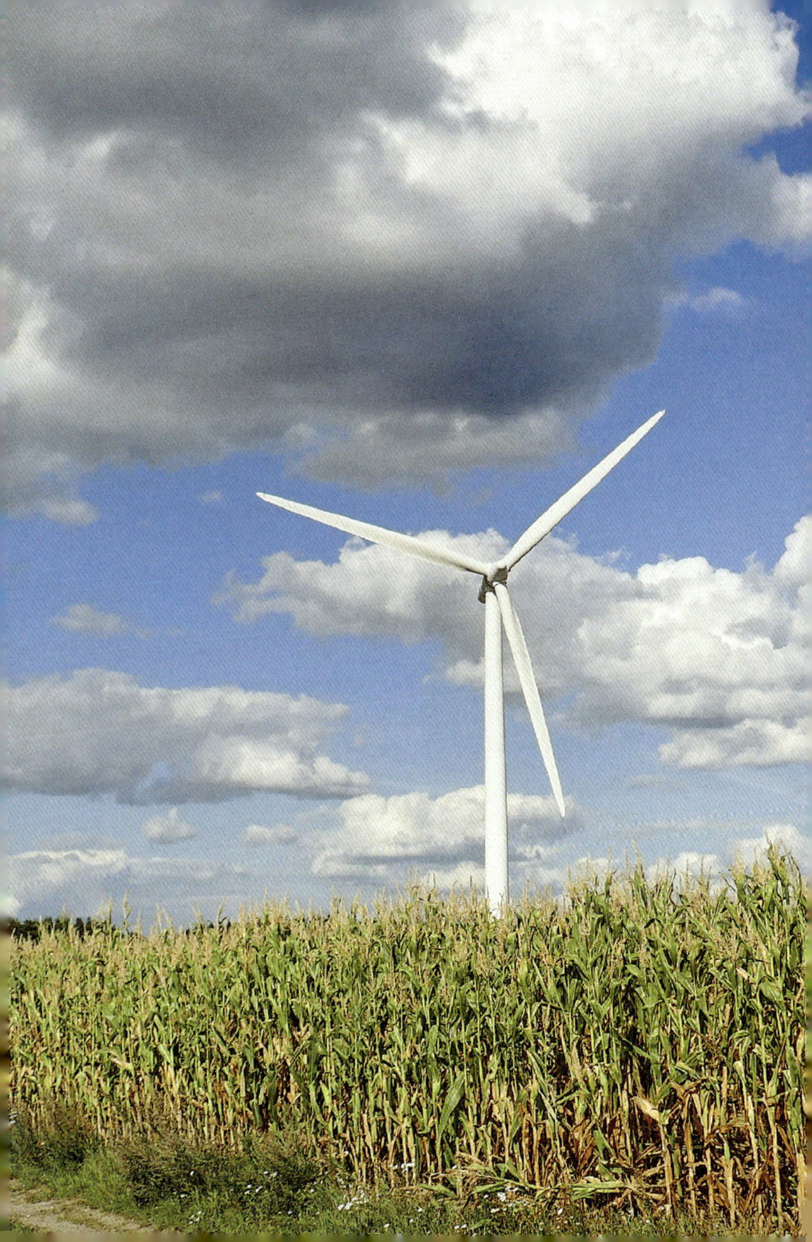

WV 5 Meldorf – Burg (Dithmarschen)

8.00 Std.
30 km

Wasser Marsch

Heute steht uns eine etwas längere Wanderung bevor, die sich jedoch z. B. durch eine Teilung in Sankt Michaelisdonn bei Bedarf entschärfen lässt. Landschaftlich erwartet uns (trotz der bereits bekannten Anfangsstrecke) ein sehr abwechslungsreicher Tag, der uns durch das Marschland zu einem ehemaligen Nordsee-Kliff bringt. Dort, weit im Landesinneren, verlief einst die Küstenlinie. Heute steht das bis zu 30 m in die Höhe ragende Gebiet »Kleve« (von »Kliff«) unter Naturschutz. Die Etappe endet wieder unten am Wasserspiegel – in der am Nord-Ostsee-Kanal gelegenen historischen Stadt Burg, unserer letzten Station in Dithmarschen.

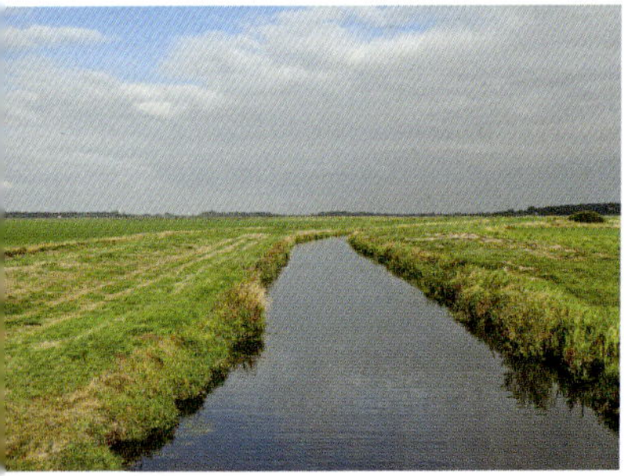

Querung der Süderau.

Ausgangspunkt: Meldorfer Dom, 13 m.
Höhenunterschied: Jeweils ca. 250 m im Auf- und im Abstieg.
Anforderungen: Leichte Wanderung.
Einkehr: Sankt Michaelisdonn, Gaststätte Fliegerklause Hopen, Burg.
Unterkunft: **Sankt Michaelisdonn:** Mehrere, z. B. Gästehaus Rehedyk, Tel. +49 4853 881 95 02, www.rehedyk.de; Landhaus Gardels, Tel. +49 4853 8030, www.landhaus-gardels.de; Hostel Campingplatz Hopen (beim Sportflughafen), Tel. +49 173 146 71 90, www.hohenkamp-camping.de. – **Burg:** Mehrere, z. B. Riedel's Hotel, Tel. +49 4825 8262, www.riedelshotel.de; Burger Fährhaus, Tel. +49 4825 2417, www.burger-faehrhaus.de.
Einkauf: Windbergen, St. Michaelisdonn, Burg.
Verkehrsmittel: Regionalbahn 62 Meldorf–St. Michaelisdonn–Burg. Bus 2503 Meldorf–Wolmersdorf–Albersdorf; Bus 2506 Meldorf–Wolmersdorf–Burg; Bus 2507 und 2571 Meldorf–Windbergen–Gudendorf–St. Michaelisdonn; Bus 2561 Kuden–Burg; Bürgerbus 2720 Meldorf–Windbergen; Bürgerbus 2730 Meldorf–Wolmersdorf (Fahrplan: meldorferleben.de); Bürgerbus 2740 St. Michaelisdonn–Kuden–Burg (www.buergerbus-dithmarschen-sued.de); RuDi siehe WV 3.
Information: TI Burg (Dithmarschen), Tel. +49 4825 90 11 94, www.burg-dithmarschen.de.
Karten: Wie Etappe WV 4.

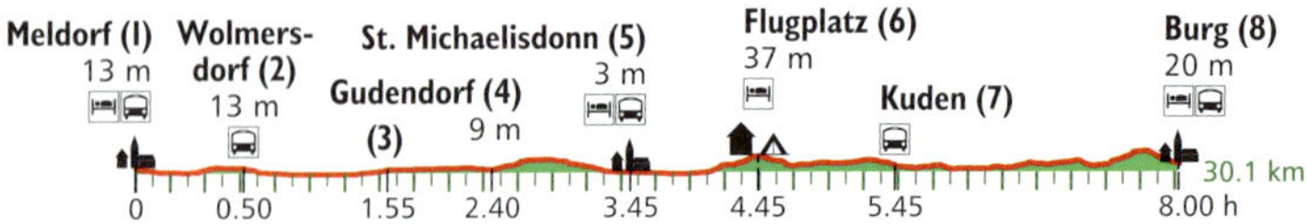

Zum Aufwärmen gehen wir von **Meldorf (1)**, 13 m, nach **Wolmersdorf (2)**, 13 m, zurück. Dort an der Hauptstraße angelangt, folgen wir dieser etwa 20 Min. nach rechts durch den Ort. Gleichlaufend mit dem Radweg queren wir die Süderau im Bereich des verlandeten Windberger Sees und erreichen auf schönen Wiesenwegen den Ortsrand von **Windbergen (3)**, 9 m. Über die Nord- und Westerstraße kommen wir zur Kirche in der Ortsmitte (öffentliches WC im Pfarrhaus). Ein kleiner Laden befindet sich neben der Bushaltestelle beim Kindergarten.

Unser Weiterweg verläuft durch die Ring-, später Bahnhofstraße nach Süden, wo wir vor der Ortstafel links in den Gudendorfer Landweg abbiegen, der uns bis an den östlichen Ortsrand von **Gudendorf (4)**, 9 m, heranführt. Rechts geht es die Österstraße entlang durch den Ort. Bei der Bushaltestelle folgen wir der Hauptstraße links nach Süden bis zur Vierthstraße, der wir bis zu ihrem Ende treu bleiben. Am Waldrand befindet sich ein Ehrendenkmal für sowjetische Kriegsgefangene, die im Zweiten Weltkrieg hier durch das Wirken der Nationalsozialisten ums Leben kamen. Die Toten wurden nachts in den Dünen verscharrt – nur wenige der Opfer konnten später identifiziert werden. Ihre Namen, das meist jugendliche Alter und ihre Herkunft werden hier vor dem Vergessen bewahrt.

Unser Weg bringt uns weiter nach Süden: Die Markierung leitet uns nach wenigen Hundert Metern nach

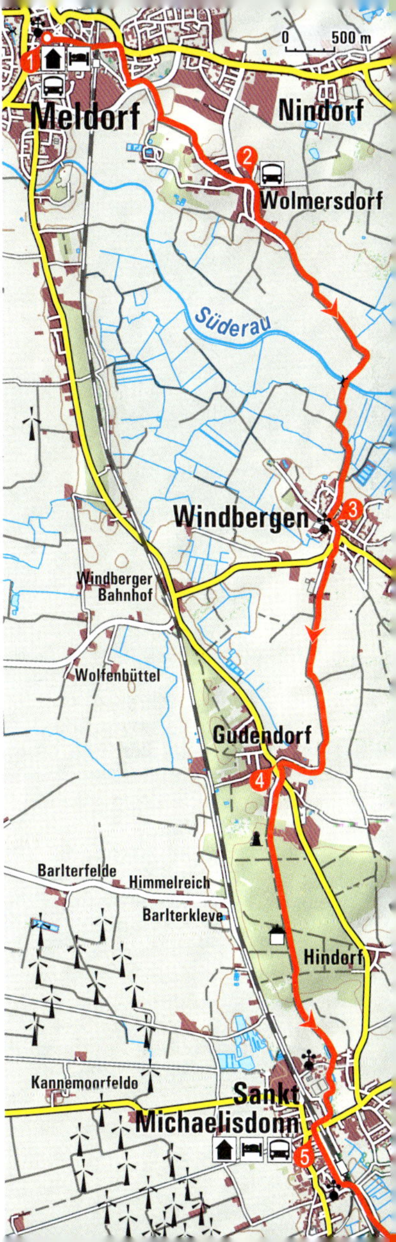

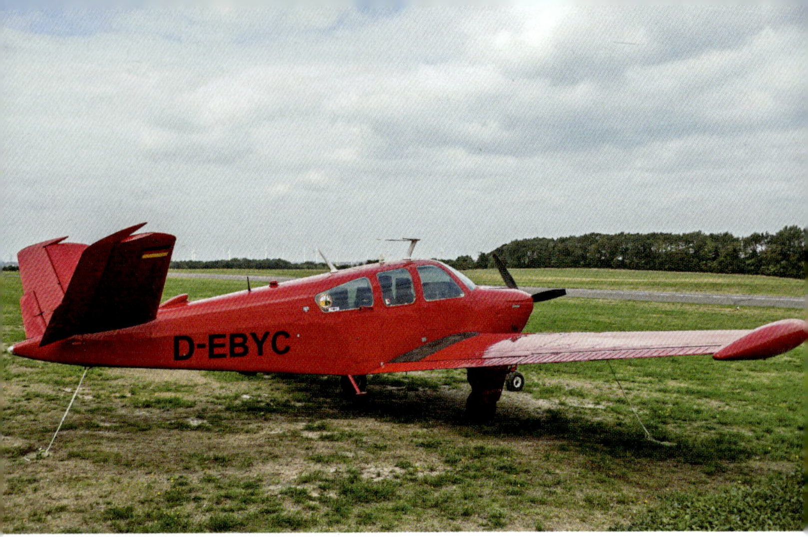

Flugplatz Hopen – früher höchstgelegener Acker der Region, heute Basis des Dithmarscher Luftsportvereines.

rechts auf einen begrünten Forstweg. In diesem Bereich (Flurname: Barlter) bestand einst eine Wildruhezone, weshalb ein (aufgrund von Sturmschäden mühsam zu begehender) Umweg markiert ist. Die Ruhezone existiert nicht mehr, man kann also getrost dem geradeaus verlaufenden, lokalen Wanderweg 3 folgen und nach 700 m bei einem Unterstandshäuschen wieder auf den markierten Weg treffen.

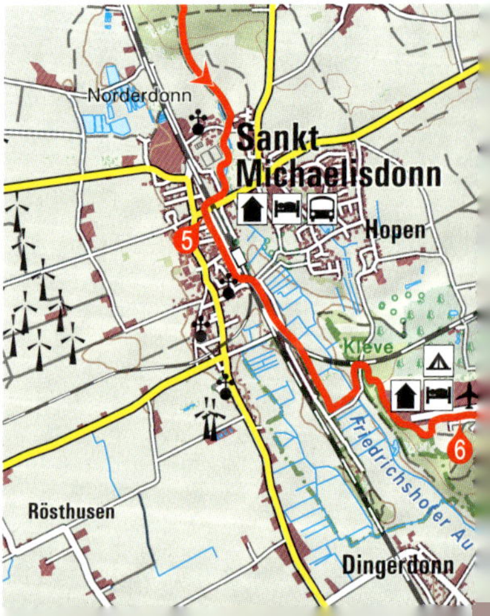

Immer geradeaus und an einem Fischteich vorbei kommen wir zu den ersten Häusern von **St. Michaelisdonn (5)**, 3 m. Die Zuckerstraße wird geradeaus überquert. Vorbei an der Schranke wandern wir zwischen den beiden Sportplätzen weiter zur Straße Am Born, der wir zur Burger Straße folgen. Rechts geht es über die Schienen. Die Bahnhofstraße bringt uns am Bahnhof vorbei zu einem Übergang, vor dem wir links dem Kayenweg ins Augebiet folgen. Der Moordamm leitet uns links zurück und hinauf auf den Kleve, wo wir beim »Bismarckstein«, einem Findling mit bemerkenswerter Geschichte, eine schattige Pause einlegen können. Bei Schlechtwetter finden wir wenige Meter weiter in einem Unterstand Schutz.

Weiter durch das NSG Kleve gelangen wir zum **Flugplatz St. Michaelisdonn/Hopen (6)**, 37 m. Die Zufahrtsstraße führt uns wieder hinab zur Friedrichshöfer Straße, der wir scharf links etwa 120 m folgen, um dann rechts durch die Mühlenstraße nach **Kuden (7)**, 15 m, zu wandern. Beim Kriegerdenkmal queren wir die Hauptstraße und folgen der Alten Schulstraße zur Bushaltestelle Alte Schule. Weiter rechts die Bergstraße entlang erreichen wir den Aussichtsturm am Rande des NSG Kudensee.

Nun erwartet uns ein kurzes, ungepflegtes Steilstück, welches uns hinunter an den Rand des Moorgebietes bringt. Wir folgen der Straße nach links und bleiben bis zu einem einzelnen Gehöft nahe am Waldrand. Hier zweigen wir links ab und wenden uns noch vor der Ortstafel Buchholz nach rechts. Das Hinweisschild »Schlechte Wegstrecke« schließt hier leider stellenweise auch die Markierung mit ein. Wir folgen dem Karrenweg nun durch das Waldstück und treffen auf eine Asphaltstraße, der wir 300 m nach links folgen, um dann erneut rechts nach Osten abzuzweigen.

Kurz vor dem erneuten Erreichen der asphaltierten Straße (bei einer Kläranlage) dreht sich unser Weg noch im Wald nach links und folgt einer Spaziermeile über den Ramsberg. Nach einem abrupten Richtungswechsel inmitten des Waldes wird die Buchholzer Straße erreicht. Etwas weiter rechts verläuft ein weiterer Spazierweg nach Norden, dem wir über mehrere Querwege hinweg bis zur Waldstraße folgen. Diese bringt uns rechts bergab in die Stadtmitte von **Burg (Dithmarschen) (8)**, 20 m.

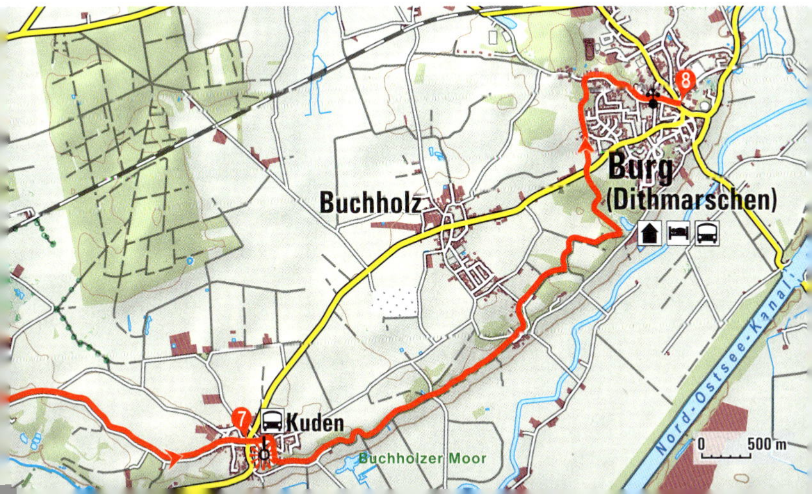

WV 6 Burg – Kaaks

6.30 Std.
25 km

Kopf unterm Wasser

Der Anfang dieser Etappe steht ganz im Zeichen des Nord-Ostsee-Kanals, an dem wir bis zur Personenfähre entlangwandern. Auf der gegenüberliegenden Seite gehen wir ein Stück zurück, da der alte Weg durch das Vaaler Moor vor einigen Jahren aufgelassen werden musste. Wir befinden uns hier im tiefstgelegenen Landstrich Deutschlands – mit einer Maximaltiefe von 3,54 m unter dem Meeresspiegel. Die Landschaft ist von Kanälen durchzogen, die zur Entwässerung beitragen und eine landwirtschaftliche Nutzung ermöglichen. Wasser, das nicht von selbst abfließen will, wird mithilfe von Schöpfmühlen in die richtigen Kanäle gelenkt.

Einsamer Wegweiser im NSG Vaaler Moor.

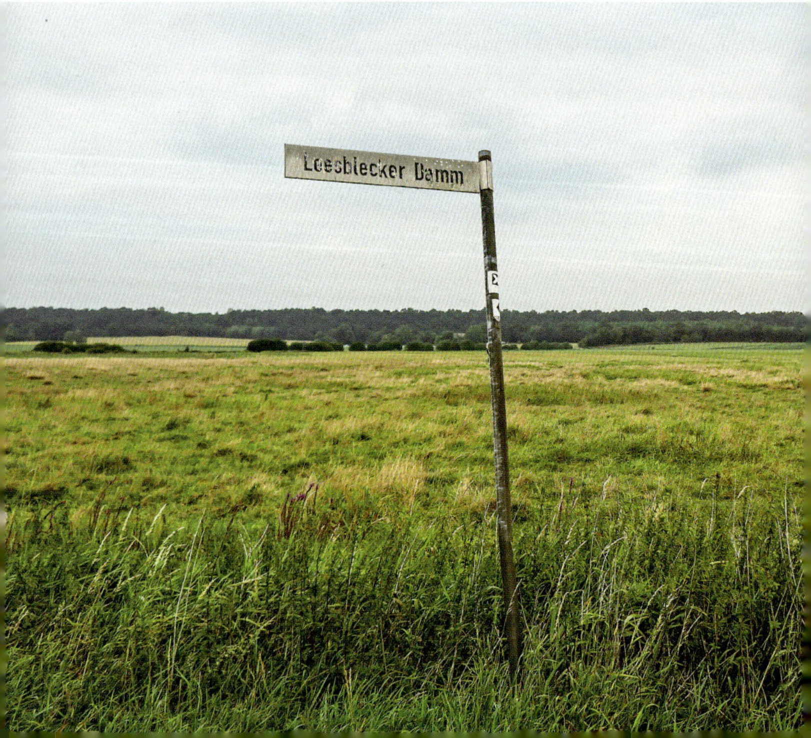

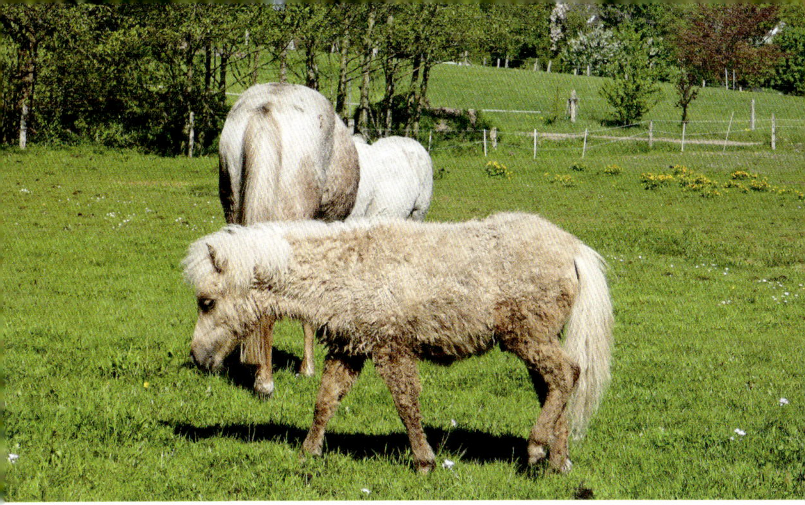

Montagmorgen-Frisur.

Ausgangspunkt: Burg (Dithmarschen), Altes Rathaus, 20 m.
Höhenunterschied: Jeweils 90 m im Auf- und Abstieg.
Anforderungen: Technisch einfache Wanderung. Wenig Einkehr- und Unterstandsmöglichkeiten.
Einkehr: Restaurant und Imbiss am Fährhafen.
Unterkunft: **Kaaks:** Brüdigams Wildwechsel, Tel. +49 4893 937 31 28, bruedigams-wildwechsel.de.
Information: TI Region Itzehoe, Tel. +49 4124 004 95 92, www.holstein-tourismus.de.
Einkauf: Wer bis Kaaksburg verlängert (alternative Nächtigungsmöglichkeit, siehe nächste Etappe), muss sich bereits in Burg mit Proviant eindecken. Nächster Bankautomat in Hohenaspe.
Verkehrsmittel: Kanalfähre Hochdonn (0–24 Uhr); Bus 2740 von Burg Bhf nach Hochdonn Am Hafen; Bus 14 und 3250 Vaale–Itzehoe; Bus 3 Huje–Itzehoe; Bus 10 Kaaks–Kaaksburg–Itzehoe; Fahrpläne Steinburger Linien (alle nicht vierstelligen) unter www.vineta-steinburg.de.
Karten: L Blatt 3 Meldorf – Brunsbüttel; K WK711 Nord-Ostsee-Kanal.
Hinweis: Die Wegbeschreibung am Beginn der Etappe folgt hier der E1-Markierung, die jedoch durch die Sperre des Vaaler Moores an Attraktivität verloren hat. Man könnte sich alternativ auch von der Kanalfähre Burg (fährt ebenfalls rund um die Uhr) ans andere Ufer bringen lassen, und dort etwa 750 m dem Kanal nach Norden folgen. Beim Betriebsgebäude trifft man wieder auf den markierten Weg.

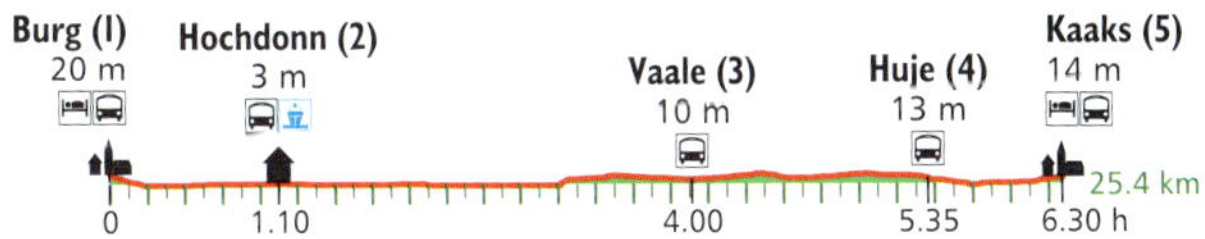

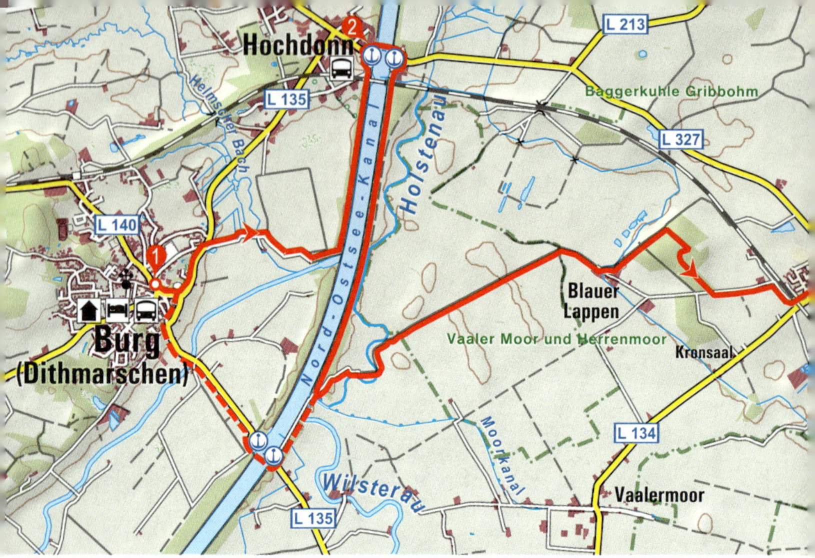

Von unserem Startpunkt, dem Alten Rathaus in **Burg (1)**, 20 m, folgen wir anfangs der Straße bzw. dem Radweg nach Hochdonn: Die Straßen Holzmarkt – Burgstraße und zuletzt Hinter der Hohen Burg bringen uns an den östlichen Stadtrand, wo wir dem rechts abzweigenden Kattenstieg zu einem einzelnen Wohnhaus und links an einem Fischteich vorbei zum Nord-Ostsee-Kanal folgen.

Um auf die andere Seite des Kanals zu kommen, benützen wir die **Fähre Hochdonn (2)**, 3 m, die wir nach 2 km Richtung Norden gleich nach der Eisenbahnbrücke erreichen. Am anderen Ufer queren wir den Parkplatz und schwenken rechts in einen Spazierweg ein, der zurück zur Wartungsstraße am Kanalufer verläuft. Dieser Straße folgen wir nun etwa 3 km nach Süden, um bei einem Betriebsgebäude (Aufschrift »1950«) scharf links ins NSG Vaaler Moor abzuzweigen.

Eine befestigte Straße bringt uns über die Holstenau und damit vom Kreis Dithmarschen in den Kreis Steinburg. Auf dem Weg durch das Moor wird am Leesblecker Damm rechts ein einzelner Bauernhof sowie eine kleine Brücke erreicht, nach der wir nach links/Nordosten am Seekoppelweg in ein Waldstück wandern. Nach etwa einem halben Kilometer im Wald zweigen wir rechts/südöstlich ab. Dem asphaltierten Heuweg folgen wir links bis zum Bahndamm und gelangen durch die Unterführung in die Ortsmitte von **Vaale (3)**, 10 m.

An der Hauptstraße gehen wir geradeaus weiter in die Norderstraße, der wir bis zum Bollweg folgen. 500 m weiter links und am Ortsschild vorbei zweigt

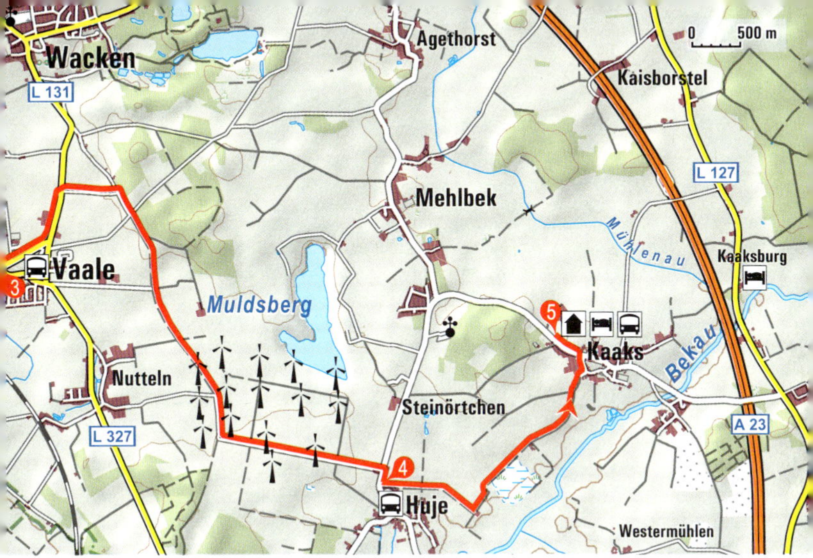

der Krattweg nach Osten ab. Der alte Landweg, den wir nach weiteren 600 m erreichen, führt uns nun rechts (Südosten) in den Ort **Huje (4)**, 13 m. Am Weg dorthin biegen wir nur einmal (im Bereich des Windparks) dem Straßenverlauf folgend links ab. Kurz nach der Ortstafel von Huje kommen wir an die Dorfstraße (»Lohende«), der wir rechts für etwa 150 m folgen, um dann gleich wieder links in einen befestigten Wirtschaftsweg (Schild »5.5 t«) abzuzweigen.

In östlicher, später südöstlicher Richtung geht es zur Alten Mülldeponie, wo sich unser Weg nach Nordosten dreht und uns ohne weitere Abzweigungen in die Ortsmitte von **Kaaks (5)**, 14 m, führt. Zur Nächtigungsmöglichkeit kommt man, indem man der Raiffeisenstraße links zur Hauptstraße folgt und dort nochmals links etwa 300 m zum Ortsrand weitergeht.

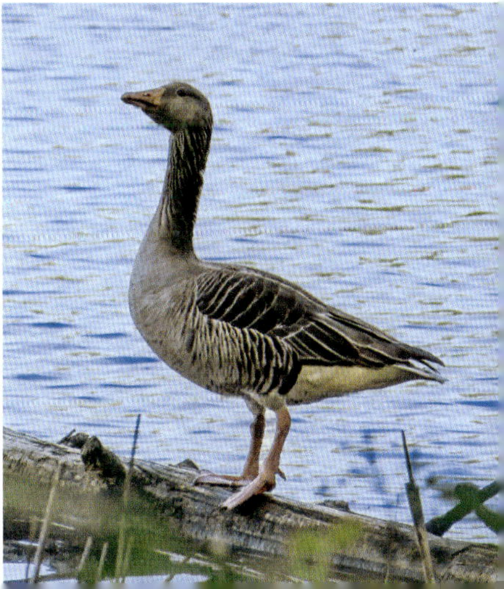

Blickrichtung Nordsee, Bürzelrichtung Ostsee.

WV 7 Kaaks – Itzehoe

5.30 Std.

20 km

Gib mir mein Herz zurück!

Nun ist es auch schon wieder bald 900 Jahre her, dass Graf Adolf IV. von Schaumburg vor seiner Burg ein Dorf gründete und ihm gleich Stadtrechte verlieh. So erblickte damals im Jahre 1238 die Stadt »Ekeho« das Licht der Welt, was wohl so viel wie »Weideland an der Flussbiegung« heißt. Aus dem Weideland wurde eine Stadt mit mehr als 30.000 Einwohnern. Und die Flussbiegung – die alte »Störschleife« – gibt es seit 1973 nicht mehr: Eine Rattenplage machte damals der Altstadt (die erstaunlicherweise ebenfalls »Neustadt« hieß – vgl. Etappe 11) zu schaffen. Darüber hinaus moderte die Bausubstanz der Häuser im feuchten, sandigen Boden vor sich dahin. Also machten die Stadtväter kurzen Prozess und ließen die Störschleife zuschütten. Für viele Menschen in Itzehoe ging damit auch die Attraktivität der Innenstadt die Stör hinunter. Doch der Verein »störauf« bemüht sich seit einigen Jahren, dass seine Vision Wirklichkeit wird und die Stadt ihre identitätsstiftende Störschleife zurückbekommt.

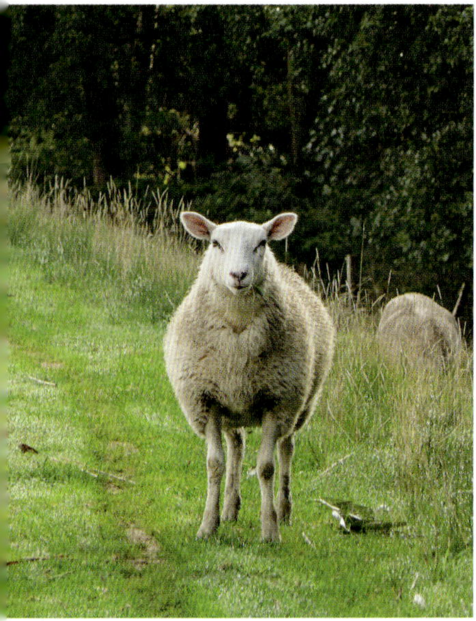

Ausgangspunkt: Kaaks, Brüdigams Wildwechsel, 14 m.
Höhenunterschied: Je 140 m im Auf- und Abstieg.
Anforderungen: Waldwege und Asphalt wechseln sich ab, die Wege bleiben jedoch durchwegs einfach.
Einkehr: Tankstellenimbiss in Kaaksburg, Gaststätte Herbst in Drage.
Unterkunft: Hohenaspe: twenty4rooms, Tel. +49 4893 278, @twenty4roomsZurLinde auf Facebook. – **Itzehoe:** Mehrere, z. B. Café-Hotel Schwarz, Tel. +49 4821 2987, www.hotel-schwarz-itzehoe.de.
Einkauf: Hohenaspe, Itzehoe.
Verkehrsmittel: Bus 10 Kaaks–Kaaksburg–Itzehoe; Bus 11 Drage–Hohenaspe–Itzehoe.
Information: TI Itzehoe, Tel. +49 4821 94 90 12-0, www.mein-itzehoe.de.
Karten: Wie WV 6, sowie L Blatt 6 Rendsburg – Neumünster.

Wegelagerer am Damm.

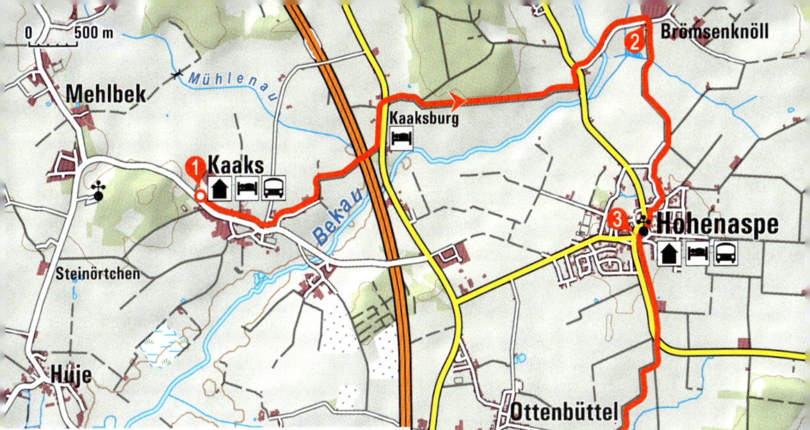

Von unserem Quartier in **Kaaks (1)**, 14 m, folgen wir der Hauptstraße bis zur Bushaltestelle beim Trafo-Häuschen. Dort führt die Straße Osterkamp zu einem offenen Unterstand, wo wir rechts abzweigen. Die Brücke über die Mühlenau bringt uns zur Autobahnunterführung und weiter zur L 127 (Tankstelle/Imbiss), der wir links knapp 500 m nach Norden bis zur nächsten Abzweigung folgen. Nun wandern wir auf dem Drager Schlossweg zu einem Waldstück, nach dessen östlichem Ende wir uns nahe der Gaststätte Horbst bei Drage wiederfinden.

Von der Bushaltestelle bringt uns die Dorfstraße nach **Brömsenknöll (2)**, 8 m, wo wir gleich nach dem ersten Bauernhof rechts in den Wirtschaftsweg abzweigen. Dieser verläuft nach Süden zur Dorfstraße und

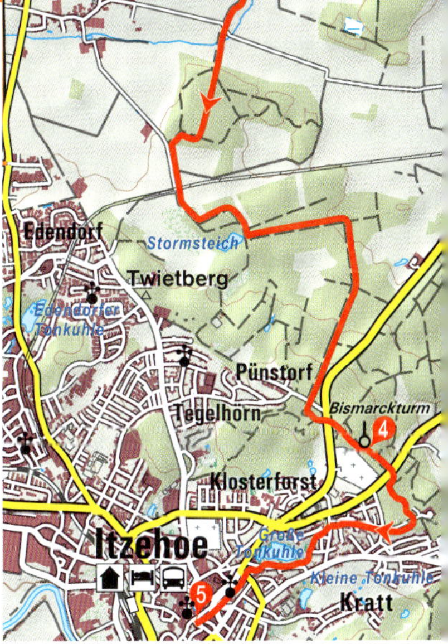

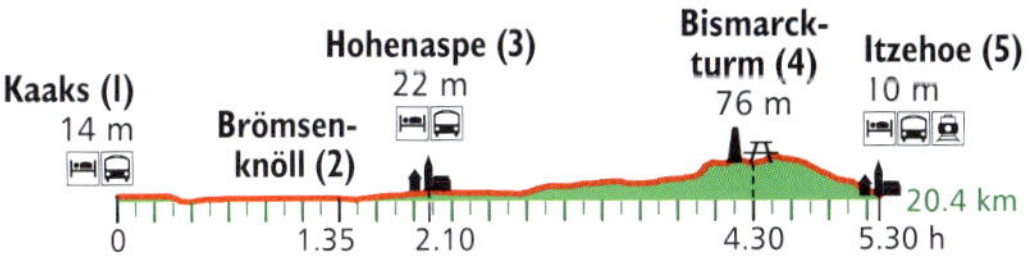

weiter in die Ortsmitte von **Hohenaspe (3)**, 22 m.

Wir verlassen Hohenaspe über den Charlottenburger Weg Richtung Süden. Bei der Linkskurve folgen wir dem Radweg geradeaus, um nach 300 m rechts abzuzweigen. Über Wirtschaftswege wird der Staatsforst Halloh erreicht und ebenfalls gen Süden durchquert. Der Spanner Weg führt uns zum Stormsteich, der sich bereits im Itzehoer Stadtforst befindet. Auf einer Forststraße wandern wir nun etwa 1 km nach Osten, bevor sich unser Weg nach Süden dreht und über mehrere Querwege hinweg zur Pünstorfer Straße verläuft. Geradeaus weiter und bald links kommen wir zur Kreisstraße und gelangen gegenüber zu den Picknicktischen beim **Bismarckturm (4)**, 76 m.

Ein kurzes Stück weiter in südöstlicher Richtung überqueren wir die Kieler Landstraße und kommen in den Forst am Kaiserberg. Nach 600 m treffen wir auf eine befestigte Straße, der wir nach rechts zur Trotzenburger Straße folgen. Geradeaus führt uns der Buchenweg zu den Spazierwegen an der Großen Tonkuhle, die heute als Badeteich dient. Über den Ochsenmarktkamp erreichen wir die Straße Sandberg, auf der es nach links ins Zentrum von **Itzehoe (5)**, 10 m, geht.

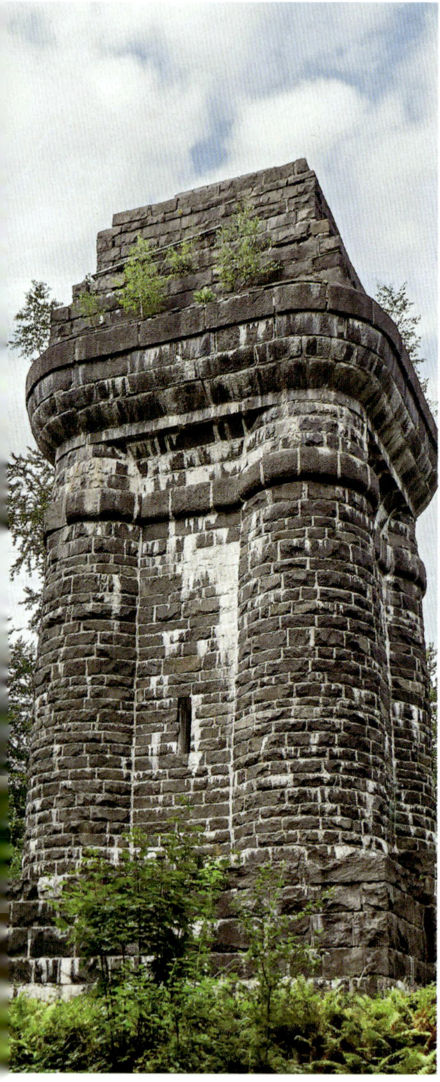

Gedeihen auf norddeutschem Boden hervorragend: Bismarcktürme.

5.00 Std.
20 km

Itzehoe – Westerhorn WV 8

Ein Juwel in Grün

Schon die Wanderung entlang des Stördeiches ist unglaublich reizvoll, doch die sich daran anschließende Durchquerung des Breitenburger Holzes gehört zu den naturbelassensten Abschnitten unter den Etappen des norddeutschen E1. Würde uns jemand fragen: »Du, wir haben nur einen Tag Zeit, welche Etappe des Schlei-Eider-Elbe-Weges soll es denn werden?« – Voilà, hier ist sie.

Ausgangspunkt: Itzehoe, Breite Straße, 10 m.
Höhenunterschied: Je ca. 50 m im Auf- und Abstieg.
Anforderungen: Flache Etappe, keinerlei Schwierigkeiten. Am Kanal kein Schutz vor Wind & Wetter.
Einkehr: Keine.
Unterkunft: **Brande-Hörnerkirchen:** ALC Zimmervermietung, Tel. +49 173 8279 366. Ab hier gelten sinngemäß dieselben Quartiertipps für den Großraum Hamburg, die bei Etappe 18 (Seite 113) zu finden sind.
Verkehrsmittel: Westerhorn Bhf Dauenhof: RB71 Richtung Wrist, Pinneberg und Hamburg-Altona; Bus 6544 nach Barmstedt.
Information: Wie WV 7.
Karten: L Blatt 7 Itzehoe – Pinneberg; K WK713 Itzehoe – Naturpark Aukrug Stoinburg.

Wir verlassen **Itzehoe (1)**, 10 m, indem wir von der Stadtmitte nach Südosten der Einkaufsstraße (Sandberg – Breite Straße – Krämer Straße) bis zur Abzweigung der Reichenstraße folgen, die uns geradewegs Richtung Süden zur Störbrücke bringt (die Markierung verläuft vor der Umfahrungsstraße einmal rund um das Rathaus, das stiftet aber keinen Mehrwert).

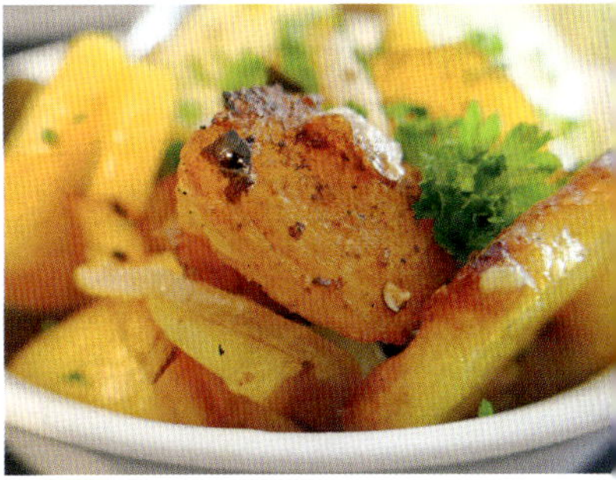

Foto oben: Abschied nehmen von der holsteinischen Küche.
Unten: »Achtung, nehmt Rücksicht auf den Deichgraf« – Das Schaf.

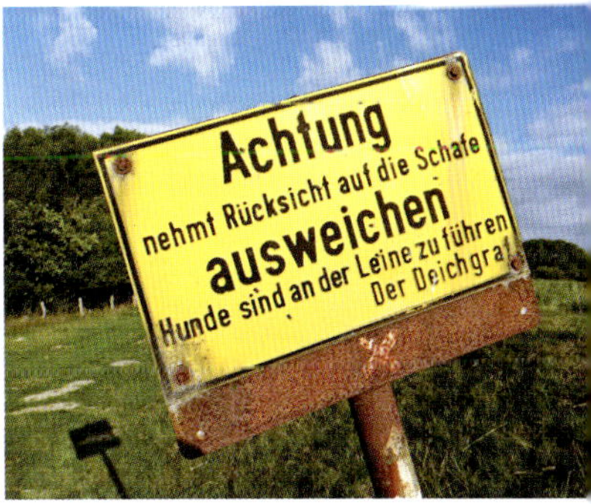

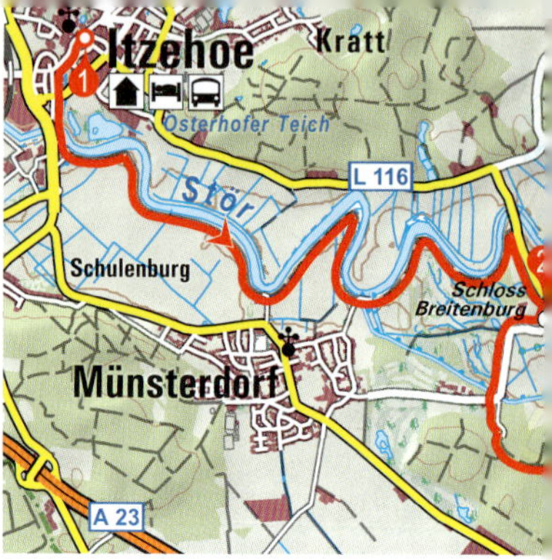

Gleich nach der Brücke zweigen wir links zum Stördeich ab. Nun erwartet uns ein sehr schöner Abschnitt: Neben oder auf dem Damm wandern wir entlang der mäandernden Stör durch mehrere Schafweiden (Zaungatter) zur Breitenburger Schleuse und weiter zum alten Übergang bzw. zum ehemaligen GH Breitenburger Fähre. Dem Radweg nach rechts folgend kommen wir zum **Schloss Breitenburg (2)**, 10 m, mit schönem Schlosshof und schmiedeeiserner Brunnenhaube aus dem 16. Jh. Am Reitstall gehen wir rechts vorbei und halten uns auch bei der folgenden T-Kreuzung rechts. Der Radweg führt uns nun zur Kanalbrücke, nach der wir links in den Lehmkuhl abbiegen. Nach einer weiteren Brücke zweigen wir scharf rechts ab und folgen dem naturbelassenen (und stellenweise überwachsenen) **Breitenburger Kanal (3)**, 1 m, etwa 1.30 Std. durch das Breitenburger Moor nach Osten.
Am kleinen Parkplatz des Angelvereins am **Meierhuser Weg (4)**, 1 m, dreht sich unser Weg nach Süden: Die Straße bringt uns ein letztes Mal über den Kanal und am Auwald des Winselmoores vorbei. Bei den letzten Bäumen verlassen wir den Asphalt nach rechts und folgen einem Wirtschaftsweg bis zur ersten Abzweigung nach links. Bei der Häusergruppe gehen wir nach rechts bis zur querenden **Florastraße (5)**, 5 m, folgen dieser ein kurzes Stück nach links, um wiederum links in einen Plattenweg abzubiegen. Stets geradeaus kommen wir nach etwa 1 km zur Florastraße zurück, die wir ein Stück weiter links gleich wieder verlassen, um dem Redder zum Bahnhof

Schloss Breitenburg mit Brunnen aus der frühen Neuzeit.

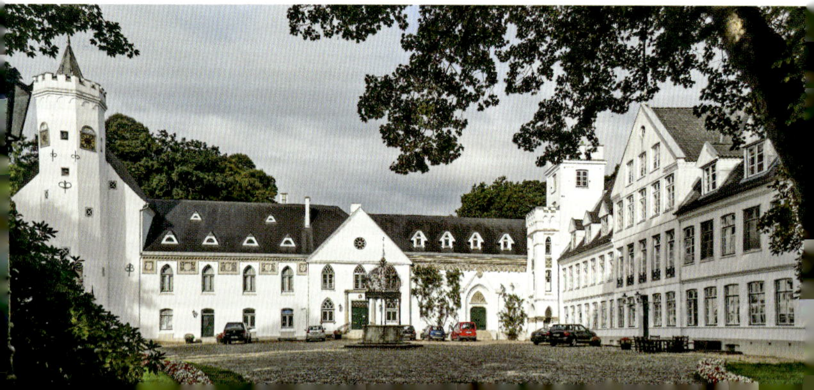

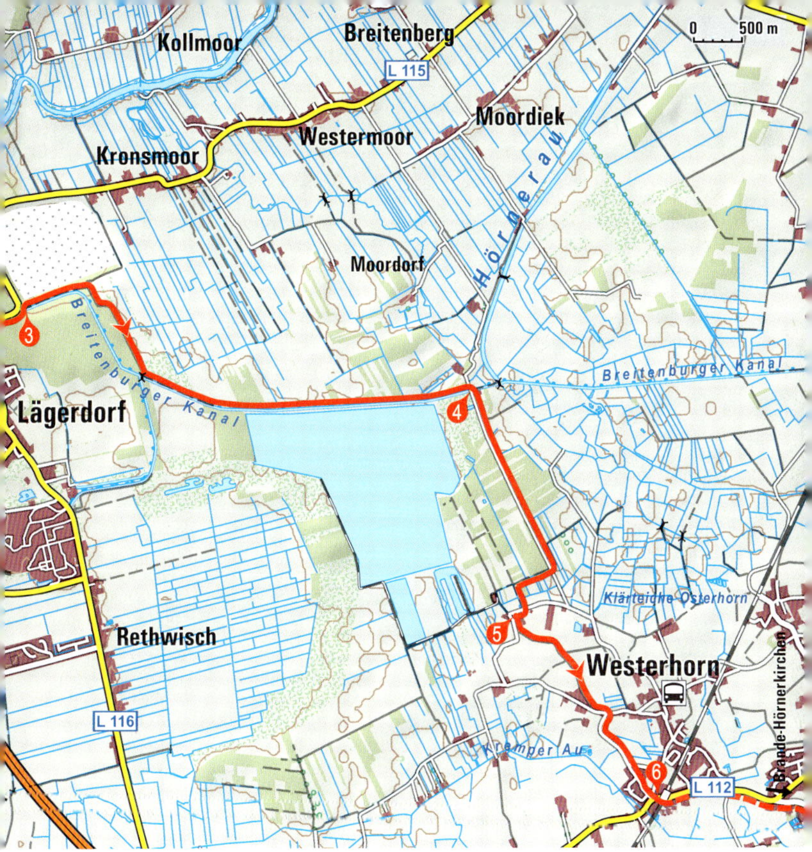

Dauenhof in **Westerhorn (6)**, 5 m, zu folgen (Bäckerei und Grillstube kurz davor). Von hier gibt es laufend Verbindungen in die umliegenden Städte. Zu Fuß kann man der Bahnhofsstraße über die Geleise hinweg nach **Brande-Hörnerkirchen** folgen (ca. 2 km). Über Branderheide kommt man am nächsten Tag zum E1 zurück.

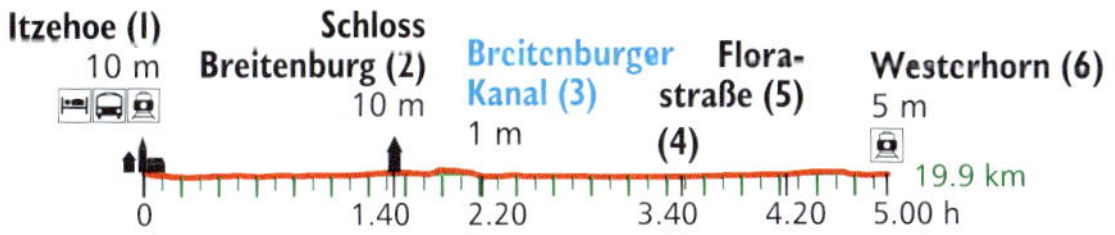

WV 9 Westerhorn – Voßloch

4.00 Std.
16 km

Einsamer Halbtag

Kurze Etappe, die uns recht nahe an die Metropolregion Hamburg heranführt. Davon merkt man jedoch auf den Wirtschaftswegen inmitten des Bokelsesser Moores nicht viel. Auch diese Etappe leidet unter chronischer Quartiernot, weshalb wir wieder dazu raten, für die letzten Etappen ein Standquartier ins Auge zu fassen, damit das leichtere Gepäck für den logistischen Mehraufwand entschädigt.

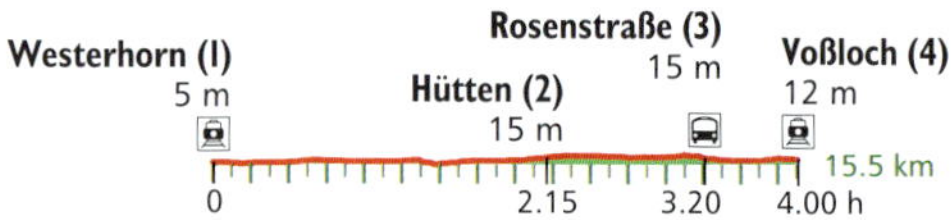

Ausgangspunkt: Westerhorn, Bhf Dauenhof, 5 m.
Höhenunterschied: Jeweils ca. 50 m im Auf- und Abstieg.
Anforderungen: Sehr leichte Wanderung. Achtung: Hier gab es vor einigen Jahren eine Wegverlegung, weshalb in manchen Karten ab der Bokelsesser Straße eine abweichende Wegführung verzeichnet ist.
Einkehr/Einkauf: Bäckerei beim Bhf Westerhorn.
Unterkunft: Mehrere in den **Nachbarstädten** an der Bahnlinie A3, z. B. B&B Altes Pastorat Barmstedt, Tel. +49 171 506 09 60, www.altespastorat.com. – **Elmshorn:** Gästehaus Sonja, Tel. +49 177 208 17 68, www.unterkunft-elmshorn.de.
Verkehrsmittel: Zuglinie A3 Barmstedt–Voßloch–Elmshorn, zumindest stündlich.
Information: TI Elmshorn, Tel. +49 4121 26 88 32, www.elmshorn.de; TI Barmstedt, Tel. +49 4123 68 12 04, www.barmstedt.de.
Karten: Wie WV 8.

Garten Eden beim Schnellbahnübergang Voßloch.

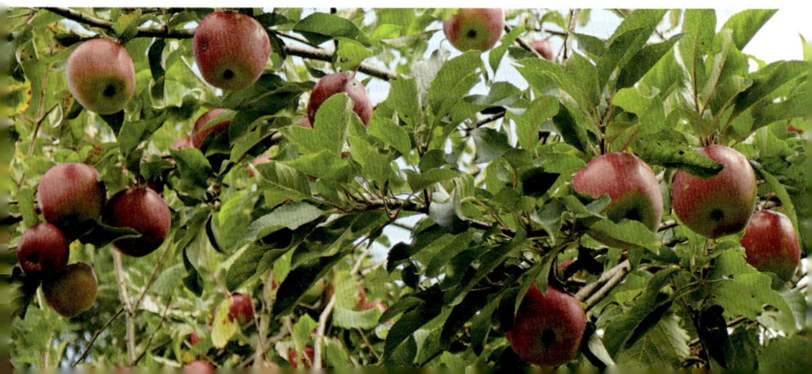

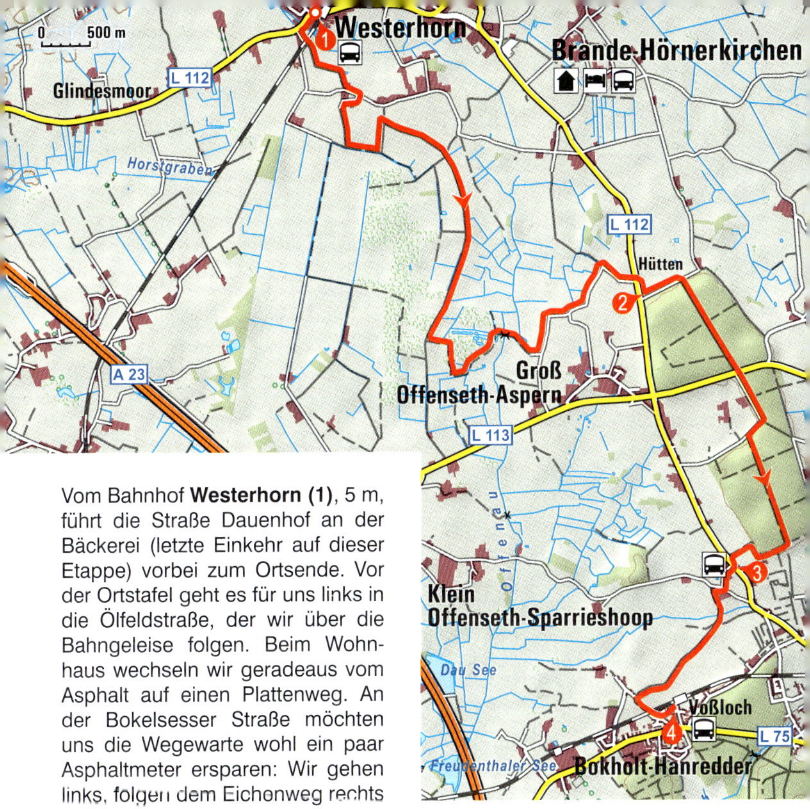

Vom Bahnhof **Westerhorn (1)**, 5 m, führt die Straße Dauenhof an der Bäckerei (letzte Einkehr auf dieser Etappe) vorbei zum Ortsende. Vor der Ortstafel geht es für uns links in die Ölfeldstraße, der wir über die Bahngeleise folgen. Beim Wohnhaus wechseln wir geradeaus vom Asphalt auf einen Plattenweg. An der Bokelsesser Straße möchten uns die Wegewarte wohl ein paar Asphaltmeter ersparen: Wir gehen links, folgen dem Eichenweg rechts zum Birkenweg, wo wir linker Hand ein kurzes Stück auf unbefestigtem Weg zurück nach Norden gehen, bald aber in einem weiten Bogen in südlicher Richtung am Offenseth-Bokelsesser Moor vorbeiwandern. Mehrere Richtungswechsel bringen uns anschließend Richtung Osten zur Verbindungsstraße Westerhorn–Barmstedt, der wir ein kurzes Stück nach rechts folgen, bis wir noch vor der Bushaltestelle Groß Offenseth, **Hütten (2)**, 15 m, links abzweigen.

Bei einem Wohnhaus biegen wir rechts in den Wald ab, überqueren die Dorfstraße und setzen geradeaus nach Süden, zuletzt in südwestlicher Richtung zum Gut Aspern fort, wo wir nach der Bushaltestelle **Groß Offenseth, Rosenstraße (3)**, 15 m, in die gleichnamige Straße einschwenken. Vor dem Therapiezentrum Ahornhof halten wir uns rechts, um nach dem Gelände in südwestlicher Richtung zu dem von wilden Apfelbäumen gesäumten Bahnübergang und weiter zur Schnellbahnhaltestelle **Voßloch (4)**, 12 m, zu kommen.

WV 10 Voßloch – Rellingen

8.00 Std.
30 km

Europas längster Uferweg

Ein Paradoxon für Weitwanderer: Ausgerechnet auf den letzten Etappen vor Hamburg, wo uns am Schlei-Eider-Elbe-Weg vor Blankenese kein nennenswerter Wasserkontakt mehr erwartet, teilen wir uns die Strecke mit dem Europäischen Küsten-Fernwanderweg E9. Gleich zu Beginn treffen wir im Rantzauer Forst auf diese insgesamt 5000 km lange Strecke, die von der südwestlichsten Ecke Portugals bis hinauf ins Baltikum verläuft. Auch Wanderer der E1-Ostvariante haben zwischen Lübeck und Güster einige Tage lang Kontakt mit dem E9. Bei näherer Betrachtung ist das auch gar nicht so überraschend, denn irgendwie muss der Küstenweg-Wanderer ja von der Nord- zur Ostsee kommen.

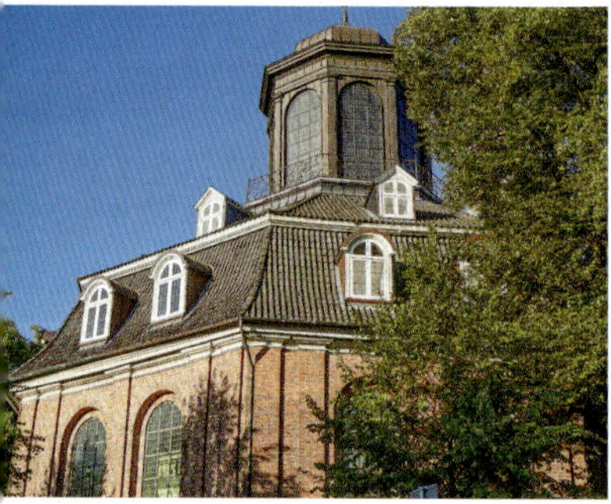

Die achteckige Rellinger Kirche – wegen der Akustik ein beliebter Konzertsaal.

Ausgangspunkt: Bhf Voßloch, 12 m.
Höhenunterschied: Jeweils 100 m im Auf- und Abstieg.
Anforderungen: Einfache Wanderung mit kaum wahrnehmbarem Höhenprofil.
Einkehr: Borstel-Hohenraden: Gaststätte Schützenhof (Mo RT, Di–Fr ab 16 Uhr, Sa ab 14 und So ab 10 Uhr); Rellingen.
Unterkunft: Rellingen: Mehrere, z. B. Gasthaus-Pension Akropolis, Tel. +49 4101 20 08 94, www.pension-akropolis.de; Hotel-Restaurant Rellinger Hof, Tel. +49 4101 2130, www.rellinger-hof.de.
Verkehrsmittel: Bus 6543 Bullenkullen–Heede–Barmstedt; Bus 594 von Hohenraden GH Schützenhof nach Pinneberg.
Karten: Wie WV 8, sowie K WK726 Hamburg – Altes Land.

Von der S-Bahn-Haltestelle **Voßloch (1)**, 12 m, folgen wir der Bahnhofstraße zur Verbindungsstraße Elmshorn–Barmstedt und gelangen links vis-à-vis auf einem Spazierweg in den Rantzauer Forst. Mit mehreren Richtungswechseln verläuft die Route in prinzipiell südlicher Richtung nach **Bullenkuhlen (2)**, 9 m. Bei der Baumschule Mohr führt ein versteckter, schmaler Weg an

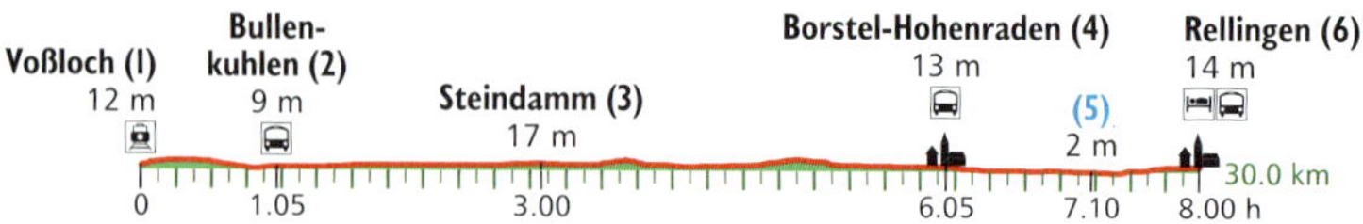

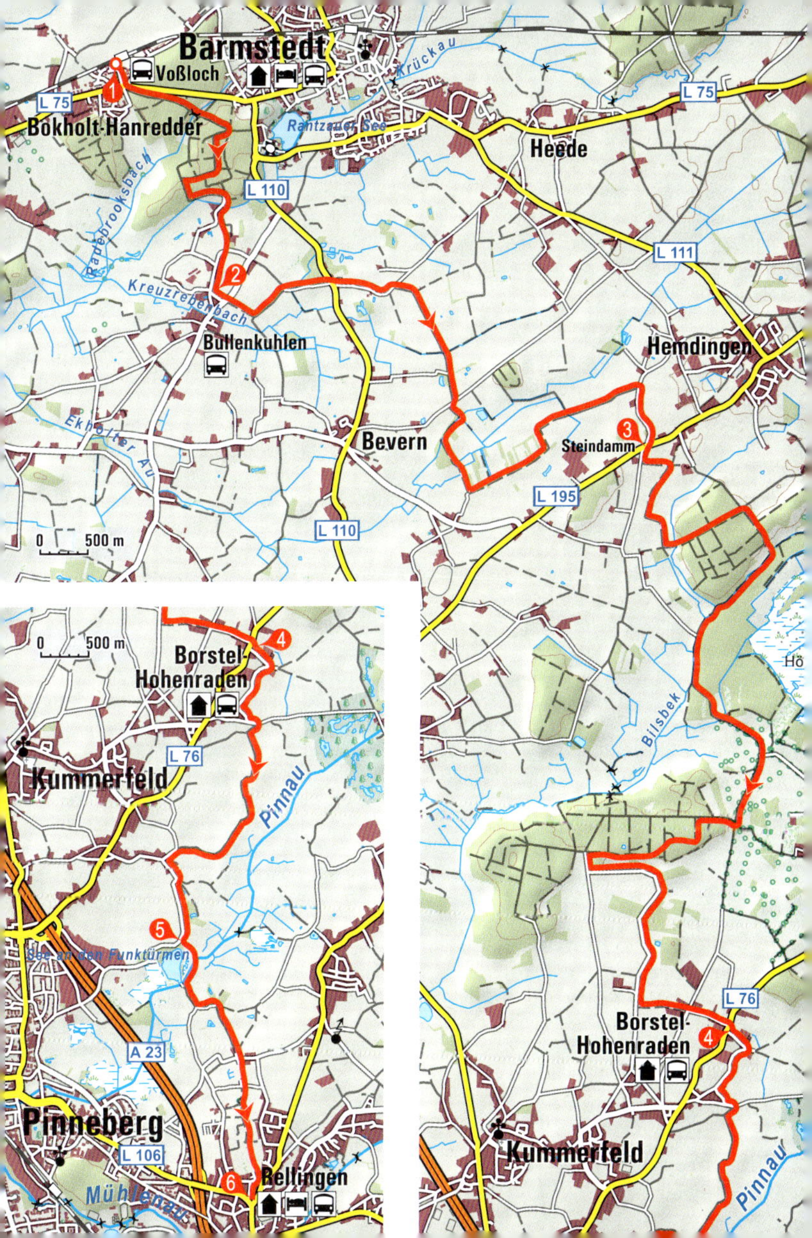
Barmstedt
Voßloch
Bokholt-Hanredder
L 75
Krückau
Rantzauer See
Heede
L 110
L 111
Radebrooksbach
Kreuzrebenbach
Bullenkuhlen
Hemdingen
Ekholter Au
Bevern
Steindamm
L 195
L 110
0 500 m
Borstel-Hohenraden
Kummerfeld
L 76
Pinnau
See an den Funktürmen
A 23
Pinneberg
L 106
Mühlenau
Rellingen
Bilsbek
Borstel-Hohenraden
Kummerfeld
Pinnau

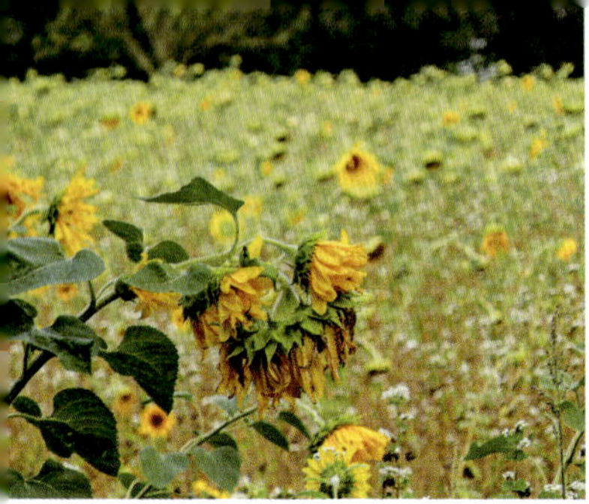 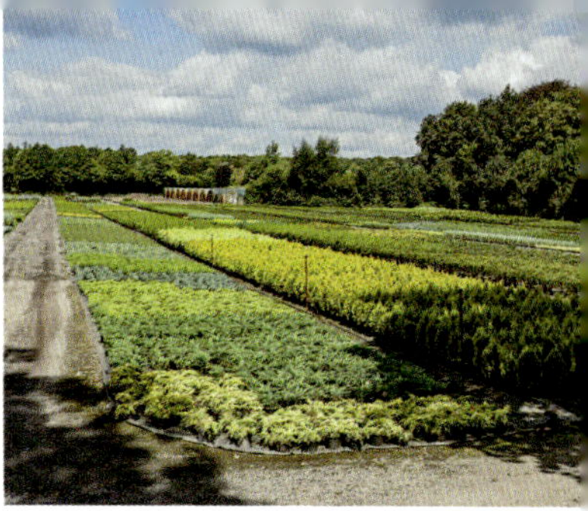

Ungezähmte Natur trifft gepflegte Bodenkultur: die Vorgärten Hamburgs.

den Feldern der Gärtnereien vorbei zur Dorfstraße, der wir zum Schulweg folgen. Dieser endet am Mühlenweg (offener Unterstand), den wir geradeaus überqueren, um uns an der nächsten Gabelung links zu halten. Durch den Barmstedter Wohld kommen wir zur Pinneberger Landstraße (Bhst Heede, Ziegeleiweg). Der Ziegeleiweg führt uns nun nach Osten zu einer Weggabelung, wo wir rechts Richtung Süden abzweigen. Das Bredenmoor umgehen wir gegen den Uhrzeigersinn und gelangen zuletzt in nordöstlicher Richtung zur Straße Bredenmoor. Nach rechts kommen wir zur Straße **Steindamm (3)**, 17 m, die wir geradeaus überqueren. Wir folgen der Straße Hochmoorsheide etwa 200 m, bevor wir links ins Bruchwaldgebiet Himmelmoor abzweigen. Das großräumige Renaturierungsprojekt wird auf einer Informationstafel erklärt. Von dort verläuft unser Weg anfangs in südwestlicher, später südlicher Richtung um das Schutzgebiet an Sonnenblumenfeldern vorbei. Wir berühren den Borsteler Wohld (hier besonders auf die Markierung achten, die in diesem Abschnitt ohnehin schütter ausfällt und fallweise von Ästen verdeckt ist!).
Weiter Richtung Süden gelangen wir zur Quickborner Straße am nördlichen Ortsrand von **Borstel-Hohenraden (4)**, 13 m. Hier befindet sich die Gaststätte Schützenhof, die jedoch erst am späten Nachmittag ihre Tore öffnet (die Bushaltestelle Höhenraden, Schützenhof ist gleich daneben).
Durch den Harbrookweg gehen wir zum Deepenbrookweg, der rechts zum Wiesengrund verläuft. Dem anschließenden Mühlenweg folgen wir nur ein kurzes Stück nach links und zweigen rechts in den alten Borsteler Kirchenstieg ab, der uns über Felder am Ortsrand von Borstel-Hohenraden vorbei nach Rellingen führt. Am Wollnysee, auch **See an den Funktürmen (5)**, 2 m, genannt, nehmen wir die kleine Brücke, halten uns bei der folgenden Gabelung links und durchqueren in weiterer Folge ein großes Baumschulgelände. Richtung Süden erreichen wir durch Wohnstraßen die Hauptstraße in **Rellingen (6)**, 14 m, auf Höhe der Bushaltestelle Tangstedter Chaussee. Rechts geht es in 10 Min. zur Pension Akropolis. Der Rellinger Hof befindet sich links unmittelbar vor der Barockkirche.

6.00 Std.

23 km

Rellingen – Blankenese WV 11

Finale Polonäse

Die letzte Etappe am Schlei-Eider-Elbe-Weg verläuft zu guten Teilen durch den Hamburger Forst und führt am Ende von hinten auf die Schulter des Waseberges. Nehmen wir gerne, denn dadurch bekommen wir ein paar fotogene Blicke Richtung Elbe und die Hamburger Hafenanlage. Zuletzt bringt uns diese – zu Unrecht etwas unbekanntere – Westvariante an den Villen der Hamburger Hautevolee vorbei an das Elbeufer. Von Blankenese geht es dann auf der E1-Hauptvariante weiter Richtung Süden – bis hinter Wuppertal. Und noch viel weiter.

Ausgangspunkt: Rellingen, Hauptstraße, 14 m.
Höhenunterschied: 190 m im Aufstieg, 200 m im Abstieg.
Anforderungen: Die Abschluss-Etappe der Westvariante überrascht auf den letzten Kilometern mit einem für Holstein ungewöhnlich abwechslungsreichen Höhenprofil. Die Markierungsqualität im Hamburger Forst hat noch Luft nach oben.

Einkehr: Waldenau; Waldschänke Ponyhof; Sülldorf; Falkenberg; Blankenese.
Unterkunft: In und um **Hamburg** zahlreich, siehe Infobox bei Etappe 18.
Einkauf: Waldenau, Sülldorf.
Verkehrsmittel: Netz der HVV.
Information: TI Hamburg, Tel. +49 40 300 51-701, www.hamburg-tourism.de.
Karten: L Blatt 7 Itzehoe – Pinneberg; K WK726 Hamburg – Altes Land, K Kartenset 725, Hamburg und Umgebung.

Wilde Hagebutten in der Grünen Twiete.

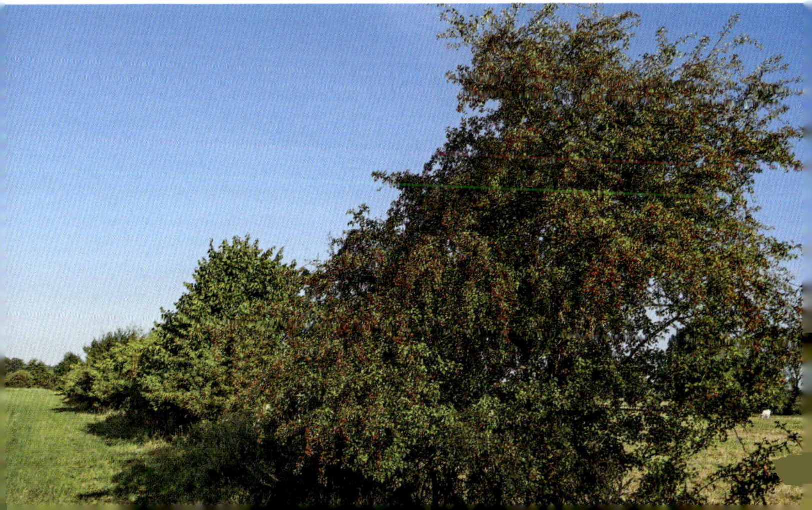

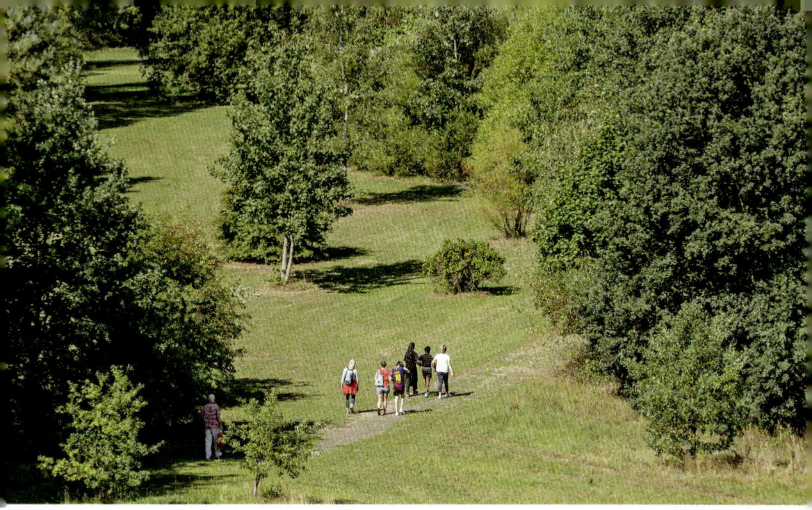

Alles grün: am Stadtrand von Hamburg.

Wir folgen der Hauptstraße von **Rellingen (1)**, 14 m, bzw. alternativ der parallel verlaufenden Hohlen Straße, die wir über die Friedenstraße erreichen, zur achteckigen Rellinger Barockkirche. Noch vor der Kirche zweigt unser Weg in nordwestlicher Richtung zur Rellinger Straße ab, die uns über die Autobahn hilft. Links geht es die Straße Gehrsrücken entlang an der Rettung vorbei. Wir wandern durch die Gärtnerstraße und an einer weiteren Baumschule entlang in den Pinneberger Ortsteil **Thesdorf (2)**, 8 m. Hier wird die Bahnlinie unterquert. Rechts befindet sich die S-Bahn-Haltestelle, wir jedoch vertrauen uns links einem schmalen Weg an, der parallel zu den Geleisen, später Richtung Süden zum Gebäude der Baumschule Krohn führt.
An der Gabelung rechts folgen wir der Straße Am Hollen rechts in den Bartelskamp und gehen beim Brandheideweg rechts. Bei der Beschilderung »Grüne Twiete« beginnt ein unbefestigter Weg. Wir kommen links zu einem eingezäunten Baumschulgelände, welches wir durch zwei unversperrte Gatter durchqueren (bitte wieder gut verschließen, um Wildbiss zu vermeiden). Nach dem zweiten Gatter gehen wir rechts weglos um ein weiteres eingezäuntes Anbaugebiet herum und erreichen über Weidewiesen und durch

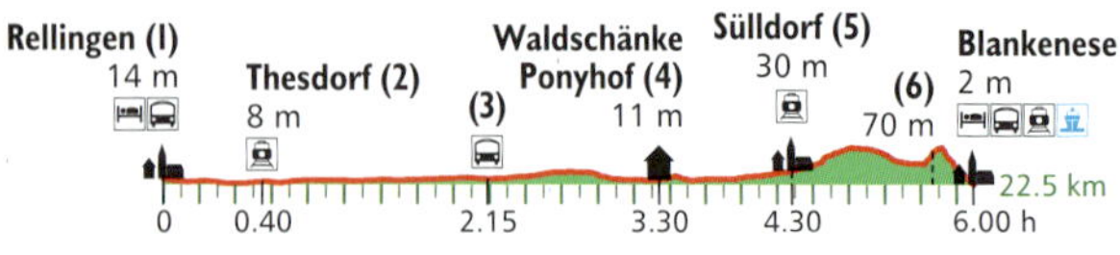

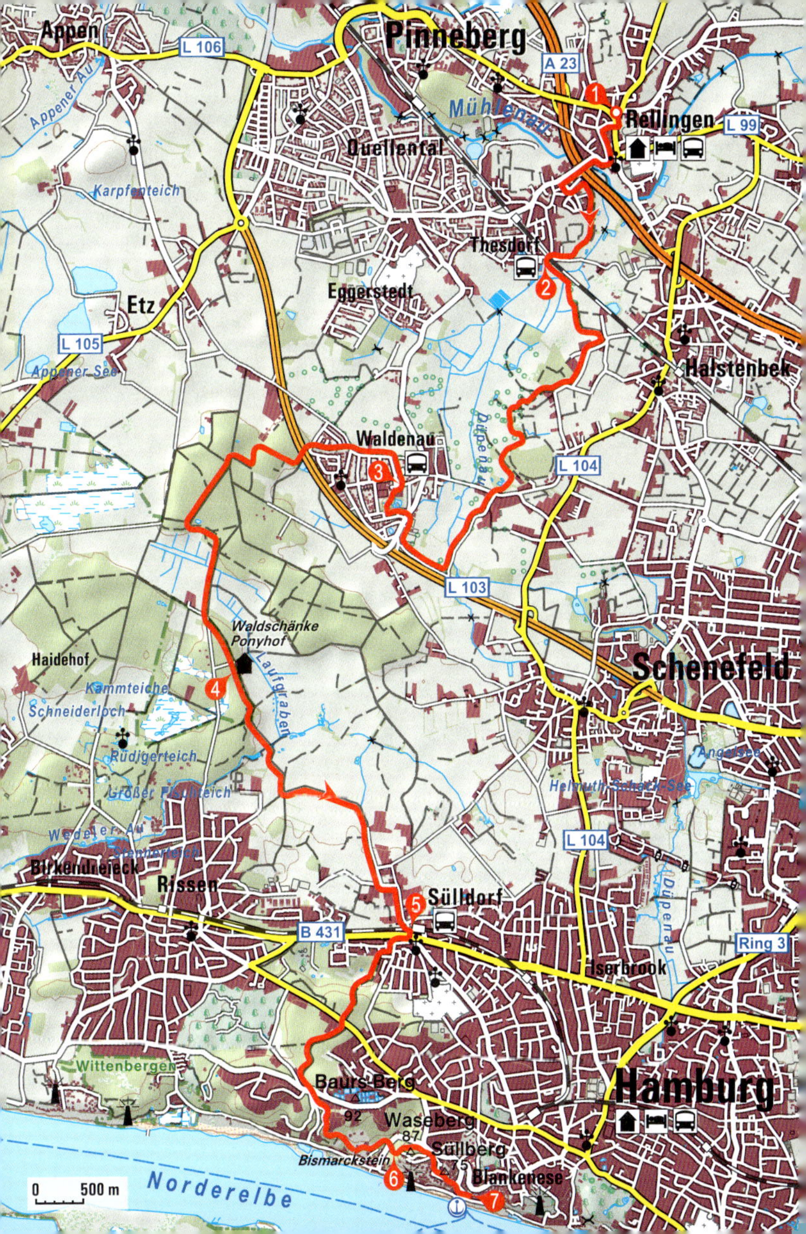

Pinneberg
Appen
L 106
A 23
Rellingen
L 99
Mühlenau
Appener Au
Quellental
Karpfenteich
Thesdorf
Etz
Eggerstedt
L 105
Appener See
Halstenbek
Waldenau
Düpenau
L 104
L 103
Waldschänke Ponyhof
Laufgraben
Haidehof
Schenefeld
Kammteiche
Schneiderloch
Rüdigerteich
Großer Fischteich
Angelsee
Helmuth-Schack-See
Wedeler Au
Steinhorstteich
L 104
Birkendreieck
Rissen
Sülldorf
B 431
Ring 3
Iserbrook
Wittenbergen
Baurs-Berg
92
Waseberg
87
Hamburg
Süllberg
75
Bismarckstein
Blankenese
Norderelbe
0
500 m
1
2
3
4
5
6
7

Wald bei mehrmaligem Richtungswechsel die Straße Häubargskoppeltwiete. Die Bushaltestelle Nienhöfen befindet sich ein Stück weiter rechts, wir zweigen kurz vorher in die gleichnamige Straße ab. Nach etwa 15 Min. treffen wir auf den Radweg an der Landesstraße, wo es für uns rechts Richtung Waldenau weitergeht. Wir überqueren den Jappoweg, folgen der Wohnstraße In de Simp und wechseln bei erster Gelegenheit nach rechts zum Waldrand. Durch den Park gelangen wir zum Marktplatz von **Waldenau (3)**, 14 m (Bus, Bäckerei).

Geradewegs nach Norden folgen wir der Behrensallee zum Waldenauer Weg, queren links die Schenefelder Landstraße und folgen der Kastanienallee zur Brücke über die Landesstraße 103. Die Markierung durch den Pinneberger Wald ist von wechselnder Qualität – es empfiehlt sich aufgrund der zahlreichen querenden Wege ein regelmäßiger Blick auf das GPS-Gerät.

An der Weggabelung Op de Wege im Naturschutzgebiet Schnaakenmoor gehen wir links an der Infotafel vorbei zur **Waldschänke Ponyhof (4)**, 11 m. Weiter über einen breiten Waldweg erreichen wir den nördlichen Ortsrand sowie bald darauf die Schnellbahnstation **Sülldorf (5)**, 30 m. Die Sülldorfer

Sandstrand mit Werftblick – an der Elbe.

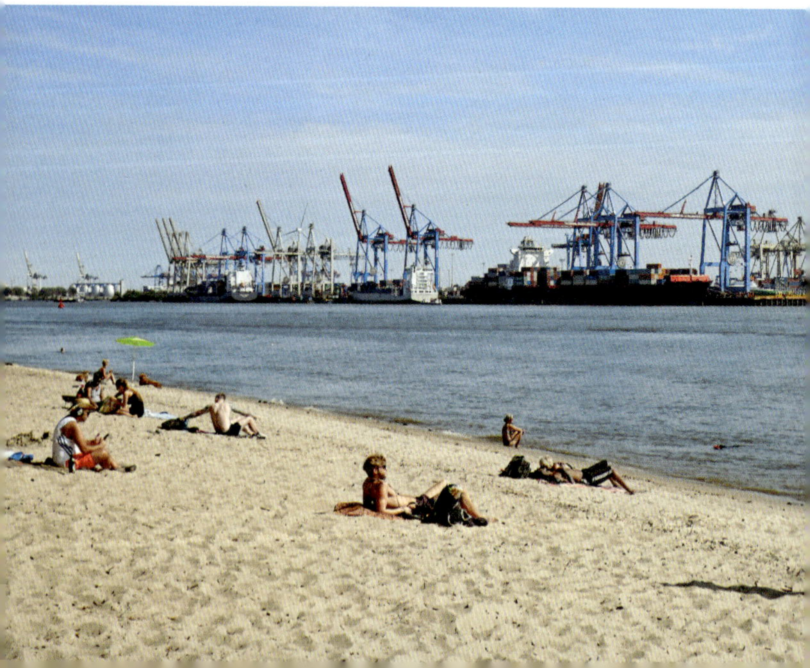

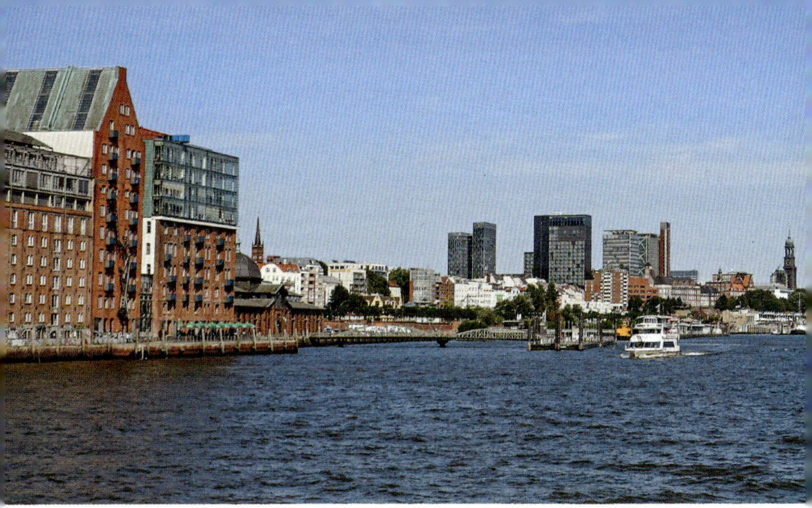

Blick auf den Altonaer Hafen und die Innenstadt.

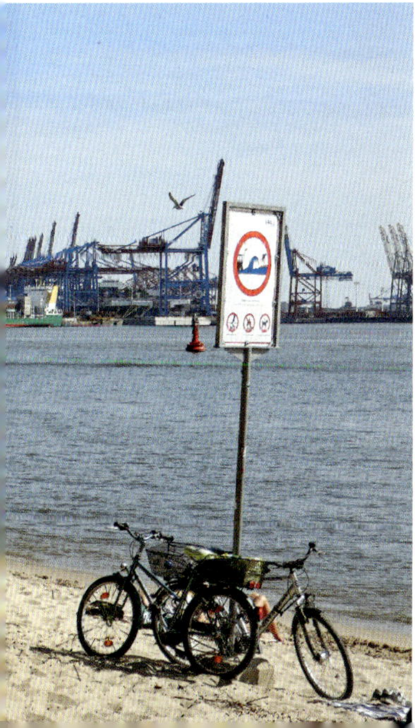

Landstraße wird beim Zebrastreifen gequert. Geradeaus gelangen wir zwischen Bäckerei und Pizzeria in die Straße Wittland, wo wir bald links in den Sülldorfer Mühlenweg abbbiegen. Der Weg Hempbarg bringt uns weiter in den Hamburger Staatsforst.

Unterwegs überqueren wir die Rissener Landstraße, nach der sich unser Weg etwas weiter links fortsetzt. In südwestlicher Richtung wird der Falkenstein (Einkehrmöglichkeit, Bus) erreicht. Wir folgen geradeaus dem Falkensteiner Weg, halten uns links und folgen den lokalen Spazierwegschildern hinauf zum **Bismarckstein (6)**, 70 m, von wo wir durch die Gassen der Strandvillen unser Ziel **Blankenese (7)**, 2 m, erreichen. Dort vereinen sich sich am Fährhafen beide E1-Wegvarianten.

Stichwortverzeichnis

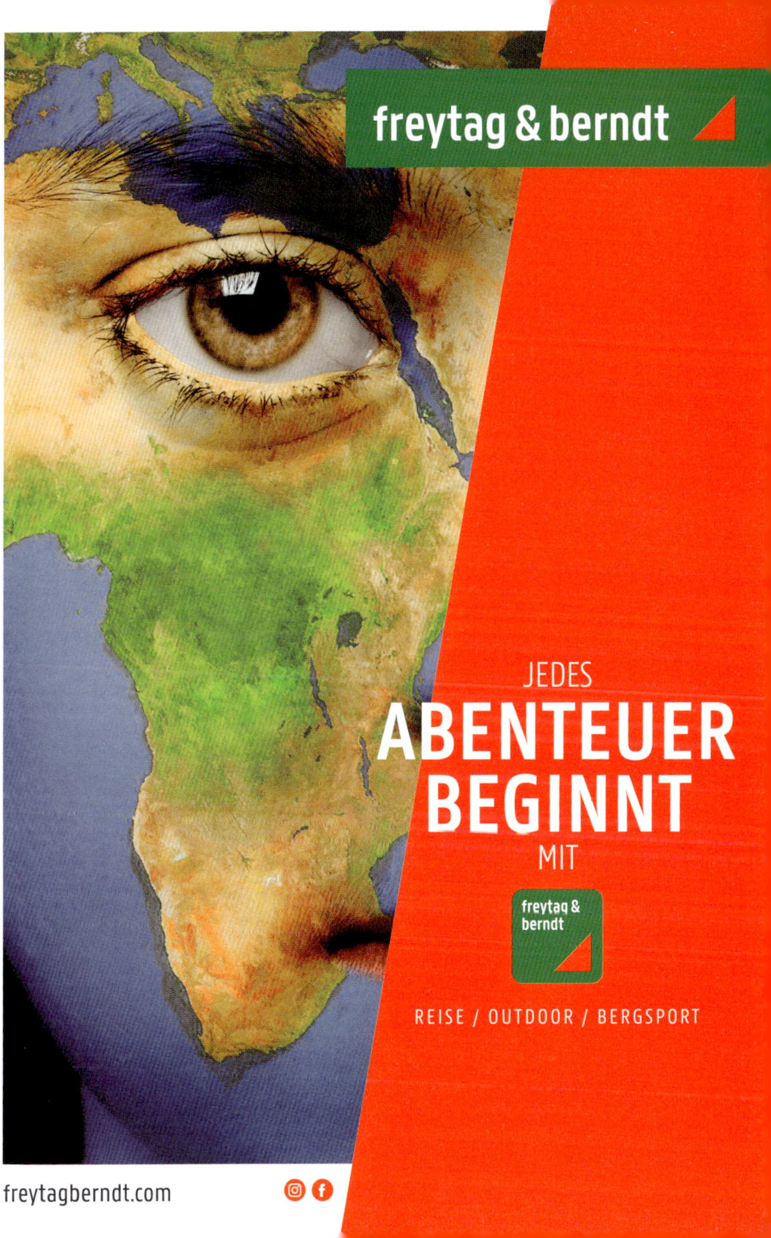

freytag & berndt
JEDES
ABENTEUER
BEGINNT
MIT
freytag & berndt
REISE / OUTDOOR / BERGSPORT
freytagberndt.com

Umschlagbild:
An der Ostsee bei der Aschauer Lagune (Etappe 5).

Bild im Innentitel:
Im Damendorfer Moor (Etappe 4).

Bild auf Seite 38/39: Am Großen Plöner See – im Hintergrund der wohl schönstgelegene Bahnhof Deutschlands (Etappe 9).

Alle 154 Fotos stammen von den Autoren.

Kartografie:
45 Wanderkärtchen im Maßstab 1:75.000
Geodaten © OpenStreetMap und Mitwirkende
Kartografisches Design: Freytag & Berndt, www.freytagberndt.cz
2 Übersichtskarten im Maßstab 1:2.000.000 und 1:3.500.000
© Freytag & Berndt, Wien

2., aktualisierte Auflage 2022

ISBN 978-3-7633-4551-9

FSC www.fsc.org MIX Papier aus verantwortungsvollen Quellen FSC® C021956

Wir freuen uns über jeden Korrekturhinweis zu diesem Wanderführer!
ROTHER BERGVERLAG · München
D-82041 Oberhaching · Keltenring 17 · Tel. (089) 608669-0
Internet www.rother.de · **E-Mail** leserzuschrift@rother.de